伊藤 誠 著作集

第2巻

価値と資本の理論

The collected works of Makoto Itoh vol.2

社会評論社

序文

二〇一一年三月一一日午後二時四六分、マグニチュード九・〇の巨大地震が東日本を襲った。三陸沖から南北に延びる太平洋プレート縁辺部海溝付近に連鎖的に生じた地殻破壊が震源であった。世界最大級のこの地震は、ついで直後に高さ一〇メートルから二〇メートルに達する巨大津波を東北関東の五〇〇キロに及ぶ太平洋沿海地帯に誘発し、五キロの内陸部まで家屋も街並みもクルマも洗い流す惨状をもたらす。

この大震災は、東京電力福島第一原子力発電所における四基の原子炉と使用済み核燃料プールにおける冷却装置損壊により、その打撃を拡大され深化されている。五メートルの津波までは安全とされていたこの原発が、一四メートルをこす津波で、冷却装置に不可欠な電気系統を破壊され、核燃料棒が露出、溶融し、水素爆発、冷却水、水蒸気などにわたり危険な放射性物質を放出し、拡散させ続けている。二〇キロ圏内の地域住民や諸施設の避難が求められ、近県の農作物や原乳の出荷がさしとめられ、首都圏の浄水場でも乳児には摂取させられない放射能が検出されている。計画停電による生活、医療、交通の混乱、経済活動への収縮作用も長引くものと懸念されている。

こうして巨大地震、大津波、原発損壊の三面にわたる大災害は、社会科学としての経済学にとっても再考を要する大切な問題をいくつかの側面から提示しつつある。

そのひとつの側面はつぎのような論点につうずるであろう。すなわち、近代以降の資本主義経済は、市場原理により効率的で合理的な経済システムを形成し、中世までの諸社会とは異なり、外的自然を統御する技術開発を促進し、生産力を発達させるものと信じられてきた。しかし、その市場原理による資本主義の運動原理には、サブプライム世界恐慌にも露呈されたように、膨大な社会的費用を要する不合理な自壊作用をもたらす自己矛盾を内在させているだけではない。大自然を統御する技術開発の側面でも、人びとの生活の基盤に安心を保障するしくみを結局形成しえないのではないか。

すでにスウェーデン、ベルギーなどでは原発段階的廃止政策が採択されていた。スイス、イギリス、ドイツなどでもあらためて、原発廃止への世論が高まっている。まして事故当事国の日本では、そのような政策選択への機運がいっそう高められてよい。それが危機を転機に後続世代への責任を果たす道ではなかろうか。

こうした論点をふくめ、大災害をつうじ、自然と人間と経済社会のあり方をめぐり、基本にたちもどり再検討をすすめるためにも、学問的に確実な典拠を与えてくれる社会科学の宝庫のひとつは、いまなお『資本論』の経済学である。『資本論』の経済学にたちもどって考え直してみたいとする発想は、サブプライム恐慌以降、すでに顕著に広がっていた。その機運はこの大災害を機にいっそう促進されてよいところであろう。それは、『資本論』の経済学が、あらゆる社会の経済生活に原則的な基盤をなす労働生産過程を、資本主義経済がいかに市場経済のしくみをつうじて資本の運動のもとに包摂し、特殊な歴史社会として成立し発展しているか、その原理を体系的に解明しているからである。

本著作集は全六巻をつうじ、こうした『資本論』の経済学にもとづく理論と分析の現代的展開を課題としており、本書はその第二巻として、最も基本的な理論分野をなす『価値と資本の理論』（底本、一九八二年、岩波書店）にあてられている。その主たる課題は、日本における経済学の重要な一潮流をなしてきた『資本論』研究の伝統を継承し、戦後、宇野弘蔵が提示した独創的なその発展に依拠し、二つの方法論上興味深い論争を、価値と資本の理論問題としてうけとめて展開する試みにおかれている。

そのひとつは、宇野の後継者のあいだに生じた純粋資本主義論と世界資本主義論の方法論をめぐる論争である。宇野は、経済学の全研究を、原理論、段階論、および現状分析の異なる次元に区分する三段階論の方法を提唱していた。そのさい、『資本論』は、一九世紀中葉までのイギリスにみられた歴史的傾向を延長して、資本家、賃金労働者、土地所有者の三階級からなる純粋の資本主義社会を想定して、その内部に反復される経済法則をあきらかにする原理論の体系をほぼ確立していたとみて、その理論内容の純化、整備をすすめていた。そこで、資本主義の現実的な世界史的発展段階論や現状分析にたいし、考察基準となる原理論は、研究の次元が異なるとともに、考察対象自体が資本主義の世界史的発展から区別されて、現実には達成されえなかった純粋資本主義社会の内部におかれることとなるのであろうか、という問題が宇野の後継者のなかから提示されるにいたる。鈴木鴻一郎、岩田弘らによる世界資本主義論の方法は、この問題をめぐり、経済学の原理論は、段階論や現状分析と考察の対象を異にすべきものではなく、資本主義の現実的発展自体に認められる商品経済の論理にもとづく資本主義的生産の自律的運動の原理を追究するものと解釈すべきではないか、と主張したのである。

本著作集の全体は、この世界資本主義論の魅力と可能性を極力活かして、経済学の原理と資本主義の現実的動態や社会主義の危機と再生可能性に省察をすすめようとしている。現代資本主義の動態（本著作集第四、五巻）や社会主義の現代的再考（本著作集第六巻）にも、『資本論』による原理的考察が適用可能なところが多いとする本著作集の基本的視点は、こうした発想に由来するところもある。

本書は、価値と資本の理論にそくして、世界資本主義論の方法による考察をいくつかの論点で補充しようとしている。とくに本書第二章の「貨幣の資本への転化」と第五章「株式資本論の方法と展開」には、鈴木・岩田理論に残されていると思われる問題点を批判し補整しつつ、その試みが示されている。あわせて本書は、『資本論』第一巻第一、二編における商品、貨幣、資本の諸規定を、さしあたり労働価値説にふれることなく純粋の流通形態論として再構成した、宇野の独創的な原理論の展開が、方法論上なにを意味していたかを再考している。それは、純粋資本主義社会の内部のみを考察する方法と表裏一体のものではない。むしろ資本主義に先立って広くまた古くから世界的に出現していた商品経済の形態原理と、資本主義的生産の歴史性を区分する認識を『資本論』から引き継いで、理論展開のうえで明確にする意義をも有していた。宇野自身も「貨幣の資本への転化論」をはじめ、いくつかの文脈でそのことはあきらかにしている。そうしてみると宇野にも、世界資本主義論の発想に近い認識はすでに用意されていたといえよう。宇野の『恐慌論』の「序論」などにもそれにつうずる方法論的見地は示されていた（本著作集第三巻）。

他方、世界資本主義論による鈴木・岩田原理論においても、資本の生産過程論以降においては、資本主義的生産の純粋に自律的運動をあたかも完結した社会関係のように抽象し解明するところとなっている。その意味では、その抽象の考察基盤や手続きに理解の差異は残るにせよ、とくに宇野の純粋資本主義社会の想定は、世界資本主義論の方法からみても全面的に否定されるべきものではなかった（本書第二章）。二つの方法論には、相補関係も認められてよいのではないか。実際、いずれの方法論によるにせよ、宇野理論による『資本論』研究としてともに取り組まなければならない理論問題も少なくない。本書も、関連箇所で注などに記しておいたように、純粋資本主義論による先学諸氏からも多くを学びつつ、その成果を発展させたいとつとめているところが少なくない。

本書が挑戦課題としているもう一つの方法論上の論争は、価値論論争ないし転形問題論争にほかならない。もともと、『資本論』は、古典派経済学の労働価値説を批判的に発展させ、古典派価値論に残る二つの難問を解決する理論構成を提示するものとなっていた。そのひとつは、「労働の価値」を労働者に支払いながら、剰余労働部分を剰余価値の源泉として資本が取得できるのはなぜか、という問題である。これについては『資本論』は、資本が労働者に支払うのは労働力商品の再生産に要する必要労働時間を内実とする価値であり、それと引き換えに労働力商品の使用価値として、剰余労働をふくむ労働日全体の労働支出を受けとる、という関係を理論的に明確にし、労働価値説が剰余価値生産の機構に貫徹される論理を鮮やかに解明していた。他方、資本の競争を介し利潤率が均等化される法則的傾向を労働価値説からどのように整合的に解明できるか、というもうひとつの古典派価値論にとっての難問には、『資本論』は、労働価値説にもとづき、資本の競争をつうじ生産諸部門の利潤率を均等化する「生産価格」の規定を展開して、その解決をはかっている。

しかし、『資本論』の第一巻冒頭の「商品の二要因」の節で提示される労働価値説と、第三巻で示される「生産価格」論とは、矛盾していないか。とくに前者の商品生産に要する労働時間による価値規定は、現実的な妥当性を十分に論証されているか。社会的生産技術の体系から諸商品に対象化されている価値の実体としての労働量を確定する客観価値論としての論理に、不整合が生ずる余地はないか。さらに価値の生産価格への転形の論理には、とくにその基礎となる費用価格の規定が生産価格化された場合に齟齬を生ずるおそれがあるのではないか。こうした一連の問題が、『資本論』第三巻出版（一八九四年）以降、価値論論争ないし転形問題論争を形成してきた。その論争は、本書で後にみてゆくように、方法論上、新古典派限界効用理論によるベーム＝バウェルクによるマルクス批判に端を発する価値論論争と、近代的リカーディアンとしてのボウルトキェヴィッチにはじまる転形問題論争とに分かれて、マルクス学派の内外にわたり展開されていた。ところが、一九七〇年代以降の欧米マルクスルネッサンスをうけて、二つの論争問題が重合されて、新古典派、新リカード学派、マルクス学派をつうずる大規模な論戦の的となってきている。

本書は、宇野理論における価値の形態と実体の規定の区分とその相互関係解明の試みを活かして、現代的な転形問題論争に整理を加え、欧米マルクス学派と交流しつつ、労働価値説をどのような論理と内容において論証し、生産価格論においてマルクスが意図していた剰余価値の資本家社会的分配原理を、いかに労働価値説の貫徹形態として理解することができるか、という理論経済学上のスリリングな難問に挑戦した試みをとりまとめている。

そこでは、方法論上対抗的な非マルクス学派も現代的には、再生産の技術的な体系が与えられれば、そこから各生産物の生産に要する労働時間は、生産手段からの移転部分もふくめ確定できることはほぼ共通に認識するようになっていることが確認されている。ついで、各生産物に対象化された労働時間が資本主義のもとで商品価値の実体として、価値の形態としての価格を介して取引されてゆく場合に、あらためてつぎのような論理が重視されている。まず労働力商品は、その再生産に要する必要労働時間を価値の実体とし、必要生活手段に対象化されている同量の労働時間と、価値の形態としての価格を介し交換され、そこには等労働量の交換がくりかえされる社会的必然性が認められる。しかし、商品生産物についてはは、その価値実体に剰余労働部分がふくまれているかぎり、剰余労働の処理をめぐる経済生活上の原則的自由度の幅の範囲内で、相互に不等労働量交換が価値の形態としての価格を介し法則的にくり返される余地がある。労働価値説をこうした内容において論証すれば、生産価格は、まさにその不等労働量交換の幅を異なる生産物について、資本の競争を介し確定する法則的基準をあきらかにする規定とみなしうる。

従来、価値から生産価格への転形関係を解明するために、価値と生産価格を示す二つの表の関連が、マルクスのいう総価値と総生産価格、総剰余価値と総利潤のあいだの総計一致二命題と整合しないのではないかとされ、それが転形問題論争の重要な争点となってきた。これに対し、本書はあらためて「対象化された価値の実体（億時間）」とそこから導かれる「生産価格としての価値の形態（億ドル）」とそれを介し「取得される価値の実体（億時間）」の三つの表（伊藤三表式）を構成し、マルクスが意図したと思われる総計一致二命題の意義をふくめ転形問題論争に一定の解決を提示している。現代的な転形問題論争のなかで、新古典派経済学や新リカード学派の観点からくり返されてきたマルクス労働価値説への否定的論難の主要部分は、こうした整理により学問的に反論できるものと考えられる。

なお、本書では複雑労働の単純労働への還元問題は、なお宇野による見解にほぼ依拠して論じているが、その後、本著作集第一巻補論Iに収めた論稿などで、やや異なる観点からこれを取り扱う試みをすすめている。また、資本主義のもとで商品経済的に反復される経済法則の基礎に、諸社会をつうずる経済生活の原則が認められることを重視する宇野の見解に、本書は、剰余労働の社会的処理の自由度を加えて、価値法則の論証と転形問題の解明の基礎を拡充したのであるが、この論点は、本著作集第六巻（次回配本）での社会主義の現代的再考にさいしても、重要な手がかりとされ、さらに拡充されることになる。その論点は、本書第三章第一節でも注記したように、生産技術開発の方向にも経済原則としては、社会的選択が作用する余地が多分にふくまれており、技術決定論的な単線的経路が存在しているわけではないという見地にもつうじている。

こうした経済生活の原則にふくまれる弾力的な自由度の認識が、価値法則の論証と展開の試みからも拡充されてゆくことは、いまサブプライム恐慌と大震災の打撃のもとで、安心のゆく社会経済システム再構築への切実な要望があらためて広く人びとの強い願いとなっているなかで、これからの資本主義の進路や二一世紀型社会主義の可能性に再考をすすめるうえでも、理論的基礎として参観されてよいところとなるのではなかろうか。それを期待しつつ、本書を大きな災厄に心痛を深める読者にあえておとどけしてみたい。

二〇一一年三月

伊藤　誠

伊藤誠著作集　第2巻目次

価値と資本の理論

凡例

マルクスの著作については、つぎの各版によって引用の箇所を示す。ただし、訳文はそれぞれかならずしも左記の邦訳書どおりではない。

一　K. Marx, *Das Kapital*, Band I. II. III, in: *Marx-Engels Werke*, Band 23, 24, 25. Dietz Verlag, 1962. 63, 64. 向坂逸郎訳『資本論』改訳版㈠—㈨、一九六九-七〇年、岩波文庫。引用にさいしては（*K.*, I, S. 161. 岩㈠一五五頁）のように略記する。

二　K. Marx, *Theorien über den Mehrwert*, Teil 1, 2, 3, in: *Marx-Engels Werke*, Band 26-1, 26-2, 26-3. Dietz Verlag, 1965 67 68, 岡崎次郎・時永淑訳『剰余価値学説史』⑴—⑼、一九七〇—七一年、国民文庫。引用にさいしては（*Mw.*, 1, S. 170. 国⑵九八頁）のように略記する。

三　K. Marx. *Zur Kritik der Politischen Ökonomie (Manuskript 1861-1863)*, Teil 1, in: *Marx-Engels Gesamtausgabe*, Band 3, Teil 1. Dietz Verlag, 1976. 資本論草稿集翻訳委員会釈『経済学批判（一八六一—一八六三年草稿）』第一分冊、一九七八年、大月書店、マルクス資本論草稿集④。引用にさいしては（*Kr.*, 1, S. 93. 訳、I、一六三頁）のように略記する。

四　K. Marx, *Zur Kritik der Politischen Ökonomie*, Heft 1, in: *Marx-Engels Werke*, Band 13, Dietz Verlag, 1961. 武田隆夫・遠藤湘吉・加藤俊彦・大内力訳『経済学批判（第一分冊）』一九五七年、岩波文庫。引用にさいしては（*Kr.*, S. 29. 岩四四頁）のように略記する。

五　K. Marx, *Grundrisse der Kritik der Politischen Ökoleomie, Roheletumf 1857-7858*, Dietz Verlag, 1953. 高木幸二郎監訳『経済学批判要綱』I—V、一九五八—一六五年、大月書店。引用にさいしては（*Gr.*, S.323. 訳、II、三四九頁）のように略記する。

価値と資本の理論

底本は、『価値と資本の理論』（岩波書店、一九八一年）である。

はしがき

世界の政治経済は一九七〇年代以降いちじるしく世紀末的混迷の度を深めた。アメリカを中軸とする戦後世界資本主義の相対的安定は、ベトナムにおけるアメリカの敗北と一九七三年末に始まる経済危機とともに崩壊した。それに続く経済不況は、第三世界の非産油国に苛酷な影響を与え、先進諸国間にも不均等な打撃を加えながら、長期慢性化しており、回復の見通しもさだかでない。いまなお比較的順調な日本経済にもその重圧が増大してゆくのではなかろうか。世界的にはすでに一九三〇年代や前世紀末と対比されるべき大不況の様相がはっきりとあらわれてきている。

一九六〇年代までの高度成長期に一定の有効性をもつかにみえたケインズ理論は、この大不況を予防も解決もしえず、かつての威信を失っている。それに代って登場したマネタリズムによる新保守主義も、イギリスに典型的にみられるように産業不況をかえって深刻化し、有効性を実証しえていない。他方、ケインズ理論とならんで新古典派経済学正統派の支柱をなしてきた限界理論によるミクロ価格理論も、一九六〇年代以降の資本論争と欧米マルクス学派の批判をつうじ、すでに内的限界をあきらかにされてきている。資本主義体制に信頼をよせその枠内に視野を限局するブルジョア的な思想と理論は、資本主義の世界的沈滞の慢性化にともない、全面的にゆきづまりを呈してきており、新古典派経済学正統派の総体的な危機と不振もその重要な一環をなしているのである。

ところが、資本主義体制に代替する社会体制を形成しているはずの現代「社会主義」諸国とそこでの正統的理論もまた世紀末的混迷をまぬがれていない。たとえばスターリン批判後の中ソ対立、中国文革の挫折と反転、中越戦争、ソビエトのアフガニスタン侵攻、ポーランド労働運動の新展開と、あいついで既存の「社会主義」体制の評価を動揺させ低下せしめる事態が発生し続けている。それらは、ソビエト型社会における国家および党上級官僚ないし「国家階級」の強大化と、そのもとでの労働者大衆や知識人の被抑圧状態とも深く関わっているのではないかと考えられる。プロレタリア革命後のソビエト型社会は、社会主義への移行をすでに完了し、調和的な無階級社会として生産力の上昇を動因に、共産主義社会への発展をすすめる途上にあるという従来のマルクス主義正統派理論にも重大な疑義が生せざるをえない。P・M・スウィージーの『革命後の社会』（伊藤誠訳、一九八〇年、TBSブリタニカ）にみられるように、ソビエト型社会は特種な階級社会に転化したという新たな批判的見解もそこに提示されるに至った。

こうして社会主義の理念と現実との懸隔をめぐり、マルクス主義とマルクス理論もまた深刻な試練にさらされている。それは、前世紀末の大不況期や一九三〇年代の資本主義の危機にさいしてはみられなかった状況であり、今世紀末の大不況にともなう資本主義世界の閉塞感をいっそう暗いものとしている。東西、南北にわたり世界はいまや人類史的危機の時代に入ったといわなければならない。

これに対応して、資本主義を人類史上特殊な一歴史過程として位置づけてその運動法則を解明し、それによって社会主義の論拠を科学的にあきらかにしたマルクスの理論の潜勢力を新たに再生せしめる試みが、欧米と第三世界をつうじこの一〇年ますます活発化してきた。じっさい、人類史の現在の危機的状況は、近代文明の総決算を要請していると考えられるだけに、社会主義とは何かがあらためてさまざまな角度から問いなおされるとともに、その検討の基準をより確実なものとするためにも、われわれはマルクスにたちもどり『資本論』に学びながら、資本主義経済の原理的考察を体系的に深化発展せしめる努力をすすめなければならない。それは、迂遠のようにみえて、実は、ブルジョア的思想と理論はもとより、従来のマルクス主義正統派の思想と理論のゆきづまりを突破し、昏冥の時代を理論的・思想的にのりこえるための着実な基礎作業となるであろう。

とりわけ、『資本論』の経済学に残されている理論上の難問とそこから派生している論争問題に整理検討を加え、解決をはかることは、世紀末的混迷をうけてマルクス理論に新たな攻勢と興味とがともに強まる世界的潮流のなかで、緊急な学問的課題となっている。幸い、わが国の戦後の学界には、マルクス主義正統派の教条主義的傾向に批判的に対立した宇野弘蔵の強靭な思索にもとづく、宇野理論としての研究の進展が、すでに理論、実証の両面にわたるマルクス経済学の現代的再生の任務を果しつつある。しかし、その内部にも、宇野三段階論における原理論、段階論および現状分析の全領域にひびく方法論上の論争問題が生じている。世界資本主義論の方法と純粋資本主義論の方法とをめぐるこの論争問題も、実は『資本論』を経済学の原理論として整備してゆくさいの理論的難問の体系的な解決法を重要な発生源としていた。したがって、その発展的な解決の試みも、抽象的な方法論としてではなく、またいきなり現状分析や段階論としての実証研究においてでもなく、それらの考察基準をなす原理論の領域における論争問題の内容的解明をつうじてすすめられなければならない性質をもっていると考えられる。

さらに、欧米でとみに活発化しているマルクス経済学の理論的再検討において、最大の焦点とされている価値論ないし転形問題も、あきらかに『資本論』に残されている理論上の問題点を源泉としている。したがって、『資本論』に体系的整備をすすめてきた宇野理論の見地から、最近の欧米における価値論と転形問題論争にどのような整理と解決を加えうるかは、現在きわめて興味ある国際的な検討課題をなしているといえよう。

本書はこうして、人類史の現在の危機的状況をみつめながら、さしあたり迂回的にその解明の指針となる基礎理論に集中し、マルクス経済学における価値と資本の理論に残されたいくつかの難問にとりくみ、宇野理論の深化と欧米の論争問題の解明をつうじ、それらの解決に努めたこの一〇年ほどの間の私なりの成果をとりまとめたものである。ふりかえってみると、このテーマをめぐり考究をすすめるなかで、つぎのような三つの論点が、残された難問に体系的解決を与えるうえで、私にはますます重要であると思われるようになった。

すなわち第一に、商品経済を形成する諸形態は、社会と社会の間に発生し、社会的な労働生産過程にとって外来的なものとして発展する性質をもっている。『資本論』に特有な商品、貨幣、資本の形態規定の展開と、これを流通形態論として整備した宇野の理論構成は、その点を原理的に明確にするうえで重要な意義をもっていた。第二に、資本主義的生産は、そうした商品経済の諸形態が、労働力の商品化を介して社会的労働生産過程を包摂し編成する特殊な歴史過程としてあらわれるのであるが、そこから抽象される労働生産過程には、人間の労働能力の主体的な可塑性にもとづく抽象的人間労働の量関係が諸社会に共通な経済原則としてみとめられる。その経済原則の一面には、ことに剰余労働の処理をめぐる弾力性ないし自由度がふくまれているとみなければならない。第三に、諸商品の価値の実体がそれらの再生産に要する労働量によって決定される関係を基本とする価値法則は、前資本主義的商品経済によってではなく、資本主義的生産の運動にそくして論証され展開されてよい。そのさい、経済原則にふくまれる弾力性に対応して、経済原則を商品経済的に実現してゆく価値法則にも、価値の実体による価値の形態としての価格の規制関係に、剰余労働部分の範囲で生産物の不等労働量交換の余地が内在していると考えられる。

これらの諸論点は、現代の危機につうずる資本主義経済の歴史的特性と限界を理論的により深部からあきらかにし、社会主義の科学的根拠をいっそう確実なものとするためにも重要な意味をもつにちがいない。それらの論点をしだいに明瞭に念頭におきながら、価値と資本の理論をめぐる論争問題に検討をすすめるさい、私は二つの豊かな学問的土壌に恵まれることとなった。そのひとつは、日本の学界に戦前から培われてきたマルクス経済学の理論研究の伝統であり、なかでも故宇野弘蔵先生の業績とそれを継承する多くのすぐれた先学、友人を身近かに有したことである。とくに鈴木鴻一郎先生とその門下生であった諸氏からは、理論研究のうえで不断に刺激や示唆を与えられ続けている。それはこのテーマに関しては、おそらく世界でも先端的水準のすぐれた知的環境であった。

もうひとつは、この数年、欧米におけるマルクス経済学の再生を担う新たな研究者層と直接交流する機会を何度か与えられたことである。最初の機会は一九七四年春から翌年冬にかけて訪れた。その間私は、客員研究員として、おもにロンドンスクール・オブ・エコノミクスとハーバード大学経済学部に滞在しながら、多くの海外の研究者と討論することができた。その一端は前著『資本論研究の世界』(一九七七年、新評論、本著作集第一巻)にまとめられている。ついで一九七七年には、短期間イギリスを訪れ、社会主義経済学者学会に出席し報告したが、さらに一九七八年と一九八〇年には各半年、ニューヨーク大学とニュースクール・フォー・ソシアルリサーチの経済学部の客員ないし客員助教授、ケンブリッジ大学とロンドン大学の経済学部客員教授としてそれぞれの大学院の講義を担当しつつ、いっそう広く親しく欧米マルクス学派の研究動向を学ぶことができた。そこにも荒けずりではあるが活気にみちた理論研究の土壌があった。

こうして、本書にとりまとめられた諸論稿は、それぞれ伝統の異なる日本と欧米のマルクス経済学の学問的土壌を結果的には何度か往復しながら成育することとなった。ことに本書の第三章、第四章はそのような双方の知的環境なしには構成されえなかったものである。むろん、恵まれた土壌を生かして正しい学問的前進をもたらしえたか否かは、本書の展開にそくして読者に十分検討願わなければならないところである。労働価値説の理解の内容をはじめ、いくつかの点で示した新たな見地は、おそらく宇野理論の内外からかなりきびしい批判的論評をうけるところと覚悟している。読者の率直な検討を期待しつつ、本書がそれに耐えうることをいまは願うしかない。たまたま昨秋、宇野弘蔵『経済原論』(一九六四年、岩波全書)の英訳版と私の論文集、*Value and Crisis* (Monthly Review Press and Pluto Press, 1980)があいついでともにイギリスとアメリカで出版された。これらについて海外で示されうる論評も内容上多かれ少なかれ本書の主題にかかわるものとなるにちがいない。それらとあわせて本書についての読者の批判、検討をまって、私としてもさらに考察を深める機会をもちたいと念願し、またそれを楽しみにしている。

本書の諸章のもととなった論文は、巻末の「掲載誌一覧」にまとめて示しておいた。収録にさいして、重複部分をできるだけ削除し、本文と注にもそれぞれかなり補整を加えたところがある。なお、価値と資本の理論をめぐり取扱われてよい問題は、本書で検討したもの以外にも少なくない。しかし、ここではさきにふれた宇野理論内部の方法論上の論争問題と欧米における理論的争点から関心を絞ることとした。また、恐慌論に関連する論点は、拙著『信用と恐慌』(一九七三年、東京大学出版会、本著作集第三巻)における考察との重複をさけるため意識的に省略している。それゆえ、本書は、価値と資本の原理的展開をけっして全面的に示したものではないが、それだけに、原理的展開の全体系にとって、それぞれにかなめとなる興味深い問題点にややたちいって分析をすすめえたのではないかと考えている。

さきにもふれたように、本書にいたる私の研究は、日本と英米の学界における多くのすぐれた先学、友人の業績や協力に負うところが大きい。いちいちお名前はあげないが、ここにあらためて深く感謝の意を表したい。また、この間何度かの海外出張をこころよく許容してくださった東京大学経済学部の同僚諸氏、およびその出張を援助された内外の研究交流助成機関にもこころから謝意を表したい。さらに、本書の出版にさいしては、企画から製作の全過程をつうじ、岩波書店編集部に注意深いお世話をうけた。これも本書のために幸運なことであってここに厚く御礼を申し述べる。

一九八一年四月二〇日

馬込の自宅にて

伊藤　誠

序章

一　価値と資本の理論をめぐる論争問題

1

マルクスは、『資本論』において、資本主義経済の運動法則をその特殊な歴史性とともに解明し、社会科学としての経済学の原理論を体系的に確立した。その全理論体系は、労働価値説を整備展開し、それによって歴史過程としての資本主義経済の運動の原理を解明しようとする観点をもってつらぬかれている。すなわち、価値論は、『資本論』において、近代社会を支配する資本の運動原理をあきらかにしてゆくさいの基礎理論としての役割を与えられているのであるが、それとともに、特殊な歴史社会を形成する資本の原理的規定の展開のうちに価値論の内容が確定され具体化されてゆく関係にある。したがって、マルクス価値論の展開における論争問題の多くは、歴史過程としての資本の運動の論理に深く関わるものとして受けとめられ、検討されなければならない。

もともと、商品の交換比率を支配する価値が、商品の生産に要する労働時間によって決定されるとする労働価値説は、マルクスにさきだち、古典派経済学によって開発されていた。ことに、A・スミスの『諸国民の富』[1]における経済学の古典的体系化をうけ、D・リカードは、『経済学および課税の原理』[2]において、スミスの価値論に並存していた投下労働価値説と支配労働価値説、もしくは価値分解説と価値構成説の二面を整理し、投下労働価値説とそれに照応する価値分解説により、近代社会の三大階級をなす資本家と労働者と土地所有者への年生産物の分配関係を理論的に一貫して考察する試みをすすめた。しかし、リカードにおいて頂点に達する古典派経済学の理論体系は、イギリスにおける資本主義的生産の本格的な確立発展にもとづいて構成されたものではない。その理論体系は、歴史上むしろ資本主義的生産の確立に先行して、重商主義政策の廃止をもとめる産業資本の利害を代表しつつ、さらに基本的には、資本主義経済の自由な成長を理想化し、自然法思想の影響のもとに、これを自然的自由の秩序とみなすブルジョア・イデオロギーに依拠して展開されていた。

したがって、古典派経済学は、みずから考察の対象としていた資本主義に特有な経済的諸形態を、人間の社会生活に一般的な労働生産物の形成とその補塡・分配関係から区分して、理論的に解明しようとする視点に欠けていた。そのかぎりで、古典学派の労働価値説は、資本主義経済の仕組みをあきらかにする論理としても、首尾一貫しない諸側面を有していた。とりわけ、⑴資本家が賃銀労働者に「労働の価値」を支払いながら、賃銀労働者の労働によって利潤（および地代）としての剰余の価値をも取得しうるのはなぜか。⑵資本の回転期間（および、マルクスによる理論上の発展をふまえていえば、資本の有機的構成）の異なる産業に投じられる等量の資本は、同一期間に不等量の直接的労働を動かし、したがって不等量の剰余価値を生産するにもかかわらず、一般的利潤率にしたがい等量の利潤を取得する傾向があるのはどのようにして説明されうるか。この二点が古典学派の労働価値説にとって、どうしても解決しえない難問として残されていた。[3]前者は資本と賃労働の間の生産関係の基本に、後者は資本と資本の間の分配関係の基本にそれぞれかかわる論点にほかならない。

これらの難問をめぐり、リカード以後、古典学派の理論研究はゆきづまり、労働価値説を放棄し古典学派を解体する傾向があらわれる。すなわち、一方で、スミスの価値構成説ないし支配労働価値説の一面を引きつぎ、需給論によってリカードに対抗したT・R・マルサスらの反古典派の価格理論が、J・S・ミルの折衷的な生産費説を介し、限界理論と結合されて、主観的な限界効用に依拠する新古典派経済学の価格理論が形成され、やがて欧米の学界に支配的な潮流となっていった。しかし、そのような潮流のなかでは、経済理論は、直接的生産者の労働に基づく諸階級の経済的基礎を統一的にあきらかにしようとするものではなくなる。労賃、利潤（利子）、地代も、その統一的源泉をとわれることなく、それぞれ異質な労働、資本および土地がその所有者にもたらす市場での代価として扱われる。それとともに、資本主義的市場機構が絶対視され、市場における相対価格の決定論にすべての経済問題を解消する狭隘で表層的な理論構成の枠組がおかれる[4]。古典学派が労働価値説によってあきらかにしようとしていた近代社会の経済過程の実質的内容は、その枠組ではくみとることはできず、考慮の外に放擲されるほかはない。そのいみでは、新古典派経済学は、新古典派と称されるにせよ、内容的にはM・ドッブのいうように反古典学派的であり[5]、古典学派からみればその価値論の問題点を発展的に解決したのではなく、むしろその根本課題を放棄して形成されたのであった。

他方、マルクスによっておこなわれた古典派経済学の批判は、このような新古典派経済学への理論の転回の筋道とは、まったく対照的な方向性をもっていた。すなわち、マルクスは、古典学派の労働価値説を放棄することなく、むしろその成果を全面的に継承しつつ、そこに残されていた理論的限界や難点を批判的に克服する作業をすすめた。その作業はしかし古典学派と同一の思想的平面にとどまるものではなかった。すなわち、産業革命を経て確立されたイギリス資本主義は、自由主義の政策を実現し、成長期に入ったが、古典学派の主張に反し、予定調和を現実化するものではなく、その限界をめぐってすでにさまざまな社会主義の主張を誘発していた[6]。これをうけて、マルクスは、社会主義の主張の科学的根拠をあきらかにするために、ブルジョア社会とそれにさきだつ人間社会の歴史に研究をすすめ、その結論をひとまず唯物史観としてとりまとめた。『経済学批判』（一八五九年）の「序言」に示されているように、この史観にしたがえば、ブルジョア社会にいたる「人間社会の前史」は、物質的生産諸力の発展とそれに対応する生産諸関係との対立によって動かされる経済的下部構造と、それに規定される政治的・イデオロギー的上部構造との推移展開にともなう階級諸社会の発展史として総括される。マルクスは、みずから定式化したこの唯物史観を「導きの糸」として、経済理論の批判的再構成の作業にむかったのであった（cf. *Kr.*, S. 8-9. 岩一三―一五頁）。

したがって、マルクスにおいて、労働価値説は、資本主義の経済過程を自然的自由の秩序として理想化する狭い思想性から解放され、むしろその経済過程の特殊な歴史性を科学的にあきらかにする理論的武器に転化されている。資本家と労働者との関係も、たんなる「労働の価値」をめぐる労働生産物の分配関係としてではなく、労働力の商品形態にもとづく資本主義に特有な生産関係としてあきらかにされることとなった。すなわち、資本は、労働者に労働力商品の価値を支払うとともに、その使用価値としての労働の支出をわがものとし、労働力の価値の内実にあたる必要労働時間とそれをこえる剰余労働時間とをふくむ商品を生産し、それによって剰余価値を形成する。このような資本による剰余価値生産の機構の明確化によって、古典学派の労働価値説の第一の難点は根本的な解決を与えられた。その成果にたって、マルクスはさらに『資本論』第三巻で、諸資本の競争をつうずる剰余価値の資本家社会的な分配の基本形態として、一般的利潤率と生産価格の形成の論理を示し、古典学派の労働価値説の第二の難問にも、基本的な解決の方向を与えた。それらはともに、資本主義のもとでの生産関係と分配関係に特殊歴史的な形態と機構を理論的にあきらかにしようとする方法の具体的成果をなしていた。

むろん、歴史を理論的に解明するマルクスの価値と資本の理論は、経済学の理論史のうえでも、根本的な独創性にみちたものであり、そうであるだけに、『資本論』においても未完成なところを多分に残していると考えられる。その独自な課題と方法も容易に正確に理解されてきたとはいえない。マルクスの価値論をリカードの価値論とほとんど同様のものと解したうえで、これに攻撃を加える無理解で外在的な批判がしばしばくりかえされてきているだけでなく、非マルクス学派とマルクス学派との間、および後者の内部において、マルクスの価値と資本の理論をめぐりさまざまな解釈や見解の対立によって、多くの興味ある論争問題が生じ続けてきているのである。

2

なかでも最大の論争問題は、『資本論』第一巻冒頭で与えられる投下労働価値説と、第三巻の第一・二篇で示される価値の生産価格への転化の論理とにかかわるものであった。論争の経緯と内容は、さらに大きく二つの問題系列に区分することができる。それらは、『資本論』における価値の生産価格への転化の論理に、つぎのようなかなり重要な二つの問題点が残されていたことに端を発していると考えられる。

すなわち、第一に、商品に対象化された等労働量の交換が価値による商品取引の内実として第一巻以来前提されているかぎり、生産価格は、価値から導かれるにせよ、結果的にはむしろ体系的に価値から乖離する商品取引の基準をあらためて提示するものとなる。そうなると、さかのぼって、諸商品が価値どおりに売買されるという想定はどのような意味で現実的妥当性を有することになるか。あるいは、マルクスが自問しているように、「諸商品の現実の価値どおりの交換はそもそもどのようにして成立したのか。」(*K.*, III, S. 184. 岩㈥二七二―二七三頁) この問題は、取扱いによっては、第一巻の価値規定と第三巻の生産価格論とはあいいれないものであり、矛盾しているのではないかという疑問に転化されうる。

第二に、マルクスは、費用価格と平均利潤の和として生産価格を規定するさいに、諸商品に投じられている労働時間に比例した価値どおりでの売買関係から出発し、費用価格も各商品の生産に消費された生産諸要素の価値額――すなわち商品一単位当りの生産手段に投じられる不変資本cと労働力に投じられる可変資本vとの合計の価値額c＋v――として規定していた。しかし、マルクス自身何度か注意しているように、諸商品の価値が生産価格に転化される場合、費用価格の諸要素に入る商品も同時に価値ではなく生産価格を売買の基準とすることとなるはずである。そのことまで考慮に入れるとすれば、生産価格の体系は、どのような方式と条件のもとに価値関係から導かれるべきであろうか。

いずれもあきらかに、マルクスの価値論が、古典学派の労働価値説の基本的限界を十分に解決しうるものであったか否かに直接にかかわる問題にほかならない。したがってまた、古典学派からマルクスへの労働価値説の発展的継承の成否がそこから問われ、同時に、労働価値説の発展にもとづくマルクスの剰余価値論の成否も問われてゆくことになりうる。

二つの問題系列のうち、後者の、費用価格の生産価格化をめぐる問題は、のちに第四章第二節で考察するように、今世紀初頭の近代的リカーディアン、L・フォン・ボルトキェヴィッチによってまずとりあげられ、いちおうの解決を与えられていたが、P・スウィージーが『資本主義発展の理論』（一九四二年）においてマルクス学派の見地からこれを紹介して以来、一九五〇年代にかけての欧米の学界に一連の転形問題論争をひきおこした。やがて新リカード学派、マルクス学派が新古典派に対抗して擡頭し、そこに三派鼎立状況が生れるなかで、一九七〇年代にこの論争問題はふたたび大きく再燃してきている。[7] ことにサムエルソンらが、[8] この問題をさきの第一の問題と重ね合せて、労働価値説の否定論を展開したことから、論争の規模は拡大され、マルクス価値論自体の理論的妥当性があわせて争われるにいたっている。問題の性質からしても、費用価格の生産価格化の方式と意義は、価値と生産価格の展開関係をどのように整理して理解するかという、より根本的な問題への接近の角度によって左右されるところが大きい。

他方、『資本論』第一巻の価値と第三巻の生産価格とはあきらかに矛盾するとして、労働価値説の否定に至る論調は、さかのぼれば、前世紀末のベーム＝バウェルクのマルクス批判に古典的な姿で示されている。たとえば、『マルクス体系の終結』[9] において、ベームは、オーストリー学派の限界効用理論を主張する見地にたって、つぎのようにマルクスへの批判を展開した。すなわち、投下労働量が商品の交換比率を決定するというマルクスの価値法則は、生産価格の規定と直接に矛盾するだけでなく、間接的に生産価格を規制するものとしても有効なものではない。たとえば、マルクスは生産価格総額は価値総額と一致するといっている。しかし、ベームによれば、価値論はほんらい個々の商品の交換関係の解明を課題としていたはずであり、マルクスのこの主張は、その課題からはずれ、同義反復的であまり意味のない命題をたてているにすぎない。また、マルクスにおいて、資本主義的生産ないし単純商品生産のもとでの商品交換を、間接的ないし直接的に支配するとされている価値法則は、製品完成に至る投資期間ないし待忍期間の長短が価格を支配する側面を正当に考慮しえていない。さらにマルクスの生産価格は、費用価格と平均利潤の和として与えられ、そのさい費用価格は労賃支払額と利潤とに順次分解しうると考えられるが、投下労働量は、そのうち労賃支払額のひとつの規定要因であるにせよ、もうひとつの規定要因である労賃率を規定するものではなく、また平均利潤にたいしてもより間接的で疑問の多い影響力を有するにとどまる。

ベームにしたがえば、こうしたマルクスにおける投下労働価値説と生産価格論との「矛盾」の「根源」は、『資本論』第一巻の価値論のうちにある。すなわち、生産価格論にさきだつ第一巻の価値論自体、価値法則の抽象にさいしての使用価値の捨象の論理、その展開における複雑労働の単純労働への還元の論理、および競争過程にあらわれる需給の取扱い方などに重大な不備があり、均衡価格の説明原理として、とうてい正当なものとみなしえない、というのである。こうしたベームの諸論点は、その後、戦前におけるわが国の価値論論争にさいしても、小泉信三らによってほぼそのまま くり返され、また最近におけるサムエルソンらによる欧米での論争の一面にもひきつがれ、新たな論点や手法を加えながら、世界的にいまなお重要な争点となりつづけている。

ベームの論難にたいし、マルクス学派を代表し、古典的な反論をくわえたのが、『ベーム=バウェルクのマルクス批判』におけるヒルファディングであった。[10]ヒルファディングは、歴史科学ないし社会科学としての「経済学の基本概念は唯物史観の基本概念と同じものである」という観点から反論をすすめている。すなわち、この観点からすれば、社会的労働の特殊な組織様式として、私有制と社会的分業にもとづく社会において、労働の社会的関連が諸商品の価値関係としてあらわれることをあきらかにし、それによって社会の内的機構を解明することが重要である。マルクスによる使用価値の捨象の論理は、そうした課題にそくして価値概念を措定するものである。また、ベームによる複雑労働をめぐる問題提起には、異種の具体的有用労働をいかに同質的労働に還元しうるかという右の価値概念の基本にかかわる無理解が混在しているうえ、複雑労働はその能力の養成に支出される一連の単純労働に還元しうるという原理への無理解がある。[11]総じて、ベームは、人間の物財にたいする個人的心理的関係から出発する限界効用理論の見地から、マルクス価値論に「主観主義的解釈」を加えては論難をすすめているのであって、そのようなベームの立場は、結局、歴史的・社会的生産関係の考察を放棄するものとなり、「経済学の自己止揚」に終らざるをえないであろう。

価値と生産価格の展開関係についても、ヒルファディングは、このような文脈のなかで歴史を理論的に考察する観点を強調しつつ、ベームへの反批判を展開している。すなわち、諸商品の価値どおりでの交換は、一定の歴史的諸前提のもとで必然的なものとしてあらわれるが、「歴史的諸前提が変化すれば交換も変形をうける。それゆえ問題は、ただこの変形が合法則的なものとみとめられるかどうか、価値法則の変形として説明されるかどうかという点にある。」[12]さらに、ベームは価値と価格を区別しないので、総価値と総価格が等しいという命題には意味がないというのであるが、しかし、マルクスにおけるこの命題には、利潤は流通からは生じえず、総利潤は総剰余労働にもとづく総剰余価値によって量的に規定されているという重要な認識がふくまれている。個々の商品の価値の生産価格への変形も、剰余価値と投下資本価値の大きさが価値法則によって確定されれば容易にあきらかにしうる。しかも展開された生産価格の規定には、マルクスにおいてもすでに産業間の投資期間の差異の役割などは十分に組み込まれている。また、ベームのように費用価格を順次さかのぼって労賃と利潤に分解し、そのおのおのを独立の価格決定要因とするのは、個別資本的見地にとらわれた錯覚にすぎない。不変資本部分を費用価格中に正しく位置づけて考察すれば、たとえば社会的に平均的な資本構成の産業部門では、労賃が上昇してもそれに応じて利潤が低下し、生産価格に変化が生じないことがわかる。

他方、ベームは、単純商品生産者の間でも、製品の完成までに多年を要する労働者には待忍期間に対する補償が与えられるはずであり、投下労働のみに比例した交換比率は成立しないと批判していた。ヒルファディングによれば、こうしたベームの批判は、むしろ資本主義の発展の産物である産業間の資本の有機的構成もしくは回転期間の大きな差異を、資本主義にさきだつ独立生産者に投影する無理をおかすものである。「マルクスが観察しているみずから労働する手工業者のばあいには、生産手段は比較的簡単な道具であって、それらの価値からすれば、相異なる生産諸部面にはいちじるしい差異はない。」[13]道具などの生産手段がいくらか重要なところでも、「独立生産的労働者は生産部面を自由に変更することはできないから、利潤（＝剰余価値）量がひとしければ、そのさい利潤率の相違は彼等にあってはどうでもよいのであって、それは、賃銀労働者にとって、彼等から収奪された剰余価値がいかなる利潤率で表示されるかがどうでもよいのと同様である。[14]」さらに譲って、製品完成までの期間に大きな差異が生ずるとしても、一方の独立生産者が多年にわたり収益を待忍するあいだ、その生産物を交換によって入手しようとする他方の生産者はその交換にそなえて自らの生産物を貯えておかなければならないから、待忍への補償がベームのいうように前者だけに与えられるべき理由はない。ヒルファディングは、ほぼこのように説いて、資本主義にさきだつ単純商品生産者のもとでの交換関係に、等労働量交換としての価値法則が現実的妥当性を有することを強調する。そしてこれを唯物史観とあわせて、価値の生産価格への転化は、そうした単純商品生産から資本主義的生産への生産関係の発展にともなう歴史的・論理的展開と理解されなければならない、とするのである。

このようなヒルファディングの反批判は、資本主義的市場機構を絶対視するベームの非歴史的な限界効用理論と、マルクスの経済理論との課題と性格の差異を明確にするものであった。[15]そうした見地から、ヒルファディングは、ベームが市場での価格の決定関係に価値と資本の全理論を解消する俗流的なみずからの観点にひきよせて、マルクスの価値と生産価格の理論に偏った解釈を与えては批判していることに抗議し、ベームの誤解を正そうとしている。そのかぎりで、その反批判の大筋は明快であり、説得力にも富んでいる。しかし、その反面で、ヒルファディングはマルクスの価値と生産価格の理論展開に残る難問には、かならずしも積極的に内在的解決をすすめようとはしていない。たとえば、費用価格の生産価格化にかかわる論点も、ベームによる問題の指摘が不正確なこともあって、内在的に十分検討が深められず、ボルトキェヴィッチらのとりあげた問題の側面は、いわばまだ見逃されている。また、生産価格にさきだつ価値法則の現実的妥当性を理論的にどのように認識しうるかという問題も、『資本論』の本来の考察対象をなす資本主義経済にそくして十分な解決を与えられているとはいえない。さしあたり、唯物史観に依拠し、種々の社会構成体を区分する社会的労働の編成原理の解明が重要であるとされるとともに、マルクスによる考察の一面（cf. *K*. III, S. 185-186. 岩㈥二七四―二七七頁）やそれを敷衍した『資本論』第三巻「補遺」におけるエンゲルスによって、価値法則の現実的妥当性は資本主義にさきだつ単純商品生産者の間に認められるものと解釈される。こうしたヒルファディングの解釈にしたがえば、価値の生産価格への転化は、資本主義的生産自体の運動法則の理論の展開としてではなく、単純商品生産から資本主義的生産への生産関係の歴史的発展に依拠し、それに照応する論理とみなされることになる。

この歴史的・論理的展開説は、その後、価値と生産価格の関連をめぐる論争問題についてのマルクス学派における有力で正統的な見解として継承されてきた。わが国における価値論論争においても、小泉信三らのマルクス批判に答えて櫛田民蔵らがこうした見解を提示し、戦後の研究のなかでも、同様の見解が正統的なものとみなされている。[16] 世界的にも、ソ同盟科学院経済学研究所の『経済学教科書』(一九五四年)やR・ミークの論稿にみられるように、価値の生産価格への転化は、単純商品生産から資本主義的生産への歴史的発展を理論化したものとみなす見解が、長く正統視されてきたのであった。[17]

3

ヒルファディング以来のこうした歴史的・論理的展開説は、マルクスにおける価値の生産価格への展開を、唯物史観の基本に依拠して、生産関係の歴史的発展の論理として整理しようとするものである。たしかにマルクスの価値論は、歴史を理論的に解明しようとするものであり、唯物史観の基本を理論的に把握せしめる展開構成を有しているといえよう。しかし、マルクス価値論のそうした課題が、単純商品生産から資本主義的生産への発展を想定する価値の生産価格への転化説によって、正確に把握されているかどうか。また『資本論』の理論構成の成果がそれによって十分整合的に理解されうるかどうか。ともに疑問の余地があるといわなければならない。

たとえば、『資本論』では生産価格論にさきだち第一巻第三篇以降第二巻末に至るまで、価値法則によって資本主義的生産の内的機構を考察している。投下労働量による商品価値の規制は、そこではあきらかに、資本主義的生産の内面を支配する運動法則として取扱われている。それゆえ、『資本論』の解釈としても、価値法則は、単純商品生産者相互の商品交換に妥当していたとするのでは、少なくとも十分でない。さらに、労働価値説の必然性は、ヒルファディングも強調しているように、労働の社会的関連が諸商品の価値関係としてあらわれるところに明確に示されるのであって、そうとすれば、資本主義にさきだつ単純な商品経済がそのような労働の社会的編成を実現しうるものであったか否かが問題とされてよいであろう。角度を変えていえば、価値法則の必然性を単純商品生産者によって示そうとする立場は、資本主義にさきだちそれぞれ労働手段を所有する自由な商品生産者から成る無階級社会を想定することに通じている。それは、マルクスが唯物史観の定式において、生産力と生産関係の矛盾の発展として人類前史を総括しつつ、近代ブルジョア的生産様式に先行するものとして、アジア的、古代的、封建的生産様式をあげ、それらを敵対的な生産関係をともなう階級社会の発展史として考察していることにもかえって反することとなるであろう。

『資本論』も、その冒頭の商品論において労働価値説を提示するさいに、無階級の単純商品生産社会を想定していたとは考えられない。むしろ「資本主義的生産様式の支配的な社会の富」の「原基形態」としての商品をとりあげて分析を開始しながら、資本による生産形態の規定にさきだち、単純な商品交換の背後に、現実にはさまざまな生産関係による商品の生産を抽象的に一括して考察しようとしていたように思われる。しかし、そのような抽象的考察方法とともに、商品経済ひいては資本主義を特徴づける価値の形態規定に先行し、一般に人間労働の支出によって商品価値が形成されるものとする抽象的な価値実体論が示されることとなる。同時に、その労働支出がいかなる歴史的生産関係のもとにおこなわれているかは、さしあたり必ずしも理論的に明確にされえないこととなっている。そのかぎりで、『資本論』冒頭の価値規定はまた、さしあたり内容的に古典学派の労働価値説からあまり大きくへだたるところがないとも考えられる。そこに、価値と資本の理論の展開の上で、マルクス価値論としても方法論的に十分再考を要する問題が残されていたといえよう。そのような問題の所在をさらにたちいって確定し、その理論的解決の方向を確かめることは、本書の第一の主題をなしている。

いずれにせよ、マルクスにおける価値と資本の理論をめぐる右のような論争問題は、あきらかに古典学派をマルクスがいかに批判的に克服しえたかに深く関わっている。J・ロビンソンも指摘している新古典派経済学の「第二の危機」が深化するとともに、マルクス経済学が欧米で大きく再評価されるなかで、それらの論争問題は、あらためて世界的に重要な理論課題としてわれわれのまえに浮上してきている。さしあたり欧米におけるその最大の焦点は、価値と生産価格の展開関係におかれているが、その背後には歴史としての近代文明の危機が深まるなかで、マルクス主義の科学的根拠を、価値論ないし剰余価値論にさかのぼり、あるいは攻撃しあるいは擁護しようとする緊迫した対立がつよく意識されているのである。そうした学問状況のなかで、しばしば理論上の問題をイデオロギー的主張に埋没せしめたり、イデオロギー的反感を理論的粉飾のもとにおく傾向もないではない。しかしわれわれは、その根底に、古典学派による理論経済学の体系化以降、二〇〇年をこえる経済理論の発展史をつらぬく価値と資本の理論にかんする論争問題が、『資本論』を経てなお科学的に解明を要する諸点を残していることに注意しなければならない。

それらの諸点に検討をすすめるうえで、宇野弘蔵にはじまる戦後の日本における価値と資本の理論の新たな研究の進展は、すでにかなり重要な諸論点について基本的な整理の方向をあきらかにしつつあるのではないかと考えられる。欧米で展開され再燃している論争問題も、この宇野理論としての研究の発展にもとづき、より正確な解決を与えうるものと期待される。他方、宇野理論による研究に残されていると考えられる方法論上、理論上の問題点も、ひとつにはそうした論争問題をいかにのりこえうるか、という角度から点検されてよいであろう。それとともに、宇野理論における価値と資本の理論の研究の内部に残されている論争問題も、歴史を理論的に解明するマルクス経済学の特質をいっそう明確化し強化する方向にそって、いわば内在的に解決がはかられてゆかなければならないと考えられる。そこに本書の第二の重要な展開主題がある。

宇野理論が、ほんらいマルクスの『資本論』にもとづく経済学の体系的な深化発展をめざすものであるかぎり、この主題は、マルクスの価値と資本の理論に残されている問題の諸点を確定し、解明する第一の主題とかならず深く重なりあうものとなるにちがいない。本書はさらに、さきにふれたような最近の欧米におけるこの理論領域に関する論争問題の所在を、基本的な論点について確かめ、その解決の方針を検討するという、いわば第三の主題を有している。この主題も、右の二つの主題の展開と連環をなすものとして位置づけられ、解明されることとなるであろう。本書のこうした三つの展開主題は、宇野理論の方法とその発展の試みを媒介的な動因として組み立てられているので、項をあらため、宇野理論全体の特徴的な方法とその発展の試みをめぐり、本書の主題と展開構成の関連をやや具体化してみておくことにしたい。

(1) A. Smith, *An Inquiry into the Nature and Causes of the Wealth of Nations*, 1776, ed. by E. Cannan, 1922. 大内兵衛・松川七郎訳『諸国民の富』(1)—(5)、一九五九—六六年、岩波文庫。

(2) D. Ricardo, *On the Principles of Political Economy and Taxation*, 1817, ed. by P. Sraffa, 1951. 堀経夫訳『経済学および課税の原理』一九七一年、雄松堂書店。

(3) マルクスは、この二点をつぎのように要約している。「リカードの体系における第一の困難は、資本と労働との交換——それが『価値の法則』に一致しているようにおこなわれること——であった。/第二の困難は、等量の諸資本が、その有機的構成はどうであろうと、相等しい利潤をもたらす——または一般的利潤率をもたらす——ということであった。これは、事実上、意識されてはいないが、どのようにして価値は費用価格に転化するか? という問題であった。」(*Mw.*, 3. S. 177. 国(7)三一七頁。さらに *Mw.*, 3. S. 233. 国(7)四二二頁をもみよ。斜線/は原文中の改行を示す。以下同様。) なおマルクスは、この『剰余価値学説史』では、のちの『資本論』における生産価格をまだ費用価格とよんでいた。

(4) 一九六〇年代における新リカード学派、ついでマルクス学派の擡頭により、欧米の理論経済学界は、最近、新古典派の専一的支配を崩され、大きな転換期をむかえている。新リカード学派による新古典派批判の発端となったのは、後者の限界原理にしたがえば、資本と労働の結合比率としての集計生産関数において、賃銀が上昇し利潤率(ないし利子率)が低下するにつれて、一方的により資本集約的な技術への代替がすすむと考えるほかはないのに、各生産手段の生産期間および生きた労働とそれらとの組合せいかんでは、最初に用いられる労働集約的技術が、より高賃銀低利潤のもとで、ふたたび低コスト技術として、資本集約的技術におきかえられるという技術の再切換え（reswitching）が生じうるという、P・スラッファの発見であった（cf. P. Sraffa, *Production of Commodities by Means of Commodities*, 1960, p. 15. 菱山泉・山下博訳『商品による商品の生産』一九六二年、有斐閣、一二五頁）。この問題は、異種の使用価値からなる資本財をどのようにして同質的な資本価値として扱いうるか、また、資本価値と利潤率（ないし利子率）との間、あるいは生産物の価格と（労賃と利潤への）所得分配との間の決定関係に、限界原理では内的な不整合もしくは循環論法がさけられないのではないか、といったより根本的な問題点につうじていた。そうしてみると、古典学派の理論的難問を外在的に放棄して理論構成をすすめた新古典派経済学の根底に内在する弱点が、最近、古典学派の難問を逆倒した形で、限界学派による価格理論に対し、その基礎となるべき価値と資本の理論の不備または不在として問いかけられているわけである。なお、こうした論点につきさらにくわしくは、M. Dobb, *Theories of Value and Distribution since Adam Smith*, 1973, chap. 9. 岸本重陳訳『価値と分配の理論』一九七六年、新評論、第九章、および伊藤誠・櫻井毅・山口重克編・監訳『欧米マルクス経済学の新展開』一九七八年、東洋経済新報社、第Ⅰ部を参照されたい。

（5）M. Dobb, *op. cit.*, p. 248. 同訳、二八八頁。

（6）たとえば、T. Hodgskin, *Labour Defended against the Claims of Capital*, 1825. 鈴木鴻一郎訳『労働擁護論』一九四八年、日本評論社、などにみられるリカード派社会主義者は、リカードの労働価値説を延長し、賃銀労働者の「労働全収益権」を主張した。しかし、その主張は、商品経済における価値法則を廃止するのではなく、むしろ徹底することによって社会主義を実現しようとするもので、社会主義論としては空想的なものであった。その主張の難点は、さかのぼれば、資本主義的生産のもとで、剰余労働を剰余価値として資本が取得する生産関係の論理を、労働価値説によって理論的にあきらかにしえず、資本と賃労働の経済関係を年生産物のたんなる分配関係のようにみていたリカード価値論の限界に帰着せしめることができる。

（7）さしあたり、伊藤誠『資本論研究の世界』一九七七年、新評論、本著作集第一巻、および伊藤誠・櫻井毅・山口重克編訳『論争・転形問題』一九七八年、東京大学出版会、同編・監訳『欧米マルクス経済学の新展開』をみよ。

（8）たとえば、P. A. Samuelson, Understanding the Marxian Notion of Exploitation: A Summary of the So-called Transformation Problem between Marxian Values and Competitive Prices, *Journal of Economic Literature*, 9-2, June 1971, also in his *Collected Scientific Papers*, vol. 3. 伊藤・櫻井・山口編訳『論争・転形問題』所収、など。

（9）E. von Böhm=Bawerk, *Zum Abschluss des Marxschen Systems*, 1896. 木本幸造訳『マルクス体系の終結』一九六九年、未来社、

English transl. in : P. M. Sweezy, ed., *Karl Marx and the Close of his System by Eugen von Böhm=Bawerk and Böhm=Bawerk's Criticism of Marx by Rudolf Hilferding*, 1949. 玉野井芳郎・石垣博美訳『論争・マルクス経済学』一九六九年、法政大学出版局、所収。

(10) R. Hilferding, Böhm=Bawerks Marx-Kritik, *Marx-Studien*, Bd. 1, 1904. English transl. in : P. M. Sweezy, ed., *op. cit.*, 玉野井・石垣訳、前掲書、所収。なお、ヒルファディングとはやや異なる角度から、ベームのマルクス批判に論評を加えたものとして、宇野弘蔵『価値論』一九四七年、河出書房（『宇野弘蔵著作集』一九七三―七四年、岩波書店、以下『著作集』と略記、第三巻、所収）の序論三がある。あわせて参照されたい。

(11) われわれは、のちに第三章第三節二において、この論点をめぐり、ヒルファディングの解釈にも、その継承者の主張とあわせて、さらに検討をすすめることとなるであろう。

(12) P. M. Sweezy, ed., *op. cit.*, p. 156. 玉野井・石垣訳、前掲書、一八七頁。

(13) *ibid.*, p. 167. 同訳、一九八頁。

(14) *ibid.*, p. 166. 同訳、一九七頁。

(15) スウィージーは、この点を評価してつぎのように述べている。すなわち、ヒルファディングは「抜群の明晰さをもってマルクスと〔新古典派経済学――伊藤〕正統派の諸見解との差異を説いている」(*ibid.*, p. xxii. 同訳、二〇頁）が、これと対比すると、ベームは経済現象に関し唯一つの可能な理論と方法があるにすぎないとみて、マルクスの理論を単純にまちがっていると論難しているにすぎない、というのである。同様の対比は、たしかにその後今日に至るマルクス学派と新古典派経済学との間の論争に、ほぼ一貫してみとめられるところであって、それは歴史を理論的に解明しようとする前者と、非歴史社会的な接近による後者との根本的な視野の広狭に由来しているのではないかと思われる。

(16) たとえば櫛田民蔵「学説の矛盾と事実の矛盾――小泉信三氏のマルクス評――」（一九二五年）櫛田民蔵全集第二巻『価値及貨幣』一九四七年、改造社、所収をみよ。また、わが国における価値論論争の戦前の経緯については、川口武彦『価値論論争史論』一九六四年、法律文化社がまず参照されてよいであろう。

(17) R. L. Meek, Some Notes on the Transformation Problem, *Economic Journal*, March 1956, also in his *Economics and Ideology and Other Essays*, 1967. 時永淑訳『経済学とイデオロギー』一九六九年、法政大学出版局、および伊藤・櫻井・山口編訳『論争・転形問題』所収。

二 宇野理論の発展と本書の構成

1

宇野弘蔵によるマルクス経済学の発展強化の試みは、全体としてつぎのような三点から成る方法論上の主張を基本的な特徴としている。すなわち、第一に、社会科学としての経済学は、特定の党派的な思想やイデオロギーによって科学性を保証されるものではなく、あくまで歴史的事実と論理にしたがい客観的な真理の認識をめざすものでなければならない。マルクスが経済学研究の「導きの糸」とした唯物史観も、人類史を総括した仮説的史観であり、「科学的にはまだこれから論証さるべき消極的なものでしかない[18]」と考えられる。そこで、唯物史観は、たんにこれを適用して歴史を解明すればよいものとみるべきではなく、逆に資本主義の経済的下部構造を分析する『資本論』の経済学によって唯物史観に科学的な論拠が与えられるとみなければならない。従来のマルクス主義経済学におけるように、科学の階級性を強調し、経済学の研究もイデオロギー闘争の一環をなすとみるのは、イデオロギーと社会科学の任務を混同し、マルクス主義の科学的根拠をかえってあやうくするおそれが大きい。

第二に、科学としての経済学の全体は、原理論、段階論および現状分析の三段階の研究次元に区分して体系化されるべきである。一七、八世紀以降一九世紀の六〇年代にかけて、資本主義の発展は、イギリスに純粋の資本主義社会を実現する傾向を示していたのであり、経済学はまずこの歴史的傾向にそくし、「資本家と労働者と土地所有者との三階級からなる純粋の資本主義社会を想定して、そこに資本家的商品経済を支配する法則を、その特有なる機構と共に明らかにする経済学の原理[19]」を展開する。マルクスは、『資本論』において、こうした経済学の原理論を体系的にほぼ確立したと考えられる。ついで、この原理論を基準として、資本主義の世界史的発展段階が、それぞれの段階に指導的な国の指導的な産業とそれに対応する支配的な資本とその経済政策の特徴にそくして、典型論的に解明されなければならない。ヒルファディングの『金融資本論』(一九一〇年)とその成果を発展させたレーニンの『帝国主義』(一九一七年)は、『資本論』との研究次元の区分を完全に明確にしたものとはいえないが、事実上、帝国主義段階論の研究領域を確定するものとなった。それは、資本主義の発展の金融資本による末期の段階を、初期の商人資本による重商主義、中期の産業資本による自由主義の両段階に対するものとして、段階論的に解明するものと位置づけられてよい。日本資本主義のような各国経済の、あるいは世界経済の現状分析は、『資本論』のような原理論とあわせて、こうした典型論としての段階論を媒介的基準として、「無限に複雑なる具体的な過程を」その個別的具体性において解明しようとする研究次元となる。[20]

第三に、『資本論』の経済学は、こうした三段階論の基礎となる経済学の原理論の位置を占めるものとして、純化整備されなければならない。たとえば、『資本論』第一巻第二四章の第七節「資本主義的蓄積の歴史的傾向」において、マルクスが資本主義の発生、発展、没落の論理を総括しようとしているところには、むしろマルクスの社会主義的主張が直接的にあらわれることによって、原理論としての体系から逸脱し、原理的には論証されえない諸命題が示されている。[21]宇野によれば、経済学の原理論は、「純粋の資本主義社会の内部構造を解析しながらその運動法則を明らかにするものとして」体系的な完結性をもち、「その法則を永久的に繰り返えされるものとして展開することになる。[22]」したがって、資本主義の発生、発展、没落の歴史的推移の解明は、基本的には原理論の任務の外におかれる。

とはいえ、資本主義の運動法則が商品経済に特有な歴史的形態と機構のもとに展開されていることは、原理的に明確にされなければならない。そのさいとくに重要なことは、商品経済が「経済生活の基礎をなす生産過程自身から発生するものではなく、いわば生産過程と生産過程との間に発生した交換関係に特有なる形態をもって、漸次に生産過程に影響し、滲透し、これを把握することによって、生産過程にその実体的基礎を確保することになった[23]」という事実である。「『資本論』が、その第一巻を『資本の生産過程』と題しながら、またその労働価値説を商品の生産に基づいて最初に論じながらも先ず商品、貨幣、資本の形態規定を展開し、資本の出現の後に始めてあらゆる経済の仕方に共通な労働過程を論じて、資本の生産過程を説いているのは、なお方法的には不明確なるものを残しながらも、正しく商品経済のこの特殊性を把握していることを示すものといってよい。[24]」

『資本論』のこのすぐれた体系構成の方法をさらに徹底するならば、宇野の『経済原論』に示されたように、商品、貨幣、資本の形態規定の展開は、むしろ純粋の流通形態論として、背後の生産過程にふれることなく構成されてよいと考えられる。そうした展開構成がとられることになれば、マルクスの価値概念に特有な価値の形態と実体の二面のうち、まず価値の形態規定が「流通論」として展開され、それに続く「生産論」においてこの流通形態によって把握された資本の生産過程を解明するさいに、価値の実体規定がはじめてあきらかにされることになる。このような流通形態論の純化にもとづく、宇野の新たな原理論の体系構成は、マルクスによる価値と資本の理論に残されてきた問題の諸点を体系的に克服する道をひらくものとして、その後の研究に多大の影響を与えてきた。

いま、これらの論点が、さきにみた従来の価値と資本の論争問題にどのように寄与するものであったか、という点から宇野の方法論と理論構成の成果およびその内部の問題点に、さらに検討をすすめよう。

2

従来の価値論論争をつうじ、マルクス学派の通説的な見解は、唯物史観に依拠し、単純商品生産から資本主義的生産への推移を歴史的・論理的にあきらかにするものとして、価値と生産価格の展開関係を説いていた。宇野の理論構成は、こうした従来の通説的見解における難点を方法的に解除する意義をもっていた。すなわち、さきにふれたように、単純商品生産者は一社会の支配的な生産形態となりえないものであるから、投下労働による商品交換の規制の原理を単純商品生産者にそくして説くのでは、労働価値説を社会的に必然的なものとして論証することにはならない。十分な論証を与ええないままに、労働価値説を唯物史観から導かれる理論の端緒ないし仮説として主張するのでは、社会科学としての経済学の基本的規定が科学的に確立されていることにならない。労働力が商品形態のもとにおかれる資本主義においてのみ「労働生産物の商品形態が一般化する」（K., I. S. 184.岩㈠二九六頁）ことをふまえてみれば、生産に要する労働時間による商品交換の法則的規制の原理は、資本主義的生産にそくしてはじめて社会的に必然的なものとして論証しうるのではないかと考えられる。

単純商品生産を想定する従来の歴史的・論理的価値論の展開は、さきにふれたように、『資本論』の理論構成の解釈としても疑問の余地があったため、戦前においても、『資本論』冒頭の商品は、歴史上の単純商品ではなく、資本家的商品からの抽象とみるべきであるとする見解が一部に示されていた。(25) しかし、冒頭のたんなる商品の規定において、ただちにその生産に投じられる労働に分析がすすめられるかぎり、その労働がどのような社会的生産関係のもとにおこなわれているかは、理論的にあきらかにすることができない。『資本論』の商品論としても、そこに重要な方法論上の問題があったが、冒頭商品を資本家的商品とする見解においても、出発点のたんなる商品の規定にさいし、資本主義的生産による商品としての性質を、社会的な生産関係の実質にそくして理論的に明確にすることはのぞめない関係にある。

宇野も原理論の端緒におかれる商品は、歴史上の単純商品からではなく、資本家的商品から抽象されるべきものとみている。その点では、冒頭商品の性格づけに関し対立していた二説のうち、どちらかといえば資本主義的商品説を継承しているといえよう。しかし、宇野においては、商品の規定は、それに続く貨幣および資本の形態規定とあわせて、価値の実体規定にふれることのない、純粋の流通論として展開される。したがって、従来、たんなる商品の規定にさいし、価値の実体をなす労働をとりだすとともに、この労働がおこなわれる生産過程の歴史的性格をめぐり、主張されていた歴史上の単純商品説と資本主義的商品説の、それぞれに性格の異なる難点は、宇野の商品論からは基本的には除去されていると考えられる。それにともない、従来、出発点の商品論において、社会的な必然性を十分論証しえないまま労働価値説が提示されていた点も、体系的にあらためられ、労働価値説は、商品、貨幣、資本の流通形態論の展開を前提に、資本の生産過程論において、労働力商品の価値規定を基軸に論証されるべき課題とされたのであった。

こうして、価値の純粋な形態規定の展開を、「生産論」にさきだつ「流通論」として構成する宇野『原論』の方法からふりかえってみれば、『資本論』の端緒の「商品の二要因」論において、価値の形態規定の本格的展開にさきだち、使用価値に対する価値を抽象的人間労働の結晶として、実体的に一面化して規定しているところに、マルクス価値論の展開や解釈をめぐる種々の難問の生ずる根源があったのではないかと考えられる。それゆえ、「商品の二要因」論におけるマルクスの理論構成の成果と問題点を確認し、宇野原論におけるその整理の方法論的意義を確かめるとともに、そこになお残されている問題の諸点を検討しておくことは、本書の研究にとっても不可欠の出発点をなすであろう。これが本書第一章の主要な課題となる。

そのさい、方法論的に興味深い問題のひとつは、つぎのことである。すなわち、原理論の展開にさいし、宇野は純粋の資本主義社会を想定し、出発点の商品を資本家的商品からの抽象としながら、他方で、商品経済が、ほんらい社会と社会の間に発生し、生産過程にたいし外来的な交換関係に特有な諸形態をもって生産過程に影響し浸透する性質を有することに注目し、そこに「生産論」にさきだち「流通論」を展開する重要なひとつの論拠をもとめている。逆にまた純粋な「流通論」として展開される商品、貨幣、資本の形態規定の発展は、背後の生産関係から抽象されて分析されるのであるから、資本主義経済から抽象され、資本主義的生産への復元力をもつものとしても、他の種々の生産関係のもとで生産される商品の取引にも共通する諸形態をあきらかにするものとなる。その出発点におかれる商品の単純な形態規定は、資本主義的生産の内部の経済関係の基礎形態を示すとともに、資本主義的生産が外部の種々の生産関係と世界市場においてとりむすぶ経済関係や、さらにさかのぼれば資本主義にさきだつ商品経済関係の基本形態をもあきらかにすることになる。

宇野による流通形態論の純化の方法とその一論拠から導かれるこうした見地からすれば、自由主義段階に至るイギリス社会の歴史的傾向を延長し「純粋の資本主義社会」を想定し、その内部の経済関係を解明する宇野『原論』の方法は、原理論の考察対象と抽象の基礎を狭く限定しすぎていないであろうか。その点は、「商品の二要因」の規定を整備するさいに、すでに重要な問題となりうる。しかしさらに、本書第二章でみてゆくように、「貨幣の資本への転化」論をめぐり、その点はいっそう鋭く問われるところとなる。というのは、「貨幣の資本への転化」の規定のなかでマルクスが理論的にはむしろ存立しえないものとして示しているG—W—G′やG—G′を、商人資本的形式および金貸資本的形式として積極的に規定するさいに、宇野はこれらの「資本の形態規定は、商品、貨幣の場合と異なって、明らかに資本主義にさきだつ諸社会の商品経済に本来的なる商人資本乃至金貸資本によって、その形式を展開せざるをえない」[26]とし、はっきりと「純粋の資本主義社会」の枠をこえる論理をみずから示しているからである。流通形態論の方法と展開が、「純粋の資本主義社会」を想定する原理論の方法と首尾一貫しうるか否かという問題が、こうした一連の論点からたてられるとともに、それをひとつの論拠として、原理論は、むしろ直接に世界資本主義の歴史過程を考察の対象として展開されるべきではないかという主張が、宇野理論の発展として示され、宇野理論の内部に方法論上、興味ある論争問題が生ずるに至った。価値論論争の展開との関連にひきもどしていえば、その問題は、一方で、価値の形態規定を純化して展開するさいの考察の基礎をどのように考えるかという点に関わり、他方で、価値の形態規定の展開をうけて、資本の生産過程にそくし、価値の実体規定を論証する場を原理的にどのように導入し、設定すべきかという点に関連している。

3

このような論点を一環として提起された、鈴木鴻一郎編『経済学原理論』[27]と岩田弘『世界資本主義』[28]にはじまる宇野の三段階論とその基礎をなす原理論の抽象方法への内的批判は、ほぼつぎのように要約できるであろう。すなわち、宇野の三段階論では、原理論と段階論との次元の区分が、それぞれの考察対象の相違に帰せられている。

資本主義の発生、成長、爛熟の歴史過程は段階論の考察対象にゆだねられ、原理論の考察対象は、資本主義成長期にかけてのイギリス社会の発展傾向を根拠とするにせよ、現実の資本主義の歴史的発展からは分離されて想定される「純粋の資本主義社会」におかれる。宇野は、現実の資本主義的生産が、先進国イギリスの成長期にかけて、全社会を資本主義化する傾向を示したものの、それにも限度があり、さらに一九世紀末以降にはその傾向も逆転ないし鈍化し、小生産者が資本主義諸国に温存される傾向があらわれたという歴史的推移を重視している。しかし、成長期のイギリス資本主義も、国内に小農民や家内手工業者の層を残しながら、他の諸生産との国際貿易はむしろ拡大しながら発展していた。それゆえ、資本主義的生産は、商品経済の世界市場的関連のなかで、現実には終始、部分的な社会関係として成立し発展する歴史過程とみなければならない。そうとすれば、原理論の対象として、成長期にいたるイギリス国内の資本主義化の傾向のみに依拠し、それ自身で完結した「純粋の資本主義社会」を想定するのは、資本主義の現実の歴史過程にあらわれた一面を、それと緊密に関連している他の諸生産との商品経済関係の維持増大の側面から切り離して拡大する、機械的な抽象操作をふくんでいないであろうか。

しかも、現実の歴史過程から分離抽象された「純粋の資本主義社会」の内部においてのみ、資本主義の自立的で必然的な運動法則が認識可能であるとみなされる反面で、原理論においてあきらかにされる商品経済と資本主義的生産の発展の論理が、現実の資本主義の歴史過程自体のうちに生々と作用し妥当している側面は軽視される傾向が生ずる。それとともに、原理論を考察基準とする段階論も、資本主義の現実的な発展自体を直接的に取扱うのではなく、原理論と現実分析との中間に入るタイプ論的規定にとどめられることになる。宇野の『経済政策論』[29]に示されるように、こうしたタイプ論としての段階論にあっては、資本主義の各世界史的段階に特有な世界市場の有機的編成やその変動の機構、さらにそれらをつうずる各段階の移行の必然性は、十分織り込まれることにならない。それでは、世界市場的商品経済の中軸に生成し、自律的に成長、爛熟する資本主義的生産の世界史的発展がかならずしも全面的に総括されえないでおわることとなる。「純粋の資本主義社会」による原理論と、こうしたタイプ論としての段階論を考察基準とすることにより、さらに現状分析は、「無限に複雑なる個別的具体性を有するもの[30]」とみなされ、この研究次元においても、世界市場をつうずる資本主義経済の中枢と周辺の有機的な関連とその変動の総括的な解明は軽視される傾向が生じている。

こうした一連の方法論上の制約は、資本主義経済の運動の法則的必然性ないし自律性が、「純粋の資本主義社会」の想定の内部でのみ認識可能であり、さらにはそこにのみ存在可能であるかのように取扱われる傾向に由来していた。またそうした傾向の反面として、つねに非資本主義的諸生産や政治的上部構造との関連のなかで展開される現実の資本主義の歴史的推移については、その経済的運動が非自立的で非法則的なものである側面が強調され、その特性をあきらかにするうえで、資本主義の各発展段階を代表する国のタイプ的種差やさらに現実的過程の個別具体性の分析が、一面的に重視されることにもなっていたように思われる。

ところが、他の諸生産と世界市場的関係を維持拡大しつつ、その中軸に発展する資本主義的生産は、他の諸生産との相互作用によって、その自律的で法則的な運動をかならずしも質的に阻害されるものではない。それは、資本主義の発展の基盤をなす商品経済が、ほんらい社会と社会の間に発生し、生産過程にたいし外来性を有していることに関連している。すなわち、資本主義のもとでは、元来諸社会の間の交易関係として発達する商品経済の諸形態が、社会的生産の内的編成原理に転化されるのであるから、他の生産関係による社会と異なり、資本主義的生産にとっては、外部の諸生産との商品取引は、みずからの内部の組織原理と異質な形態によるものではなくなる。

資本主義の経済過程が、政治的、法律的等の上部構造から相対的に分離されるとともに、それら上部構造にたいする下部構造の独自性と規制作用を明確にするものとなるのも、基本的には、こうした商品経済にもとづく資本主義的生産の運動の特性によることである。たとえば、成長期のイギリス資本主義は、世界市場で他国の農産物を自国の綿製品と商品形態のもとに交換しているかぎり、資本の一部が綿業から農業に移されて、農業も全面的に資本主義的生産に編入された場合と質的には異ならない運動の論理を、量的に増幅した規模で実現しているとみてよいであろう。

すでに他の機会にも検討したように、[31]宇野も『恐慌論』[32]の「序論」では、外国貿易を原理論の展開にさいし捨象しうる論拠として、このような商品経済にもとづく資本主義的生産の特殊な自律的運動の論理を強調していた。あきらかに宇野も、そこでは、他の諸生産との世界市場的関連のなかにおかれている現実の資本主義的生産自体に、自律的で必然的な運動の論理を確認しうるものとみているのである。同様の論理は、国内に残存する小生産者との関係にも適用可能であろう。さらにまた、一九世紀末以降の資本主義の経済過程も、政治的上部構造にたいし、相対的な自律性をもって運動する側面を有するかぎり、同様の論理によって、資本主義経済の基本的運動法則を認識可能とする特性を失っていないと考えてよいのではなかろうか。

こうして、商品経済の世界市場的関連の中軸に、他の諸生産との相互作用を維持拡大しながら発展する現実の資本主義的生産を考察の対象として、商品経済の諸形態にもとづく資本主義的生産の運動法則を認識しうるのであれば、自由主義段階に至るイギリス国内の資本主義化の傾向のみに依拠し、「純粋の資本主義社会」を想定する、やや機械的な原理論の抽象方法は避けられることになる。そのような観点からふりかえってみれば、商品経済の基本的諸形態を、背後の生産関係にふれることなく、純粋の流通形態として展開したのちに、資本主義的生産の解明に入る宇野『原論』の理論構成自体、世界市場をつうずる資本主義的生産の特殊な自律性を、現実の歴史過程から抽象して解明する方法論をなしていると読みかえることも可能となる。本書第一・二章でみてゆくように、宇野の流通形態論の理論構成のうちに、すでにこうした世界資本主義論としての方法を可能とし、むしろそうした方法論によって、その規定の意義をいっそう明確にしうるところがあるのではないかと思われる。そうした論点を究明するなかで、われわれは、鈴木・岩田説としての世界資本主義論の方法による原理的規定の展開に残されている不備や問題点についても、もとより十分な批判検討を惜しむべきではない。

4

流通形態論として価値の形態規定を展開したのちに、これを前提に資本の生産過程に考察をすすめ、剰余価値生産の機構とあわせて、価値の実体規定を価値法則の必然的根拠として解明する理論領域に入ると、世界市場の中軸に発展する資本主義的生産を考察の対象として原理論を展開する見地からしても、あらゆる生産物は資本により商品として生産されるものとして扱われることになる。労働力を商品として購入使用することにともない、資本はあらゆる有用物を商品として生産しうる力能を与えられるのであり、その自立的運動の内部からみれば、他の諸生産からえられる生産物も、商品形態による交換を介しているかぎり、資本の一部がその生産にふりむけられたのと質的に異ならない意味をもつことになるからである。それゆえ、商品経済の形態原理にもとづき対外関係を内面化する資本の運動の論理にそくして、資本の運動原理に解明をすすめるさいにも、結果的には、純粋の資本主義社会を想定しているのと同様な理論的諸規定が示されてゆくことになる。

したがって、資本の生産過程論の理論領域からみれば、純粋資本主義論の方法と世界資本主義論の方法とは、かならずしも相互排斥的なものではない。後者は前者の機械的抽象を避けて、純粋の資本主義社会を、流通形態論の方法と整合的に、また流通形態論の展開をとおして、現実の資本主義の歴史過程から抽象し、理論的に確保する論理を強調しているとみることができる[33]。いずれにせよ、価値の形態規定を純化する方法を前提するならば、価値の形態としての価格関係の背後にこれを規制する労働量の社会的関連を、資本の生産過程の内的論理として確定する作業がすすめられなければならない。すなわち、宇野理論において労働価値説をどのように論証するか、という課題にほかならない。それはまた、価値と生産価格の展開関係をめぐる従来からの論争問題に、価値の形態規定の純化の方法をふまえ、宇野理論としての研究が、内容的にどのような解決を与えているかという論点にかかわってくる。

本書第三章でのちにみてゆくように、宇野は、資本の生産過程論において、労働力商品の価値規定を基軸に労働価値説を論証するさいに、商品生産物の等労働量交換を価値法則の内実として示している。そのかぎりでは、論証の位置と手続きは異なるにせよ、マルクスによる価値の実体規定を内容的にはほぼそのままひきついでいる。他方、価値論論争のなかでくりかえし問われてきたことは、不等労働量の交換をともなう生産価格を商品生産物の売買の基準とする資本主義経済の運動法則にたいし、それに先行して商品生産物の等労働量交換を価値法則として措定する論理に、どのような現実的・理論的妥当性をみとめうるかという論点であった。宇野は、この論点をめぐるヒルファディング以来の通説的な歴史的・論理的展開説にふくまれていた単純商品生産社会の想定を非実在的なものとして排除し、労働生産過程の原則が全面的に商品の価値関係をとおして維持される資本主義に内的に実在する論理にそくして、価値法則の必然性をあきらかにしようとしていた。そうであるだけに、生産価格を現実の交換の基準とする資本主義経済の内面に、商品生産物の等労働量交換としての価値法則の必然性をどのような意味で認識しうるかは、宇野理論にとって、従来の歴史的・論理的展開説に比してある意味でいっそう鋭い理論問題となってくる。ことに、世界資本主義論の方法にしたがい、資本主義の経済的運動法則としての価値法則を、たんに想定された「純粋の資本主義社会」の内部のみに認めうるものとせず、歴史過程としての現実の資本主義の発展の内面に実在する運動の論理を示すものとみるならば、この問題はますます重要な意義をもつものとならざるをえない。

本書第三章では、こうした問題点を内容的に確定しつつその解明につとめ、資本の生産過程の論理にそくした労働価値説の論証内容の整備をはかりたい。その前提として、われわれは、労働生産過程の規定をめぐり、諸社会に共通な経済原則の内実にも省察をおよぼしてみたい。また、価値の形態規定との区別と関連を重視するわれわれの価値実体論を展開する観点からすれば、マルクス労働価値説への難問として最近欧米で論議を集めている結合生産物や複雑労働の取扱いに、どのような整理を加えうるか、さらに再生産表式論の構成原理とわれわれの価値実体論とが、どのように関連し整合するか、といった論点にもこの章の検討はすすめられてよいであろう。

「生産論」において、商品生産物の等労働量交換を価値法則の内実として規定した宇野『原論』は、ついで「分配論」

において、これを前提に、価値の生産価格への転化の論理を、『資本論』にほぼそのまま依拠して展開している。したがって、費用価格の生産価格化をめぐり、ボルトキェヴィッチいらい提起され争われてきた転形問題は、宇野の原理論の理論構成にとってもいぜん考究を要する重要問題として残されているといわなければならない。価値論論争と転形問題論争とを区分していえば、宇野の原理論は、前者について根本的解決を与えようとする体系構成をめざしていたが、価値法則の規定の内容とも関連して、後者の論争問題にはほとんど未着手であったといっても過言ではない。しかし、近年における欧米の転形問題論争と雁行して、価値の形態規定を純化する宇野理論の方法を生かすことにより、この論争問題を体系的に解決しようとする試みがわが国においてもくりかえされてきた。本書第四章では、価値法則と生産価格の展開関係をめぐる『資本論』以来の問題点を点検するとともに、転形問題論争の根源と経緯をたどりながら、宇野理論の発展によるこの論争問題の根本的な解決の方向を探ってみたい。それは、この問題をめぐる最近の世界的な論争状況に宇野理論による研究が、どのように寄与することができるかを具体的に検証するところともなるであろう。

5

本書の第五章は、株式資本としての資本の商品化の原理的展開に考察をすすめる。この理論領域は、第二章で扱われる貨幣の資本への転化論と照応し、歴史を理論的に解明する価値と資本の理論の特質と方法がもっとも鋭く問われるところであって、従来も、宇野理論の発展としての世界資本主義論と純粋資本主義論との重要な争点とされてきた。周知のように、生産過程を支配する産業資本の中心都分が株式資本形態をとって商品化されるのは、一九世紀末以降の資本主義の爛熟期のことであり、この時期に支配的な資本となる金融資本も巨大産業株式会社を基礎として形成される。それゆえ、一九世紀中葉に至るイギリス社会の内部にみられた資本主義化の傾向を延長して「純粋の資本主義社会」を想定し原理論を展開する方法によれば、株式資本としての資本の商品化は、基本的には、帝国主義段階論において取扱われるべき課題となる。原理論で論及されるとしても、宇野『原論』におけるように、「それ自身に利子を生むものとしての資本」の規定の例証として、ごく付随的な取扱いにとどめられることとなる。これに対し、原理論の考察の基礎を帝国主義段階にまで拡張して、株式資本としての産業資本の商品化の原理的な必然性と意義を確定する試みが、世界資本主義論の方法の成否を左右する重要な一論点として提示されてきているのである[34]。

この論点は、価値と資本の理論の展開の全体を、いいかえれば原理論の全体系を、最終的にどのような規定でしめくくるべきか、という問題としてあらわれることにもなっている。すなわち、資本の原理的展開の最終規定は、基本的には「それ自身に利子を生むものとしての資本」となるのか、あるいは株式資本としての資本の商品化となるのか。またかりに、株式資本の形態と機能を原理論の最終規定に積極的に導入すると、そのことは、資本の運動法則としての価値法則の展開の体系にとってどのような意味をもつことになるであろうか。

マルクスも、株式資本を資本の展開の体系における最高かつ最終の位置におく構想を有していた。しかし、『資本論』においては、株式資本の規定は、利子論のとくに信用制度論に付随して、ごく断片的に論及されているにとどまる。そのため、マルクスの株式資本論はこれまで、『資本論』の研究のなかで、まとまった研究テーマとして取上げられることがほとんどなかった。しかし、マルクスが、株式資本論を本格的に展開しなかったのはなぜか、また、断片的にせよマルクスの示している株式資本の原理的規定が、とくに利子論との関連において、どのような意義と制約をもっているか、といった問題は、株式資本論の位置づけをめぐる宇野理論内部の論争点にも、直接・間接に通底するものがあるにちがいない。そこで、本書の第五章では、株式資本論の方法と展開をめぐる世界資本主義論による宇野理論の発展の試みをつよく念頭におきながら、むしろマルクスの株式資本についての諸規定をとりまとめて整理検討し、これを最近の論争問題解明への手掛りとしてみたい。なお、本書に示されている私見には、すでにそのもととなった論稿についてそれぞれに興味ある批判がよせられているが、たとえば本章に関連する鎌倉孝夫氏と降旗節雄氏による批判等[35]、関連箇所への注のなかで、できるだけ答える努力をしてみたいと思う。

こうして、本書を構成する以下五つの章はいずれも、価値と資本の理論をめぐるマルクスの諸規定と、それにもとづく宇野理論の発展のなかで残されてきている種々の問題点のうち、それぞれの意味でとくにかなめとなり、したがってまたいずれも容易でない論争点をあえて選んで挑戦し、私なりの整理と展開を試みようとするものである。すなわち、さきに本書の第一および第二の展開主題としたところにほかならないが、その文脈のなかで、さらに最近の欧米における この理論領域に関わる論争問題の要点に整理と発展を加えるという第三の主題が、とくに第三章と第四章に導入されることになる。そこでは、わが国における宇野理論としての研究の発展と、欧米における最近の『資本論』研究とを、理論的検討の内容において交錯させることにより、論争点の深化発展がはかられるであろう。

とはいえ、問題関心のそうした国際的交錯による発展の試みが、『資本論』研究のなかでは当面なお比較的かぎられた理論領域についてのみ可能であるという事実も、本書の構成には反映されている。それは、宇野理論としての戦後のわが国の理論研究の進展が、もっぱら正統派マルクス主義経済学との緊張関係を意識して、マルクス経済学の内的深化を課題としてきているのにたいし、最近の欧米マルクス学派は、むしろ新古典派経済学正統派ないし新リカード学派との対抗関係を主軸に発展している、という学問的背景の相違に根ざしているところがある。[36]しかし、マルクス経済学が、ほんらい社会科学としての普遍的認識をめざしているかぎり、そうした背景の相違による問題関心や理論的見解の差異はできるだけ克服し、可能なところから共通の認識を深化し拡大してゆく努力をくりかえしてゆかなければならないものと考えている。

(18) 宇野弘蔵『「資本論」と社会主義』一九五八年、岩波書店、三一頁(『著作集』第一〇巻、所収)。
(19) 宇野弘蔵『経済原論』一九六四年、岩波全書、一二頁(『著作集』第二巻、所収)。以下、宇野弘蔵『経済学方法論』一九六二年、東京大学出版会、II(『著作集』第九巻、所収)をあわせて参照されたい。

(20) 宇野弘蔵『経済学方法論』六二―六三頁。

(21) 同右、三六頁。なお、宇野弘蔵「社会主義と経済学」『社会科学の根本問題』一九六六年、青木書店（『著作集』第一〇巻、所収）におけるこの『資本論』の一節の批判的検討を参照されたい。

(22) 宇野弘蔵『経済学方法論』六二頁。

(23) 宇野弘蔵『経済原論』一六頁。

(24) 同右、一六頁。

(25) たとえば、河上肇は、『資本論』冒頭の商品は「資本家的社会にとっての最も捨象的な範疇に外ならぬのであるから、歴史上において資本家的商品以前に存在したものとしての簡単な商品ではない。すなわちそれは、最も具象的な資本家的社会そのものの一面として、かかる社会と同時的に存在するものである」（『資本論入門』一九三七年、改造社、『河上肇著作集』一九六五年、筑摩書房、第四巻、八〇頁）と述べ、したがって価値と生産価格の関係を基本的には資本家的商品の抽象的規定と具体的な姿の関係と解している。また、舞出長五郎も「土方博士の経済価値論に関する考察」東京大学『経済学論集』第五巻四号、一九二七年、において価値論論争に参加するさいに、価値と生産価格を歴史上の前後関係とせず、「資本主義社会の解剖」が「経済学本来の目的」であって、価値関係は「私有財産と分業とに基づく商品生産特に資本家的生産社会に於ける生産者相互の関係の結果であり」その「理論的表章である」（九九頁）としていた。もっとも、河上は、他方で、資本家的商品から、資本家的という規定を捨象すると簡単な商品となるのであって、「かかる簡単な商品は、歴史的にはもちろん資本家的商品に先だって発生している」とし、さらに、冒頭の商品は、一六世紀の世界市場にあらわれるような、「資本家的商品に転形せんとする直前の商品である」（『河上肇著作集』第四巻、八七―八八頁）とも説いて、かならずしも一貫せず、単純商品説にも一定の譲歩を示しているところがある。また、舞出は『理論経済学概要』一九四二年、岩波書店、などでは、労働価値説に疑問を呈するに至る。したがって、資本家的商品説は、むしろ、戦後、宇野によって新たな角度から（ある意味で前資本主義的商品説をも吸収しつつ）はじめて一貫したものとして整備されたと考えられる。

(26) 宇野弘蔵「『貨幣の資本への転化』について――降旗節雄君の批評に答える――」『マルクス経済学の諸問題』一九六九年、岩波書店、二九頁（『著作集』第四巻、所収）。

(27) 鈴木鴻一郎編『経済学原理論』上下、一九六〇、六二年、東京大学出版会。

(28) 岩田弘『世界資本主義――その歴史的展開とマルクス経済学――』一九六四年、未来社。なお、これらの著作にはじまる宇野理論の発展の試みは、宇野自身の純粋資本主義論の方法に対し、世界資本主義論の方法とよばれることがある。以下、その主張の要点と考えられるところを、基本的にはこれに賛同する見地から、とりまとめて述べておくこととしたいが、なお、侘美光彦『世界資本主義』一九八〇年、日本評論社、およびその二二六―二二七頁にあげられている関連論文を参照されたい。
(29) 宇野弘蔵『経済政策論』一九五四年、弘文堂、改訂版、一九七一年（『著作集』第七巻、所収）。
(30) 宇野弘蔵『経済学方法論』六三頁。
(31) 伊藤誠『信用と恐慌』一九七三年、東京大学出版会、「序論」二、（本著作集第三巻）。
(32) 宇野弘蔵『恐慌論』一九五三年、岩波書店、二〇一〇年、岩波文庫（『著作集』第五巻、所収）。
(33) そのことからすれば、世界資本主義論の方法にたいし、「世界資本主義の現実過程を『内面化』した時、それは実在しない純粋資本主義の抽象にほかならないものになっているのではなかろうか」（櫻井毅「序章、形成・方法」大内秀明・櫻井毅・山口重克編『資本論研究入門』一九七六年、東京大学出版会、二五頁）とする批判は、本質的な論点を逸らしているように思われる。私のみるところでは、本質的な論点は「純粋資本主義の抽象の方法の差異ではなくて、純粋資本主義の想定そのものの当否を問う形で提起されているからである」（同上、二五頁。櫻井毅『宇野理論と資本論』一九七九年、有斐閣、五三―五四頁もみよ）とはいえない。むしろ、原理論の抽象の基礎と方法をどのように考えるかが、段階論、現状分析との体系的関連にもひびいてゆく決定的に重要な論点をなしていたと考えられるからである。また、櫻井氏のここでの批判は、流通形態論や株式資本論の方法と展開をめぐり、純粋資本主義論の方法に残されている困難な論点を軽視し、またこれを克服しようとする世界資本主義論の方法による展開の試みがもたらしている新たな理論構成の意義と可能性を正当に評価するものではないように思われる。
(34) さしあたり、鈴木鴻一郎編『経済学原理論』下、第三篇第三章、同編著『セミナー経済学教室1 マルクス経済学』一九七四年、日本評論社、第Ⅰ部第三篇第三章、岩田弘、前掲書、第四章をみよ。
(35) 鎌倉孝夫「株式資本の原理的展開」東京大学『経済学論集』第三七巻三号、一九七一年一〇月、降旗節雄編『宇野理論の現段階1 経済学原理論』一九七九年、社会評論社、第一七章。
(36) こうした対比についてさらにやや詳しくは、伊藤誠『資本論研究の世界』Ⅰ章（本著作集第一巻）を参照されたい。

第一章　商品の二要因と価値の形態規定

第一節　原基形態としての商品

1

『資本論』は、歴史過程としての資本主義の経済的運動法則を体系的にあきらかにしてゆくために、商品の規定から出発している。すなわち、第一巻「資本の生産過程」の第一章を「商品」とし、さらにその第一節「商品の二要因、使用価値と価値（価値の実体、価値の大きさ）」の冒頭で、みずからの理論体系の始点を、つぎのように規定している。

「資本主義的生産様式の支配的な社会の富は、『巨大な商品集積』としてあらわれ、個々の商品はこの富の原基形態 Elementarform としてあらわれる。したがって、われわれの研究は商品の分析をもってはじまる。」（*K.*, I, S. 49. 岩㈠六七頁）

すでにこの端緒の規定において、『資本論』の全展開をつうずるマルクスに特有な理論構成の方法が、凝縮して示されていると考えられる。その含意をあきらかにするうえで、さしあたりつぎの二点に注意しておきたい。

すなわち第一に、「資本主義的生産様式の支配的な社会」が、はじめから考察さるべき主題として示されていることである。マルクスは第一巻初版への序文においても、「私がこの著作で研究しなければならぬものは、資本主義的生産様式であり、これに相応する生産諸関係および交易諸関係である」（*K.*, I, S. 12. 岩㈠一三―一四頁）といい、また「近代社会の経済的運動法則を解明することがこの著作の究極目的である」（*K.*, I, S. 15. 岩㈠一六頁）と述べていた。それに対応し、『資本論』の全展開の始点において、その考察の対象は特殊な歴史社会たる資本主義経済におかれることを、明確にしているわけである。(1)

しかしそれとともに第二に注意されてよいのは、考察の主題とされている資本主義経済に特有な資本主義的生産の内容にいきなり分析がすすめられていないということである。さしあたり、資本主義社会における富の「原基形態」として「個々の商品」がとりだされ、「商品の分析」から研究が開始される。その後、この「商品の分析」にさいしてはもとより、商品から分化する貨幣の諸機能により商品流通が形成され、さらにこれを前提に貨幣が資本に転化される論理を順次あきらかにしてゆく『資本論』第一巻第一・二篇の展開をつうじ、資本主義的生産の内部に分析がおよぼされるにはいたらない。すなわち、『資本論』の第一巻は「資本の生産過程」と名づけられ、その冒頭ですでに資本主義社会が考察対象として示されているにもかかわらず、第一篇「商品と貨幣」および第二篇「貨幣の資本への転化」では、一般に商品流通のうちにあらわれる、商品、貨幣、資本の形態的関連が解明されるのであって、その最後に特殊な歴史的条件として示される労働力の売買の規定を導入し、それを介し、第三篇にいたりはじめて資本主義的生産の分析にたちいる構成がとられているのである。そうした構成をふまえてふりかえってみるならば、商品と貨幣および資本形態の一面は、労働力の商品化という特殊歴史的条件を前提せずにも規定しうるものとして取扱われていることになる。(2) いいかえれば、それらの形態は、資本主義的生産にもとづきその内部のみにあらわれる経済関係とはされていない。資本主義の原基形態としてとりだされる商品も、こうした位相において、さしあたりむしろ資本主義に固有のものとはいえぬ商品経済一般の基礎形態として分析されてゆくものと考えられる。

そうとすれば、『資本論』が全巻をつうじ、資本主義的生産の支配的な経済過程を考察の対象とし、すでに冒頭でもその対象を明記しているにもかかわらず、むしろまず資本主義に固有とはいえぬ商品経済一般の基礎となる商品を原基形態としてとりあげ、その分析から出発しているのは、全体と始点との研究対象のずれないし分裂をいみしないであろうか。問題は商品経済と資本主義的生産の特質と関連にかかわってくる。

マルクスも「諸商品の交換過程は、もともと自然発生的な共同体の胎内にあらわれるものではなく、こういう共同体がつきるところで、その境界で、それが他の共同体と接触する少数の地点であらわれる」(*Kr. S.* 35-36. 岩五五頁)と指摘しているように[3]、商品経済関係は、元来、社会と社会の間に発生し発展する性質をもっている。それに対応し、商品経済は、古代、中世においても共同体的諸社会内部の政治的規制から相対的に独立して発展し、背後の生産関係のいかんをとわず諸生産物を取引せしめる経済関係を構成していた。資本主義的生産は、こうした商品経済が、西ヨーロッパ封建社会の解体過程をつうじ、新たな工業生産力の発達にもとづき、世界市場の拡大を背景に諸国内部に浸透してゆき、とくにまずイギリスですすめられた農民の土地からの分離を前提に、労働力の商品化を介し、資本の運動のもとに生産過程を包摂することにより成立する。その成果からみれば、資本主義は商品によって商品を生産する徹底した商品経済社会としてあらわれる。

それとともに、資本主義のもとでは、ほんらい政治的規制に依存しない商品経済をとおして、社会的な生産と消費の基本的な運行が自律的にすすめられることになる。政治的、法律的等の社会生活の諸側面にたいし、その物質的基礎をなす経済生活が、商品関係の論理にしたがいそれ自身で運動し発展する過程を形成するのである。このように社会生活における政治的、法律的上部構造にたいし、経済的下部構造が相対的に分離され、あきらかにそれ自身で運動する自律性を示すのは、古代、中世の諸社会とことなる資本主義の重要な歴史的特質にほかならない[4]。

資本主義的生産はまた、商品経済を社会的生産の内的編成原理とすることにともない、現実には周囲の非資本主義的諸生産とひろく交易関係をむすびながら、それによってみずからの生産編成の原理を質的に阻害されなくなる。それは、労働力にも商品形態が与えられ、生産関係の基軸が商品形態によって包摂されるからである。その点でも、古代、中世の諸社会が、他の社会との関係は商品経済によりながら、みずからの内部はそれと異質な原理をもって編成していたのとあきらかにことなるものがある。すなわち、資本主義的生産にとっては、対外的商品関係は、内部の組織原理と質的にことならぬものとしてあらわれ、したがってみずからの運動を量的に増強すべき基盤として自由に利用しうるものとなる。したがってまた、現実には資本にとって処理の困難な農業等の諸部門は、むしろ国内および国外の非資本主義的諸生産にゆだね、資本主義的生産はこれらとの交易関係を拡大しつつ、みずからは生産力の上昇をすすめやすい工業等の諸部門に特化して生産を拡大する傾向を示すことにもなる。そのかぎりで、資本主義的生産の発達は、世界市場における商品経済をとおして、内外の農業的諸生産にひろく分解作用をおよぼしながら、その中軸にたえず部分性をもって拡大する社会関係としてあらわれる。にもかかわらず、資本主義的生産は、そうした諸生産との関連において、商品による商品の生産をすすめる運動の原理を質的になんら制約されず、あたかも全部門をみずから担当するのとことならぬ自律的運動を展開するものとなる。(5) その点にも資本主義的生産の歴史的に特殊な自律性が示される。

こうしてみてくると、資本主義的生産の歴史的特質は、商品経済一般の性質と深く関わって形成されている。すなわち、資本主義的生産は、労働力の商品化を根本条件として、ほんらい社会的生産にとってむしろ外来的な商品経済を、反転してみずからの生産の内的原理とし、それによって対外関係と対内関係をおなじ商品経済の諸形態のもとにおき、特殊な自律的発展をとげる。したがって、商品経済一般を構成する諸形態は、資本主義的生産に歴史的に特有な自律的運動にとって、その原理的基礎を形成するものにほかならない。それゆえ、資本主義的生産の運動法則の特殊な歴史性を解明しようとするさいに、われわれはまず、むしろ資本主義に固有とはいえない商品経済一般の諸形態の性質と相互関係を理論的にあきらかにすることから始めなければならないのである。

しかも、さらにたちいってみれば、商品経済一般を形成する諸形態は、いずれも商品を基本形態としてあらわれる。たとえば、資本は貨幣の特殊な使用方法として成立し、貨幣は商品から分化するものにほかならない。そのいみで、商品経済とそれにもとづく資本主義的生産の原基形態として、商品がとりだされてよいのである。そうしてみると、『資本論』が、その冒頭で、「資本主義的生産様式の支配的な社会」を考察対象として明示しながら、ついで、この社会の富の原基形態として、資本主義のみに固有とはいえない商品から考察を開始し、商品経済一般の諸形態にまず理論的展開をすすめているのは、一見、全体と発端とに考察対象の差異をふくむようにみえて、実は資本主義経済の歴史的特質を体系的にあきらかにするうえで、きわめて正確な考察の順序をふむものであった。

2

以上の検討をふまえてみると、『資本論』のような経済学の原理論の冒頭で考察される商品は、商品経済一般とそれにもとづく資本主義的生産の双方にとって、原基形態としての意義を有しているといえよう。しかし、商品がどのようないみで資本主義的生産にとっての原基形態をなしているかは、労働力の商品化を前提条件として、資本による生産過程に理論的考察が進められることによって、はじめて内容的にあきらかにされてゆくことになる。これに対し、それにさきだつ商品の二要因、その対立の発展による貨幣成立の必然性、商品流通を形成し媒介する貨幣の諸機能、さらにはG—W—G′ないしG…G′としての資本形式などの規定の展開は、資本主義のみに固有とはいえない商品経済一般にあらわれる諸形態を、その相互関係においてあきらかにするものとなる。そうとすれば、商品経済一般を形成する諸形態とその原基形態としての商品を、資本主義にさきだつ歴史上の単純な商品経済から抽象してはならないであろうか。

序章ですでにふれたように、価値と生産価格の展開関係をめぐるベーム＝バウェルクとヒルファディングとの論争以来、マルクス学派の価値論研究に従来有力な通説は、冒頭商品をむしろ歴史上の単純商品生産によるものとみることにより、投下労働価値説の現実的妥当性を示そうとしてきた。たとえば、櫛田民蔵は、こうした観点から、『資本論』冒頭の商品は、「文義上」も歴史上の単純生産時代の商品と解されると主張していた[6]。しかし、この通説的観点には、『資本論』の解釈としても、労働価値説の論証の方法としても、疑問の余地が小さくなかった。

宇野弘蔵の『経済原論』[7]以後、『資本論』第一・二篇の領域を、純粋の流通形態論として展開し、それに続く資本の生産過程論においてはじめて価値法則を論証する理論構成がとられるようになっているのは、歴史上の単純商品による従来の価値論研究の難点を体系的に除去しようとするものであった。それは、端緒における商品の性格をめぐり、歴史上の単純商品説と対立していた戦前の資本主義的商品説[8]をそのままひきついで発展させるものでもなかった。すなわち、商品を、その生産に要する労働としての価値の実体とあわせて考察してゆくかぎり、商品の性質はその背後の労働の歴史的に特殊な編成様式と離れては論じえないものとされ、そこから冒頭商品について歴史上の単純商品か資本主義的商品かが、直接に生産関係の区分として問われることとなっていたのであって、この従来の論争の文脈においては、商品が、資本主義的生産にとっても商品経済一般にとっても、ともに原基形態をなすという二面は、むしろ対立的な両説に分離され、理論的に正確には規定しえないものとなっていたのであった。

宇野による流通形態論の純化は、冒頭商品論をめぐるこうした問題点を方法論的に解決する意義をもっていた。すなわち、価値の実体としての労働に関説しない純粋の流通形態の基本として、商品形態をとりだすかぎり、その商品がどのような生産関係のもとに生産されたものかはさしあたり問われないことになる。したがって、資本主義的生産の支配的な経済過程からとりだされる商品も、純粋の形態規定としては、社会的生産に外来的な商品経済一般の基本形態と同様の性質を示すものとなる。

そこでつぎに、問題は、そのような純粋の形態規定としての商品が、なぜ資本主義経済から抽象されなければならないか。逆に、歴史上の単純な商品経済から、資本主義的生産にとっても原基形態となる商品を抽象することはできないか、という点に移される。

宇野は、この問題に関し、たんなる流通形態としての端緒の商品は、資本主義的生産のもとでの商品から抽象されるほかはないとしていた。これに対し、たとえば岡崎栄松氏は、端緒の商品が、一方で資本家的商品とされながら、他方で特殊な生産関係から分離され、歴史上の単純商品にも共通する流通形態の基本とされるのは、論理的に一貫せず、資本家的商品の規定にふくまれる展開の動力を不明確にするのではないか、と疑問を投じた[9]。宇野はこれに答えて、たとえばつぎのように説いている。少し長いが、三つに区分して引用しておきたい。

すなわち、㈠「僕は、流通形態としての商品という形態規定だけを問題にすべきだというのだ。そこで問題は、いわゆる単純商品といった場合にそういう形態規定だけの抽象がなされるか、どうかということになる。たとえば奴隷によって生産されたとか、あるいは手工業者によって生産されたとか、あるいはまた農民が生産したものが農民によって、あるいはそれが領主によって商品になったというような種々なる場合に、それらの商品を単純に商品として抽象するということになると、その商品の生産された生産関係は、どのように捨象されるのだろうか。この場合、商品は単なる流通形態として規定されるということにはならないで、種々なる生産関係から分離された、いわば商品が商品として生産されるという抽象的な関係が想定されることになるのではないだろうか。いいかえれば商品化される生産物として生産過程も商品の生産過程として商品に直接に結びつけられ、純粋な形態規定にはならないで、商品の生産が具体的な生産関係から機械的に分離されて抽象的に想定されるということになるのではないか。そこに問題がある。」㈡「これに対して資本家的な商品から、資本家的な生産関係を捨象し、さらにまた貨幣関係をも捨象するということになると、これは純粋な形態規定にならざるを得ない。しかもこの形態規定は、いわゆる単純商品、それは種々なる特殊の生産関係のもとに生産されながら、単に商品として売買されるという意味で単純商品といってよいのだが、そういうものとも形態規定を共通にすることになる。この抽象性はいったいどういうふうな性質を持っているか。もちろん生産関係は捨象されているのであるが、しかしこの捨象された生産関係は資本家的生産関係としてそれこそ商品形態をその中心基軸とするものである。そういう生産関係を捨象した場合に初めて純粋に流通形態としての商品が抽象されるのではないか。」㈢「商品が貨幣、資本の形態的展開をなすことによって初めて、生産過程自身を商品形態をもって行なうことができることになる。原理論は、そういう関係を必然的なるものとして展開するものでなければならないという点を僕は、出発点たる商品自身が上向の動力をもつものとしたわけだが、この点は決して十分なる解明を与えているとは僕自身も思ってはいない。事実、またいろいろに説明をかえてきている。最近では、資本家的商品から抽象された形態規定は、自己の前提する生産過程を資本の生産過程として措定せざるをえないような抽象性を有するものとしている。いいかえれば、それ自身には存立しえない形態規定としてあるということにその復元力を認められるように説いてもいる。[10]」

みられるように、宇野のここでの主張は、それぞれに含蓄に富んでいるが、右の区分に従い三点に要約しうる。すなわち、㈠資本主義にさきだつ歴史上の商品を単純な商品として抽象しようとすると、商品を生産する現実には様々な具体的生産関係から、商品の生産が機械的に分離されて抽象的に単純商品生産として想定されることになるのではないか。㈡これと異なり、商品形態を中心基軸とする資本主義的生産関係における商品から、そのような生産関係を捨象すれば、純粋に流通形態としての商品をとりだすことができる。その商品の形態規定は、種々の生産関係のもとに生産されながら、単に商品として売買されるという意味における単純商品にも共通するものとなる。㈢しかも、そのような端緒の商品は、貨幣、資本の形態的展開を経て、自己の前提する生産過程を資本の生産過程として措定せざるをえないような抽象的で、非自立的な形態規定をなし、その点に復元力としての展開の動力を有している。

たしかに、従来の価値論研究のなかで、歴史上の単純商品説にあっては、純粋の流通形態としての商品がとりだされることはなかった。すなわち、その基本において、かならずしも商品形態と内的関連にない前資本主義的生産関係による商品から、その背後の具体的な生産関係を捨象して、歴史上の商品を単純に考察しようとすると、商品はむしろかならず商品生産物としてとりあげられることとなり、同時にその生産過程が単純商品生産として機械的に一般化されて抽象的に想定される傾向が生じていた。[11]それは、商品形態が、その背後の生産関係と異質的なものであったためといえよう。これに対し、資本主義的生産は、商品による商品の生産を徹底するところに成立し発展するのであって、商品形態はその生産関係自体の内的原理となる。したがって、資本主義に考察の基礎をおくかぎり、商品形態をとりだすさいに、生産関係を捨象する操作は、商品形態と異質な生産関係を機械的に分離して切捨てることを意味しない。むしろそれは、生産関係を内包している経済形態の基本を抽象するものとなる。しかも、資本主義的生産関係の基軸を形成する労働力の商品化は、商品形態が、商品として生産される生産物のみに付着するとはかぎらないことを明示している。商品関係を社会的生産に徹底する極点に成立する資本主義の基軸において、むしろ商品形態が、生産過程とその産物にたいし、外的な広がりを有していることがあきらかにされることになる[12]。

宇野によるさきの主張の㈠㈡の論点をこのように展開してみれば、純粋の形態規定としての端緒の商品は、資本主義的生産の支配的な経済過程にもとづいて抽象されてよいものであり、しかも、生産過程に外的な流通形態としての規定性において、種々の特殊な生産関係によって生産されながら、商品として売買される非資本主義的商品にも広く共通する性質を示すものと考えてよいであろう。この性質も宇野の指摘しているところであった。その性質において商品はまた、国内的にも国際的にも種々の異質な生産の間を外面的に結合し、資本主義的生産の発展の現実的基盤をなす世界市場の原基形態としてもあらわれる。マルクスのいう「資本主義的生産様式の支配的な社会」も、現実にはそうした世界市場の中枢に形成され、国内的にも、農村や都市の周辺的な小生産者層のうちに産業予備軍の「潜在的」ないし「停滞的」存在形態を有しながら、商品をその社会の富の原基形態としているものと考えられる[13]。その面を重視すれば、宇野が、「純粋の資本主義社会」を想定して原理論を展開するとしている方法は、端緒の商品の形態規定がふくみうる理論的合意の広がりを体系的に読みとりにくいものとしているといわなければならない。そのような方法論上の制約をとりはらい、商品にはじまる流通形態論の純化の理論的意義をさらに徹底して生かそうとする方向が、世界資本主義論としての宇野理論の新たな発展を支えるひとつの有力な論点をなしてきたのである。その発展の方向にそくしていえば、原理論冒頭の商品形態は、資本主義的生産にとっても、その周囲の世界市場的な商品経済にとっても、ともに基本形態をなすものとして、資本主義的生産の支配的な商品世界から抽象されるものとみなされてよいであろう。

3

端緒の商品が、どのような意味で、資本主義的生産を論理的に措定する展開の動力を有するかという問題も、これに関連して検討を要するものがある。宇野は、資本主義的商品から抽象された純粋の形態規定としての商品は、貨幣、資本の形態的展開をつうじ、自己の前提する生産過程を資本の生産過程として復元せざるをえないものとしていた。純粋の流通形態としての商品の規定の抽象性に、それ自身の存立の根拠をもとめる復元力としての展開の動力を認めるわけである。さきの宇野からの引用の㈢の論点にほかならない。しかしその場合、商品の形態規定から出発し、貨幣形態と貨幣の諸機能の考察を経て、資本の商人資本的形式および金貸資本的形式の規定に至る理論領域と、それに続き、労働力の商品化の規定を介し、産業資本的形式による資本の生産過程が導入される領域とでは、かならずしも一様に論じられないものがあるのではなかろうか。

すなわち、資本主義経済から抽象された純粋の形態規定としての商品は、たしかにそれ自身では存立しえないものとして、結局は資本の生産過程に根拠をもとめてゆく復元力を内包しているにちがいないが、その復元力は、商品にはじまる流通形態論の展開が、とりわけその究極において、産業資本的形式による資本の生産過程論への展開を要請するという点に示されるものと考えられる。いいかえれば、それは流通形態論から資本の生産過程論への移行を必然化する展開の動力にあたるものと理解される。出発点の商品だけでなく、それに続く貨幣および資本も、抽象的に流通形態として規定されるかぎりでは、それ自身に内的な存立の根拠を有するものではなく、結局は全体として資本の生産過程に社会的な基礎をもとめざるをえない要請を示すものと考えられるからである。

しかも、他方で、流通形態論の内部における商品から貨幣へ、貨幣から資本への形態規定の展開の動力は、少なくとも直接には、生産過程にそれらの形態の存立の根拠をもとめる復元力として与えられているとはいいがたい。またそうでなければ、商品、貨幣、資本の形態規定の展開を、生産関係にさしあたりふれることのない流通形態論として構成することは望めないことになる。商品にとって貨幣が、貨幣にとって資本が存立の根拠をなすものとして展開されるわけでもない。原基形態としての商品の二要因としての使用価値にたいする価値の形態規定の展開をつうじ、商品から貨幣が分化し、貨幣が資本として用いられる必然性が導かれ、それとともに、貨幣の機能と資本の運動形式を介し、商品相互の価値の形態的関連が商品経済に特有な機構を構成することがあきらかにされてゆくのである。

むろん、このような流通形態論の領域内部の展開も、資本主義的生産の支配的な商品世界からとりだされた単なる商品の形態規定の抽象性のうちに、商品流通を構成する具体的な諸形態を復元する動力を認めて組み立てられてよい。しかしその復元力は、流通形態としての諸規定の全体が、資本の生産過程に存立の根拠をもとめていわば立体的に縦に深化する復元力とは性質を異にするとみなければならない。両者は流通形態論の終局において重合してあらわれることになるが、そこに至る理論領域においては、むしろ前者の復元力が、商品流通世界をいわば水平的に構成する論理展開の動力として、したがってまた、さしあたり背後の生産関係のいかんを問わない商品流通一般に妥当する諸形態を順次展開する動力として、主要な役割を演ずるものと考えられる。そうした商品流通を形成する諸形態の展開からは、資本主義成立の前提となる労働力の商品化が、終局的に要請されるとしても、積極的に措定されるものではない。すなわち、労働力の商品化にもとづく資本主義の特殊歴史的生産関係に原理的規定を進展せしめる復元の動力が、出発点における商品の抽象的な形態規定自体のうちに全面的に保証されているとはいえない関係にある。その保証を理論的に与えうるのは、おそらく、経済学の原理論がもともと資本主義的生産の支配的な経済過程を考察の対象としており、冒頭の商品もそのような経済過程の原基形態としてとりだされていることにともなう復元力であると考えられる。

こうした復元力の二面を考慮し、とくに資本主義的生産への縦の復元力の所在を重視するならば、原理論は、資本主義的生産の支配的な経済過程を、考察の主題として展開の始点に明示していなければならず、端緒の商品もその原基形態としての位置を明示してとりあげるべきものとなろう。ところが、宇野の『経済原論』において、理論展開が

第一篇第一章の「商品」の規定から開始されるさいに、その冒頭は、『資本論』の場合にくらべ、あきらかに全体の主題としての資本主義的生産の提示を欠いている。むろん、第一章の「商品」論にさきだつ第一篇の導入部や全体の「序論」では、経済学の原理論が純粋の資本主義社会を想定して、この社会を支配する経済法則をあきらかにしなければならないとされるとともに、資本は貨幣を前提とし、貨幣は商品を前提として解明されるのであり、資本主義経済にとって最も基本的な概念として商品形態がまずとりだされる関係が明確にされている。[14] しかし、このような「序論」ないし第一篇の導入部における宇野の叙述は、原理論の理論展開の有機的一環をなすものというより、その理論構成にたいする方法論上の予備的考察としての性格を有するものといえよう。

一般に、経済学の原理論の展開にさきだっておかれる方法論的序論は、経済学の対象とする資本主義経済の特質、およびこれを解明する原理論の課題と方法、ないしそれに照応する理論展開の始点や順序を予示し、さらにはそうした原理論とそれにもとづく経済学の研究諸領域の体系的位置関係を展望し、あるいは経済学の発達史にそくしてそれらの点を省みるといった内容において、読者の理解をたすける役割をはたす。しかし、そのような序論としての方法論は、原理論自身の展開およびそれにもとづく段階論ないし現状分析としての経済学の体系的成果とは独立に、それらと経済学の対象との間にあらかじめ設定され、原理論の展開をいわば外部から規定するといったものとみなされてはならないであろう。[15] 唯物史観の定式と同様に、そのような方法論も、経済学の理論展開から離れて、それ自身で科学的に論証されるという性格のものではないと考えられるからである。むしろ原理論は、経済学の対象とする資本主義的生産の運動法則を、商品経済の諸形態による内的論理にそくして抽象することにより、完結した自立的理論体系を構成しうるのであって、それによって唯物史観とともに経済学の方法論にも理論的な基礎を与えうるものとなる。

そうしてみると、原理論の展開の始点も、先行の序論的方法論を前提に、たんなる商品の形態におかれるのでは不十分であって、むしろ『資本論』におけるように、資本主義的生産の支配的な経済過程を考察の主題として明示し、その原基形態として商品を規定することから理論展開が開始されてよいであろう。宇野の『経済原論』は、資本主義の歴史過程から純粋の資本主義社会をあらかじめ想定する手続きとあわせて、商品が資本主義経済にとっての基本形態としてとりあげられる関係も、方法論的序論部分で説いていたのであるが、それは、『資本論』を経済学の原理論として位置づけ、それ自身で内的に一貫した完結的理論体系として整備しようとした宇野自身の理論構成の成果と意義を、その始点においてやや不明確にしているように思われる。宇野においては、「純粋の資本主義社会」を想定して原理論を展開する方法が前提されているので、原理的に規定される商品流通が、その範囲において、全面的に資本主義的生産にもとづくものとみなされ、端緒の商品規定からの復元力の二面が理論的に十分区分して取扱われない傾向が、あるいはそこから生じているのではないかと考えられる。かりにそうとすれば、それは純粋資本主義論の方法の利点ではなく、端緒規定からの復元の動力をめぐり、商品経済の諸形態と資本主義的生産との区分と関連を理論的に明確に確定しえない弱点をなしているといわなければならない[16]。

（1）『資本論』の最初の草稿にあたる『経済学批判要綱』では、「序説」に続き、「Ⅱ、貨幣にかんする章」と「Ⅲ、資本にかんする章」が主要な内容をなしているが、そのあとに、「商品の章のために」準備され「(1)価値」と名づけられた二頁たらずの断章がみられる。その書き出しは、「ブルジョア的富が表現される最初の範疇は商品である」とされていた（*Gr.*, S. 763. 訳、Ⅳ、八五三頁）。これに続く『経済学批判（第一分冊）』（一八五九年）になると、「商品」の章は、「資本一般」の篇の最初の章におきなおされ、内容的にも本格的に展開されるに至るが、その冒頭はつぎのように記されている。「ブルジョア的富は、一見ひとつの巨大な商品集積としてあらわれ、個々の商品はその原基的定在としてあらわれる。」（*Kr.*, S. 15. 岩二一頁）すなわち、これらの準備作においても、マルクスはすでにその理論的展開の出発点として、「ブルジョア的富」の基本形態を示すものとして商品をとりあげることを明確にしていた。『資本論』では、『要綱』や『批判』における「ブルショア的富」が、「資本主義的生産様式の支配的な社会の富」とあらためられ、展開の始点で考察の対象がいっそう明確に示されるようになっている。その点、たとえばリカードの『経済学および課税の原理』（D. Ricardo, *On the Principles of Political Economy and Taxation.* 堀経夫訳、一九七二年、雄松堂書店）が、古典派経済学の発達の成果をうけて、はじめて商品の価値の規定を理論展開の始点におきながら、その商品なり価値をいかなる歴史社会からとりだすのかを明確にしていないのと展開の端緒においてすでに大きなひらきがあるといえるであろう。もっとも、リカードもこの著作の序言で、土地所有者、資本家および労働者にたいする地代、利潤および賃銀としての生産物の分配を左右する法則を決定することが、「経済学における主要問題である」(*ibid*., p. 5. 同訳、五頁)とし、事実上、資本主義社会を考察の対象とすることを述べているが、その主要な関心はあくまで三階級の間の生産物の量的分配関係におかれ、その社会の特殊な歴史性をあきらかにしようとするものではない。したがって、第一章の冒頭で商品の価値から考察をはじめていても、リカードはそれによって、資本主義社会の歴史的特質を、その基本形態から順次あきらかにしてゆこうとしているわけではなく、したがってまたその価値についての考察も、マルクスの場合とことなり、もっぱら量的側面に終始することとなっていた。

(2) すなわちマルクスは、『資本論』で「貨幣の資本への転化」を扱う篇の最後の節「労働力の売買」にいたり、はじめて資本主義に特有な歴史的条件がその後の展開に前提されねばならぬことを指摘し、「資本は、生産手段や生活手段の所持者が市場で自分の労働力の売り手としての自由な労働者に出会うときはじめて発生するのであり、そして、この歴史的条件は一つの世界史を包括している。だから、資本ははじめから社会的生産過程の一時代を告知する」(*K*., I, S. 184. 岩(一)一九六頁)といっている。そして、これと対比して、商品と貨幣の諸形態は、比較的微弱な商品流通の発達とともに出現しうることを指摘している。ただし、このような叙述において、マルクスが商品と貨幣にたいし、資本をいきなり生産過程をみずから担当する産業資本的形式に限定してとりあげ、その特殊な歴史性を強調しているのは、資本の形態をせまくとらえすぎるものであろう。しかし、そのことには次章であらためてたちもどることとしたい。

(3) ほぼ同様の指摘は、『要綱』(*Gr*., S. 138. 訳、I、一四五頁、S. 763. 訳、IV、八五四頁)や『資本論』(*K*., I, S. 102. 岩(一)一五八頁)にもみられる。

(4) 経済学が、資本主義経済を対象としてはじめて独立の学問として発達し、その成果をうけて、さらにみずからの対象の歴史性を体系的に明確にした『資本論』において、その原理を社会科学の基礎として確立しえたのも、根本的には資本主義のそうした特質によることである。

(5) この点は、『資本論』のような原理的考察にさいし、外国貿易を捨象し、あたかも全部門を資本が担当し再生産をすすめるもののように抽象しうる論拠ともなる。すでにマルクスも、たとえば再生産表式論の考察にさいし、外国貿易をそうした観点から捨象しうるとしていた(*K*., II, S. 466. 岩(五)一九八頁)が、宇野弘蔵は『恐慌論』の「序論」でその点をさらに明確に展開した。鈴木鴻一郎編『経済学原理論』（上、一九六〇年、下、一九六二年、東京大学出版会。以下、鈴木『原理論』と略記）の序論および補註、岩田弘『世界資本主義』第一章などでは、これをうけてさらに世界市場における商品関係の中軸に資本主義的生産が部分性をもってあらわれながら、自立的な運動を展開する性質をいっそう重視し、原理論の抽象の根拠もそうした資本主義の特質のうちに与えられるものとするようになっている。伊藤誠『信用と恐慌』は、同様の観点から、宇野の『恐慌論』の「序論」での方法論を評価し、検討している。さらに、侘美光彦『世界資本主義』第一篇におけるこうした方法論の論拠とそれをめぐる最近の論争状況についての考察をも参照されたい。

（6）すなわち、櫛田民蔵「資本論劈頭の文句とマルクスの価値法則」『価値及貨幣』（櫛田民蔵全集、第二巻）一九四七年、改造社、一六八―一七三頁、によれば、まず「文義上」、「資本主義的生産様式が支配的な社会の富は、巨大な商品の集成としてあらわれ、個々の商品はその原基形態としてあらわれる」という文章において、「個々の商品」は「商品の集成」にたいし「直接関係なき」「独立な形態に読む」ことができる。そうであれば「商品の集成」にたいするエレメンタールフォルムは「初めから、原始形態其他類似の歴史的意味にとれ」「ここに『個々の商品』と云うことは、資本家以前の単純生産時代の商品だと云うことになり」それが「自然な且つ簡単な解釈であろう」とされる。ついで、かりに「個々の商品」を「商品の集成」の部分をなす「成素形態」と解釈するとしても、さしあたり分析さるべき商品は「資本家的品質から抽象せられた意味に於ける商品一般」であり、しかも「商品は単なる商品であるか、資本家的商品であるか何れかである」以上「その論理的範疇は、それ自身同時に歴史的特質を有する」と考えられる。

しかし、さしあたり「文義上」の解釈にかぎってみても、問題の「個々の商品はその原基形態としてあらわれる」という規定における「その」は、「資本主義的生産様式が支配的な社会の富」をうけて、個々の商品がその富の原基形態をなすことを指示しているとみるべきであるし、またエレメンタールフォルムを歴史上の原始形態と読みとることにも無理があるように思われるので、櫛田説が「自然な」解釈とはいいがたい。しかし、理論上さらに重要な問題はむしろ、こうした「文義上」の解釈をはなれて、櫛田説の後半における単純商品生産の想定による価値法則の論証の試みにあった。

この櫛田説の問題点については、遊部久蔵『価値と価格』一九四八年、青木書店、第二章第四節、および鈴木鴻一郎「価値論の方法論――櫛田民蔵氏のマルクス価値論『解説』についての疑問――」（『価値論論争』一九五九年、青木書店、所収）、に詳細な検討がみられる。ともに『資本論』冒頭の商品は、資本主義社会から、しかもたんなる商品として抽象されるものとする見地にたつものであるが、前者においては、ヘーゲルの「概念の円環運動（始原論）」が立論の基礎とされているかぎりにおいて、問題がかえって難解となり、経済学の内容にそくして解決が与えられていなかったように思われる。もっとも、その後、遊部は、著書『価値論争史』一九四九年、青木書店、第六章第二節で、使用価値の捨象や社会的必要労働の抽象を可能とする現実的前提が資本制社会ではじめて与えられるという点から櫛田説への批判を内容的に深めた。しかし、さらに『商品論の構造』一九七三年、青木書店、第四章では、「価値法則の存在過程と認識過程」（一八三頁等）の区別を強調し、資本主義経済から抽象される価値法則が、歴史的に先行する商品生産にもつうずるものであることを重視し、それによって、櫛田説への批判を展開するとともに、商品論で価値法則を説くべきでないとする宇野・鈴木説にも批判をすすめている。この最後の論点についていえば、宇野説も鈴木説も、資本主義以前の商品生産に、「価値法則の作用したことを否定」（同上、二一二頁）しようとしているのではない。問題は、商品生産一般をとるのでは、資本主義的生産に理論的考察をすすめた場合とことなり、社会的実体としての労働による商品価値の法則的規制が社会的に必然的なものとして論証されえないのではないかという点にある。その点では遊部説も、一面で、資本主義的生産によらなければ、価値の実体としての社会的必要労働を明確にとりだしえないとしているだけに、不徹底なところがあり、『資本論』の商品論にのこされている問題点を内容的に解決するものとはいえないように思われる。

（7）宇野弘蔵『経済原論』上巻、一九五〇年、下巻、一九五二年、岩波書店（合本改版、一九七七年、『著作集』第一巻、所収）。以下この著作を旧『原論』と略記し、同じ著者の『経済原論』一九六四年、岩波全書（『著作集』第二巻、所収）を新『原論』と略記することがある。

（8）序章、注(25)でもふれたように、櫛田民蔵らにたいする河上肇、舞出長五郎を戦前における資本主義的商品説の主張者としてあげることができる。

（9）岡崎栄松「価値論の方法にかんする一考察」『経済評論』一九五九年四月号（『資本論研究序説』一九六八年、日本評論社、所収）。

（10）宇野弘蔵『経済学ゼミナール(2)価値論の問題点』一九六三年、法政大学出版局、九—一一頁。

（11）この傾向は、出発点の商品を歴史上の単純商品生産からの抽象とする説の重大な問題点をなしているのであるが、そのことからひるがえって、種々の生産関係を外的に結合する世界市場的商品流通の基本形態として、純粋の流通形態としての商品を認識しえないとか、抽象しえないということにはただちにならないであろう。しかしそのような認識や抽象は、つぎにみてゆくように、世界市場の中枢に形成される資本主義的生産関係自体にそくして、流通形態としての商品が明確に認識され抽象されうることを前提に、これと関連して得られるものではないかと考えられる。

(12)　宇野は、かならずしも労働力の商品形態を冒頭の商品形態の抽象の論拠として明確に主張していないが、その後鎌倉孝夫氏はたとえば、「流通形態規定を、商品の単純な形態規定から展開せねばならぬことは、労働力なる商品の商品としての規定性にその客観的根拠が与えられていると考えられる」(『資本論体系の方法』一九七〇年、日本評論社、二〇七頁)と述べて、資本主義的生産関係の基軸から、単純な商品形態が抽象されることを強調している。この単純な商品形態としての規定性は、むろん資本の生産物をも包摂するものとして抽象されるものであり、さらに鎌倉氏も認めているように、資本主義によらない歴史上の商品とも「共通性をもつ」(同上、二一〇頁)ものとみなければならない。むろん、資本主義的商品と歴史上の商品とでは「生産物が商品になる必然性に相違がある」(同上、二一〇頁)が、そのことは、生産物が商品化されて市場にあらわれるかぎり、いずれも商品としての形態規定性を有するという認識をくつがえしうる事由とはならない。そして私見によればそのような認識は、それ自身、現実の歴史過程から商品の形態規定を抽象する可能性と手続きを示しているとみることができるのであって、鎌倉氏が、流通形態としての商品の規定の把握は、純粋資本主義社会を対象としてのみ可能であり、資本主義的生産を基軸とする世界市場的過程によってはおこなわれえないとしている(同上、二〇〇―二〇一頁)ことと理論上不可分のものではない。鎌倉氏が批判している岩田弘『世界資本主義』には、商品経済の形態的関係をそれ自身に発展する自立性をもつもののように説いていると解される面があり、その点には問題が残されていた。しかし、その問題点をついて、鎌倉氏が、世界資本主義論の方法による流通形態論の抽象は、かならず実体関係を付着させたものとなり、外的要因の機械的、観念的捨象となるとしている(鎌倉、前掲書、二〇〇―二〇一頁)のは、宇野による単純商品生産説への批判を、まったく異なる方法論にそのまま適用しようとしたものにほかならず、批判の論旨に無理があり同意できない。

(13)　マルクスは、『資本論』において、純粋の資本主義社会の内部に考察を限定しているとはいえない。第一巻第一篇の「商品と貨幣」の展開も、あきらかに資本主義社会のみに固有の規定とはされていない。また、侘美光彦「資本循環論(1)(2)」東京大学『経済学論集』第三七巻第三・四号、一九七一―七二年、が強調しているように、第二巻第一篇では、マルクスは、産業資本が世界市場において、他の非資本主義的諸生産と商品形態において交易関係をとりむすびながら、自律的な循環運動を展開する関係をほぼ明確にしていた。同様の論理は、資本主義国内部に残存する小生産者層と産業資本の運動の間にも成立する。すなわち、産業資本による資本主義的生産の自律的運動は、商品形態をその生産関係の基本としながら、おなじ商品形態をつうじて、他の諸生産との交易を維持拡大するところにあらわれるのであって、その特殊な自律的運動の原理が、原基形態としての商品の特性から把握されなければならないのである。もっともそうした商品形態をつうじ、他の諸生産との外的関連を内面化して展開される資本主義的生産の自律的運動を、法則的なものとしてその内部から原理的に解明する理論領域では、相対的過剰人口の具体的存在形態としてマルクスのあげている農民層や家内手工業の存在は、外国貿易とあわせて、直接には分析しえない問題となる。その点については、伊藤誠『信用と恐慌』二五四—二五六頁における検討をも参照されたい。

(14) 旧『原論』上、一九—二二頁、新『原論』一六—二一頁。なお、鈴木『原理論』上では、「序論」において、世界資本主義論の方法が示されるのであるが、それとともに、歴史過程としての資本主義的生産の原理的考察が流通形態としての商品から始められなければならないことも同時に示され（一七—一八頁）、宇野『原論』の第一篇の導入部のこの点での論旨も「序論」に吸収されている。したがって、原理論の体系的展開は、いっそう明確に、たんなる商品の形態規定から開始されることとなっている。他方、鈴木鴻一郎編著『セミナー経済学教室1　マルクス経済学』第Ⅰ部では、「序論」とともに、あらためて第一篇「資本主義的生産への移行——商品世界の形成——」の導入部において、商品世界と資本主義的生産にとっての基礎形態としての商品の意義が説かれる構成がとられている。しかし、この導入部も、宇野『原論』の場合と同様に、原理論の理論体系の内的端緒規定とはみなしがたい。

日高普『全訂経済原論』一九七四年、時潮社、は宇野の純粋資本主義論の方法を踏襲し、「序論」において、純粋の資本主義社会におけるもっとも単純で抽象的な概念としての商品から出発しなければならないとしている（同上、九—一〇頁）。しかし、第一篇第一章の商品論の冒頭を、『資本論』の端緒の主旨にもどし「資本主義社会において生産され消費される富のすべては、商品というかたちをとおらなければならない。商品は、いわば資本主義社会の細胞をなすのである」（同上、一三頁）としている。その理由は明示されていないが、注目されてよいところである。

(15) マルクスは準備ノート『経済学批判要綱』の「序説」で生産、消費、分配、流通の一般的規定と関連を予備的に考察するとともに、経済学の研究におけるいわゆる下向法と上向法にふれた「経済学の方法」を検討している（*Gr.*, S. 21-29. 訳、I、二一—三〇頁）。また『経済学批判（第一分冊）』の公刊にさいしては、「序言」において、「わたくしの研究にとって導きの糸として役立った一般的結論」として唯物史観を簡潔に定式化してのべていた（*Kr.*, S. 8-9. 岩一三—一五頁）。しかし、こうした「序説」や「序言」の内容は『資本論』第一巻初版の「序文」ではほとんど省略されている。その第二版では、この著作に適用された方法は、ヘーゲルの観念的弁証法を逆転し合理化した弁証法にほかならないことがあらためて指摘されている（*K.*, I, S. 25-28. 岩㈠二七—三二頁）が、それも注意ぶかく「後書」の位置においてである。そうしたとりあつかいは、マルクスにおいても、『資本論』の原理的展開が体系的に完成されるにともない、その理論展開が、あらかじめ与えられたなんらかの方法論にささえられてはじめて成立し諒解されるというものではなく、むしろその体系的叙述をとおして経済学の基本的な課題と方法をあきらかにするものとして提示されるようになったことを合意しているように思う。

もちろん、そのさい、マルクスも注意しているように、「叙述様式ははっきりと研究様式と区別されなければならない。研究は素材を細部にわたりわがものとし、その異った発展形態を分析して、その内的紐帯を探査しなければならない。この作業が完成したのちにはじめて、現実の運動をこれに応じて叙述することができる」（K., I. S. 27. 岩㈠三一頁）という作業段階の区分は明確にしておかなければならない。『資本論』も、学説史的には一七世紀にはじまる経済学の発達をとおして、具体的な表象から抽象的な諸規定へ下向し、そこから上向し国民経済や世界市場関係を再構成しようとする試みがそれまでにくりかえされてきたことを前提し、その成果を批判的に吸収して形成されたものにほかならない。また、マルクスにおける理論体系の形成過程で、唯物史観が有力な「導きの糸」となったこともあきらかであろう。さらに、われわれが『資本論』の展開にのこされている種々の難問を理論的に補整してゆこうとする場合にも、資本主義の歴史過程についての具体的な諸研究の成果を参照しつつ、資本主義経済の特質と運動の機構を細部にわたり分析し、その相互関連を探査することが必要である。しかしこうした側面は、マルクスのいう「研究様式」にかかわることであり、こうした側面を前提に『資本論』のような原理的体系が、それこそ唯物弁証法を具体的に示すものとして理論的に展開される場合、その「叙述様式」は、それにさきだつなんらかの方法論に依拠してはじめて成立するといったものではなくなり、むしろその展開自身によって、経済学の基本的な課題と方法をあきらかにするものとなると考えられる。

なお『要綱』「序説」中のいわゆる下向法と上向法に関説した「経済学の方法」の意義と問題点については、宇野弘蔵、旧『原論』上「序論」の二、宇野弘蔵「『経済学の方法』について」『価値論の研究』一九五二年、東京大学出版会（『著作集』第三巻、所収）、および鈴木『原理論』上「序論」二における検討をも参照されたい。また、『批判』「序言」における唯物史観の定式とマルクスの経済学との関係については、宇野弘蔵『経済学方法論』Ⅲの一「経済学の唯物論」（『著作集』第九巻、所収）を参照されたい。

(16)　そのことからふりかえれば、注(14)でみたように、鈴木『原理論』が、宇野『原論』と同様に、たんなる商品の形態規定から展開を開始しているのは、商品流通の世界市場的普遍性と、その中軸に形成される資本主義的生産の局部性との区分の意義を重視する、その世界資本主義論の方法と認識を端緒の規定に、なお十分徹底して生かしえていないのではなかろうか。

第二節　商品の使用価値と価値

1

『資本論』は、その端緒において、資本主義社会の富の原基形態として商品を規定したのち、商品の性質を、まず使用価値の契機から分析してゆく。そしてこれを前提に、ついで、使用価値を素材的担い手としてあらわれる交換価値に考察をすすめ、諸商品の交換関係から使用価値を捨象し、抽象的人間労働の結晶として商品価値を規定し、さらに社会的必要労働時間による価値の大きさの規定に考察をすすめている。「商品の二要因」のうち最初にとりあげられる使用価値についてのマルクスの規定の内容、および使用価値を商品の第一の契機として分析する展開の順序は、商品を資本主義経済の原基形態とする端緒規定とどのような脈絡をもって対応するものであろうか。端緒の規定につづきマルクスはほぼつぎのようにのべている。

すなわち、「商品はさしあたり外的対象であり、その属性によって人間のなんらかの種類の欲望をみたす一つの物である。これらの欲望の性質が胃の腑から出るものであろうと想像によるものであろうとことの本質には変りはない。」また、それらが直接に生活手段として欲望を充足させるか、間接に生産手段として役立つかも問題とはならない。「鉄、紙等々の一切の有用な物は、質と量にしたがい二重の観点から考察さるべきである。このようなすべての物は多くの属性の全体をなし、したがって種々の側面で役に立ちうる。物のこうした種々の側面としたがってその多様な使用法を発見することは、歴史的行為である。有用な物の量をはかる社会的尺度を見出すこともまたそうである。」「ある物の有用性は、この物を使用価値にする。しかし、この有用性は空中に浮かんでいるものではない。それは商品体の属性によって制約されており、商品体なしには存在しない。だから、鉄、小麦、ダイアモンド等といった商品体自身が、使用価値または財貨である。このような商品体の性格は、その有効属性を獲得することが、人間にとって多くの労働を要するものであるか、少ない労働を要するものであるかということによってきまるのではない。……使用価値は使用または消費されることによってのみ実現される。使用価値は、富の社会的形態のいかんにかかわらず、富の素材的内容をなしている。われわれが考察すべき社会形態においては、使用価値は同時に――交換価値の素材的な担い手をなしている。」(K., I. S. 49-50. 岩㈠六七―六九頁)

マルクスは、ここで、商品が人間のなんらかの欲望をみたす外的対象として持っている有用性を使用価値と規定している。マルクスによれば、みたさるべき欲望の種類は、人間の自然的欲求によるものであろうと想像ないし幻想Phantasieによるものであろうとさしつかえない。また直接に生活手段として用いられるか、間接に生産手段として有用性をもつかも問うところではない。さらに、いかなるものにいかなる有用性を認めるか、またそれをどのような分量で尺度するかは、歴史的行為に規定されるところである。こうした使用価値の分析をつうじ、マルクスは、さしあたり商品が人間にとって有用な物ないし財貨と共通する属性をとりだしている。そのかぎりでまた、「使用価値は、富の社会的形態のいかんにかかわらず、富の素材的内容をなしている」とされる。それとともに、マルクスは、商品のこうした使用価値の属性がその獲得に要する労働の多少には依存しないと述べつつ、内容的には商品をここでは労働生産物に限定して取扱っていると解される。(17) そのような取扱いは、つづいて、使用価値を素材的担い手とする商品の交換価値からそれらに共通な価値をひきだし、さらにこれをただちに人間労働の結晶に還元する実体論的な商品論の構成に照応している。

しかし、そうした取扱いは、資本主義的商品経済の原基形態として商品の特性を考察する課題にてらして、商品の使用価値を範疇的にせまく限定しすぎていないであろうか。さほど重要でない論点からいえば、たとえば電気エネルギーのように、労働によって形成されるにせよ、財貨ないし物体とは規定できない対象にも商品形態は与えられ、その有用性が商品の使用価値として認められる。商品の使用価値の規定をそのような外的対象にも拡張することには理論上ほとんど問題はないであろうが、問題は、労働の産物とはいえない商品を考慮の外において、商品形態の分析を始めてよいかどうかという点にある。マルクスは、「商品の二要因」の節の最後のパラグラフで、「ある物は、価値でなくても、使用価値でありうる。それは、人間にとってのその物の効用が労働によって媒介されていない場合である。たとえば空気や処女地や自然の草原や野生の樹木などがそれである」（K., I, S. 55. 岩(一)七七頁）といっている。この場合、土地は、空気と同様に人間が自由に無償で利用しうる自然条件の例とされている。しかし、資本の原始的蓄積過程についての『資本論』第一巻第二四章における考察からもあきらかなように、処女地であろうと耕地であろうと、利用可能な土地を私的所有として囲い込み、農民の伝統的な土地の用益権を奪うことは、無産の賃銀労働者を形成し、資本主義的生産を成立せしめる歴史的前提をなしていた。いいかえると、土地が私的所有として商品化されるとともに、その対極として、直接的生産者の労働力に商品形態が与えられ、それによって徹底した商品経済社会としての資本主義が形成されたのである。ところが、土地は、耕地等において労働による改良が加えられうるにせよ、その本源的自然条件は労働の生産物とはいえない。労働力は、こうした土地を基盤とする外的自然条件に、人間がみずからの内的自然力をもって働きかけ、社会生活に必要な物質代謝を維持拡大するさいの主体的能力にほかならない。土地とは対蹠的な意味においてではあるが、労働力もそれ自体が労働の客体的生産物とはいえないものである。したがって、資本主義的生産の支配的な経済過程は、その生産関係の前提と基軸に、労働生産物とはいえない商品を有していることになる。資本主義経済の運動機構としていえば、さらにいわゆる資金としての貨幣が信用制度をつうじ貨幣市場で取引される商品に転化され、終局的には労働力を購入使用する産業資本自体にも株式会社形式による商品形態が与えられる。こうした商品も、労働生産物の商品形態とはいえない。労働力をはじめ資金や資本まで商品化されるということは、商品形態が、資本主義経済にとって基本的で普遍的な経済形態をなしていることを示すとともに、この形態が労働生産過程にたいし外来的なものとして、諸社会の間に世界市場的関連を形成することにつうずるものがある。資本主義的生産の歴史的特質は、このような商品形態をもって生産関係の基軸を構成し、それによって労働生産物にも全面的に商品形態を付与するところにあらわれる。

そうした資本主義的生産の歴史的特性を理論的に一貫してあきらかにしてゆくためには、原基形態としての商品は、労働生産物の特性からひとまず分離して、純粋の流通形態として規定されなければならないし、したがってまた、商品の使用価値の契機も、労働生産物の属性に具体的に限定するのでは、せますぎる規定になると考えられる(18)。そこで、商品の使用価値を、範疇的に広く、人間のなんらかの種類の欲望をみたす、それぞれ異質な外的対象と規定してみよう。そのさい、どのような自然的ないし想像上の欲望が、どのような外的対象による充足をもとめるかは、マルクスのいう「歴史的行為」によって規定されてきたことが注意されなければならない。たとえば、石油をエネルギー源および化学原料として使用する技術が開発されたために、石油にきわめて広い有用性が認められるに至ったように、技術や科学の発達により様々な物の種々の使用法が発見されてきた。しかも、たとえば乗用車のおそらく過度の利用やそのひんぱんなモデルチェンジにみられるように、資本による商品の生産と供給の性格から、資本主義のもとでの人間の欲望が制限され歪められている側面も見逃しえない。そればかりでなく、資本家の価値増殖欲望が、労働力商品の使用価値によって充足されるという例をとれば、この欲望もその対象とする使用価値も商品経済による特殊な社会関係のうちにのみ存在しうる(19)。

それゆえ、資本主義経済の原基形態としての商品にそくしていえば、その「使用価値は、富の社会形態のいかんにかかわらず、富の素材的内容をなしている」とも単純にはいえないことになる。むろん、あらゆる社会形態のもとで富の素材的内容をなす生活手段や生産手段が、資本主義のもとで、商品の使用価値として生産され消費されなければならないことに疑義はない。しかし、資本主義的商品経済のもとで、そのような富の素材的内容が質的量的に一定の歴史的制約のもとにおかれていることとあわせて、むしろあらゆる社会に原則的な客体的富の内容をなすとはいえない使用価値をもつ商品が、しかも重要な役割をもって存在していることも考慮されていなければならない。単純な流通形態としての商品の使用価値の規定は、こうした種々の商品の使用価値を、人間にとってさまざまに異なる有用な外的対象として、包括しうる抽象性をもっていてよいのではないかと考えられるのである。[20]
もちろん、端緒の商品論において、ただちに労働力、土地、資金さらには資本といった特殊な諸商品を具体的にとりあげうるものではないし、それらの使用価値の特性も順次のちの理論段階においてあきらかにされるものである。したがって、それらにつうずる商品の使用価値の規定が与えられるさいにも、それはもとより労働生産物の商品形態にも一般に妥当する包括的で抽象的な規定にとどまらざるをえない。したがってまた、人間にとってそれぞれ異なる有用性をもつ外的対象として、そのような使用価値規定が示されるだけでは、商品に特有な属性は、まだなんら積極的にあきらかにされたことにはなりえない。商品に特有な属性は、マルクスにしたがい、使用価値を素材的担い手としてあらわれる交換価値ないし価値の契機に分析をすすめることにより、はじめて解明されてゆくことになるといえよう。

2

ところで、商品の使用価値を、労働生産物としての属性に限定して規定するか、流通形態としての商品の規定性にそってより広く包括的に規定するかにかかわりなく、人間のなんらかの欲望を充足する有用性ないし効用としての使用価値から考察をはじめるのでは、人間にとっての財やサービスの効用一般から経済理論を構成する俗流的接近との方法的差異が出発点において不明確となりはしないか。それはまた、商品経済とそれにもとづく資本主義的生産の特殊な歴史性を理論的にあきらかにするために、原基形態としての商品の規定から出発した『資本論』の方法に反する考察の順序とならないであろうか。すなわち、『資本論』は第一巻第一・二篇において、商品から貨幣が分化し、さらに貨幣からその増殖をもとめる資本形式が展開される必然性を、理論的にほぼ明確にしているのであるが、たんなる有用物としての財貨一般は、かならず商品形態をとるものではなく、それゆえまた商品経済を形成する諸形態を必然的に生ずるものでもない。したがって、経済学の理論展開の始点を、『資本論』とことなり、たんなる財貨一般の効用にまで抽象してしまうと、商品経済に特有な諸形態の必然的な関連はそこから展開されえないこととなる。商品経済にもとづく資本主義的生産の特殊な歴史性を理論的に明確にすることものぞめないこととなる。それとともに、事実上、資本主義的商品経済を考察の対象としていながら、むしろそこにもあらゆる社会につうずる財一般の生産と消費がおこなわれる側面のみを抽象的に強調する俗流化された体系が形成される傾向をまぬがれえない。新古典派経済学の理論的枠組にもそのような傾向は顕著に認められる。[21]そうしてみると、『資本論』が商品の二要因のうち、むしろ財一般と共通する使用価値の性質から考察を始めていることに問題はなかったであろうか。

すでに、宇野は『価値論』いらいこの点を問題とし、使用価値を商品の第一の規定とする二要因論の「出発点が、第一章を『商品』をもって始める『資本論』の方法として妥当するかどうかという問題に疑問を持たざるをえない[22]」としてきた。すなわち宇野によれば、使用価値は「商品を商品たらしめるものではない。」「したがってわれわれは、商品の使用価値をそのまま抽象してたんなる使用価値としての規定をあたえられたからといって、商品にかんしてはなおなんらの規定をもあたえられたことにはならない。むしろそれは逆に商品と本質的関係のないことを明らかにするにすぎない[23]。」商品に特有な価値にたいする使用価値は、たんなる使用価値一般ではなく、マルクスも二要因論の最後にのべているように、「他人のための」使用価値としてあらわれ、しかもさらにエンゲルスがこれに付記しているように農奴の年貢用穀物などとも異なり、「他人の手に、交換を通して移転されなければならぬ」（*K.*, I, *S.* 55. 岩㈠七八頁）ものである。[24]それは、交換価値の担い手として、むしろ所有者にとっては使用しえない有用物としてあらわれる。いいかえると、商品の使用価値の特殊な存在様式は、商品を商品たらしめる積極的要因たる価値を前提として与えられる。

ほぼこうした論拠にたって、宇野の旧『原論』以後、商品の二要因を『資本論』とは逆に、価値から規定してゆく展開構成が示されるようになってきた。[25]それによって商品の規定からはじまる『資本論』の方法が体系的に徹底すると考えられたのである。しかし、商品の二要因を使用価値から規定する『資本論』の叙述の順序は、原基形態としての商品から出発する体系構成の方法とまったく不整合なものであり、商品の特質を不明確にするものであったといいきれるかどうか。

『資本論』のこの点に関する宇野の疑問のひとつは、たんなる使用価値の属性から商品を考察してゆくと、商品から出発する『資本論』の方法に反し、たんなる使用価値としての財一般の効用に出発点をおく俗流的方法に近づくおそれはないかという危惧にあった。しかし、そうした危惧は『資本論』にはあてはまらないであろう。『資本論』は、あきらかに資本主義経済の原基形態として商品をとりあげ、商品の規定から出発することを明確にしたうえで、商品の一要因たる使用価値に分析をすすめていた(26)。展開の出発点ないし第一の規定に使用価値ないし効用をおいているわけではない。使用価値としての属性は、それにつづく価値としての属性とあわせて、商品の特質をあきらかにするために、不可欠な契機として考察されているのである。

だから問題はむしろ商品を第一の規定とし、ついで第二の規定としてその一要因たる使用価値に考察をすすめていることが、商品の特質をあきらかにしてゆくうえに不適切ではないかという点に移されてよい。

たしかに、商品の交換価値ないし価値としての規定にさきだって、マルクスが使用価値の規定を与えているかぎり、さしあたり商品が有用物としての財一般と共有する属性が示されるにとどまる。そうした属性は宇野も指摘しているように、「商品を商品たらしめるものではない。」また商品に特有な使用価値の存在様式を示すものでもない。商品に特有な使用価値の存在様式は、交換価値ないし価値としての規定を前提に、あらためてマルクスが指摘しエンゲルスが補足しているように、交換によって他人に移譲さるべき使用価値としてあらわれるのであって、そうした関係にも示されるように、商品を商品たらしめる積極的な要因は価値であり、使用価値は商品の性質にとって消極的な要因をなすにとどまる。その点も宇野の強調しているとおりであろう。

しかしだからといって、商品の考察をこの消極的要因たる使用価値から開始し、したがって人間にとって何らかのいみで有用な外的対象としての属性において商品を規定することが「商品と本質的関係のないことを明らかにするにすぎない」と批判するのはいいすぎではなかろうか。商品に特有な「他人のための」使用価値としての規定も、商品が人間にとって有用な外的対象として、財一般の有用性にもつうずる使用価値性質をもっていることを否定するものではない。むしろ社会的に通用する有用性をもつことが、商品にとって、交換をとおして他人に譲渡さるべき価値あるものとしてあらわれる前提条件ともなるのである。「他人のための」使用価値は、そうしたたんなる有用性としての商品の属性が、これを素材的前提としてあらわれる交換価値ないし価値の属性を介し、展開された姿にほかならない。

といっても、商品の有用性としての使用価値の属性の内部から、交換価値ないし価値の契機が展開されるわけではない。マルクスも商品における使用価値の属性から考察をはじめてはいるが、使用価値の規定につづき、あらためて「われわれが考察すべき社会形態においては、使用価値は同時に――交換価値の素材的な担い手をなしている」とのべて、使用価値が交換価値の素材的前提となる関係に考察をすすめている。そうした規定の展開において、効用価値説とことなり、使用価値としての有用性と交換価値ないし価値との性質の差異がはっきりと区別され、使用価値が商品のみに特有な性質ではなく、交換価値の素材的担い手となる関係が明確にされるかぎり、使用価値の要因から考察をはじめることで、商品の特質をあきらかにしてゆく論理がただちに不明確にされているとはいえないであろう。むしろ、商品の特質を、社会的生産ないしその生産物としての財一般にほんらい外来的に付着する経済形態としてあきらかにしてゆくうえでも、商品がそうした財一般にもつうずる有用性を素材的内容としてふくみうるものであることは明確にしておいてよいことと思われる[27]。こうして、商品を商品たらしめる価値の属性は、商品が有用性としての使用価値をもつことなしにはあらわれえないものであり、使用価値を素材的担い手として示されるものであるとすれば、すでにそのことだけからしても、商品をまず使用価値の属性から考察しておくことは、商品の特性を理論的にあきらかにしてゆくうえでけっして「本質的関係のないこと」でも、不整合な順序でもなかったと考えられる[28]。

しかも、交換価値ないし価値を二要因論でどのように規定すべきか、その規定の仕方によっては、あらかじめ商品の使用価値の契機を明確にしておくことが不可欠の前提となるであろう。したがって、二要因論の展開順序いかんには、さらに商品の商品としての特質を価値の規定においてどのようにあきらかにしてゆくべきかという問題とあわせて、なお、検討を要するところがのこる。そこで、商品の価値の要因に考察の主題をうつし、その検討をすすめるなかで、二要因の規定の順序とその意義にもさらに省察をくわえることとしよう。

(17) マルクスは、『資本論』第一巻第一章の商品論の主題について、たとえば第一版の「序文」でも、「ブルジョア社会にとっては、労働生産物の商品形態または商品の価値形態は経済の細胞形態である」(*K.* I. S. 12. 岩㈠一二頁)と述べている。

(18) なお、資本主義にさきだつ商品経済の展開も、労働生産物のみを商品化していたわけではない。たとえば、職人や傭兵の労役や奴隷の人身などは、商品形態を与えられ貨幣で買いとられていた非労働生産物の主要な例としてすぐにあげることができよう。

(19) むろん、人間が外部の自然に働きかけて物質代謝をおこなう過程で発揮する労働能力は、社会形態のいかんを問わず、人間にとって有用な人間自身の属性をなしている。そのいみでは、労働力も超歴史的に使用価値をもつといえなくはないが、労働力はほんらい人間の主体的能力であって、生活手段や生産手段のような客体的な富の素材的内容とは異なる。ところが階級社会においては、支配階級が、直接的生産者の労働力を、有用な外的対象として使用するのであり、資本主義のもとでの資本家による労働力商品の使用は、その特殊な、最終の形態にほかならない。いずれにせよ、そのような労働力の使用方法は、階級社会とともに廃止されうるのであって、人間社会に一般的な原則とはいえない。かくて労働力商品の使用価値は、社会形態のいかんを問わず、富の素材的内容をなすものではなく、また人間にとって本来的に外的な対象をなすものでもないのである。

(20) 宇野は、たとえば、「物としての使用価値そのものは、なにも商品に限られるわけではない。それ自身は社会形態の如何を問わず、その社会の富の実質的内容をなすのである」(旧『原論』二四—二五頁)といい、「経済学の最も基本的なる概念は、生産でも、生産物でもなくて、その商品形態ということになる」(新『原論』二〇頁)と述べて、事実上、労働生産物の商品形態をとりあげて考察を始めているように解しうるところがある。それは、宇野が、商品形態を資本主義的生産関係の基軸から抽象される純粋な流通形態として規定する自らの方法を、十分徹底していないところといえるのではなかろうか。

(21) 一九七〇年代に、欧米でマルクス経済学の再評価がすすめられるにつれて、マルクスの経済理論の特質との対比において、新古典派経済学正統派の理論的枠組に対する批判が活発化している。たとえば、B・ローソンは、マルクスが俗流経済学とよんだものと基本的には同様の特徴を新古典派がもっており、主観的個人主義、市場の絶対視とともに、「自然主義とでも呼ぶべきものの害を受けている」といい、新古典派経済学が資本主義的商品経済を財一般の生産、分配、消費の過程のように扱う傾向を批判している（B. Rowthorn "Neo-Classicism, Neo-Ricardianism and Marxism," *New Left Review*, vol. 86, July-August 1974, pp. 63-64. also in his *Capitalism, Conflict and Inflation*, 1980. 伊藤誠・櫻井毅・山口重克編・監訳『欧米マルクス経済学の新展開』所収、七三―七五頁）。

(22) 宇野弘蔵『価値論』二六頁（『著作集』第三巻、所収）。

(23) 同右、二七頁。

(24) 以下、簡単化のために、このように限定された意味で、「他人のための」使用価値という用語を用いる。

(25) 宇野の旧『原論』における二要因論の冒頭はつぎのようになっている。「商品は、まず第一に種々の人々の手に種々なる物としてあり乍ら質的に一様な、単に量的に異るにすぎないという性質をもっている。吾々はこれを例えば何万円の商品というような表現をもってするが、元来、商品は、単なる財貨と異って物をその物的性質に関係なく一様な質を有するものとする。商品の価値は、先ずかかるものとして現われるのである。」（上、二四頁）こうした規定において、商品が「種々なる物としてあり乍ら」という点に、使用価値としての属性がすでに含意されているように読めなくもない。しかし、使用価値の明示的規定は、あきらかに、価値の規定ののちにおかれている。鈴木『原理論』の二要因論の冒頭も、「商品は、質的に一様で量的に異なるにすぎないものとしてまず価値である」（上、一二五頁）、とされていて、価値の規定から出発することをいっそう明確に示すものとなっている（なお同上、上、一二八―一二九頁の注をもみよ）。

ところが、宇野の新『原論』では、商品論の冒頭がつぎのようにあらためられている。「商品は、種々異ったものとして、それぞれ特定の使用目的に役立つ使用価値としてありながら、すべて一様に金何円という価格を有しているということからも明らかなように、その物的性質と関係なく、質的に一様で単に量的に異るにすぎないという一面を有している。商品の価値とは、使用価値の異質性に対して、かかる同質性をいうのである。」（二一頁）ここでは、商品の素材的要素たる使用価値がまずとりだされ、使用価値の異質性に対し、商品の同質性としての価値が規定されるようになっているとも考えられる。さらに、宇野は、「ぼくとしては、この二要因の規定において、どちらが積極的で、どちらが消極的な要因か、ということを明らかにしたかったわけで、なにも説明の順序としてはどっちを先に言ってもいいんです」（宇野弘蔵編『資本論研究』I、一九六七年、筑摩書房、二三六頁）とも発言しており、二要因の規定の順序については、むしろ弾力的に再考をすすめていたように思われる。むろん、原理論のような体系では、「説明の順序」は規定の内容や意義にひびかざるをえないから、ここでも、その順序をどちらでもよいとしておくことはできないし、価値概念を明確にしてゆくうえでも、その問題は軽視されるべきではない。

(26) アードルフ・ヴァーグナーが、価値概念を財の有用性としての使用価値に帰着させる観点に立って、使用価値を「科学から」「遠ざけ」るべきであるとする人々のなかにマルクスを入れて批難していることに反論し、マルクスはつぎのようにいっている。「まず第一に私は『概念』からは、したがって『価値概念』からも、出発してはいない……。私が出発点とするものは、いまの社会で労働生産物がとる最も簡単な社会的形態であり、そしてこれが『商品』である。それを私は分析するのであり、しかしまず第一にそれが現われる形態においてである。さてここで私は、それが一方ではその現物形態では使用物、別のいいかたでは使用価値であり、他方では交換価値の担い手であり、この観点からはそれ自身『交換価値』であることを発見する。後者をさらに分析してみると、交換価値は商品にふくまれている価値の『現象形態』、独立した表示の仕方であることが私にわかり、ついで私は後者の分析にとりかかる。」(K. Marx, "Randglossen zu Adolph Wagners 〈Lehrbuch der politischen Ökonomie〉," in: *Marx-Engels Werke*, 19, 1962, S. 368-369. 杉本俊郎訳「アードルフ・ヴァーグナー著『経済学教科書』への傍注」『マルクス・エンゲルス全集』大月書店、第一九巻、三六九頁)。マルクスは、この遺稿を一八七九―八〇年に執筆しているが、ここでも、『資本論』の出発点が商品の形態におかれており、商品を、使用価値、交換価値、ついで価値の順序で分析していることを強調している。岡崎栄松『資本論研究序説』後篇第三章もこれを重視して、二要因の規定の順序についての宇野説を疑問としている。しかしそのさい岡崎氏が宇野説の問題点は、宇野の形態論的立場に由来するとみているのには同意できない。形態論的立場からしても、価値ではなく、商品形態を分析の始点とすることは当然明確にされてよいことだからである。

(27) マルクスと逆に商品―価値―使用価値の順序で二要因論を構成すべきだとしていた宇野の旧『原論』も商品の二要因論で価値の規定につづき、「しかし勿論商品は単に価値としてあるわけではない。何等かの自然的性質を有し、何等かの役に立つ物としていわゆる使用価値を有するものでなければならない」(上、二四頁)としている。こうした有用性としての使用価値の規定は、「他人のための」使用価値の規定とことなり、価値の規定を前提しなければ与えられないというものではないと考えられる。

(28) なお、マルクスは『要綱』では、「使用価値は、きわめて相違した生産時代に共通でありうるし、したがってその考察は経済学のかなたにあるところの、商品の素材的側面である」(*Gr.*, S. 763. 訳、Ⅳ、八五三頁)と記しており、『批判』でも「使用価値であるということは、商品にとっては不可欠な前提だと思われるが、商品であるということは、使用価値にとってはどうでもよい規定であるように思われる。経済的形態規定にたいしてこのように無関係なばあいの使用価値、つまり使用価値としての使用価値は、経済学の考察範囲外にある」（*Kr.*, S. 16. 岩二二頁）と述べていた。宇野が、「たんなる使用価値としての規定」は「商品と本質的関係のないことを明らかにするにすぎない」（『価値論』二七頁）としていたのは、こうしたマルクスの叙述に近い主張であったといえよう。たしかに、経済学は、有用性としての使用価値自体の細かな穿鑿を課題とするものではない。使用価値も商品形態の一要因として考察することになる。マルクスは、『資本論』でも「商品の使用価値は特別の学科である商品学の材料となる」といって、使用価値についての説明を切上げている。しかし、使用価値としての使用価値を考察の範囲外におくという規定は、省略している。それだけ、使用価値が、商品において交換価値ないし価値の素材的担い手となる関係を重視するようになっているように思われる。それはまた、商品の価値性質を対立的な使用価値の契機を介して展開する価値形態論の論理が整備されつつあったこととも対応することではないかと考えられる。その後に執筆した「アードルフ・ヴァーグナー著『経済学教科書』への傍注」でも、マルクスは商品の二要因に対応する労働の二重性の確定、労働力の使用価値にもとづく剰余価値の解明とあわせて、価値形態論の展開を例としてあげ、「それゆえ私にあっては使用価値はいままでの経済学におけるのとはまったく違った仕方で重要な役割を演じていること」（Marx, *op. cit.*, S. 371. 杉本訳、前掲書、三七一頁）に注意を与えており、使用価値の契機を簡単に考察の外におくべきではないことを、いっそう明確にするようになっているといえよう。そうした方向が、商品の二要因論の整備にさいしても重視されてよいと思われるのである。

第三節　価値の形態と実体

1

商品の使用価値の規定につづき、『資本論』のマルクスは価値の要因を交換価値の規定からひきだしてゆく。すなわち、われわれの考察すべき社会形態において使用価値が交換価値の素材的担い手をなしていることを指摘したのちに、マルクスはまず交換価値をつぎのように規定している。

「交換価値は、さしあたり、ある一種類の使用価値が他の種類の使用価値と交換される量的関係ないし比率としてあらわれ、時と所によりたえず変化する関係としてあらわれる。」「一定の商品、たとえば一クォーターの小麦は、x量の靴ずみ、y量の絹またはz量の金等々と、簡単にいえば他の諸商品と種々の比率で交換される。かくて小麦は唯一の交換価値ではなく多様な交換価値をもっている。しかし、x量の靴ずみ、y量の絹、おなじくz量の金等は、相互に代置しうべき交換価値あるいは相互にひとしい大きさの交換価値であるにちがいない。したがって第一に、同一商品に妥当する諸交換価値は、ひとつの同一物をあらわしている。また第二に、交換価値は一般にみずからと区別される内在物の表現様式であり、『現象形態』でありうるにすぎない。」「さらにわれわれは二つの商品、たとえば小麦と鉄とをとろう。両者の交換比率がどのようなものであれ、それはつねにたとえば一クォーターの小麦＝aツェントネルの鉄というように、ある量の小麦がある量の鉄に等置される等式に表示されうる。この等式はなにをいみするであろうか。二つのことなる物に、すなわち一クォーターの小麦にも、同様にaツェントネルの鉄にも、おなじ大きさの共通なものが存在しているということである。両者はそれゆえ第三のものに等しく、この第三のものは、それ自身として前の両者のいずれか一方のものではない。それゆえ両者のおのおのは、交換価値であるかぎり、この第三のものに還元されうるにちがいない。」(K., I, S. 50-51. 岩㈠七〇―七一頁)

すなわち、マルクスはここで、商品が使用価値の異なる他の商品ないし諸商品と直接に交換されるものと想定し、そのさいの交換比率をさしあたり交換価値の規定としている。そこで、一クォーターの小麦と交換されるx量の靴ずみ、y量の絹、z量の金等の商品は、相互に一クォーターの小麦としての等しい交換価値をもち、こうして、同一商品に妥当する諸交換価値はある同等なものをあらわすことになる。このような諸商品の交換関係の内部にあらわれる交換価値としての同等性にとどまらず、マルクスはさらに、交換価値は一般にみずからと区別される内在物の表現様式ないし現象形態であり、二商品の交換比率を示す等式は、両者に共通な第三のものの存在を示しているにちがいない、と推論をすすめる。そしてこれにつづき、交換関係におかれる諸商品から、つぎのように使用価値を捨象する手続きを経て、抽象的人間労働の結晶としての価値の規定に達している。

すなわち、交換価値として等しいものとされる諸商品において、「共通なものは、商品の幾何学的、物理学的、化学的などの自然的属性ではありえない。商品の物体的属性は、一般にそれ自身を有用にし、したがって使用価値にするかぎりにおいてのみ考慮される。しかし他方において、諸商品の交換関係をはっきり特徴づけているのは、まさに諸商品の使用価値の捨象である。この交換関係の内部では、一つの使用価値は他の各使用価値と、それが適当な割合にあればちょうどおなじだけのものとみとめられる。」「そこで商品体の使用価値を無視するならば、商品体にのこる属性は、もはやただ労働生産物という属性だけである。」「われわれがその使用価値を捨象すれば、われわれは、労働生産物を使用価値たらしめる物体的な組成部分や形態をも捨象することとなる。」「そうなると「労働生産物はもはや指物労働や建築労働や紡績労働やその他特定の生産的労働の生産物ではない。労働生産物の有用性とともにそのなかにあらわされている労働の有用性が消え去り、したがってこれらの労働の具体的な形態も消失する。それらの労働はもはやたがいに区別されることはなく、すべてことごとくおなじ人間労働に、抽象的人間労働に還元される。」「労働生産物にのこっているものをここで考察してみよう。……これらの物はいまやただその生産に人間労働力が支出されており、人間労働が累積されているということをあらわしているだけである。これらの物は、それらに共通なこの社会的実体の結晶として、価値——商品価値である。」(*K.*, I, S. 51-52. 岩(一)七二—七三頁)

こうしてここに『資本論』の全展開の基本となるマルクスの労働価値説が提示されている。このようなマルクスの労働価値説は、いうまでもなく、リカードにおいて頂点に達する古典学派の労働価値説を継承し批判的に発展せしめようとするものにほかならない。リカードは、すでにアダム・スミスの二面的価値論から労働価値説を純化してとりだし、『経済学および課税の原理』の第一章「価値について」の第一節の冒頭に、「ある商品の価値、すなわちこの商品と交換される他の何らかの商品の数量は、その生産に必要な相対的労働量に依存し、その労働に対して支払われる報酬の多少には依存しない」という主張をおいている。そして、交換価値を規制する法則を論ずるさいには、商品総量中の小部分をしめるにすぎない骨董品のような、稀少性が価値を決定する財貨は除き、労働によって量を増すことができ、生産に競争が無制限に作用している商品のみを念頭におかなければならないとした上で、リカードは「商品に実現された労働量がその交換価値を規定するとすれば、労働量のあらゆる増大は、その労働が加えられた商品の価値を必ず増大させ、労働量のあらゆる減少は商品の価値を必ず低下させるはずである」(29)と述べていた。マルクスの価値規定は、あきらかにこのようなリカードの労働価値説をひきつぐものであるが、「商品の二要因」の節についてみてきた範囲においても、すでにいくつかの点で、リカードにはない興味ある特徴を示している。

たとえば、マルクスは、商品の価値を形成するのは、抽象的人間労働であって、その性質は、使用価値を形成する具体的有用労働の性質とは異なるとしている。つぎの第二節「商品に表わされた労働の二重性」においても、マルクスは「商品にふくまれている労働の二面的な性質は、私がはじめて批判的に証明したのである。この点は経済学を理解するかなめである……」(*K.*, I, S. 56. 岩(一)七八頁)といい、さらに詳論をくわえている。たしかにこの点は、マルクス価値論に特有な成果のひとつであった。ことに、「使用価値の形成者として、すなわち有用労働としては、労働は、あらゆる社会形態から独立した人間の存立条件であって、人間と自然との間の物質代謝を、したがって、人間の生活を媒介するための永久的自然必然性である」（K., I, S. 57. 岩㈠八一頁）といった認識は、歴史を理論的にあきらかにするマルクスの経済学ではじめて明確にされえたものにほかならない。

歴史を理論的に解明する観点から、もうひとつここで注目しておかなければならないのは、マルクスが、リカードと異なり、交換価値と価値の実体とをはっきりと区別し、交換価値としての商品相互の関係をとおして、その背後の価値の実体に分析をすすめているということである。リカードは『経済学および課税の原理』において、さきにみたように、商品の価値と交換価値を同義的に扱い、ある商品の他の商品との交換比率としての価値ないし交換価値の大きさを決定する原理に、はじめから考察を集中していた。[30] それにともないリカードにおいては、商品の価値性質が、商品と商品との特殊歴史的な社会関係のうちにのみあらわれることは無視されている。これにたいしマルクスは、商品の価値性質を、まず商品相互の交換関係における交換価値としての形態から考察し、ついでその形態のうちにかくされている価値の実体に分析をすすめる手順をふみ、それによって、人間労働の結晶が、商品と商品の特殊な社会関係においてのみ、価値対象性としてあらわれることに、はじめから理論的照射をあてているのである。[31]

いいかえると、マルクスにおいては、商品の使用価値にたいする価値の要因が、交換価値としての価値の形態と、その背後の抽象的人間労働の体化としての価値の実体とに二重化されて把握されている。そして、商品の交換価値としての形態的関係を前提に、その背後の社会的実体としての労働の結晶をとりだす理論構成のうちに、たんなる労働生産物一般の属性と区分される、商品の価値性質の社会的特性をあきらかにしてゆこうとする方向が、ここにすでに読みとれる。それは、資本主義経済の歴史的特質をあきらかにするために、原基形態としての商品の規定から出発する『資本論』に特有な価値論の展開方向にほかならない。

そうしてみると、『資本論』冒頭の「商品」の章は、第一節に「商品の二要因、使用価値と価値（価値の実体、価値の大きさ)」という表題を与え、第三節に「価値形態または交換価値」という表題を付し、一見すると第一節で価値の実体を、第三節で価値の形態を、それぞれに分離して考察しているようであるが、内容的にはそうではない。マルクスは第一節でも、交換価値としての価値の形態をまずとりあげ、その背後に存在するものとして価値の実体を規定していたのである。しかし、さらにすすんで、この二つの節における交換価値の取扱いを比較してみると、交換価値から価値の実体を抽出する論理におけるいくつかの重要な問題点があきらかとなる。

2

マルクスは、「商品の二要因」の節において、使用価値を素材的担い手としてあらわれる交換価値から価値の実体を抽象するさいに、まず、諸商品が直接相互に交換されるものと想定し、それらの交換比率としての交換価値を規定している。そのさい商品交換の困難には言及していない。ついでマルクスは、交換価値としての同等性の背後に、諸商品のそれぞれの使用価値とは異なる共通の第三の属性が存在するものと推論をすすめ、この共通の属性をみいだすために使用価値を捨象する。そして最後に諸商品に残る共通の属性として、抽象的人間労働の結晶をとりだし、これを商品価値と規定していた。このような展開のなかで、商品の使用価値にたいする価値の規定が抽出されるさいに、一方でたしかに交換価値としての価値の形態がまずとりあげられているのであるが、しかし他方で、交換価値はより内在的な価値の規定からみれば外在的で現象的な媒介規定とみなされている。すなわち、使用価値とともに交換価値も捨象され、価値は、結局、抽象的人間労働の結晶としての実体に絞って規定される結果を生じているといえよう。ところが第三節におけるマルクス自身による交換価値としての価値の形態規定のより正確な展開をふまえてふりかえってみると、このような第一節における論理は、商品形態の特性を理論的にあきらかにするうえで、かなり重大ないくつかの問題をふくむものといわなければならなくなる。

すなわち、マルクスは、この第三節で「商品の価値関係にふくまれている価値表現が、どうしてもっとも単純なもっとも目立たない姿から、そのきらきらした貨幣形態に発展していったかを追求する。」（K., I. S. 62. 岩㈠八九頁）いいかえれば、価値の表現形態の発展を、そのもっとも「単純な、個別的な、または偶然的な形態」から論理的な発生史としてたどり、貨幣形態あるいは価格形態の必然性をあきらかにしようとしている。そのさい、もっとも単純な価値形態は、二〇エレのリンネルは一着の上衣に値する、あるいはリンネル二〇エレ＝上衣一着、というような二商品のあいだの価値関係としてあらわれる。この等式は、第一節で交換価値の例とされていた、一クォーターの小麦＝aツェントネルの鉄、といった等式と同様の形式にみえるけれども、意味内容を異にし、ここでは直接的交換関係を表示するものではない。

すなわちここでは、等式の左辺におかれるある商品、たとえば二〇エレのリンネルは、他の商品の使用価値、たとえば一着の上衣を等価物として、その価値を相対的に表現する。その場合、「リンネルは自らが価値であることを、上衣が直接に自分と交換されうるということによって表現する。」（K., I. S. 70. 岩㈠一〇三頁）しかし、相対的価値形態に立つリンネルは、等価形態に選んだ上衣に対し、直接的交換可能性を有するとはかぎらない。マルクスのいうように、相対的価値形態と等価形態とは、相関的に依存しあっているが、「同時に相互に排斥しあう、または対立する極位である」（K., I. S. 63. 岩㈠九一頁）かぎり、リンネルと上衣の役割は、かんたんに入れ替えることはできない。商品リンネルが上衣との交換をもとめ、上衣に自分との直接的交換可能性を付与しておこなう相対的価値表現は、実現される保証をもっていないのである。ことに、商品リンネルの使用価値の特殊性が、その価値表現の実現を制限するであろう。すなわち、リンネルが、上衣と直接に交換可能となるためには、上衣商品の等価形態に選ばれなければならないが、上衣商品の価値は、リンネルの使用価値によってではなく、他の商品の使用価値によって表現されることが多分にありうる。リンネル所有者が上衣との交換をもとめても、上衣所有者がリンネルとの交換を欲するとはかぎらないわけである。[32]

とはいえ、リンネル所有者がリンネル商品の価値を上衣の使用価値によって表現しているかぎり、上衣の所有者はひとたび上衣商品をリンネルと交換しようと思えば、直接にまた容易にその交換を実現しうる。リンネルの等価形態におかれる上衣のこうした直接的交換可能性は、相対的価値形態にたつリンネル商品の積極的価値表現によってのみ与えられる。マルクスは、商品の相対的価値表現の形態とそれに対応する等価形態の発展を、こうした単純な価値形態から、拡大された価値形態を経て、一般的価値形態へとたどり、さらに諸商品の一般的等価形態が、その役割にふさわしい自然性質をもつ商品金に歴史的に確定されることにより、商品世界の統一的な相対的価値形態が、貨幣形態ないし価格形態として客観的固定性を与えられるに至る必然性を究明している。それによって、商品世界において、なぜ貨幣商品のみが直接的交換可能性を独占し、他のあらゆる商品は、貨幣との交換をもとめる形でのみ価値を表示し、貨幣による購買を待って間接的に交換をおこなう関係にたつか、という貨幣形態の謎が、はじめて理論的に正確に解明されえたのであった。われわれは、完成された貨幣形態における、貨幣商品の直接的交換可能性が、単純な価値形態における相対的価値形態に対する等価形態の弁証法的な位置関係のうちに、すでに萌芽的な姿で示されていることに留意しなければならない。

このような第三節における価値の形態規定の展開をつうじ、マルクスは、諸商品の間に交換が直接容易に成立するとはみていない。直接的交換可能性は、等価形態におかれる商品のみに与えられることが強調され、逆に、相対的価値形態にたつ商品には、直接的交換可能性はむしろ保証されていないと考えられる。しかも、ここでは、ある商品の価値は、他の商品の使用価値によって表現される関係が展開されるのであって、使用価値は交換価値の形態から捨象しえない契機として扱われている。それとともに、マルクスは、この第三節では、諸商品に共通な属性をたんに抽象的人間労働の対象化としてのみとりだしてはいない。すなわち、単純な価値形態から論理的に生成する諸商品の貨幣形態あるいは価格形態をさして、マルクスは「諸商品は、それらの使用価値の雑多な自然形態とは著しくきわだって対照的な共通の価値形態をもっている」（*K.*, I, S. 62. 岩㈠八九頁）と述べている。

こうした第三節の展開は、商品に特有な交換価値としての価値の形態的関連を、理論的に鋭く解明するものであり、マルクスの価値論にまったく独創的な論理を構成している。それは、それに続く『資本論』第一巻第二・四章における、貨幣としての価値の機能形態、および資本としての価値の運動形態の考察とあわせて、商品経済における特殊な社会関係の形態原理を、商品形態の特質から必然的に生ずるものとして、根底から解明する理論をなしていた。(33) マルクスは、「商品の二要因」の節において、すでに交換価値と価値の実体を区別し、前者の背後に内在するものとして後者を確定しようとしていたが、そこでの交換価値の規定は、この第三節からふりかえってみると、諸商品の直接交換を想定してそれらの間の交換比率を問題としていた古典学派の取扱いを、一面でまだそのまま継承していたといわなければならない。これもマルクスの交換価値の規定における古典派的残滓ということができるであろう。

しかも、第一節では、交換価値の規定から使用価値が捨象されて価値規定が抽象されるなかで、一方で、交換価値としての価値の形態が価値概念にとって、外的で非本質的現象のように扱われ、他方で、商品価値がその形態規定から分離されて、抽象的人間労働の結晶としての実体に一面化されて規定されていた。しかし、第三節の価値形態論の成果からみれば、交換価値としての価値の相対的表現は、諸商品の価値性質に本来的なものであり、価値概念にとって外的で偶然的な事象ではありえない。すなわち、商品は、使用価値の異なる他商品との交換をもとめるという形をつうじてのみ、その自然形態と異なる価値性質を自立的に表現するのであって、使用価値にたいする商品の価値性質は、このような価値の表現形態と別個に、したがってまた商品の他商品に対する関係を離れて、存在しうるものではない。マルクスが第三節でつぎのように書いて第一節での交換価値の取扱いを改めようとしているのは、このような方向への価値規定の深化発展を指示するものと読みとってよいであろう。

「ある商品の価値は、それが『交換価値』として表示されることにより自立的に表現されている。この章のはじめに普通におこなわれているように、商品は使用価値でありまた交換価値であるといったのであるが、このことは正確にいえば誤りであった。商品は使用価値または使用対象であり、また『価値』である。商品は、その価値が、その自然形態とちがった独自の現象形態、すなわち交換価値という現象形態をとるとともに、ただちに本来の性質であるこのような二重性として示される。そして商品は、この形態を、孤立して考察するばあいにはけっしてもちえず、つねに第二の異種の商品にたいする価値関係、または交換関係においてのみ、もっているのである。」(K., I, S. 75. 岩(一)一一一―一一二頁)

こうしてマルクスは、交換価値としての価値の形態が、使用価値にたいする商品の価値の本来の性質を示すものであると再規定する。その成果からすれば、交換をもとめる諸商品の価値の形態は、商品価値の本性の重要な一面を示すものであって、価値概念の外にあるものとみなされてはならない。それゆえ、商品の使用価値の要因にたいする価値の要因は、いまやさらに価値の形態と実体とに明確に区分してあきらかにされなければならないと考えられる。

3

もともと、古典派経済学の労働価値説が、ブルジョア・イデオロギーに制約されて、商品経済と資本主義的生産の形態的特性を考慮の外におき、もっぱら投下労働による商品価値の量的決定と、そこから導かれる諸階級の間への年生産物の量的帰属関係に注意を集めているのにたいし、『資本論』は全体としてみればあきらかにこれを批判し克服する理論体系を構成している。すなわち、『資本論』では、価値論の展開として、商品経済を形成する商品、貨幣、資本の形態的関連が順次あきらかにされ、そのうえで「あらゆる社会形態に等しく共通な」(K., I, S. 198. 岩(一)一九―二〇頁)労働過程を資本の価値形成増殖過程として包摂する、資本主義的生産関係の歴史的特質が理論的に解明されてゆく。したがって、『資本論』の価値論は、もはや古典学派のそれと異なり、あきらかに投下労働による価値の量的決定原理のみに終始するものではない。それは、価値の形態規定の展開をとおして、商品経済とそれにもとづく資本主義的生産の歴史的特性に理論的考察を加える独自な一面を有している。その反面で、あらゆる社会形態に共通な社会的実体としての労働過程が、一般に商品の価値関係を形成するとはかぎらないことも、体系的にすでに明確にされているといえよう。

ところが、「商品の二要因」の節におけるマルクスの価値規定には、このような『資本論』のすぐれた理論構成の特質が十分生かされているとはいえない。交換価値としての価値の形態規定を、商品価値の本性を示すものとして取扱う価値形態論の認識成果も、そこには徹底して及ぼされていないのである。たしかにマルクスはこの冒頭の節でも、交換価値と価値ないし価値実体とを区分し、前者をつうじその根底に後者を把握する手順をふんでいた。しかし、すでにみてきたように、交換価値をなお古典学派的に商品間の直接的交換の想定によって考察するとともに、交換価値から使用価値の契機を捨象して、背後の価値をとりだすさいに、マルクスは、価値を交換価値としてのその形態面から分離して、抽象的人間労働の結晶という社会的実体面に絞って抽象し規定していた。したがって、そこでの価値規定は、具体的有用労働と抽象的人間労働との区別は明確にしたうえでのことではあるが、結局は価値の形態規定を欠く古典学派の投下労働価値説とあまり大きくへだたらないものに終っている。(34)

すなわち、マルクスは、この第一節では、のちに「研究の進行とともに、われわれは価値の必然的な表現様式あるいは現象形態としての交換価値にたちもどるであろうが、さしあたっては、価値はこういう形態から独立に考察さるべきである」(K., I, S. 53. 岩㈠七三頁) としている。しかし、商品が他の商品と交換をもとめる価値の形態的関連をはなれて、一般に「ある使用価値または財貨が価値をもつのはひとえに抽象的人間労働がそれに対象化または物質化されているからである」(K., I, S. 53. 岩㈠七四頁) といえるであろうか。こうした価値の規定は、むしろ商品価値を労働生産物一般の属性に還元して考察した古典学派の労働価値説をあまりに直接的に継承するものであって、マルクスの価値規定における古典派的残滓を端的に示すところではないかと考えられる。

むろん、マルクスは、この「商品の二要因」の節の最後のパラグラフで付言しているように、歴史的事実として、「ある物は商品でなくても有用で人間労働の生産物でありうる。自分の生産物で自身の欲望を充足させる者は使用価値をつくるが商品はつくらない」(K., I, S. 55. 岩㈠七七頁) ことを明確に認識している。すなわち、人間にとって有用な外的対象がすべて商品形態を与えられるとはかぎらないとともに、人間労働が対象化されている有用な財貨であっても、商品化され商品価値をもつものとしてあらわれるとはかぎらないわけである。小農の自給米や、農奴や奴隷の生産物を容易にその例としてあげることができる。すなわち、商品に独自の性質は、たんなる有用性や労働生産物としての属性にあるのではなく、有用性を「他人のための」使用価値とし、他商品との交換を求めるところにある。商品に特有な価値性質はこうした商品の性質と離れてはありえない。いい換えれば、商品の価値性質は、交換をもとめる価値の形態から切り離されたところには存在しえないものと考えられる。それゆえ、マルクスが、交換価値の規定を介してではあるが、使用価値とともに交換価値の形態を捨象したうえで、商品価値を抽象的人間労働の結晶たる実体的内容に一面化して規定していたことには疑問が残らざるをえない。社会的実体としての労働の量関係も、交換をもとめる商品価値の形態的関連の背後にあってこれを規制するものとしてのみ価値の実体をなすのである。

しかし、その場合、商品の価値の形態的関係と、これを背後から規制する社会的実体としての労働量との間に、どのような歴史的社会関係を条件として、必然的な連繫を認めうるか。古典学派と異なり、歴史を理論的に解明しようとするマルクスの価値論において、この点はとくにきびしく意識されていなければならない重要な問題といえよう。人間労働の生産物であっても、商品価値の形態を与えられることのない財貨も広く存在しうるというマルクス自身の事実認識を、価値論の展開とどのようにして整合せしめうるかを考えても、おなじ問題に帰着する。

この問題に関連して、マルクスは、たとえば「商品に表わされた労働の二重性」の節において、「たがいに商品として相対するのは、独立的でたがいに分れている私的労働の生産物だけである」(*K.*, I, S. 57. 岩㈠八〇頁)といっている。しかしこの規定も、労働の生産物が必然的に商品として価値形態を与えられて相対する社会的条件を理論的に十分確定しているとはいえない。独立自営の小生産者のみから成る単純商品生産社会がそこに想定されているとも簡単にはいえない。小商品生産者は種々の社会の周辺に種々の比率をもって出現するにせよ、そのような単純商品生産者のみから成る社会が、資本主義にさきだつ歴史過程のなかで実在性をもって成立していたとは考えられないからである。他方、資本主義にさきだつ農奴や奴隷の生産物は、独立的で私的な労働によるものとはいえないが、支配階級に収奪された後に、社会と社会の間で商品形態を与えられえた。そうした中世までの諸社会と異なり、資本主義のもとでは、労働生産物が全面的にかつ必然的に商品化されるのであるが、そのさい、そのような社会関係が成立するための根本条件として、むしろ労働生産物ではない土地と労働力に商品形態が与えられなければならないことに、注意しなければならない。マルクスは、こうしたさまざまな生産関係による商品の価値の実体を形成する労働の特性を、「独立的でたがいに分れている私的労働」として抽象的に一般化して規定しようとしていると解される。しかし、商品形態は、小商品生産者や資本主義的生産による生産物に与えられるだけでなく、アジア的、古代的、封建的等の諸生産関係による生産物にも場合によって外的に付着しうるのであって、商品を生産する労働の特性をこのような規定に抽象的に総括することには無理があるのではないかと考えられる。たんなる商品と商品の交換関係の背後に、ただちに価値の実体を形成する労働を規定しようとする方法自体が、ここであらためて問われなければならないこととなる[35]。

4

マルクスは、「商品に表わされた労働の二重性」を考察するさいに、「われわれの資本主義社会では、労働需要の方向の変化に従って、人間労働の一定の部分が、あるときは裁縫の形態で、あるときは織布の形態で供給される」(*K.*, I. S. 58. 岩㈠八二頁) ことをあげ、それによって、価値を形成する労働が種々の有用労働の形態に転じうる抽象的人間労働としての性質をもっていることを示している。それは、価値の実体を形成する人間労働の抽象的等一性が、いかなる歴史社会によって理論的に論証されうるかをあきらかにするものと考えられる。マルクスはまた、アリストテレスがすでに商品の貨幣形態を単純な価値形態の発展した姿にすぎないものとし、「商品の価値表現において等一関係を発見している」ことを高く評価しながら、奴隷労働にもとづくギリシア社会では、すべての労働が等一的人間労働として商品価値の形態に表現されることを読みとるのは不可能であったと指摘している。そして、「価値表現の秘密、すなわち一切の労働が人間労働一般であるから、またそうであるかぎり同等であり、同等に通用するということは、人間は等しいという概念がすでに強固な国民的成心となっているときに、はじめて解かれうるものとなる。ところがこのことは、商品形態が労働生産物の一般的形態であり、したがってまた商品所有者としての人間相互の関係が支配的な社会関係であるような社会になって、はじめて可能なのである」（K., I, S. 74. 岩㈠一一一頁）としている。資本主義社会の発展を考察の基礎として、はじめて労働価値説による古典経済学が発達しえたのもこの事由によることであったといえよう。

むろん、資本主義を特殊な歴史社会として考察するマルクスの認識成果からすれば、人間労働が時間によって測られる同等性をもち、各種の必要な有用労働に分割編成されなければならないということは、商品経済社会のみに特有のことではない。そのことは、「商品の物神的性格とその秘密」の節において、マルクスが、ロビンソン・クルーソー、中世社会、家父長的農民経営、自由な人間の結合体等の例をあげて、明確にしているところである。しかしこうした認識も、徹底した商品経済社会としての資本主義のもとで、人間労働が社会的規模で現実に相互に有用的形態を変えながら同等なものとして取扱われる事態にもとづき、商品価値の実体が理論的に把握されることによって、はじめて可能となったものにほかならない。マルクスも、商品価値の実体を形成する抽象的で同質的な人間労働の規定は、事実上、資本主義社会を基礎として抽象していたと考えられる。われわれもまたそうせざるをえないものがあるといえよう。同様のことは、のちに第三章第三節二でたちもどるように、商品価値の実体を形成する労働を単純労働として理論的に抽象する基礎と論拠にもあてはまる。

さらにまた、価値実体としての労働量による交換関係の法則的規制について、マルクスは、「相互に独立に営まれるが、社会的分業の自然発生的一環として、全面的にたがいに依存しあっている私的労働が、継続的に社会的につりあいのとれた量に還元されるのは、私的労働の生産物の偶然的で、つねに動揺する交換割合のうちに、その生産に社会的に必要な労働時間が、規則的な自然法則として、ちょうど家が頭上に崩れかかるさいの重力の法則のように、強力的につらぬかれるからである、という科学的洞察が、経験そのもののなかから成長してくるには、その前に完全に発達した商品生産がなくてはならない」（K., I. S. 89. 岩㈠一三六頁）と述べるのであるが、この場合にも、価値法則の科学的洞察の基礎に、実際上、徹底した商品生産社会としての資本主義社会がおかれていなければならないことが示唆されているといえよう。すなわち、商品の生産に必要な労働時間による価値の実体的決定原理が、社会的に必然的な法則性をもつものとして科学的に明確にされるためには、無政府的な商品経済にともなう諸商品の生産の過不足が、市場の動揺をつうずる労働配分の流動的調整によってたえず訂正されてゆく社会関係が考察対象として成立していなければならないが、そのような全面的な商品経済社会は、歴史上、労働力の商品化にもとづく資本主義的生産をおいてないからである。

こうしてみると、商品価値の社会的実体を単純な抽象的人間労働から成るものとして原理的に抽象するさいにも、またそのような労働による商品価値の法則的な規制の必然性を論証しようとするさいにも、われわれは実際上あきらかに資本主義的生産に考察の基礎をもとめなければならないと考えられる。ここにも、たんなる商品の形態規定の背後に、ただちに価値の実体規定を与える方法の困難が、実体規定の内容にそくして再現しているわけである。

5

『資本論』第一巻第一・二篇における商品、貨幣、資本の形態規定の展開を、宇野『原論』が、価値の実体規定にふれることのない純粋の流通形態論として整備し、これに続く資本の生産過程論において価値の実体規定を論証する理論構成を示したことは、『資本論』の商品論における価値の実体規定をめぐる右のような方法上の困難を、体系的に解決する意義をもっていた。それは、商品経済を形成する諸形態の展開を経て、資本の生産過程の考察にたち入るさいに、あらゆる社会に共通な労働過程の規定を与え、ついで労働過程を特殊歴史的な生産関係のもとに包摂する資本の価値形成増殖過程の解明にすすむ、『資本論』のすぐれた理論構成の方法を、価値の形態規定の純化整備、および価値の実体規定の論証問題の解決に、体系的に徹底して生かそうとする試みにほかならない。この新たな体系構成の試みからすれば、端緒のたんなる商品形態の規定において、ただちに抽象的人間労働の結晶として価値の社会的実体を抽出し規定する困難は、むろんまったく解消されることとなる。

それとともに、商品が他の商品との交換をもとめる性質として示される価値の形態規定は、もはや商品価値にとって外的で媒介的な契機にとどまりえない。むしろそれは、商品に本来的な属性を示すものとして、価値概念の基本的一面をなすものとみなされなければならない。商品の二要因論における価値の契機が、こうして形態規定に純化されることになれば、価値はさしあたりマルクスが交換価値として抽象しようとしていた商品間の関係を展開する商品の属性を指すものとなろう。使用価値の契機にたいし、それは商品が商品形態として有する特性を積極的に規定するところとなる。しかし、商品の価値を他の商品との交換をもとめる同質的属性として規定するためには、商品がそれぞれたがいに異質な有用性をもつ外的対象として異なる使用価値を有し、この使用価値の契機によって個々の商品に分れて存在することが前提されていなければならない。商品が他の商品との交換をもとめるさいには、つねに相手の商品の使用価値が目的とされるのである。前節でみたように、宇野はかつて商品の二要因の規定の順序を『資本論』と逆にすべきではないかと主張していたが、価値の形態規定を純化する宇野自身の方法にてらしても、いまやその主張は支持しえないといわなければならない[36]。この宇野の主張は、旧『原論』の「商品の二要因」論の冒頭の「商品は、まず第一に種々の人々の手に種々なる物としてあり乍ら質的に一様な、単に量的に異るにすぎないという性質をもっている」という規定や、これを継承する鈴木『原理論』の端緒における「商品は、質的に一様で量的に異なるにすぎないものとしてまず価値である」といった規定に具体化されていた[37]。しかし、このように互いに質的に一様で量的にのみ異なるという商品の属性が価値と規定されているかぎりでは、そうした属性は、商品が抽象的人間労働の対象化として有する価値の実体的属性にも、さらには商品の物理的質量にさえも、妥当する性質となり、いずれにせよ、他の商品との交換をもとめる商品の形態的特性を十分明確にするものではないと考えられる。

大内秀明氏は、すでにこの点を批判して、「一般に価値は、使用価値の異質性にたいして、商品がもつ共通性あるいは同質性とよばれている。しかし、共通性とか同質性とかいっただけでは、単に使用価値と併存する重さとか労働一般とかに理解されるおそれが十分ある[38]」と指摘していた。大内氏はさらにそこからすすんで、「価値は、自己の使用価値についてはいうにおよばず、他人の使用価値をも自己目的とせず、単に使用価値を手段とするにすぎないものとして、全面的に交換を要求する商品の性格と理解されて、はじめて使用価値と積極的に矛盾・対立した要因となるのではなかろうか[39]」と主張している。この大内氏の価値の形態規定の特徴は、たんに他の商品との交換をもとめるというだけでなく、欲望の対象としての他商品の使用価値を目的とせず、全面的に交換を要求する商品の性格として価値を規定しているところにある。こうした規定は、氏によれば、純粋の資本主義社会を想定し、資本家的商品から端緒の商品を抽象する宇野の方法に従い、ことに価値増殖を目的とする資本家による商品の販売行為にそくして設定されるものである[40]。出発点における商品の価値規定を、大内氏が商品のたんなる同質性としてでなく、他の商品との交換をもとめる性質として抽象することには同意しうるが、それをこえて氏がさらに、端緒の価値規定において、使用価値を自己目的とせず全面的に交換を要求する商品の属性として、資本による価値増殖の目的を体現する性質まで読み込もうとしていることには同意しえない。鎌倉孝夫氏がすでに批判しているように、確立された資本主義社会の内部にそくしてみても、大内氏の価値の形態規定は、少なくともまず労働力の商品形態にはあてはまらない[41]。つぎに資本の商品生産物も、商品として直接には――貨幣を介してではあれ――、資本家用生活手段、生産手段および労働力といった他の商品との交換をもとめる属性を有している。すなわち、使用価値を自己目的とせず価値増殖する属性は、資本主義のもとでも生産物の商品形態自体にみとめられる特性ではなく、貨幣、生産諸要素、商品生産物などの姿に順次変態しては運動する資本としての価値において、はじめて成立する性質であると考えられる。この資本としての価値の運動体は、くりかえし貨幣形態に復帰し、貨幣形態において、他のあらゆる商品との直接的交換可能性を確かめつつ、無限の自己増殖をめざすのであるが、その運動体の特質は全面的に交換を要求するという規定に要約されうるものでもない。他方で、資本の生産物たる「W′の機能は、すべての商品生産物のそれである」(*K.*, II, S. 45. 岩㈣六四頁)

といえるのであって、商品としては、資本の生産物も労働力の商品形態とおなじく、他の商品との交換をもとめる価値の形態を有し、単純な商品形態として機能する。それは、商品が、背後の生産関係の異質性をとわず、社会と社会の間の経済関係として発生し、生産にたいし本来的な外来性を有することに対応する。資本としての価値の運動も、このような単純な商品の形態的関連から生ずる貨幣の特殊な使用法として成立し、また、その一環に単純な商品の形態をふくんで反復されるのである。(42)

使用価値の異なる他の商品と交換をもとめる商品の一様な性質として価値を規定する場合、ある商品の価値は、量的には、他の商品の使用価値の特定分量との交換の要請に形態的に示されることになる。この要請は、種々の商品ができるだけすみやかにかつ有利な交換をもとめあう関係がくりかえされるなかで、量的基準を有するものとして、商品価値を表示するものとなる傾向があると考えられる。(43)むろん、商品価値のこうした質的量的表現形態は、直接的には、個々の商品が使用価値の異なる他の商品との交換をもとめる私的で偶然的な関係を原理として展開される。しかし、その内部から、商品相互の価値の表現を形態的に統一し、価値の量的基準を統一的に尺度する商品経済的原理を必然的に生みだすことになる。すなわち、商品の二要因の規定に続き、使用価値に制約された商品価値の表現形態の発展をつうじ、価格形態の必然性が解明され、ついで貨幣の価値尺度機能をつうじ商品流通の形成の論理が示され、さらに商品流通を媒介する貨幣の諸機能があきらかにされてゆくなかで、流通形態としての価値の質的量的規定の深化発展が順次進展するのである。

次章では、そのような価値規定の深化発展の論理に、ふりかえって検討を加えながら、商品と貨幣の規定につづく、貨幣の資本への転化の理論領域に、われわれの考察をすすめてみよう。価値の実体規定を商品論の冒頭で与えたマルクスの理論展開が、この領域でどのような困難を生じているか。またマルクスにおける価値の形態規定を純化して展開する試みをすすめた宇野理論にあって、その困難がどのように克服され、そこにさらにどのような難問が残されているか。こうした論点をつうじ、そこでは、価値と資本の形態規定の進展をめぐり、商品経済と資本主義的生産のそれぞれの特殊な歴史性とその原理的関連について、さらに興味ある争点が検討されることになろう。

(29) D. Ricardo, *On the Principles of Political Economy and Taxation*, p. 13. 堀経夫訳『経済学および課税の原理』一六頁。

(30) もっとも、リカードは、たとえば「私が読者の注意をひきたいと望んでいる研究は、諸商品の相対価値の変動の結果にかんするものであって、その絶対価値のそれにかんするものではない……」(*ibid.*, p. 21. 同訳、二五頁) と述べて、「相対価値」ないし「交換価値」から区分して、「絶対価値」ないし「真実価値」を問題としうることをときには意識していた。そして、その後、最晩年の遺稿「絶対価値と交換価値」(Absolute Value and Exchangeable Value, 1823, in: *The Works and Correspondelece of David Ricardo*, ed. by P. Sraffa, vol. 4. 1951. 玉野井芳郎監訳『リカードゥ全集』Ⅳ、一九七〇年、雄松堂書店、所収) にみられるように、リカードは、不変の価値尺度の問題と重ねて、絶対価値と交換価値の区分と関連にたちいった検討をすすめている。しかし、その検討も、リカードにおいては、あくまで価値ないし交換価値の量的な決定ないし尺度をめぐる問題に終始している。したがって、交換価値としての価値の形態とその背後の価値の実体の区分をつうじ、商品経済の歴史的特性をあきらかにしようとするマルクスの価値論は、リカードにおける交換価値と絶対価値の区分の方向を単純に継承し発展せしめたものとはいえない。

(31) なお、マルクスもたとえば『経済学批判』の商品論では、まだ交換価値と価値とをかならずしも十分明確に区分して示していない。すなわち、マルクスはそこでは、使用価値の規定につづき、使用価値が交換される量的比率として交換価値を示したのちに、その背後におなじひとつのものの存在を推論し「まさに社会的労働の体化物として、あらゆる商品はおなじひとつのものの結晶なのである。このおなじひとつのもの、つまり交換価値で表示される労働の一定の性格がいまや考察されなければならない」といい、さらに「交換価値を生みだす労働は、抽象的一般的労働なのである」(*Kr.*, S. 16-17. 岩二四―二五頁) としている。『資本論』における交換価値と価値とをともに交換価値としていたといえよう。それは、古典経済学とくにリカードが労働価値説を純化しながら、価値の形態と実体の区分を明確にせず、使用価値にたいし、交換価値と価値とを多くの場合おなじ意味に用いていたことの影響を示すものと考えられる。これにたいし、『資本論』第一巻の初版では、第二版以後にくらべ簡単な叙述においてではあるが、すでに交換価値に示される諸商品の交換関係から使用価値を捨象し、それらに内在する価値をとりだすべく、「諸商品はそれらの交換関係からは独立に、またはそれらが諸交換―価値としてあらわれる場合の形態からは独立に、さしあたり単なる諸価値として考察さるべきである」(*Das Kapital*, Bd. I 1. Aufl., S. 4. 岡崎次郎訳『資本論第一巻初版』一九七六年、国民文庫、二四頁) としている。しかし、これにすぐ続く注九において、マルクスは、「われわれが今後『価値』という言葉をそれ以上の規定なしに用いる場合には、それはつねに交換価値のことである」といい、交換価値と価値とを同じこととする側面を残している。この初版にくらべ第二版で、マルクスは、「第一章第一節で、それぞれの交換価値が表現される等式の分析を通じて価値を導き出すことは、科学的にずっと厳密にやっておいた」（K., I. S. 18. 岩㈠一九頁）と自ら述べているように、交換価値—使用価値の捨象—価値の規定を、よりたちいって展開しているだけでなく、交換価値としての価値の形態と、その背後の価値ないし価値実体との区分を一貫して明確にする方向にあり、右の初版の注九も抹消されている。

(32) このような価値形態論の論理からすれば、「リンネル二〇エレ＝上衣一着、または二〇エレのリンネルは一着の上衣に値するという表現は、上衣一着＝リンネル二〇エレ、または一着の上衣は二〇エレのリンネルに値するという逆関係をもふくんでいる」（K., I. S. 63. 岩㈠九一頁）とは簡単にいえないはずである。マルクスのこの命題は、「商品の二要因」の節における直接的交換の想定が、価値形態論の展開に混入され混乱を生じている例といえるであろう。なお、宇野『原論』は、『資本論』第一巻では第一章第三節の「価値形態」論と第二章の「交換過程」論とで二重に説かれている貨幣の必然性を、価値形態論に集中して展開し、そのさいマルクスが「交換過程」の章で強調している商品所有者の役割を、価値の形態規定の展開のために重視している。たとえば価値表現の両極性の意味も、それによって理解されやすくなったといえるであろう。しかし、商品所有者の役割は、その所有する商品の性質に規定され、商品の性質をあらわすかぎりでのみ、理論的に考慮されるという点も注意しておかなければならない。

(33) マルクスによる独創的な価値の形態規定の展開の成果からみれば、あきらかにつぎのようにいえる。すなわち、「古典派経済学の根本欠陥のひとつは、商品の、とくに商品価値の分析から、価値を交換価値たらしめる価値の形態を見つけ出すことに成功しなかったということである。A・スミスやリカードのような、まさにその最良の代表者においてさえ、古典派経済学は、価値形態をまったくどうでもよいものとして、あるいは商品そのものの性質に外的なものとして取り扱っているのである。その原因は、価値の大きさの分析にすっかり注意を奪われてしまったということだけではない。それはもっと深いところにある。労働生産物の価値形態は、ブルジョア的生産様式のもっとも抽象的な、だがまたもっとも一般的な形態であって、この生産様式は、これによって社会的生産の特別な一種として特徴づけられ、したがって同時に歴史的に特徴づけられているのである。それゆえ、この生産様式を社会的生産の永遠の自然形態と見誤るならば、必然的にまた価値形態の、したがって商品形態の、さらに発展しては貨幣形態や資本形態などの特殊性をも看過することになるのである」（K., I. S. 95. 岩㈠一四五—一四六頁）と。

(34)　マルクスの価値論が、古典派経済学の価値論を批判するものとして形成されながら、なおその問題点をも継承しているところがあることについては、中野正『価値形態論』一九五八年、日本評論新社、第三章、第四章、および大内秀明『価値論の形成』一九六四年、東京大学出版会、本論第一章第一節に詳細な分析がみられる。あわせて参照されたい。

(35)　宇野もすでにマルクスのこうした価値実体論を批判して、たとえば、つぎのようにいっている。すなわち、「商品の交換関係の背後に想定せられる労働過程は、価値を形成し、増殖する労働生産過程として価値の実体を直ちに明らかにしうるものではない。それは交換過程に入って始めて商品となるという生産物の生産、あるいはまた生産者が商品として販売することを目的とすることによって、その生産過程も商品生産過程とせられるという生産物の生産をも含みうるのであって、資本の生産過程のように商品生産物が、労働力をも含む商品自身によって生産されるという、根底からの商品生産をなすものとして、生産過程自身が価値を形成し、したがってまた価値を増殖する過程として展開され、解明されるものではないのである」(『経済学方法論』一八一―一八二頁)と。

(36)　なお、宇野がマルクスの二要因の規定の順序に疑問を提出したのにたいし、かつてすでに安部隆一は、「『資本論』第一巻第三篇は、先ず労働過程を、次いで価値形成―増殖過程をとりあつかう。さらに第四篇は協業、マニュ・大工業についてそれぞれ協業・分業・機械をそのものとしてとりあつかう。これらは『価値論』において先ず使用価値が次いで価値がとりあつかわれるのに照応する。この自明の位置こそ、使用価値が何故に『資本論』において価値に先き立って考察されるかを証示して余りがある」(『「価値論」研究』一九五一年、岩波書店、一三一頁。但し、この部分をふくむ論文は一九四八年二月五日『東京大学新聞』に発表された)と反論していた。また遊部久蔵も、この反論を引用し、「参考となる」ものとされながら、くわえて「ここで私見を端的に述べれば、商品の分析に際して当初に使用価値がとりあげられた理由は、これまた経済学の方法としての上向法がこの場合にも適用されたものと解する。即ち使用価値(としての商品)は価値(としての商品)よりははるかに抽象的存在であるからこそ、先ず使用価値(としての商品)がとりあげられたのである」(『価値と価格』九七頁)と主張していた。しかし、前者の論点についていえば、有用物としての使用価値の規定が社会形態のいかんを問わない富の素材的内容を含意するかぎり、労働過程としての経済生活の原則的規定につうずるところがあるにちがいないが、しかし、たとえば、労働過程と価値形成増殖過程とは、使用価値と価値のように相互に制約しあい対立する二要因とはいえないことからもあきらかなように、それぞれに異なる理論上の位置と意義を有する規定の外面的な照応関係によって、二要因論の展開の順序をめぐる問題が内的な決着をみるとは考えられない。とくに後に示される諸規定の位置との照応関係を、先行する商品の二要因の規定の前後関係にたいする論拠とすることには無理があるといわなければならない。また後者の論点については、上向法を与えられたものとして前提し、より抽象的規定からはじめようとするだけでは、むしろ商品の規定にさきだって、使用価値やあるいは生産一般の規定が与えられてもよいのではないかといった疑問にも答ええなくなるおそれがあろう。

われわれが商品の二要因を使用価値から規定すべきであるとする論拠は、宇野による流通形態論の方法にたって提示されているのであり、こうした安部、遊部両氏の立論とおなじではない。なお、両氏の主張にたいする宇野の反批判は、『価値論の研究』一九五二年、東京大学出版会、所収の諸論文および「『資本論』の学び方——山本二三丸・安部隆一両氏の批評に言及」『講座・資本論の解明』第五分冊、一九五二年、理論社（『著作集』第三巻、所収）などにみられる。

(37) 注(25)参照。なおこうした規定は、マルクスがたとえば、「使用価値としては、商品は、なによりもまず異なる質のものであるが、交換価値としては、商品はただ量を異にするだけのものであって、したがって一原子の使用価値をもふくんでいない」(*K.*, I, S. 52. 岩㈠七二頁）と述べている命題を価値の形態規定として純化し、使用価値の規定に先行させたものとみてよいであろう。なお、このマルクスの命題は、一見ヘーゲルが、使用されている物件について、「その物件が役に立つ独特の必要も同時に必要一般であって、その点で、それの特殊性からいってやはり他のもろもろの必要と比較されうる」「物件のこのような普遍性こそは、物件の価値であって、この価値において、物件の真実の実体性は規定されており、かつ、意識の対象なのである」(G. W. F. Hegel, *Grundlinien, der Philosophie des Rechts*, 1821, Suhrkamp ed., 1970, S. 135-136. 藤野渉・赤沢正敏訳『世界の名著』35、一九六七年、中央公論社、二六一頁）という価値規定と近似しているようであるが、マルクスが交換価値の規定をひきだしているのは、あきらかに、物件からではなく、物件の使用価値としての必要一般からでもない。われわれが、価値の形態規定を、使用価値の契機を介して与える場合も、価値はあくまで商品の特性にほかならず、使用価値に由来するものでないことは、明確にしておかなければならない。

(38) 大内秀明、前掲書、一六九頁。

(39) 同右、一六九頁。

(40) 同右、一五一頁をもみよ。

(41) 鎌倉孝夫「『流通論』の方法について——大内秀明『価値論の形成』によせて——」埼玉大学『社会科学論集』第一五号、一九六五年三月（同『資本論体系の方法』二一六—二二七頁、所収）。

なお、大内氏は、『価値論の形成』一六九—一七〇頁に、鎌倉氏への反批判を示している。その要点は、資本主義のもとで労働力は原理的に唯一の単純商品といわれる特殊性を有しているので、商品論の冒頭で、資本主義的商品によって価値規定を与えるさいには、積極的に労働力商品の価値規定まではとりこめない、ということにあった。しかし、労働力商品が、資本主義的商品と異なる単純商品であるとされるのは、資本主義的商品と異なる再生産の機構の特殊性を示すものであり、したがって、価値の実体規定にさいしては、十分に考慮されなければならない点であるが、商品としての価値の形態規定においてただちに労働力商品を特殊なものとして、さしあたり考慮の外におく論拠となりうるかどうか。ことに資本の生産物も商品としては、単なる商品形態として機能するにすぎないことに注意するならば、その点、疑問とせざるをえない。

この大内—鎌倉論争は、総じて大内氏が冒頭商品の価値規定に純粋資本主義論の方法を徹底しようとする方向の極点を示し、鎌倉氏がその無理を内在的に批判しつつ、純粋資本主義論の枠をこえざるをえない商品形態の特質を主張することとなっているという点でも、きわめて興味あるすぐれた論争であった。

(42)　マルクスも、たとえばつぎのようにいっている。すなわち、「商品として流通に入ってゆく生産物がどんな生産様式の上で生産されたにしても――原生的共同体の基礎の上であろうと、または奴隷制生産の、または小農民的および小市民的生産の、または資本主義的生産の基礎の上でであろうと――それによってこれらの生産物の商品としての性格は少しも変えられることはないのであって、商品としてこれらの生産物は交換過程とそれにともなう形態変化を通らなければならないのである」(*K.*, III. *S.* 337. 岩㈥五一〇頁)と。

(43)　社会と社会の間に発生し、諸社会の周辺に侵入する商品経済関係において、種々の商品の交換の要請は、かならずしもすべて反復されるものとならない場合もあろうし、偶然的なものとして、量的基準を形成するとはいえないものも少なくない。したがって、端緒における価値の形態規定にあっては、量的基準の問題にはふれるべきでないかもしれない。しかし、ここでは、資本主義的生産の支配的な経済過程から抽象された原基形態としての商品の性格を規定するという課題にそくして、各商品の交換の要請はくりかえされ、それをつうじ量的基準を有するものとして価値性質をあらわすものとみておきたい。とはいえ、流通形態論としての価値の規定において、その量的規定性をどのような論拠によっていかに措定してゆくかは、端緒の価値規定以降、なお種々の角度から考究を要するところが多いように思う。次章でもその点が、より展開された脈絡のなかで再現するであろう。

第二章　貨幣の資本への転化

第一節　「資本の一般的定式」とその「矛盾」

1

『資本論』第一巻第二篇「貨幣の資本への転化」は、篇名とおなじ表題の第四章のみをふくみ、「資本の一般的定式」「一般的定式の矛盾」「労働力の売買」の三節に区分されている。その最後の節で、マルクスは労働力の商品としての売買が「資本主義の時代を特徴づける」特殊な「歴史的条件」であることをあきらかにし、これを前提に、第三篇以下で資本による剰余価値生産の過程に考察をすすめている。たしかに労働力の商品化は、資本主義経済を特殊な歴史社会として存立せしめる根本的条件である。これを欠くかぎり商品経済も資本主義的生産を成立せしめえない。そのことをふまえてふりかえってみれば、『資本論』において理論的にそれに先行する第一篇での「商品と貨幣」および第二篇での「資本の一般的定式」とその矛盾の展開は、資本主義のみに特有な経済関係ではなく、むしろひろく商品経済一般を構成する諸形態を順次あきらかにしているのだと考えてよいであろうか。

マルクスは、つぎのように述べて、商品と貨幣についてはそう考えてよいとしているが、そのさい資本については取扱いを異にしている。

すなわち、「われわれがどんな事情のもとで、すべてもしくはかなり多数の生産物が商品の形態をとるかを研究すれば、そのことはまったく特殊な資本主義的生産様式の基礎の上にのみ生ずることを発見するであろう。しかしこのような研究は商品の分析には縁遠いものであった。商品生産と商品流通は、はるかに多数の生産物量が、ちょくせつ自家用にむけられ、商品に転化されず、したがって、社会的生産過程がまだすこしもその全的な広さと深さにおいて、交換価値に支配されていなくとも存在しうる。」「あるいはまたわれわれが貨幣を考察するならば、それは商品交換のある程度の高さを前提している。たんなる諸商品の等価物、または流通手段もしくは支払手段、退蔵貨幣および世界貨幣といった特別の貨幣諸形態は、それらのある機能または他の機能が働く範囲とそれらの相対的重要性にしたがい、社会的生産過程のきわめてさまざまな段階を示唆する。それにしても、これらすべての諸形態の形成には、経験上、比較的微弱に発達した商品流通で十分である。資本についてはこれと異なる。その歴史的な存立条件は、けして、商品流通や貨幣流通があればいつもあるものではない。資本は、生産手段および生活手段の所有者が、自由な労働者を、彼の労働力の売手として市場にみいだすところにおいてのみ成立する」（*K.*, I, S. 183-184. 岩㈠二九五―二九六頁）と。

この場合、「資本」が「商品流通や貨幣流通があればいつもあるものではない」とされているのは、あきらかに資本をもっぱら労働力の購入と使用にもとづく産業資本の形式において把えようとしていることによる。しかしそれによって、産業資本の成立前にも、資本が商人資本ないし金貸資本としてあらわれる事実が原理的に無視されてよいであろうか。産業資本の成立後も、周囲の商品経済関係のなかには、商人的ないし金貸的な資本の運動がひろく存続する。労働力の購入使用にもとづかぬ商人資本や金貸資本も資本には相違ないとすれば、資本はある程度発達した「商品流通や貨幣流通があれば」すでに出現しうるものである。宇野弘蔵が指摘していたように「労働力の商品化によってはじめて出現するのは、産業資本であって資本そのものではない。[1]」

マルクスも、「貨幣の資本への転化」の章の最初の節において、「資本の一般的定式」をG―W―G′として示すさいには、商人資本ないし利子付資本も資本の一種であることをみとめて、たとえばつぎのようにいっている。

すなわち、「売るために買うこと、またはもっと完全にいえば、より高く売るために買うこと、G―W―G′は、資本の一種、すなわち商人資本のみに特有の形態のようにみえる。しかし、産業資本もまた貨幣であって、これは商品に転化され、また商品の販売によって、より多くの貨幣に再転化される。およそ買いと売りとの間で、流通部面の外部に行なわれる行為は、この運動形態をすこしも変えるものではない。最後に、利子付資本においては、流通G—W—G′は短縮されて、媒介のない流通の結果として、いわば簡潔体で、G—G′として、より多くの貨幣に等しい貨幣、それ自身よりも大きい価値としてあらわれる。／こうして実際に、G—W—G′は流通部面にあらわれる資本の一般的定式である」(K., I. S. 170. 岩㈠二七一頁)と。

理論的にもこの「資本の一般的定式」の節で示される資本の特質は、労働力の売買を前提とする産業資本のみに妥当するというものではない。むしろマルクスは、「商品流通の直接の形態」W—G—Wに対比して流通G—W—Gをとりだし、前者とことなり後者は両極が同質の貨幣であるから、最初に流通に投じたより量的に多くの貨幣を引上げるものとならなければ無意味であるとしてゆく場合、「たとえば一〇〇ポンド・スターリングで買われた綿花が一〇〇プラス一〇ポンドすなわち一一〇ポンドでふたたび売られる」(K., I. S. 165. 岩㈠二六一—二六二頁)というように、商人資本的運動を例としている。剰余価値 surplus value も、さしあたり最初に前貸された貨幣額をこえる価値超過分ΔGとして、貨幣形態でとらえている。さらに剰余価値としての貨幣が資本に合体されて価値増殖の運動が無限に更新されてゆくものとなり、その運動のなかで、価値は、「たえず貨幣と商品とに形態を変換しながらその大きさそのものを変え」自己増殖する過程の主体としてあらわれると述べ、資本としての価値の特質をあきらかにしてゆく場合にも、マルクスは生産過程にはふれることなく、流通部面にあらわれるかぎりでの資本の運動形式を展開している。そうした規定の展開が商人資本の運動形式にも適合するものであることはいうまでもない。マルクスがG—W—G′を資本の「一般的定式」として規定していることにも、そうした含意がこめられているとみてよいであろう。(2)

産業資本も、そうした商品売買をつうずる貨幣の増殖運動の手段として、生産過程を担当するものとなる。すなわち、社会的生産を支配する主体としてあらわれながら、産業資本の基本的な一面には、社会的生産にとって外来的で無政府的な商人資本に由来する運動の形式がうけつがれる。資本による生産の編成に、商品経済に特有な無政府的な規律が、価値法則の展開機構として与えられることになるのも、そのことに根ざしている。それゆえ、産業資本による資本主義的生産の歴史的特質を体系的にあきらかにしてゆくためにも、その前提となる商品経済の発展のうちにすでに商人資本の運動形式があらわれる関係が、理論的に明確にされることが重要な意義をもつであろう。

2

そうとすれば、マルクスが「貨幣の資本への転化」の章の第一節で、G—W—G′を商人資本の運動にもつうずる資本の「一般的定式」として示し、しかも、産業資本の出現にさきだち、「歴史的には、資本は、土地所有にたいして、どこでも最初はまず貨幣の形で、貨幣財産として、商人資本および高利貸資本としてあらわれる」(K., I, S. 161. 岩㈠二五五頁）ことを指摘しているにもかかわらず、その第三節で、さきにもみたように、資本を、商品および貨幣とことなり、労働力の商品化という特殊な歴史的条件なしには成立しないものと規定しているのはなぜであろうか。[3]

それは、マルクスがこの章の第一節と第三節をつなぐ第二節で、「貨幣の資本への転化は、商品交換に内在的な法則の基礎の上に展開されるべきであり、したがって等価物どうしの交換が出発点とみなされる」(K., I, S. 180. 岩㈠二八九頁）としているうえ、不等価の交換によっても、全体としての商品価値は流通によっては増大せしめえないことを重視し、流通部面における価値増殖を結局、原理的には、不可能なこととしているためであるといえよう。

すなわち、マルクスは、第一節で、商品流通をつうずる貨幣の増殖運動として、G—W—G′の形式を示したのち、この資本の「一般的定式の矛盾」として、商品交換に内在的な等価交換のもとでは、たんなる商品の売買によって、価値の増殖をすすめえないことをあきらかにしてゆく。たとえ、「使用価値については交換者が両方得をすることがありうるとしても、交換価値について両方とも得をすることはありえない。」(K., I, S. 173. 岩㈠二七六頁）またかりに、売手が商品を価値より一〇％高い価格で売る「特権」を与えられたとすれば、彼はつぎに価値より一〇％高い価格で買わなければならないことになるから、その結果「価格は増大するが、諸商品の価値関係は変らない」ことになろう。逆に買手が一般に価値より一〇%安い価格で買う「特権」を得るとしても、彼は売手として一〇%安く売らなければならないから「いっさいはやはりもとのままである」（K., I, S. 175. 岩(一)二八〇頁）、というのである。

こうした分析において特徴的なのは、諸商品の等価値交換が必然的なものとされ、そのうえで、交換によって価値を増加せしめうるか否かが検討されていることである。その場合、等価交換の内容は、『資本論』の冒頭で、諸商品の交換関係から使用価値を捨象し、価値を社会的実体としての人間労働の結晶に還元し、等労働量の交換を価値法則としてその後の全展開に前提していることに規定されているとみてよい。そうした想定のもとでは、あきらかにG―W―G′の成立の余地はない。

他方、マルクスは等価交換の想定をはなれて考察をすすめようとする場合には、流通をつうずるG―W―G′としての価値増殖が可能か否かを問題としながら、商品交換W―W′ないしW―G―W′において、商品価値を増大せしめうるかどうかということに論点を移して考察をすすめている。たとえば、商品所有者Aが仲間のBをだまして取引するという例をあげ、つぎのようにいっている。

すなわち、「Aは四〇ポンド・スターリングの価値のぶどう酒をBに売り、それと交換に五〇ポンドの価値の穀物を入手する。Aは彼の四〇ポンドを五〇ポンドに転化させた。より少ない貨幣をより多くの貨幣にし、彼の商品を資本に転化した。もうすこし詳しくみよう。交換が行なわれる前には、Aの手には四〇ポンドのぶどう酒があり、Bの手には五〇ポンドの穀物があって、総価値は九〇ポンドだった。交換のあとでも、総価値は九〇ポンドであった。流通する価値はすこしも大きくなっていないが、AとBとへの分配は変っている。一方で剰余価値としてあらわれるものは、他方では不足価値であり、一方でプラスであるものは、他方でマイナスである」（K., I, S. 177. 岩(一)二八三―八四頁）と。

ここでは、AがBをだますという形でではあれ、等価交換の前提がはずされており、それにともない、Aが商品交換により価値を増殖しうる関係が示されている。しかしその取引は、さしあたり、ぶどう酒を売って穀物を入手するW―G―W′という形式において論じられており、そのかぎりでは、「貨幣をより多くの貨幣に」増殖するG―W―G′の形式を示すものとなっていない。AがG―W―G′の運動の担い手としてあらわれるためには、まず商品の所有者としてではなく貨幣の所有者としてあらわれなければならない。そしてたとえば四〇ポンドの貨幣であらかじめXからぶどう酒を買い、これをBに五〇ポンドで売るとか、あるいは四〇ポンドの貨幣でBから穀物を買いCに五〇ポンドで売るといった取引をすすめるのでなければならない。いずれにせよ、等価交換が絶対の前提ではなく、Aがそうした取引を行ないうるならば、Aはその「貨幣をより多くの貨幣にし」「資本に転化」しうるといえよう。AがBをだますという想定を一般化しうるかどうかはむろん問題があるとしても、マルクスもここではAにおいて価値が増殖しうることをいちおうみとめ、そのうえでAの価値増殖によって、「流通する価値は少しも大きくなっていない」ことを強調する。産業資本にさきだってあらわれる資本形態を考慮外におく理由もひとつにはその点にもとめられる。すなわちマルクスはつづいてつぎのようにいっている。

「等価が交換されるならば剰余価値は成立せず、非等価が交換されるとしてもやはり剰余価値は成立しない。流通または商品交換は、何ら価値を創造しないのである。」「流通そのものから、貨幣の資本への転化、剰余価値の形成を説明することは不可能なのだから、商業資本[4]は、等価物どうしが交換されるようになれば、不可能なものとしてあらわれ、したがって、ただ買う商品生産者と売る商品生産者とのあいだに寄生的にわりこむ商人によってこれらの生産者の双方がだまし取られるということからのみ導きだされる。……商業資本の価値増殖がたんなる商品生産者の詐取からではなく説明されるべきだとすれば、そのためには長い中間項が必要なのだが、それは、商品流通とその単純な諸契機とがわれわれの唯一の前提となっているここでは、まだまったく欠けているのである。」「商業資本にあてはまることは、高利貸資本にはもっとよくあてはまる」（*K.*, I. S. 178-179. 岩㈠二八四―二八六頁）と。

かくて、この第二節をつうじマルクスにおいて、G―W―G′の形式が安く買って高く売る商人資本的形式の資本としては考慮外におかれてゆく理由は、二重に設定されているといえよう。すなわち第一に、商品流通に等価交換が前提されるかぎり、売買取引のみによって価値を増殖することは不可能なこととみなされざるをえない。第二に、かりに等価交換の前提がはずされ、AがBをだますような関係において安く買って高く売る資本の形式が示されるとしても、それによって全体としての価値が増大するわけではなく、既存の価値の分配が変るだけであって、流通は「何ら価値を創造しない」し「流通から」「剰余価値の形成を説明することは不可能」であると考えられる。くわえて、「商品生産者の詐取」といったことはおそらく商品経済の原理としては展開されえないこととみなされているといえよう。

3

ところで右の第二の面をなす流通が価値も剰余価値も形成しえないという論点は(5)、それ自体としては重要であるとしても、個々の貨幣所有者が安く買って高く売ることにより貨幣を資本に転化する可能性を否定する論拠としうるものであるかどうか。たとえばさきのAがぶどう酒なり穀物を安く買って高く売ることができるとすれば、それによって流通する商品の価値が全体として増加するわけではないにせよ、Aの手許で貨幣は資本としての運動を描きうるといえよう。したがって、商品の流通が価値も剰余価値も形成しえないということから、ただちに、産業資本的形式にさきだち、売買差額を取得し貨幣を増殖する商人資本的形式を理論的に考慮しえないという結論はみちびきえない。といっても、そうした売買差額の取得される余地がみとめられるには、さきの第一の面をなす等労働量交換としての等価交換の前提が絶対的なものではないということがなければならない。

いずれにせよ、マルクスは、G―W―G′として、資本の一般的定式を示し、資本としての価値もまず流通形態としてあらわれることを明確にしながら、商品の二要因論において示された価値実体論による等労働量交換の想定とこの資本形式とを対比して、その不整合を資本の「一般的定式の矛盾」としていたのであった。しかし、こうした「矛盾」

は、G―W―G′形式における流通形態としての資本を内容上存立しえないものとして、理論的に否定する絶対的で非弁証法的矛盾となっていないであろうか。

すでに前章でみたように、『資本論』冒頭における一面的に実体的な価値規定は、一方で、社会的実体としての労働の量関係が商品の価値関係を法則的に規制するものとなる社会的根拠を理論的に明示するまえに、価値法則の必然性を論証しようとする無理をおかすものであったが、他方で、元来、社会と社会との間に発生し拡大する商品取引につうずるものとして、社会的生産にたいし外来性をもってあらわれる価値の形態的な特質と意義の解明を制約する傾向をともなっていた。ここでは、後者の問題点が、G―W―G′の資本としての価値の形態規定を理論的に存立しえないものとし、資本概念を結果的にせまく産業資本的形式に限定してしまう帰結を生じているといえるであろう。

宇野弘蔵の『経済原論』いらい、『資本論』第一巻第一・二篇における商品、貨幣、資本の価値の形態的関連を、労働としての価値の実体規定にふれずに、純粋の流通形態として展開し、それにもとづき資本主義的生産の内実に考察をすすめ、そこではじめて価値法則を論証する構成が示されてきているのは、右のような『資本論』の価値論とその展開上にのこされている問題点を体系的に整理解決するものとして、きわめて有力な方法であった。『資本論』も、すでに古典学派にたいしては、資本主義の特殊な歴史性をあきらかにする前提として、商品、貨幣、資本の価値の形態的関連の解明に力をそそぎ、しかも、第一巻第三篇以下で資本による剰余価値生産の考察をはじめるさいに、あらためて社会形態のいかんにかかわらない「労働過程」を明確に規定していた。そのことからふりかえっていえば、商品経済を構成する価値の形態的関連は、原則的な「労働過程」との関連をなおあきらかにしない流通形態として整理されてよいし、むしろそれによって、資本主義的生産の運動法則をその特殊な歴史性とともに明確にしようとする『資本論』の体系構成の意義も、いっそう明確に生かせるのではないかと考えられる。

こうした検討を前提するならば、貨幣の資本への転化の論理を考察するさいにも、等労働量の交換としての価値法則を絶対の条件としてうけとらないでよいことになろう。したがって、そこに安く買って高く売る商人資本的形式の資本が成立する余地を理論的にみとめうる可能性がひらかれる。すなわち、G—W—G′の資本形式は、等労働量交換としての価値法則に反するから理論的に成立しえないとはただちにいえないことになる。しかし、それだけではまだ、商品論および貨幣論の展開上に、安く買って高く売る商人資本的形式の資本が必然的にあらわれることを理論的にあきらかにしたことにはなっていない。すなわち、商品経済の形態原理の展開上に、商人資本的形式の資本が、とくに売買差額としてのその増殖の余地が、どのような根拠によって成立しうるか、あるいは成立しえないか。問題はその点に移されることになる。

（1）宇野弘蔵「『貨幣の資本への転化』について」『マルクス経済学の諸問題』四六頁（『著作集』第四巻、所収）。以下、本章ではこの論文からの引用にさいしては、『諸問題』四六頁、のように略記する。

（2）『資本論』の最初の草稿にあたる『経済学批判要綱』において、マルクスはまだこの「資本の一般的定式」を理論展開の上で、貨幣論と資本の生産過程論をつなぐ位置に明確に位置づけて示していない。一方で、「貨幣にかんする章」で流通手段としての貨幣につづく「貨幣の第三規定」をあきらかにするさいに、はやくもG—W—W—Gという「資本としての貨幣」の規定を同時に与えようとしている（*Gr.*, S. 129-130. 訳、Ⅰ、一三六—一三七頁）。他方で「資本にかんする章」でG—W—W—Gを「商業の形態規定」（*Gr.*, S. 164. 訳、Ⅱ、一七三頁）として指摘しながら、資本の生産過程への移行の契機を、この規定の矛盾の展開によってではなく、「流通がそれ自体のうちに自己更新の原理をふくんでいない」（*Gr.*, S. 164. 訳、Ⅱ、一七五頁）という点にもとめようとする観点を示していた。これにたいし、『資本論』の第二草稿をなす『経済学批判（第一分冊）』（一八五九年）と『経済学批判（一八六一—一八六三年草稿）』になると、前者における商品論と貨幣論の整備にともない、とくに流通手段につづく、蓄蔵貨幣、支払手段および世界貨幣としての「貨幣」の規定から分離されて、後者の草稿の冒頭にG—W—Gが「資本の最も一般的な形態」として提示されている。そして、そこにたとえば、「運動G—W—Gのなかで現われる価値は、流通から出てきて流通に入り、流通のなかで自らを維持し、自己自身を増殖し剰余価値を生む価値である。そういうものとして価値は資本である」（*K.*, I. S. 14. 訳、Ⅰ、一八—一九頁）という規定が与えられ、流通形態としての資本の概念がかなり明確化されている。ついでこの草稿では、基本的には、等労働量交換としての「価値の本性から生じる困難」がこのG—W—Gの形式での増殖運動に関し指摘され、それを介して、資本と「労働との交換」が導入され、「労働過程」にもとづく資本の「価値増殖過程」に考察がすすめられている。その展開は、一方でG―W―Gの形式として明示的に展開していないし、また後半で「労働過程」と「価値増殖過程」の規定までふくめて「貨幣の資本への転化」の項を構成している点などに差異は残るものの、その前半をとれば、『資本論』における「貨幣の資本への転化」の篇の理論内容とごく近いものとなっている。

こうして、『要綱』からこの『批判草稿』を経て『資本論』にかけて、たんなる貨幣の機能からは区分される流通形態としての資本の規定があきらかにされ、その内的困難の展開を介して資本の生産過程の規定が導入される理論構成が整備されてゆくことにより、流通を更新する生産も、流通にあらわれ流通をつうじて自己増殖する資本によって包摂されるものとして、解明される方向が体系的に明確化されていったとみてよいであろう。商品、貨幣とともに、資本もまたまず流通形態として規定されてよい性質をもっていたのである。他方、商品相互の価値関係が、資本としての価値の運動形態の展開をとおして、どのように深化発展することになるか、という側面は、等労働量交換としての価値法則をはじめから前提しているマルクスにあっては、その理論体系の整備の過程でも考慮の外におかれている。そうした問題点をふくめ、比較的早く、『要綱』と『資本論』とを対比しつつ、貨幣の資本への転化論に検討をすすめ、興味ある論点を提起した論稿として、岩田弘「貨幣の資本への転化」、降旗節雄「商品流通と貨幣」（ともに鈴木鴻一郎編『貨幣論研究』一九五九年、青木書店、所収）がある。

（3）　さらにマルクスは、『資本論』第三巻第四篇第二〇章「商人資本にかんする歴史的考察」および第五篇第三六章「資本主義以前」において、資本主義的生産にさきだつ商人資本および高利貸資本についての考察をとりまとめて示している。

（4）　なお、『資本論』をつうじ、マルクスは、商人資本 Kaufmannskapital, kaufmannisches Kapital と商業資本 Handelskapital, kommerzielles Kapital という用語を区別なく用いているが、われわれは以下、宇野弘蔵いらいの用法に従い、商業資本という規定は、産業資本の運動にもとづき、その派生形態としてあらわれるものに限定して用いることとしたい。

（5）　この論点は、注（2）でみた『要綱』の貨幣の資本への転化論における「流通はそれ自体のうちに自己更新の原理をふくんでいない」という指摘につうずるものがあるように思われる。しかし、『要綱』から『資本論』にかけて、流通を更新しその価値関係を形成する生産過程も、資本主義経済においては、流通をつうずるG―W―G′の形式に包摂されるものとしてあらわれることが、体系的により明確に示されるようになっているとすれば、商品流通自体の限界をもって、ただちにG―W―G′形式の不成立を示すものとすることは、そうした体系構成の整備を理論展開の内容に生かすゆえんではないであろう。

第二節　商人資本的形式の資本の成立根拠

1

マルクスは、等価交換の前提をいちおうはずして考察をすすめる場合、たとえばAがBをだますといった取引によりAの貨幣の増殖がおこなわれる例をあげていた。商品の品質をいつわったりその欠陥を正確にしらせないで売るといった詐欺行為は、商品の売買取引に現実には付随しておこりえないことではない。しかし、そうした行為は盗掠とおなじく、商品経済の原理としてくりかえされうることではなく、したがってまた商人資本的形式の資本の成立根拠を理論的に与えるものとはいえない。マルクスもAがBをだまして利得することは、Aが「Bから直接に一〇ポンドを盗んだとしても」おなじようなことであるとして、結局考慮外においていた。マルクスにおいては、等労働量交換としての等価交換が、商品取引の法則的条件として絶対的前提とみなされたため、価値から離れた価格で安く買い高く売るといった取引は、商品経済の原理からはずれる「詐取」のような特殊事例によって考察されるほかはなかったとも考えられる。

しかし、価値の法則的規制は、背後の労働の量関係を直接たしかめうるものとしてではなく、価値の形態としての価格の無政府的変動をつうじて示される規律として、たえずいわば事後的にあきらかにされてゆくものであることを重視するならば、価格の基準としての価値から偏倚した価格で売買がおこなわれること自体は、詐欺のような商品経済の原理に反する例によるまでもなく、一般にたえず不可避なこととしてあらわれるといえよう。といっても、諸商品の無政府的な価格の表示は、これを前提に貨幣による購買がくりかえされるうちに、たえず訂正されてゆく。ことに需要と供給の調整がよういなある範囲の市場においては、同一商品には同一価格が与えられ、しかもくりかえし供給される商品においてはその価格が変動しながら、一定の基準をもつことがあきらかにされるであろう。マルクスによる価値尺度の規定を訂正しつつ宇野が提唱していたように、こうして購買手段の機能の反復をつうじ諸商品の価格の基準としての価値をあきらかにしてゆくところに、貨幣の価値尺度の機能があると考えられる。(6)その機能は諸商品の価値関係をいわば絶対的に表示し、価値と価格の偏差を全面的に解消するものではありえない。むしろ、無政府的な市場の価格のたえざる変動をとおしてのみ価値の尺度機能が実現されてゆくものと考えられる。

商品経済における価値関係のそうした特性の半面として、貨幣の価値尺度機能をつうじ商品流通市場が形成され、そこに一物一価の価格体系が示されることになるとしても、諸商品の個々の売手にとっては、その商品がいつ いかなる価格で販売されうるかが確実に保証されたことにはならない。個々の売手にとって、販売W—Gが商品の「命がけの飛躍」(K., I, S. 120. 岩(一)一八八頁)をいみすることにかわりはない。それゆえ、商品流通から富の一般的形態としてひきあげられている「貨幣としての貨幣」の所有者が、商品の売手にたいし、そうした不確実な販売の過程を肩代りするものとしてあらわれ、その商品を即刻買取る場合には、市場価格にくらべ割安な取引の成立する余地があろう。宇野も、具体的には商人資本としてあらわれるG—W—Gの形式は、「まず最初に容易に開始し得るG—Wをもって出発し、第二段のW—Gで単純なる流通のいわゆる命がけの飛躍を意味する第一段階を引受けるのであって、いわゆる危険を負担するものとして当然に商品の売買差額を利益として獲得すべきものとせられる」と述べていた。(7)

商品取引にさいし準拠すべき価値の規制があらかじめ当事者に知らされているわけではなく、また市場における価格の水準も、個々の売手にその商品の販売の価格と期日を保証するものでないかぎり、貨幣の所有者が、その販売を代行するのとひきかえに、市場価格より安く買うとしても、それはただちに商品所有者にたいする詐取や詐欺をいみしないと考えられる。(8)商品所有者もことに販売によって得る貨幣での購買や支払を急ぐような場合には、不確実なW—Gの過程を即座に肩代りしてくれるものがあらわれれば、市場価格より安く売ることをいとわないはずである。貨幣としての貨幣の所有者は、その形態上の位置からみて、こうした関係を利用し、安く買って高く売る商人資本的形式の資本として貨幣を投じうる。そのかぎりで、商人資本は安く買って高く売る形式をもってあらわれる場合、市場価格に比して安く買うという側面に、価値増殖の余地をまずもとめるものといえよう。とはいえ、市場における価格の変動や市場間の価格水準の相違によって、より高く売る機会があれば、それもできるだけ利用しようとすることはいうまでもない。

市場価格の変動を利用する側面では、商人資本は需給関係から価格の下っている商品を仕入れ、その値上りをまって売ろうとする。市場価格の変動が、貨幣の価値尺度機能をつうじ、その量的基準をあきらかにされることからいって、値動きを利用するめどもあるていど与えられるといえるかもしれない。しかし、価格の基準としての価値の水準自体も変動をまぬがれず、しかもその水準の変化はしばしば下方に向うばかりでなく、需給関係から価値水準に比して安く仕入れた商品の価格が、さらに需給の悪化により低下し、その回復の時期も保証されえないという事態も生じうる。商人資本的形式においては、資本は、そうした市場価格やその基準としての価値水準の変化を、直接支配しえず、外的与件とするにとどまるのであるから、この商品流通における価格変動を利用する面のみをとれば、商人資本的形式の資本は、投機性をつよくもち、売買差額をえて貨幣を増殖しうる場合も、しえない場合もあり、さらに損失をうける場合もあるものとならざるをえない。それでは、商人資本的形式の資本に貨幣が転化する形態的な必然性は、理論的に十分あきらかにしうることにならないであろう[9]。商人資本的形式の資本は、それゆえ、さきにみたように商品所有者の商品販売を肩代りするものとして安く買うことに主要な形態上の根拠をおき、商品流通における価格変動をも利用するものとみるべきであり、そのようにみるならば、それは投機性をつよくもちながら、商品流通にもとづき売買差額によって貨幣価値を増殖しうる資本形式としていちおう提示しうるものと考えられる[10]。

2

こうして、商人資本的形式の資本は、G—W—G′の形式において、商品流通における価格変動を利用しようとするが、それにさきだち、商品所有者の販売を肩代りし、W—Gの「命がけの飛躍」をひきうけるものとして、市場価格より安く買うのであり、それによって売買差額を得て価値を増殖する形態的根拠をもつものとしてあらわれる。しかしそのかぎりでは、このG—W—G′の資本形式とその増殖の根拠は、産業資本の運動にもとづく商業資本の取引にも、産業資本に基礎をおかない商人資本の取引にも、共通する抽象的な形態規定において示されるにとどまる。

むろん、G—W—G′の資本形式が、形態的には産業資本の一面を示すとともに、それにもとづく商業資本の運動にそのままつうずるものであることは、それ自体重要ないみをもつといえよう。すなわち、商業資本の原理的規定は、産業資本の流通過程を媒介代位し、それによって産業資本の剰余価値生産を促進するとともに、生産された剰余価値の一部を商業利潤として分与されるという関係においてあきらかにされてゆくと考えられるが、そのことは売買差額によって増殖する商業資本の運動形式そのものも、産業資本の運動から派生するものとしてはじめて成立するということをいみしない。むしろ、商業資本は産業資本にさきだってあらわれるG—W—G′の資本形式をみずからの運動形式としてひきつぎ、産業資本の運動にもとづきその機能と増殖の合理的根拠を与えられるものと考えられる。そのことは、産業資本の運動にもとづく利子関係の原理的解明にさいしても、貨幣の貸付によって利子を得る利子付資本の形式が、形態的な前提とされなければならない[11]ということにも照応する。マルクスのように、産業資本にさきだつ商品流通においては、G—W—G′の形式も、G—G′の形式も理論的には成立の余地はないものとしたうえで、「商業資本とおなじく利子付資本も、われわれの研究の進行のうちに、派生的形態としてみいだす」(*K.* I, S. 179. 岩㈠二八七頁)とすることは、産業資本にもとづく商業資本や利子関係の理論的展開にさいし、産業資本からあらためてG—W—G′の形態やG—G′の形態が、どのように派生し生成するかという理論展開上の難問をのちにのこすことにもなるわけである。

それゆえ、G—W—G′の資本形式が産業資本にさきだって示されるとすれば、その資本形式は、産業資本にもとづく商業資本の運動形態にも妥当する性質を抽象的にすでに示しているものとみるべきであろう。だが、そうなると、

G―W―G′の資本形式がこれまでみてきたような抽象的な形態規定において示されるだけでは、商人的な資本が産業資本の運動にもとづかない商品経済関係のなかに広くあらわれうるものであることは、まだ理論的に明確にされていないことになる。むろん、商品流通を構成する商品の形態と貨幣の機能も、産業資本にもとづかない商品経済のなかにも広くあらわれうるものとして展開されるとともに、それによって、資本主義的生産の内部編成の形態原理の基本が解明されるという関係にある。しかし、商品流通にもとづくG―W―G′の資本の運動形式の規定の展開にさいしても、商品および貨幣の規定とおなじく、たんなる商品経済の展開のなかにも、資本主義的生産にもとづく商品経済のなかにもあらわれる、抽象的な形態原理をあきらかにするだけでよいかどうか。

すなわちここでは、すでに商品と貨幣の形態を統一する価値の運動体としての資本がとりあげられ、その増殖の根拠が問題となる。しかも、労働力の商品化によって特殊な歴史社会を構成する産業資本の価値増殖の解明にさきだって、商人資本的形式による価値増殖の根拠が考察されなければならない。とすれば、産業資本における特殊歴史的な価値増殖の根拠にたいし、それとは異なる商人資本的形式の資本における価値増殖の根拠の歴史的特質が問われることになるのではなかろうか。そのいみでは、商品所有者における販売の困難をひきうけるものとして安く買い、高く売るといったG―W―G′の資本形式における価値増殖の形態的な根拠が抽象的に示されるだけでは不十分であって、そうした形式による価値増殖が、産業資本の運動にもとづかない商品経済関係のなかにすでに出現しうる面がさらに積極的に示されるべきではないかと思われる。それによって、産業資本ないしそれにもとづく商業資本の特殊歴史的規定性が、その価値増殖の実質的な根拠において、商人資本的な資本の運動から理論的に区分され、体系的に明確にされる前提が整備され、商人資本的形式の歴史的性格が理論的により明確になるのではないかと考えられる。

宇野が、「資本の形態規定は、商品、貨幣の場合と異なって、明らかに資本主義に先きだつ諸社会の商品経済に本来的なる商人資本乃至金貸資本によって、その形式を展開せざるをえない(12)」と主張しているのも、そうした問題をあきらかにしようとする試みであったといえよう。すなわち宇野は、商品所有者におけるW―Gの「命がけの飛躍」をひきうけるものとして、販売価格より安く買うという点に、G―W―G′の形式における利潤のいちおうの「根拠を説明するもの」[13]があるとしたうえで、この資本形式が「実際は具体的なる商人資本によって、その小生産者に対する不等価交換を基礎として考察され」[14]るべきものとしているのである。それによって、この資本形式における価値増殖の抽象的な形態的根拠とあわせて、その実質的な歴史的基礎をもあきらかにしようとしていると考えられる。それは、宇野のいうように、「産業資本的形式自身が実は具体的に産業資本として展開されざるをえないということに通ずるものがあるのではないかとも考えられる。[15]」この産業資本を成立せしめる労働力の商品化という「社会的基礎条件が与えられるまでは」、資本は「商人資本、金貸資本の形式に留まらざるをえなかったのである。」と同時に、資本主義の発生期にも、産業資本の「基礎条件」を準備する資本の原始的蓄積の過程を助長しつつ、商人資本が支配的資本として重要な役割をはたすのであって、「理論的展開は、こういう歴史的過程をも解明しうる、少くとも基準を与えるものでなければならない[16]」といえよう。

このように、宇野がG―W―G′の資本形式について、その価値増殖のいちおうの形態上の根拠を示すにとどまらず、産業資本による価値増殖にさきだって、これとは実質的に根拠をことにしてあらわれる商人資本の歴史的性格をも具体的に示す規定としていたのは、歴史を理論的に解明しようとする経済学の原理論の展開にとって、十分考慮に値する重要な主張であったといえよう。とはいえ、そこにはなおつぎのような問題が残されていたのではなかろうか。

すなわち、宇野における経済学の原理論は、もともと自由主義段階にいたるイギリス資本主義の発展傾向を延長し、「資本家と労働者と土地所有者との三階級からなる純粋の資本主義社会を想定して、そこに資本家的商品経済を支配する法則を、その特有なる機構と共に明らかにする[17]」ものとされていた。この原理論の抽象の方法は、ことに原理論の展開にさきだち、あらかじめ「純粋の資本主義社会を想定し」これを考察の対象とする点で、いろいろの制約を生んでいるのではないかと思われるが、当面、宇野による商人資本的形式の資本についての右のような規定はそうした原理論全体の抽象方法と不整合をきたしていないであろうか。ことにG―W―G′ないしG…G′の資本形式の規定が

「資本主義社会に先きだって具体的にあらわれる、商人資本、金貸資本によって与えられざるをえない[18]」とする場合、発生期の資本主義における商人資本、金貸資本の役割を念頭におくだけでなく、むしろ資本主義にさきだつ古代、中世の商品経済に出現する資本にもとづき理論的規定を与えようとするのであれば、それは経済学全体の抽象の方法とも整合しないおそれがある。経済学が、ほんらい資本主義的商品経済の発達とともに独立の学問としての発達を開始し、マルクスにおいてみずからの考察の対象を歴史過程としての資本主義の経済過程に限定することにより、社会科学として確立されたことは、むしろ宇野が強調し明確にしたところであった。

にもかかわらず、宇野が、G—W—G′の資本形式を、資本主義にさきだつ商人資本によって規定しているのは、資本主義的商品経済を、ことに原理的展開にさいし、純粋の資本主義社会として想定し、そのうえでこの社会を全面的に支配する産業資本とは存立の根拠をことにするものとして、商人的な資本の理論的規定を与えようとしているためであろう。そのいみでは、資本主義の経済過程を純粋の資本主義社会に代表させて考察する方法が前提されている結果、G—W—G′の資本形式の規定にさいし、かえってマルクスのいう「大洪水前期の」(*K.*, I, S. 178. 岩㈠二八五頁)商人資本によらなければならないという逆説的関係を生んでいたように思われる。そうした関係は、宇野においてとくに晩年、方法上意識的に強調されてもいたのであって、流通形態論の内部においても、商品と貨幣の規定は資本主義社会の流通表面から抽象されるものに純化し、これと対照的に、貨幣の資本への転化の規定は、資本主義社会にさきだって具体的にあらわれる商人資本、金貸資本によるべきものであるとする傾向がみられた。

たとえば、旧『原論』では「貨幣」の章の「流通手段」につづく「貨幣」としての貨幣の規定を、「蓄蔵貨幣」「支払手段としての貨幣」および「世界貨幣」に分けて規定し、その最後の「世界貨幣」の規定を介し、まず国際取引にあらわれるものとしてG—W—G′の流通形式をみちびく展開がみられたのであるが、新『原論』では、貨幣としての貨幣の規定が、具体的には、貯蓄ないし支払手段としてあらわれる資金として示され、「世界貨幣」の規定とこれを介してのG—W—G′形式の展開は、補足的な注で示唆するにとどめられている。

そうした整理にもとづき、新『原論』では、G—W—G′の流通形式は、形態的には資金としての貨幣が、売買によって富を増殖するために用いられるものとして、抽象的に示されたのち、その増殖の実質的根拠が、資本主義にさきだつ具体的な商人資本によって示されることとなっているのであった。たしかに、宇野の重視しているように、資本は、産業資本としての価値増殖に依拠せずにも、むしろそれにさきだってG—W—G′の商人資本的形式において商品経済関係のなかに出現しうる。その点は、商品経済とそれにもとづく資本主義的生産の運動原理の展開においても、明確にされてよいことであろう。それによって、資本主義にさきだつ時代、あるいは資本主義の発生期における商人資本の歴史的役割をあきらかにする理論的基準が示されることにもなると考えられる。

しかし、ことに宇野において、貨幣論が純粋の資本主義社会の流通表面からの抽象として整理される傾向がみられたとすれば、その最後の規定として「世界貨幣」に代えられた「資金としての貨幣」からは、資本主義以前の商人資本によるG—W—G′の運動の根拠が必然的に導かれ、理論的に示されうるとはいいがたい。また、資本主義以前の商人資本や高利貸資本によって規定された資本形式は、それ自体において、産業資本の規定に展開してゆくいわゆる復元力をもった抽象といえなくなりはしないかとも思われる。宇野は、この点でむしろ前後の規定にたいし、抽象の基礎を鋭く転回し飛躍せしめることにより、産業資本的形式にたいしそれに先行する資本形式の歴史的意義を明確にし、それによってまた産業資本自体の特殊な歴史性をも明確にしうるとみていたように思われるのであるが、しかし経済学の原理が、たんなる商品の形態規定から開始されるにせよ、はじめから資本主義的生産の支配的な経済過程を考察の対象として展開をすすめるべきであるかぎり、そこにはやはり方法的にも理論的にも一貫しないものがふくまれているといわざるをえない。

3

とすれば、資本主義的生産の支配的な経済過程に考察の基礎をおきながら、産業資本およびそこから派生する商業資本とは価値増殖の実質的根拠をことにするものとして、G—W—G′の流通形式を抽象することはできないであろうか。むろん、資本主義的生産の支配的な商品経済の過程を、はじめから純粋の資本主義社会に限定し考察しようとするかぎり、そうした抽象は不可能なことになる。しかし、資本主義的生産の特殊な歴史性を原理的にあきらかにしてゆくために、まず商品経済を構成する諸形態の関連を、とくに流通形態として順次解明してゆく場合、そこに示される理論的諸規定は、序章の二でもふれたように、その性質上、純粋の資本主義社会の内部のみに妥当するものとはいえないであろう。むしろ、背後の生産関係のいかんをとわず、社会と社会の間に発生し、社会的生産に外来的なものとして発達する商品経済の形態的特質をも理論的にあきらかにするものとなる。資本主義的生産は、そうした商品経済の諸形態により、社会的生産を編成するものとしてあらわれ、したがってまたその周囲の種々の諸生産と商品経済取引を維持拡大しながら、これをみずからの運動に異質な阻害要因とせず、自律的な発達を示しうる。商品、貨幣、資本の流通形態としての展開を前提に、資本主義的生産の解明にすすむ原理論の体系構成は、そうしたいみで、資本主義的生産が現実には周囲の諸生産との取引関係を維持拡大しながら、自律的に発展する歴史過程としてあらわれる論理をもあきらかにするものと考えることができる。

こうして、現実には周囲の非資本主義的諸生産との商品経済関係を不断に維持拡大しつつ展開される資本主義的生産の自律的運動法則を、商品経済にもとづく産業資本の運動の論理にそくして抽象し解明してゆくためにも、商品経済を構成する流通諸形態は、資本主義的生産の内部のみに固有のものとしてではなく、むしろその周囲の諸生産にもとづく商品取引にもつうずるものとして抽象され規定されてよいであろう。またそう考えるならば、資本主義的生産の支配的な経済過程を考察対象とし、しかも産業資本の価値増殖とは実質的に根拠をことにするG—W—G′の流通形式を抽象することに方法上の困難はさしてのこらないのではなかろうか。すなわち、資本主義的生産の確立後の過程においても、その周囲には、広く非資本主義的生産にもとづく商品生産物の取引が存続するのであり、そこに産業資本による剰余価値生産とは実質的に根拠のことなる商人資本的な資本の存立の余地があるとみなしうるからである。(19)

さしあたり、宇野が資本主義以前の商人資本によって示しているG—W—G′の資本形式は、資本主義的商品経済においても、その周辺に広く存続する旧来の小生産者による商品生産物を売買し利益を得る商人資本的資本の活動により、抽象しうるのではないかと考えられる。だが、資本も、G—W—G′ないしG…G′の形式においては、商品および貨幣とおなじく、背後の生産関係いかんに依拠しない流通形態としてあらわれ、理論的にも流通形態として展開されてよい性質をもっている。現実には、商人資本的な資本が、旧来の小生産者の無知や窮状を利用し、あるいはこれを問屋制的に支配し、安く買って高く売る実質的な根拠とすることはしばしばみられるところであるが、そうした小生産者の存在を具体的にとりあげることは、流通形態論の展開として方法上適切ではあるまい。背後の生産関係にふれることなく、商品、貨幣、資本の流通形態としての関連をあきらかにしてゆこうとするかぎり、旧来の小生産者層も、たんなる商品ないし貨幣の所有者として抽象されるほかにはないのである。となると、現実にはそうした小生産者との取引関係において安く買って高く売る商人資本的資本の活動に抽象の基礎をもとめても、G—W—G′の流通形式は、理論的には、ふたたびたんに商品所有者における販売の困難を肩代りするものとして安く買い、商品流通における価格の変動をもできるかぎり利用して売買差額を得るという、抽象的な形態において示されるほかにはなさそうに思われてくる。こうして資本主義的生産が支配的な経済過程にもとづき、商品流通市場のいわば内部において、個々の商品所有者が行なうべき販売の過程を代位するものとして、安く買って高く売るG—W—G′の形式が、流通形態として規定されるかぎり、商人資本的形式の資本の理論的特性は、産業資本とそれにもとづく商業資本とは増殖の実質的根拠をことにするものとしては、いぜん積極的に示されえないままになる。

しかし、ひるがえって考察の視野をひろげるならば、商品経済にもとづく商人資本的な資本の運動形式は、貨幣の価値尺度機能をつうじ社会的な商品の需要と供給の調整がおこなわれる商品流通の範囲を前提に、いわばその内部で商品の所有者が行なうべき販売の困難を代行するものとしてあらわれるだけではない。すなわち、それは、商品流通とその外部の商品世界、あるいは商品流通と他の商品流通との間における価格差を利用するものとしてもあらわれうる。現実には、国際的な貿易取引にもっとも明瞭に示される、流通市場の間をつなぐ商取引こそ、むしろ商人資本的な資本のほんらいの発生基盤であり、G—W—G′の形式に、理論的にも産業資本やそれにもとづく商業資本とは実質的にことなる価値増殖の根拠を与えうる場面となるのではなかろうか。そうとすれば、商品流通の内部で販売の困難を肩代りする形態的な機能は、商品流通とその外部の商品世界との間にあらわれる商人資本的形式の資本が、商品流通の内部にいわば浸透する原理として位置づけられてよいことになる。

それによって同時に、「商品が共同体と共同体との間に発生したのと同様に、資本もまた流通市場と流通市場との間に発生するものといってよいであろう。商品、貨幣、資本の流通諸形態は、いずれもかかる外来的なるものの共同体内への滲透として展開されるのである[20]」という宇野の指摘する重要な特性が、資本形態について体系的により明確に示されることにもなると考えられる。しかし、流通市場と流通市場との間にG—W—G′の資本形式があらわれるものとするには、それにさきだつ貨幣論の展開をつうじ、商品流通とその外部の商品世界ないし他の商品流通との区分が、与えられていなければならない。そのいみでは、貨幣論のしめくくりが、たんに商品流通から引きあげられる資金としての貨幣の規定とされるのでは不十分であって、マルクスのいう世界貨幣の規定を原理的展開に生かしえないかどうかがここにあらためて重要な問題となる。

(6) マルクスは『資本論』の第一巻第三章の第一節で貨幣の価値尺度の規定を示すさいに、価値の実体規定を前提に、「商品の内在的な価値尺度たる労働時間の必然的現象形態」として貨幣が用いられ、「商品世界にたいして、その価値表現の材料を提供し、また商品価値を同分母の大きさ、すなわち質的に等しく、量的に比較しうる大きさとして表示する」（*K.*, I. S. 109. 岩㈠一六八頁）ことを貨幣の価値尺度の機能としている。しかし、こうした規定では、価値形態論の最後に示される価格形態の規定との重複がさけられないばかりではない。価値の背後の労働時間による尺度が直接たしかめられ、あるいはそのまま価格に示されるかのように説かれることとなっている。けれども、マルクスがすぐあとでつけくわえて指摘しているように、価値と価格の乖離の可能性が価格形態そのもののなかにあり、しかもそのことが、この形態の欠陥ではなく、ぎゃくに商品経済による生産様式に適当な形態にする（*K.*, I. S. 117. 岩㈠

一八二頁）ということを重視するならば、宇野が主張しているように、貨幣がたんに価格表現の材料となる点においてではなく、むしろたえず価値から乖離して変動する価格の表示をうけて、その背後の価値をどのように貨幣が尺度しうるか、という点をめぐり価値尺度の規定を示すべきではないかと考えられる。なお、旧『原論』上、四三―四九頁、および「マルクスの価値尺度論」『マルクス経済学原理論の研究』一九五九年、岩波書店（『著作集』第四巻、所収）を参照されたい。

（7）旧『原論』上、七五頁。なお、こうした規定は、マルクスが流通手段としての貨幣をW―G―W′として考察するさいに、「命がけの飛躍」の問題があることを強調しているにもかかわらず、G―W―G′の規定を示すさいにその論点との関連をあきらかにしていない点を補整するものであり、それによって、商品流通にもとづき商人資本的形式の資本が成立しうるいちおうの形態的な根拠をあきらかにするものと考えられる。宇野の新『原論』では、こうした規定が示されていないが、その後に執筆された論文「『貨幣の資本への転化』について」『諸問題』一一四―一一六頁には、この点について旧『原論』と同様の説明が示されている。

（8）もともと、商品流通市場における価格形態自身、その基準としての価値からたえず乖離するものとしてあらわれる。需給によって価値より安い価格が市場でつけられている商品を買うことは、むろん売手にたいする詐取をいみしない。同様に、売手が、そのときの市場で支配的な価格水準を知っていても、自己の商品がいつその価格で売れるかわからないかぎり、ことに貨幣の入手を急ぐ場合、販売過程を肩代りし、即金で買ってくれるものがあれば、市場価格より安く売る取引に同意しても、それは詐取されたことにはならない。産業資本が商業資本に卸売りするような場合には、売手もそれによって資本の回転をはやめ、利益を増進しうる。また、商人資本が小生産者の窮状を利用して安く買う場合にも、商品経済的には販売の困難を代行するという形態上の根拠を有するものと考えられる。

（9）たとえば日高普氏は『全訂経済原論』一九七四年、時潮社、において、商人資本的形式の資本は、「高く売ろうとしても売ることができずに、買ったときの価格と同じ価格で売り、利潤かゼロということもあるであろうし、あるいはもっと安くしか売ることができず、損をすることさえあるであろう。だからもし利潤が得られたとしても、それは偶然的な事情によるのである」（四五頁）としている。これにたいし、鎌倉孝夫氏は、「商品流通がなおたんなる流通関係として行なわれ、生産過程を外的条件とするものである限り、価格変動はたんに一時的、偶然的であるとはいえず、むしろ必然的である」し、「そこにまた商人資本的形式存立の基盤もある」（『資本論体系の方法』二四二頁、二五一頁）としている。しかし、鎌倉氏も、商人資本的形式の資本における「利潤の根拠は、商品流通関係の変動にある」（同上、二四二頁）とするかぎり、利潤の根拠を形態的に必然的なものとして示しえてはいないのであって、日高氏とおなじく、資本に転化すべき貨幣の所有者からみて、利潤がえられるかどうかは「偶然的な事情」によるとせざるをえないのではなかろうか。またそのかぎりで、商人資本的形式の資本への貨幣の転化の必然性を形態規定の展開としても十分明確にしているとはいえないように思われる。

(10) 橋本寿朗「資本形態論の展開方法について」東京大学『経済学研究』17、一九七四年一二月、はさきにみたような宇野の指摘に依拠してこの論点を強調することにより、純粋資本主義の想定のもとで、G—W—G′形式が成立する必然的論拠を示そうとしている。小幡道昭「商品流通の構造と資本の一般的定式」『経済学批判』6、一九七九年四月、はさらに商品の信用売買との対比を加えつつ、同様の論旨を示している。これらに対し、小倉利丸「資本形式論の再検討」東京大学『経済学研究』22、一九七九年一〇月、は、商品所有者の「命がけの飛躍」をひきうけて商人資本が安く買うとしても、つぎにおなじ商品を販売するさいに、同様の「飛躍」をせまられ、最終消費者の購買により、その危険を解除されるさいに、安く売らざるをえないから、安く買って高く売る根拠がそこに与えられたことにはならないとして、その根拠を価格変動と売買価格の個別的差異にもとめている。たしかに消費者による購買も、商人にたいし、その商品の「命がけの飛躍」を解除する意味をもちうるので、そこに値引き交渉がおこなわれうることにもなるが、一般には、消費者の購買は、それぞれ特殊な必要物に分散的にむけられ、貨幣の余裕も十分とはかぎらないから、商人資本によるG—Wとは性格がことなり、市場に支配的な価格より必ず安く買いうる形態上の根拠は十分持ちえないものと考えられる。

(11) この点さらにくわしくは、伊藤誠『信用と恐慌』第二章（本著作集第三章）における検討を参照されたい。

(12) 『諸問題』一一九頁。

(13) 同右、一二五頁。ただし、この引用句は、宇野がこの論文で検討の素材とした、降旗節雄「『貨幣の資本への転化』の方法的考察」『北大経済学研究』第一四巻一号、八六頁から引用し転用しているもの。なお、この降旗論文は、同氏の著書『資本論体系の研究』一九六五年、青木書店、第一編第二章に収められている。

(14) 『諸問題』四〇頁。

(15) 同右、四三頁。

(16) 同右、四三—四五頁。

(17) 新『原論』一一二頁。

(18) 『諸問題』四一二頁。

(19)　宇野も、「資本は、資本主義社会として一社会を歴史的に決定することになったとしても、その価値増殖の根拠をなす旧来の社会層が残存し、それを有利に利用する機会さえあれば、資本は、商人資本として、あるいは金貸資本として活動する」(『諸問題』四六頁)としている。そのさい、資本は、流通をつうずる価値増殖の手段として生産過程をも担当するのであるが、しかし、宇野もすでに指摘しているように「資本は、それがいかなる種類の生産に投ぜられるかに関心をもつわけではない。それは最も有利な部面に投じられる。国内に残存する小経営と無用の競争をしてまで農業を資本主義化するものではない」(『農業問題序論』増補新版、一九六五年、青木書店、一八頁、『著作集』第八巻、所収)し、それゆえまた、産業資本の確立後も、現実には、国内国外の農業部面等に、「旧来の社会層を残存」せしめたまま、資本主義の発達が工業部面に集中してすすめられる傾向が不可避であることが注意されてよい。「いわゆる金融資本の時代には、株式会社制度の産業における普及と海外への巨額の資本の投資とをもって、一方では資本の利用する生産方法の改善の急速なる発達によって比較的頻繁にいわゆる相対的過剰人口を形成し、他方では後れた地域への資本の支配圏を拡大して、旧来の小生産者的社会層を商人資本的に、あるいは金貸資本的に利用する余地を再び残存せしめることになる」(『諸問題』四七頁)といってよいであろうが、そのことから逆にさかのぼって産業資本の時代には、商人資本的ないし金貸資本的な資本の活動の余地がなかったとはいえないわけである。むしろ、金融資本としての新たな発展も、それにさきだつ産業資本の時代をつうじ、農業等の諸部面ないし農業的諸国に旧来の小生産者的社会層が、たえず分解作用をうけながら広く残存する傾向があったことを前提に、そうした社会層からの商品経済的な収奪を、巨大産業株式資本における剰余価値の生産と結合し強化するものとしてあらわれるのである。

(20)　新『原論』三八頁。

第三節　商品流通と資本形態

1

マルクスは『資本論』第一巻第三章で商品流通を形成し媒介する貨幣の機能を「価値尺度」「流通手段」「貨幣」の三節に区分して扱い、その最後の節で「貨幣蓄蔵」「支払手段」につづき「世界貨幣」を規定しつぎのようにいっている。

すなわち、「貨幣は、国内流通部面から外に出るとともに、価格の度量標準、鋳貨、補助貨幣および価値標章という国内流通部面で生長する地方的形態をふたたびぬぎすてて、貴金属本来の地金形態にかえる。世界商業においては、商品は、その価値を、普遍的に展開する。したがってまた、ここでは諸商品にたいしそれらの独立の価値姿態も世界貨幣として相対する」(*K.*, I. S. 156. 岩㈠二四八頁) と。

このように、マルクスが具体的な国内流通部面とその外部の世界市場とを区分し、前者からぬけ出し後者に通用する地金形態にかえった貨幣を世界貨幣としているのは、それにさきだつ貨幣論の展開において、たとえば流通手段としての貨幣がうけとる鋳貨形態を規定するさいにつぎのようにいっていることに照応する。

「価格の度量標準の確定とおなじく、鋳造は国家の仕事となっている。金と銀が鋳貨として身につけたり、世界市場でまたぬぐことになる各種の国民的制服に、商品流通の国内的または国民的部面と、その一般的世界市場部面との間の分離があらわれる。」(*K.*, I. S. 139. 岩㈠二一九頁)

すなわち、マルクスは、貨幣の機能をあきらかにしてゆく場合、国民的部面と世界市場部面との区分をはじめから具体的に前提し、考察をすすめている、そのいみでは、考察の基礎を純粋の資本主義社会の内部にはじめから限定しているわけではない。さかのぼって考えると、マルクスは、貨幣論にさきだつ商品論ないし交換過程論においても、一面で、ほんらい「商品交換は共同体の終るところで、すなわち共同体が他の共同体またはその成員と接触する点で始まる」(*K.* I, S. 102. 岩㈠一五八頁)ということに注目していた。商品の価値形態の展開による貨幣の必然性の解明にしても、社会と社会の間にあらわれる世界市場的な商品取引の形態にもつうずる原理をあきらかにしていると解してよいであろう。むろん、他面で、マルクスは、商品の二要因論で、商品価値を「社会的実体」としての人間労働の結晶に還元し、その後の展開においても、価値関係を商品経済社会内部における労働の量関係を媒介するものとして捉えようとする観点をつよく示しているところが多い。しかし、そうした観点により商品経済社会の内部関係とみなければ、商品世界の価値の形態的関連を集約する貨幣形態の必然性が理解されえないというものではないと考えられる。価値形態の展開をつうじ、金ないし銀が貨幣商品の位置におかれる論理は、抽象的には商品世界の全体に、現実的には世界市場と国内流通とをつうじ、普遍的に妥当するものとみることができる。マルクスも貨幣の必然性論の展開においては、とくに国内流通と世界市場との区分を問題としていない。これに反し、商品流通を形成し媒介する貨幣の諸機能を展開する場合に、その区分を具体的に考慮しようとしていることは、興味深い対照をなしている。

むろん、商品と貨幣の原理的規定の展開のうちに、具体的な国境なりそれによって区分される国内流通と世界市場の関係をそのまま設定しうるかどうかには問題がある。たしかに商品経済の発達は、資本主義的に拡大深化されても、現実には各国経済の区分をそれによって除去しうるものではない。しかし、資本主義的生産の発達は、基本的には、むしろほんらい社会と社会の間に発生し拡大する商品経済を、社会の内部編成の原理とするものとしてあらわれ、その運動にそくしてみれば、対外経済関係が対内関係と異質の原理によるものではなくなる。それは、商品経済の基礎となる商品の価値関係が、それぞれの生産される国や生産関係のいかんを問わず、異質な使用価値をもつ他の商品との交換をもとめる形態的関連としてあらわれ、それ自身に特有な抽象作用をもつことに由来するといえよう。そうした商品経済とそれにもとづく資本主義的生産の特質にそくして、現実には世界市場における貿易関係を不可欠の契機として発展する資本主義の経済過程を考察の対象としながら、資本主義的生産の自律的な運動の原理を世界市場関係から抽象して解明することが可能となる。その半面で、現実の国境によって区分された具体的な各国経済の世界市場における商品取引やそれを媒介する金融ないし貨幣の機能は、資本主義的商品経済の原理的解明を前提に、あらためて世界資本主義の発展段階論ないし現状分析としての研究次元において解明されるべき問題をなすとみてよい。

こうして、商品と貨幣の原理的展開において、国内流通と世界市場の具体的な区分をそのまま示すことは疑問とされてよいが、しかし、商品流通を形成し媒介する貨幣の機能の展開において、そうした現実の区分につうずるような、商品流通市場とその外部の商品世界との区分が理論的に示されえないかどうか。その点では、貨幣の価値尺度機能にもとづいて形成される商品流通が、それにさきだつ商品世界における商品と貨幣の分化の必然性にたいし、どのような関係にあるかがあらためて問題とならざるをえないと考えられる。すなわち、さきにふれたように、商品間の使用価値と価値の対立的契機の展開をつうじ、貨幣形態が成立する必然性は、社会と社会の間にひろがる商品経済にも妥当するものであり、具体的には世界市場と国内市場をつうずる商品経済世界の全体から抽象されうるものである。貨幣の機能も、購買手段として諸商品の価格表示を実現したり、それをつうじ商品の持手をかえる交換の手段とされ、あるいはさらに後払いのさいの支払の手段とされるといった側面では、いずれも、国内流通にも世界市場にもつうずる形態としてあらわれる。しかし、貨幣の機能はそうした抽象的形態規定において示されるだけではおそらく十分でない。さらに商品流通を形成し媒介する貨幣の機能が内容的に展開されなければならないのであって、そのさい、貨幣の機能をとおして措定され展開される商品流通が、商品の形態規定の展開にさいして考察される商品世界の全体を包括する社会関係とみなされてよいかどうかがあらためて問題となるのである。

2

すでに、鈴木鴻一郎、岩田弘、降旗節雄の諸氏は、世界貨幣の規定を、具体的な国内流通と世界市場の区分によるものとしてではなく、商品流通の理論的展開をつうじ、価格体系のことなる流通界の間にあらわれるものとして規定する方向において、右のような問題を原理的に展開する試みを示している。それとともに、この世界貨幣の規定を介し、ことなる流通界の間で、商品を安く買って高く売る運動を展開するものとして、商人資本的形式の資本を規定する理論構成が示されるようになった[21]。そうした理論構成は、一方で、宇野による価値の形態規定の純化が、背後の生産関係のいかんを問わない流通形態としての商品関係の原理をあきらかにするものとなっており、したがって、資本主義的生産の内部に限局されえない世界市場的商品関係にもつうずる形態原理を明確にする意味をもっていたことを強調するものである。と同時に他方で、それは純粋の資本主義社会を想定しその内部で抽象可能な論理とはいいがたいだけに、方法論上、純粋の資本主義社会をあらかじめ想定し、これを原理的展開の対象とすることの可否をめぐる論争問題の重要な一契機ともなってきている[22]。流通形態論の純化の方法と純粋資本主義論の方法との整合性ないし分離可能性が、この問題をめぐり集約的に論じられるに至ったのである。

理論的には、そうした展開構成において、商品世界における商品流通の部分性あるいは複数の商品流通の区分がどのような論拠から展開されることになるかが問題の焦点となる。たとえば、鈴木鴻一郎編『経済学原理論』においては、その論拠は、直接的には、世界貨幣の規定にさきだち、商品流通の変動を外的に媒介する貨幣としての貨幣、とくに支払手段としての貨幣の規定を介して与えられるものとされている。

すなわち、支払手段としての貨幣の機能により、「商品流通が一定の時点における購買力をこえて拡大されるのであるが、このばあい注意すべきことは、まず貨幣が観念的な価値尺度として機能することによって商品の販売がおこなわれる流通界の価値関係と、一定期間をおいて貨幣が現実に支払われるばあいの価値関係とのあいだには断絶があるということであり、ここでは価値関係の変動をふくみつつもたえず流通手段によって結びつけられていた流通界とは異なった構造をもった新たな流通界が設定されているということである。かくして、貨幣はいまや、断絶した流通界——したがって異なった価値関係のあいだで運動するものとしてあらわれ、それとともに価値関係の変動は直接に債権者および債務者の利害に影響することになる[23]」と。

ここには、支払手段としての貨幣が媒介する商品流通の時間的変動を介し、価値関係の断絶した流通界のあいだにあらわれる貨幣を世界貨幣として規定してゆく試みがみられる。いいかえると、商品流通の変動における価値関係の時間的断絶のうちに、価値関係のことなる商品流通の空間的並存につうずる性質をみとめ、前者を媒介する支払手段としての貨幣から、後者を媒介する世界貨幣を展開する論理が示唆されているといえよう[24]。たしかに、支払手段としての貨幣は、後払いの形式において、商品売買の契約成立時と貨幣債務の支払時とで、ことなる時点における商品流通に関連する。その間に、背後の生産力の水準が変り、商品流通の価値関係に「断絶」が生ずることもないではない。しかしこの間、商品流通に価格の変動が生じないこともありうるし、市場価格は変動してもその基準となる価値関係には「断絶」が生じていないこともすくなくないであろう。そのいみでは、支払手段の機能とともに、「流通手段によって結びつけられていた流通界」と質的にことなる構造の「新たな流通界」が、必然的に示されることになるといえるかどうか。そのうえ、支払手段で結ばれる商品流通の変動に価値関係の「断絶」がかりに生じても、それはあくまで同一の商品流通に時間的経過にともない生じた変化にすぎず、そこからただちに商品流通が、価値関係のことなる複数の流通界に空間的に分化する必然性があるともみとめがたいと考えられる。

むろん、『原理論』も商品流通の価値関係における時間的経緯での「断絶」から、複数の流通界が分化するという説明をそう明確に与えているわけではない。さきの引用箇所も、それにつづく世界貨幣の規定にさいし示される諸流通の間の価値関係の「断絶」と比較して、同様の「断絶」が商品流通の価値関係の時間的変化にもあらわれることを示したもので、後者から前者を展開し規定しようとしたものではないと読むことができるかもしれない。しかし、そうであれば、後者と比較されるべき前者のような諸流通界の並存関係が、どのような論拠から示されうるかがあらためて問われることとなる。他方、『原理論』では、支払手段から世界貨幣への移行にさいし、商品流通とその外部の世界市場の区分をつぎのように展開しようとしているところもある。

すなわち、支払手段としての貨幣を入手するため債務者は、自己の商品を販売しなければならないが、「商品流通を前提とするかぎり、つねにその支払期限までに、商品の販売が実現されるという保証はありえない。」そこで、債務者は支払のための準備金をもたねばならぬこととなるが、「しかし、一定の流通のもとでは、このような支払手段の形成には限度があり、結局、その流通の外部から現身の――しかも絶対的に現身の貨幣があらたに入ってくる以外にはないであろう。すなわち、これが世界貨幣である。[25]」いいかえると、「流通関係は必然的に債権者への支払いのための貨幣をもとめて、その流通の限界を自覚せざるをえない」のであり、「ここに支払手段としての貨幣が『その概念に妥当せる』貨幣、すなわち世界貨幣に生成しなければならぬ必然性がある[26]」と。

すなわちここでは、商品流通の時間的変化を媒介する支払手段ないしその準備金の形成に、「一定の流通のもとでは」限度があり、流通の外部からの貨幣がもとめられるということにおいて、「流通の限界」が示され、商品流通とその外部の世界市場ないしそこにあらわれる世界貨幣の規定が展開されるものとされている。[27]そのかぎりでは、商品流通が、その時間的変動などからいわば内部的に複数の諸流通に分化すると考えなくてもよいのであって、むしろ、価値尺度にもとづいて形成される商品流通の内的変動とそれを媒介する貨幣の諸機能の全展開をうけて、そうした商品流通自体の本来的な限界を示し、これにたいし、貨幣としての貨幣を外的に補給するものとして、世界貨幣が商品流通とその外部の商品世界との間に示されてよいことになろう。しかし、そうした理論構成が成立するには、価値尺度にもとづき形成される商品流通が、商品世界の全体にたいしては本来的に部分性をもってあらわれることが、やはりなんらかの論拠によって確認されなければならない。

さかのぼって考えれば、貨幣論にさきだつ商品論においては、さきにもふれたように、使用価値として異質な諸商品が、他の商品との交換をもとめる価値関係の形態原理を順次展開することにより、貨幣形態の必然性をあきらかにするのであり、そこに示される価値形態の論理とその結論としての価格形態の規定は、社会と社会の間に拡大される商品経済取引にも、商品経済社会の内部にも妥当し、商品世界全体のもっとも基本的な形態原理を示すものと考えてさしつかえないものであった。しかし、これにつづく貨幣論において、貨幣の価値尺度機能にもとづき、流通手段の規定をふくむ商品流通の形成が示される場合、そうした商品世界の全体がひとまず一つの商品流通に統合されるものとみてよいかどうか。むろん、マルクスのように、価値の実体規定を前提に、社会的な労働の量関係の形式的な表現材料を与えるものとして貨幣の価値尺度を規定し、つづいて労働にもとづく「社会的物質代謝」の媒介形態として商品流通を考察し、さらに具体的にはこれを国内流通として示すことには問題があった。貨幣論も、価値の実体規定を理論的に所与の前提とせずに、流通形態論として展開されてよい。しかし、流通形態論の展開において、諸商品の多少とも主観的で偶然的な価格表示にたいし、貨幣による購買がくりかえされるうちに、価格の基準としての価値水準が体系的にあきらかにされることを貨幣の価値尺度機能として規定する場合にも、そうした価値の尺度は商品世界の全体に一挙におよぶものとみなしうるかどうかがここであらためて問われてよいと思われる。

すなわち、商品論における価値の形態規定の展開にたいし、貨幣論では、価格としての価値の形態の量的基準の存在があきらかにされる機構を展開することになる。価格の量的基準としての価値関係の存在があきらかにされるには、貨幣の購買機能のくりかえしとともに商品の販売もくりかえされ、前者に示される需要と後者の供給とが、社会的な規模でくりかえし調整されてゆくことが前提されていなければならない。そしてまた、需給の調整がおこなわれる商品市場においてくりかえし販売される諸商品をとると、他の諸商品との交換をもとめる商品の同質的な価値性質が、さらに交換の量的基準の確定をもとめる属性を有していることが、貨幣の購買機能の反復をとおして明確化されうる。それは、諸商品の価値性質に本来的な一面が、貨幣の尺度機能をとおして浮き出してくる関係にほかならない。むろん、諸商品の間における、そうした需給の調整は、形態上、国際間の商品取引にも部分的にはおこなわれうるが、諸商品のあいだに体系的で円滑な価格の変動をもたらしつつ、その基準となる価値関係の存在を明確に示すものとなるのは、実質上、商品経済がかなり支配的となっている社会内部の商品売買の関係にかぎられるのではないかと思われる。すなわち、流通形態論の展開においても、価値の量的規定が示されてゆくかぎりでは、その背後に価値の実体としての社会的労働の量による規制を予想し、あるいは含蓄する商品経済の機構を取扱うことにならざるをえないと考えられるのである。[28] さらに、貨幣の価値尺度にもとづき形成される商品流通の内部で、流通手段として機能する貨幣の量が、流通市場で売買される商品の数量と価格の変動によって、受動的に決定され、その逆ではないという規定も、その背後に実体的な社会関係を含蓄する論理と理解してよいであろう。[29]

そうとすれば、価格形態でむすばれる商品世界の全体には、そうした貨幣の価値尺度機能とそれにもとづく商品流通の形成が、いわばひとまとめにおよびうるものではないと考えられる。すなわち、貨幣による購買のくりかえしをつうじ、諸商品の無政府的な価格表示がたえざる変動のうちに訂正されてゆく過程のなかに、諸商品の価値の規制が明確に示される関係は、世界市場的な商品関係をもふくむ全商品世界から抽象可能なことではなく、需要供給の調整のよういなある範囲の商品流通市場と、その背後の価値の実体的な規制作用の存在をあきらかにするものとなるといえよう。[30] 商品価値の形態的関連が、世界市場にもつうずる価格形態の必然性を示すとすれば、価格の基準としての価値の量的関連についての法則的規制作用は、そうした普遍的抽象性においてではなく、より実体的な社会関係の存在を背後に示唆する機構としてあきらかにされざるをえないのではないかと考えられるのである。

そのように考えるならば、マルクスのように、具体的な国内流通と世界市場の区分をそのまま貨幣論の展開にもちこまなくとも、商品世界の価値の形態的関連と、諸商品の価値量の法則的支配が形態的にも明瞭にあらわれる流通市場との区分として、そうした現実的区分につうずる理論的規定が、貨幣論における商品流通の展開とともに示されうるのではないかと思われる。[31] 貨幣の価値尺度の機能は、そうした商品流通市場の形成と、そこに明確にあらわれる価値法則の支配をうけとめ媒介する形態的契機をなすものであった。これに続き、流通手段としての貨幣は、そうした商品流通の内部でその取引を媒介するものとして規定され、ついで、商品流通の変動に応ずるこの流通手段としての貨幣の必要量の変化を外的に調整するものとして、蓄蔵貨幣ないし支払手段としての貨幣の機能が示される。貨幣論の展開構成をほぼこのようにみるならば、貨幣の蓄蔵ないし後払いの受領により、商品流通の外部に価値の一般的定在として形成される貨幣は、地金形態に転換可能なかぎり、その貨幣がひきあげられた商品流通のみには束縛されないものとなり、その外部の商品世界にたいしても、貨幣商品として外的関係をもつものとなる。同時に商品流通の変動も、たんにその内部から形成される蓄蔵貨幣や支払手段によって媒介されるだけでなく、さらにその外部にひろがる商品世界との関係で、貨幣としての貨幣の補給やひきあげをうけることとなる。

世界貨幣は、こうして、理論的には、商品流通の変動をつうじ、その外部に形成される貨幣としての貨幣が、貨幣の価値尺度機能にもとづいて形成される商品流通の部分性をこえて、その外部にひろがる商品世界全体につうずる普遍的富としてあらわれるものと規定されてよいであろう。貨幣の諸機能の展開をつうじて示される統一的な商品流通の外部にひろがる商品世界には、価値関係をことにする他の商品流通が複数存在しうるとともに、周辺的には、流通手段の量規定や鋳貨規定をその内部に示しうる統合体としての商品流通にとりまとめられていない商品関係も点在しうる。世界貨幣は、そうした商品世界において、商品流通とその外部の商品世界ないし他の商品流通とのあいだにあらわれ、その間の価値関係の相違を諸商品の価格水準の相違として比較しうる位置にたつものと考えられる。

3

こうして、商品流通を形成し媒介する貨幣の諸機能をつうじ、その最後に示される世界貨幣の規定とともに、商品流通とその外部の商品世界ないし他の商品流通との価値関係の相違が、価格水準の差としてあらためて比較されることになると、貨幣の特殊な使用方法として、その間の価格差を利用し安く買って高く売る商人資本的形式の資本に貨幣を転化する余地が原理的に与えられる。そこに成立するG—W—G′の価値増殖の形態は、あきらかに産業資本やそれにもとづく商業資本とは実質的な根拠をことにしている。すなわち、産業資本が商品流通の内部での売買をつうじその背後の生産過程により価値を増殖するのにたいし、商人資本的形式の資本はまず商品流通とその外部の商品世界とを結合し、その間の価格差を利用して価値を増殖するものとしてあらわれる。資本はむしろまずこうした商人資本的形式の資本において、商品流通とその外部の商品世界ないし他の商品流通との間に発生し、商品流通にたいし外来的なものとして展開される。商品および貨幣とともに、社会生活にたいしほんらい外来的なものとして出現する資本形態の特質がそこに示されるといってよいであろう。

むろん、資本は、G―W―G′の形式においても、商品流通にたいしたんに外在的なものにはとどまらない。商品流通の内部にも浸透してゆき、さきにもみたように、商品所有者の販売の過程を肩代りするものとして安く買い、これを前提に高く売る運動を展開する。商品流通と他の商品流通とをむすんで運動する場合にも、そうした運動の形態的特質はつらぬかれる。と同時に、商品流通の内外をとわず価格の変動も投機的に利用されることとなる。

いずれにせよ、このG―W―G′の運動形式は、商品経済的な富の一般的形態たる貨幣としての価値の増殖を目的とするものであり、前貸貨幣Gに対するG′におけるG＋gのgとしての剰余価値の取得をめざすものである。したがって、剰余価値として得られるその貨幣額の増分は、かならず前貸貨幣額と比較されて、その取得の効率を重視され、投下資本にたいする利潤とみなされることになる。しかも、投下資本にたいする利潤の比率としての利潤率は、一定期間、一般には一年間における成果をとって資本の価値増殖の効率を比較する指標とされる。すなわち、売買差額としての利潤の取得の程度が、資本の回転速度の大小と組み合されて考慮され、より高い（年）利潤率をもとめる競争が展開されるわけである[32]。

こうした商人資本的な資本の運動形式によって、商品流通の変動は、いまや外部の商品世界の価格関係と連結され、それによって外的な調整をうけることとなる。とはいえ、この資本形式にとって、商品流通とその外部の商品世界にわたる価値関係とその変化は、基本的には外的与件としてあらわれる。すなわち、商人資本的形式の資本は、流通市場の内外の需給をあるていど外的に調整するにせよ、それらの背後の価値関係とそれにもとづく価格差およびその変化を、基本的にはみずからの外的与件とし、むしろこれに外的に依拠して価値を増殖する。したがってまた、この資本形式は、商品流通の価値関係と価格の変動を、内的に調整し規制するものではなく、みずからの内部に価値増殖の根拠を自立的に確保するものでもありえない。そのことを反映し、この資本形式においては、利潤率に偶然的で投機的不均等が特徴的に残らざるをえない。

商人資本的形式から産業資本的形式への資本形態の展開の必然性は、理論的には、こうした商人資本的形式の資本とそれによって媒介される商品流通の価値関係の展開の限界をめぐって与えられてゆくものと考えられる。そのいみでは、マルクスがG—W—G´の形式に付随して、その「簡潔体」(K., I.S. 170. 岩(一)二七一頁)として示しているG—G´の利子付資本形式は、商人資本的形式から産業資本的形式への展開を補足的に媒介するものとみなされてよいであろう。(33)もっとも貨幣を貸付けて利子を得る利子付資本の形式と、商品の売買をつうじ利潤をあげる商人資本的形式とは、ほんらい別箇の資本形式であり、前者は後者の短縮されたものとはいえない。前者の形式はマルクスもあきらかにしているように、歴史的には商人資本とともに古くから高利貸資本としてあらわれていたものである。しかし、さきに商人資本的形式について述べたように、このG…G´の資本形式も、資本主義にさきだつ小生産者や土地所有者との関係で高利による収奪をおこなう歴史上の高利貸資本に依拠し理論的規定を与えることには方法上疑問の余地がある。と同時に、そうした旧来の高利貸資本とその収奪の対象を示さずにG…G´形式を原理的に規定しようとすれば、その資本形式は、のちに産業資本の価値増殖にもとづき貸付可能な貨幣資本として展開される利子付資本の形式と、内容的に異なる価値増殖の根拠を直接には示しえないものとなりうる。

その点では、このG…G´の資本形式は、商業資本と異なる増殖の根拠を、商品流通とその外部の商品世界との間に理論的に示しうる商人資本的形式とは、その原理的規定の性質に相違をふくまざるをえないと考えられる。(34)さしあたり、原理的にはG…G´の形式は、商人資本的形式の資本が、その活動の規模を個別的に拡大するために、支払手段としての貨幣の機能を前提に、後払いで商品を買付けるさいに、信用買い価格と現金買い価格の差として萌芽的に商品取引に入りこみうるが、さらに明示的には、商品流通の外にひきあげられ遊休している貨幣としての貨幣を商人資本的形式の資本が借受け、有利な商品取引を追加的に拡大し、それによってえられる追加的利潤の一部を利子として支払う関係において示されうる。こうして利潤をあげる商人資本的形式の資本の追加的拡大に遊休貨幣が動員されて利子が支払われる形式として、G…G′の資本形式が示されることにより、のちの産業資本にもとづく利子付資本にも直接につうずる形態が規定されることになると考えられるのである。むろん、形式上、貸付けた相手が追加的利潤をあげようと損をしようと、無媒介に契約した利子の支払をもとめるものとして、G…G′形式の資本は、場合によっては相手の窮状に乗じ収奪する機能をも発揮しうるし、その点では旧来の高利貸資本ないし金貸資本にもつうずる運動形式を示すものであることは、否定さるべくもない。だが、このような苛酷な一面は、増殖の実質的根拠に無関心なこの資本形式の特性として、産業資本にもとづく貸付資本の一面にもひきつがれてゆくのである。

いずれにせよ、この利子付資本形式の資本は、さしあたり商人資本的形式の資本にもとづいて展開され、その資本活動を補強するものとしてあらわれるとともに、商人資本的形式の資本の制限を解除する側面を示すものとなる。すなわち、G…G′の資本形式は、商人資本的形式の資本の活動を補足的に助長するだけでなく、その形態のうえでも、同質的な貨幣の貸借をめぐる需給を反映し、利子率を一様化する傾向を示すのであって、その点で、商人資本的形式の資本における増殖率の偶然的、投機的不均等を克服し、資本としての同質性を端的に示すものとなる。それとともに、この利子付資本形式の資本は、資本家的な商品の売買活動から分離され、貨幣がそれ自身に価値を増殖するものとしてあらわれ、自己増殖する価値としての資本の理念の一極を示すものともなる。

しかし、他面で、この利子付資本形式の資本は、みずからの基礎とする商人資本的形式の資本の活動をたんに補足的に助成するにとどまり、商人資本的形式の資本の制約を根本から解除するものとはなりえない。その形態のうえでも、G…G′の資本形式は、商品流通にたいし外面的で、価値増殖の内的根拠をもたぬ点では、商人資本的形式の資本の制限をむしろより極端な形で示すものともなっている。

こうして、商人資本的形式とそれにもとづく利子付資本形式をつうじ、資本がなお価値増殖の内的根拠をもたぬかぎり、その価値増殖はまた、ますます増大する規模でくりかえされてゆく保証を確保しえていない。それは資本が自己増殖する価値の運動体としてまだ十分確立されていないことをいみする。それとともに商品流通における諸商品の価値関係と価格の変動もこうした資本の運動形式によっては、外面的な調整はうけながら、内的に調整され統一されるものではない。産業資本的形式の資本は、こうした商品流通と資本形式の展開にのこる究極の制限を突破し、商品流通をつうじ、価値増殖の自立的根拠を確保するとともに、商品流通における価値関係に、その内部から法則的な規制を与えるものとしてあらわれる。

4

そうした産業資本的形式の資本があらわれるには、はじめに『資本論』によってみたように、労働力が商品として売買される社会関係が存在していなければならない。すなわち、自由な人格として自己の労働力を商品化しうるとともに、労働力の現実化のために必要な生産手段からもきりはなされ自由となっているという「二重の意味で自由な」（*K.*, I. S. 183. 岩㈠二九四頁）労働者がみいだされる、特殊な歴史社会が前提されなければならない。この産業資本形式にとっての「歴史的な存立条件は、けっして、商品流通や貨幣流通があればいつもあるものではない。」（*K.*, I. S. 184. 岩㈠二九六頁）理論的にも、商品流通とそれにもとづく資本形態の、商人資本的ないし利子付資本的形式としての展開をつうじ、その限界を突破するものとして、産業資本的形式の資本が必然的に要請されるとはいえ、その出現の社会的前提たる労働力の商品化まで、それにさきだつ理論展開からの必然的産物として示されるものではない。商品流通とそれにもとづく資本形式の規定の展開をつうじて要請される産業資本的形式の資本とその前提となる労働力商品を、われわれが商品流通の内部に存在するものとして考察してゆくことができるのは、むしろ、資本主義的生産の支配的な経済過程をはじめから考察の対象としていたことによるといえよう。すなわち、前章第一節で検討した冒頭の商品規定からの論理的復元力に関わる問題であり、私見によれば、それはたんなる商品の形態規定に与えられるのではなく、商品が資本主義的生産の支配的な経済過程の原基形態として規定されることによって確保されるものであった。

といっても、産業資本的形式の資本の規定にさきだつ商品、貨幣、資本の流通形態としての展開は、すでにみてきたように、資本主義的生産が支配的な経済過程から抽象されるにせよ、資本主義社会内部のみにあらわれるものとして示されるものではなかった。産業資本による資本主義的生産が、労働力の商品化という特殊歴史的な社会関係を不可欠の前提としていることがあきらかにされるとともに、それにさきだつ流通形態の諸規定は、ぎゃくに資本主義的生産の外部にひろがる世界市場やそこに集約される種々の諸生産にもとづく商品経済にも、広くつうずる形態原理を示すものであったことが、あらためて明白にされることにもなるのである(35)。

もっとも、貨幣の価値尺度機能にもとづき流通手段の量規定を内部に示すものとして展開される商品流通は、世界市場ないし商品世界の全体にたいしては、さきにみたように部分性をもって、すでにかなり商品経済が支配的な社会の内部にくりかえされる商品取引にもとづき抽象されるべきではないかと考えられた。そのいみでは、資本主義的生産にもとづき商品経済がその内部に徹底している社会をすでにふくんでいる商品経済世界を、はじめから考察対象としていることが、そこでも理論的考察を背後から支える関係にあるといえるかもしれない。換言すれば、商品流通を形成し媒介する貨幣の諸機能は、事実上、資本主義社会の流通市場にもとづき、さしあたりその背後の生産関係にふれることなく、理論的に考察されてよい面がないではない。しかし、マルクスも指摘していたように、のちの産業資本的形式の資本の規定とことなり、商品流通の展開が資本主義社会の根本条件に言及するまでもなく示されうることも重要であって、そのことは、商品流通を形成し媒介する貨幣の機能が、なお資本主義的生産の確立をみるにいたらない周辺諸国における商品経済社会としての発達にともなう流通市場の形成展開にもつうずるものとして、抽象されて規定されてよいことを物語るといえよう。世界貨幣とそれを介する商人資本的形式の資本の規定は、そうした商品流通と商品流通との間にあらわれる貨幣ないし資本の存在を理論的に示すものといってよかった。

これにたいし、商品流通の価値関係を内的に統一し価値増殖の自立的根拠をもつ資本として、理論的に要請される産業資本形式は、労働力が商品化される特殊な歴史的社会にもとづく商品流通の内部のみにあらわれる。そうした特殊歴史的な社会関係は、マルクスの強調するように、時間軸において特定の世界史的時代を画する条件をなすものであるが、それとともに空間的にも世界市場をつうずる商品世界の背後にどこにでも存在するという保証はない。商品世界の内部に、あるていど社会的な価値関係の統一をふくむ商品流通がいくつか区分されてあらわれうるにせよ、それらの商品流通のすべてに労働力商品の売買関係がみいだされうるともいえない。したがって、商品流通とそれにもとづく資本形態の展開をつうじ、産業資本的形式の資本が要請され、その資本形式の規定に移るとともに、商品世界のなかで背後にそうした特殊な歴史社会としての条件をふくむ商品流通に考察が絞られてゆくとみなければならない[36]。

むろん特定の社会的条件をふくむ商品流通の内部において、産業資本的形式の資本が、諸商品の価値関係を、みずからの生産過程をつうじ根本的に調整し統一するものとしてあらわれると、この商品流通はその外部の商品世界にたいしても、価格関係の調整ないし変動の基準となる面をもつことになる。しかし、そのことは、産業資本の運動にもとづき、商品世界の価格関係の全体に、価値の量規定における内的統一が与えられ、商品世界が統一的価値体系をもつひとつの商品流通界に統合されることをいみするものではないであろう。産業資本による商品流通の価値関係の内的調整が、労働力の商品化されている社会関係にもとづいてのみ示されるものであるかぎり、そうした社会的基礎を共有していない商品流通とその外部の商品世界ないし他の商品流通との間には、価値の形態としての価格関係による関連は存在するにせよ、価値体系の内的統一が実質的に与えられるとはいえないことになる[37]。と同時に、世界貨幣と商人資本的形式の資本も、原理的展開において、産業資本形式の資本があらわれるとともに商品世界から消滅すべきものとして——いわば歴史上資本主義的生産にさきだつ存在のように——取扱われないでよいことになる。

ほぼこのような理論展開を前提し、商品世界と商品流通との区分と関連をとおして導入されるかぎり、産業資本形式による資本主義的生産は、流通形態論の構造からすれば、みずからの運動の基礎とする商品流通とその外部の商品世界との間に、商人資本的形式の資本を介在せしめ、たえず商品取引をくりかえし、それによって商品世界全体の価格の変動にも基準を与えつつ、みずからの再生産に、外部の商品世界からの諸商品をもくりかえしとりこんで用いる運動を形成するものとしてあらわれる。しかし、産業資本は、一方で労働力商品にもとづきあらゆる物を商品として生産しうる性質を与えられており、他方でその生産物の一部と外部の商品世界にあらわれる他の使用価値物とをともに商品形態においておきかえる取引をおこなうのであり、そのかぎりでは、その資本の一部をさいて後者のような使用価値をもつ商品の生産にあて、再生産に要するすべての物をみずから商品として生産しているのと本質的にはことならない自律的運動をすすめうる。それゆえ、この資本主義的生産の自律的運動にそくして、その内部に考察をすすめるさいには、もはや商品流通と外部の商品世界との区分はその運動にとって問題とならず、社会的再生産に要する全部面を資本が分担して商品経済による自立的な生産と消費をくりかえし、剰余価値生産をすすめるものとして、資本の内的運動原理が抽象され展開されることになる。資本主義的生産の運動法則の原理的解明にさいし、現実の資本主義的工業生産が周囲の農業的諸生産ととりむすぶ商品取引ないし貿易関係を捨象しうる論拠は、そのような世界市場をつうずる資本主義的生産の運動の論理とこれにもとづく原理論の展開自体のうちに確保されることになると考えられるのである。

そのようにみるならば、経済学の原理論は、純粋の資本主義社会を想定して展開されなければならないという宇野の主張は、全面的に否定されるべきものではなかった。商品の二要因の規定にはじまり商品経済の諸形態を順次解明し、貨幣の資本への転化論を経て、資本主義的生産に考察をすすめる原理論の展開構成自体が、ついで、資本主義的生産の純粋な自律的運動を、あたかも完結した社会関係のように抽象し解明する論理的手続きを構成しているとみてよいのである。しかし、その手続きは、あらかじめ原理論の展開にさきだって、一九世紀中葉までのイギリス社会の内部の発展傾向を延長し純粋資本主義社会を想定し、その内部に考察を限定しなければ成立しないというものではない。むしろ、鈴木、岩田両氏にはじまる世界資本主義論の方法において強調されているように、流通形態論の純化は、商品経済の諸形態の社会的生産にたいする外来的特質を明確にすることにより、世界市場の中軸に、資本主義的生産が成立し発展する論理を、その現実の世界史的過程にもとづき抽象し解明しうる豊かな理論的潜勢力をふくんでいた。

商品の二要因の規定に始まり、貨幣の資本への転化論に終る流通形態論の展開は、この潜勢力を生かして、商品経済と資本主義的生産のそれぞれに特殊な歴史性を原理的にあきらかにすべきであり、またそうした観点から、その展開を整備し、あるいは読みとることができる領域をなしていたといえよう。しかし、その展開をつうじ、資本主義的生産が導入されるとともに、現実の資本主義の世界史的過程にあくまで考察の対象をおくとしても、理論的には純粋の資本主義社会にあたるものが抽象され展開されることになるのであって、純粋資本主義論の方法と世界資本主義論の方法とは、当初考えられていたほど背反的なものではなかった。それとともに、宇野による原理論の展開自身、この貨幣の資本への転化論にことに集中的にみられるように、歴史的含蓄に富むものであったことがくりかえし注意されなければならないのであって、その純粋資本主義論の方法も機械的に解釈されてはならないものがあると思う。

本章の主題にたちもどるならば、貨幣の資本への転化の原理は、すでにみてきたように、商品世界における商品流通の展開をつうじ、終始、部分性を脱しえない商品流通のなかで、特定の歴史的社会的条件を有するものの内部に、産業資本形式による資本主義的生産が成立することを究極的にあきらかにする理論構成として整理されてよいのであって、それによって、商品経済を構成する諸形態の社会的生産にたいする外来的な流通形態としての特質と、それにもとづく資本主義的生産の特殊な自律的運動の原理との関係も、体系的により明確に示されうるのではないかと考えられる。世界貨幣と商人資本的形式の資本は、こうした理論構成によれば、資本主義にさきだつ歴史上の存在としてではなく、資本主義的生産の支配的な商品経済世界から抽象される規定として示されうる。むろん、それとともに、産業資本の特殊歴史的な成立根拠と区分され、商人資本的形式の資本における価値増殖の根拠が、商品流通ないしさらにその内部の社会的生産にたいし、さしあたりまったく外的なものとして示されるのであって、そのことのうちに、この資本形式が——それに付随して示される利子付資本形式とともに——、産業資本形式とことなり、特定の歴史的条件をそなえた社会の内部のみにあらわれるものではなく、したがって、資本主義の発生期やさらにそれにさきだつ歴史過程にもあらわれうるものであるということが含蓄されてくる。そのいみでは、貨幣の資本への転化は、宇野の主張しているように、商品経済とともに古くから存在する商人資本ないし金貸資本にもみられる資本形式から、特殊歴史的な資本主義社会を形成する産業資本形式への発展を理論的に示す面をもち、その点では、「歴史を理論的に解明するという経済学にとって、その原理論の体系に特有なる『転化』を示すもの[38]」とみてよい側面をふくんでいると考えられる。しかし、その理論展開は、資本形態の歴史的な発展転化に直接に依拠し、これを模写するものとしてではなく、商品および貨幣の規定とともに、あくまで資本主義的生産のすでに支配的な経済過程から抽象されるものとして構成されるべきではないかと思われるのである。

(21)　さかのぼれば、こうした方向での理論構成は、向坂逸郎・宇野弘蔵編『資本論研究』（座談会）一九五八年、至誠堂、四六〇―四六三頁における宇野の発言いらい、世界貨幣をマルクスにしたがい具体的な国内流通と世界市場との区分によって示す観点とあわせて、宇野によって示唆されていたといえよう。これをうけて、降旗節雄「商品流通と貨幣」、岩田弘「貨幣の資本への転化」は、マルクスの貨幣論の形成過程を、『資本論』の準備草稿からたどりつつ、世界貨幣を複数の流通界のあいだにあらわれるものとして理論的に規定し、これを介し、商人資本的形式の資本を展開する構想を積極的に提示した。こうした理論構成は、鈴木『原理論』上、岩田弘『世界資本主義』第二章、降旗節雄『資本論体系の研究』第一編第二章などで、さらに方法論上の検討とあわせて、体系的に整理されて展開されている。

(22)　そのさい、鈴木、岩田両氏が、純粋の資本主義社会をあらかじめ想定して原理論を展開する方法を疑問とし、原理論は、世界市場をつうずる資本主義の現実の歴史過程を、商品経済の論理にしたがい内的に模写する方法をとるべきであるとしたのにたいし、降旗氏は、純粋の資本主義を想定する方法のもとで、上のような理論構成を整理しようとしている。しかし、降旗氏の場合、世界貨幣によってむすばれる複数の流通界が、純粋の資本主義社会の想定のなかで抽象可能かどうか。ことに価値関係のことなる流通界の並存関係は、資本主義的生産による社会の内部では統合されてみられなくなってゆくものとされているのであるから、事実上、歴史的にそれにさきだつ地方的な流通市場の間の関係なり、あるいは世界市場における国際的な商取引による抽象を示していることになりはしないかと思われる。もっともその後降旗氏は宇野との論争をつうじ「自説を撤回することになった」（降旗節雄編『宇野理論の現段階1　経済学原理論』第五章〔山本哲三執筆〕）ともいわれている。なお、世界貨幣の規定とそれに関連する貨幣の資本への転化の理論構成をめぐる、最近の研究の進展については、宇野弘蔵編『資本論研究』Ⅰ、一九〇―二一二頁、大内秀明・櫻井毅・山口重克編『資本論研究入門』一九七六年、東京大学出版会、第Ⅱ章、および右の降旗編書、第五章における整理をも参照されたい。

(23) 鈴木『原理論』上、六八―六九頁。

(24) すでに降旗氏の前掲論文においても、こうした論理が示されていた。すなわち、そこでは、流通手段としての貨幣により形成される商品流通の変動を調整し、媒介するものとして、貨幣としての貨幣を展開し、ことに支払手段において、「異った価値関係をもつ流通と流通とを一定の期間をおいて関係せしめる機構を展開し」これを介し、世界貨幣において「異なった価値関係をもった諸流通が並存する、いわゆる世界市場を設定」すべきであるとされている(『貨幣論研究』一三九頁)。なお、『資本論体系の研究』一三七―一三九頁、「『世界貨幣』と『資本の商人資本的形式』――宇野弘蔵教授の所説にたいして――」『北大経済学研究』第一六巻一号、一九六六年、二一一―二一二頁などにみられる降旗氏のその後の研究にも、同様の論理が示されていたとみてよいであろう。岩田氏の論文「貨幣の資本への転化」『貨幣論研究』、ことに二一〇―二一二頁にも、同様の観点がふくまれており、「流通関係の変動」と「流通関係をことにする種々の流通領域」とを「理論的規定のうえからはおなじこと」としているところがある。岩田氏はその後、『世界資本主義』第二章などで、貨幣の資本への転化論も、世界市場を形成の前提とし、発展の基盤とする資本主義的生産の現実の歴史過程を、「内的に模写」するものとして展開されるべきであるという方法的検討に重点をおいて考察をすすめている。しかし、そうした方法により現実の世界市場を「模写」するとしても、複数の流通界の並存関係を、商品世界の価値関係の展開上に、どのような論拠から措定しうるかは、理論的問題としてなおのこされていたといえよう。

(25) 鈴木『原理論』上、七〇頁。

(26) 同右、上、七二頁。

(27) こうした理論構成は、たとえば、前掲『貨幣論研究』二一一頁、『資本論体系の研究』一三四―一三六頁などにうかがえるように、岩田、降旗両氏の見解の一面にも示唆されていたといえよう。しかし、鈴木『原理論』においても、岩田、降旗両氏においても、商品流通の時間的変動をつうじ、その内部から複数の流通界が分化してゆくかのような論理が他面でかなりつよく示されており、それに関連して、貨幣の価値尺度機能にもとづき、流通手段の規定とともに示される商品流通が、ひとまず、商品世界をひとつの商品流通世界に統合するものとして取扱われる傾向がつよい。したがって、支払手段に至る貨幣の諸機能の展開によって示される商品流通の限界とともに、商品世界の全体にたいするそうした商品流通の本来的な部分性があらためてあきらかになるという理論構成とその論拠が明確に展開されているとはいえない。

(28) 宇野も、「商品、貨幣論では『価値法則』の展開に適している、商品、貨幣の形態を明らかにすべきだというのであって『価値法則』の前提されることは当然である。といっても『前提』という場合に論証された『前提』という意味ではない」(『諸問題』三二頁)としている。しかしそのさい、さらにたちいっていえば、商品論と貨幣論とでは、価値法則の「前提」が理論的にどのように考慮されるべきかに相違があるものと考えてよいであろう。

(29) 貨幣論の展開にさいし、マルクスが価値の実体規定を論証された前提としているのにたいし、宇野は、さしあたり価値の実体規定にふれることなく考察をすすめている。しかし、そのさい、宇野にあっては、注(28)にもあきらかなように、価値の社会的な実体による背後からの規制作用が存在しないものとされているのではなく、むしろその作用を受入れ実現する商品経済的形態として、貨幣の諸機能が展開されていた。しかし、そうした展開は、宇野自身の流通形態論の方法にそぐわないものとされ、たとえば渡辺昭「価値尺度としての貨幣」和歌山大学『経済理論』六九号、一九六二年、櫻井毅「価値尺度の機能」『武蔵大学論集』第一二巻六号、一九六五年(同『宇野理論と資本論』一九七九年、有斐閣、第七章に所収)、小島寛「価値の尺度」、「流通手段」法政大学『経済学年誌』一三、一四号、一九七六、七七年、山口重克「貨幣・資本」大内・櫻井・山口編『資本論研究入門』第Ⅱ章、などに一連の内在的批判が与えられている。それらにおいては、商品の価値関係ないし商品流通の総体的・社会的連関をうけとめるものとして、貨幣による価値の量的尺度機能や流通手段の量規定を貨幣論で示すことはできないとされ、価値の純粋な形態規定を展開する観点からみれば、購買手段としての貨幣は、商品価値の価格としての形態的同質性を個別的に実現し尺度する、質的な価値尺度機能にとどまり、流通手段としての貨幣も、商品を私的に販売し購買する個別的なW―G―Wの仲介機能にとどまるものとされる方向が示されている。こうした批判は、商品論における価値の純粋な形態規定の展開を、いわばそのまま貨幣論に延長し、一貫せしめようとするところに生じているものと考えられるのであるが、しかし、商品論における価値形態論と貨幣論における貨幣の機能論との間には、課題の進展に応じ、価値概念の内容にも実質的な深化と展開がみとめられてよいであろう。後者を前者における形態論理の延長としてのみ処理することは、流通形態論の展開主題を抽象的にせまくみすぎるものと考えられるのである。この点については、なお、伊藤誠「インフレーションの基礎規定」大内力教授還暦記念論文集『マルクス経済学』一九七八年、東京大学出版会、所収、における検討をも参照されたい。

(30) 浜田好通「貨幣の資本への転化」鈴木鴻一郎編著『セミナー経済学教室1　マルクス経済学』所収、も、ほぼこうした観点にたって、貨幣の価値尺度機能をつうじ、「貨幣の前に無限に開かれていた商品の無政府的な世界が、商品の社会的な価値関係の確定した商品流通にいわば集約され、そして集約されることによって限定を受ける」(一四五頁)としている。

(31) むろん、理論的に商品流通が商品世界の内部に局部性をもって示される関係は、さかのぼれば、中世的な局地的市場とその間の取引関係にもつうずるものがあるといえようが、原理的展開にさいしては、むしろ経済学の本来の対象にそくし、具体的には資本主義的生産が支配的な商品経済社会としてあらわれる近代的な国内流通市場とその外部の世界市場の関係にもとづいて抽象されるものと考えるべきであろう。そのいみで、マルクスが貨幣論の展開にさいし、国内流通と世界市場の区分を具体的にとりあげているのは原理的展開の抽象の基礎を示すという点では、無視しえないものがあったと考えられる。なお、『諸問題』三七頁における宇野のこれと同様の論旨の注記をもあわせて参照されたい。

(32) マルクスは、G—W—G′を資本の一般的定式として示すさいに、貨幣の増分を剰余価値として論じているが、利潤および利潤率の規定にこれを展開していない。しかし、利潤および利潤率の形態は、資本主義的生産にもとづき剰余労働を剰余価値として取得する関係を前提にはじめて成立するというものではない。産業資本の利潤も、そこから派生する商業資本の利潤とともに、商人資本的形式において古くから存在していた利潤および利潤率の形態をひきつぎ、これに資本家社会的な生産過程にもとづく根拠を与えたものにほかならない。そのいみで、宇野の旧『原論』いらい、資本の流通形式論において、利潤および利潤率の規定が与えられるようになっているのは、適切であり、のちの利潤論の展開のためにも重要な理論的前提を整備するものである。この最後の論点に関連して、さらに最近では、山口重克・他著『経済原論』一九七九年、世界書院、や小幡道昭「資本の一般的定式と産業資本」東京大学『経済学研究』22、一九七九年一〇月、にみられるように、G—W—G′の資本形式において、流通費用や固定資本の処理にも考慮を及ぼし、費用価格の規定をも明示する試みが展開されるようになっている。その点にもなお検討を要する論点が残されていたと考えられる。

(33) マルクスがG—G′として示した利子付資本形式において、—はG—W—G′の場合とことなり、商品の売買ではなく、貸付と回収を示すものであるから、宇野『原論』いらい点線におきかえ、G…G′として記されるようになってきている。

(34) そうしたいみで、宇野『原論』いらい、G…G′の資本形式を金貸資本的形式としてきたことには再考の余地があると考えられる。すなわち、G…G′の資本形式は、歴史上、金貸資本や高利貸資本にも妥当する形式であるとはいえ、それらを抽象の基礎として示されるべきではなく、むしろ産業資本にもとづく利子付資本につうずる抽象的な資本形式を、さしあたり商人資本的形式の資本を基礎として示すものとみるべきではないか、と考えられるのである。

(35)　産業資本的形式の資本が労働力の商品化という特殊歴史的な条件を前提に成立することからふりかえってみれば、それに先行するG—W—G′、ないしG…G′の資本形式は、そうした条件をともなわない商品経済関係のなかにも、したがってまた資本主義にさきだつ商品経済にも出現しうるものであることが、体系上示されることになる。資本主義の世界史的過程においても、産業資本の確立にさきだち、「世界商業と世界市場とは、一六世紀に資本の近代的生活史を開く」(K. I, S. 161. 岩㈠二五五頁)のであって、「一六・一七世紀の西欧諸国、殊にイギリスにおける資本主義の発生期における商人資本の役割は、『貨幣の資本への転化』の理論的展開においても、その背後にあってその指針を与えるものといってよい。」(『諸問題』四四頁)とはいえ、商品流通と資本形態の理論的展開が、そうした資本主義以前の商品経済や資本主義発生期の世界商業を抽象の基礎として、資本主義的生産の歴史的生成過程を直接に模写しうるともいえない。たしかにイギリスにまずすすめられた資本の原始的蓄積の過程は、世界市場の拡大とそれにもとづく商人資本の運動によって触発され助長されたのであるが、しかし土地の私的所有の確立とそれにともなう旧来の生産関係の解体にせよ、さらにそれらの背後にあって規定的な作用をおよぼす新たな生産力の発達にせよ、商品流通と商人資本にとっては、それ自身の内部に生ずるとはいえない、外的変化をなしていた。したがって、資本主義発生期の支配的資本をなす商人資本は、それ自身の内部に産業資本への発展を必然的なものとする要因をもっているとはいえない。その点では、のちに第五章でもたちもどるが、資本主義の成長期から爛熟期にかけて、支配的な資本が、産業資本から金融資本ないしその中核をなす巨大産業株式資本に発展転化するさいの基本的契機が、産業資本の蓄積をつうずる資本内部の生産力の高度化をつうずる固定資本の巨大化、ないしそれにともなう産業循環の変容に求められてよいのとは、事情がことなるといえよう。貨幣の資本への転化論と株式資本論とは、ともに資本主義の発展段階の推移にともなう支配的資本の展開を、原理的体系に反映する点で、方法論的に照応するものがあるといえようが、しかし両者は一様には扱いえない面をももつことになる。すなわち、後者とことなり前者においては、資本主義の世界史的発展段階の推移をいわば直接には模写しえないのであって、すでにみてきたように、資本主義的生産が確立している経済過程に抽象の基礎をおき、世界市場とその内部の商品流通を構成する諸形態の展開をつうじ、その中軸に存在する産業資本に考察をすすめてゆく理論構成のうちに、いわば事後的結果的に、資本主義の歴史的生成過程の商品経済的な論理の一面が反映されることになるのではないかと考えられる。鈴木『原理論』上、一六頁、岩田『世界資本主義』一一七頁などで、原理論の展開が、資本主義の世界史的な生成、成長、爛熟を内的に叙述するものとされる場合、生成期については、右のようないみで、方法論上特別な考慮を要するものがあったと考えられる。

(36) そうした商品流通は、歴史上、具体的にはまずイギリスに形成され、ついで、その周囲において資本主義化をすすめる諸国にもそれぞれ形成されてゆくのであって、理論的にも、商品世界のなかにいくつかあらわれうるものと考えられる。しかし、産業資本形式にもとづく資本主義的生産の発展は、そうした場合にも、それぞれの商品流通の内部において、基本的には同様の価値増殖の原理をもってすすめられるのであるから、さしあたり、中心的なひとつの商品流通の内部にそくしてそうした原理を抽象し展開してさしつかえない。世界市場の具体的編成とともに、資本主義諸国の発展における様相の相違は、そうした原理的考察を基準とする世界資本主義の発展段階論において解明されるべき課題となる。

(37) そうとすれば、鈴木、岩田両氏が、商品世界内部の商品流通の間に世界貨幣と商人資本形式の資本を示しながら、ついで、資本形式の展開をつうじ産業資本形式の資本を示すさいに、この資本が商品流通の間の価値体系の相違を統一し、「商品世界の全体をそれ自身の過程によって統一的全体として形成しうる」(鈴木『原理論』上、九三頁。なお同上、下、四九八頁をもみよ) ものとし、したがってまたこの資本形式を介し、「『商品世界』の全体がその内部に社会的生産の全体を包摂」(『世界資本主義』一〇七頁) するものとしていることには、再考の余地があると思われる。こうした理論展開は、さきにもみたように、貨幣の価値尺度の機能にもとづく商品流通の形成を商品世界の全体に包括的におよぶもののように規定していたことに照応しているのであるが、世界市場の中軸に資本主義的生産があくまで部分性をもって生成発展することを強調する両氏のほんらいの対象認識にてらしても、不整合であり、無理な抽象をふくんでいたと考えられる。しかも、産業資本形式により、商品世界の価値関係の全体が統一されると規定されるならば、それにさきだち流通界の間に示される商人資本形式の資本は、産業資本形式とおなじ商品世界には同時には存在しえないものとなり、それに照応する存在は資本主義の生成期ないしさらに以前の歴史上の商人資本にもとめられるほかはなく、資本主義的生産がすでに支配的な商品経済世界をはじめから考察の対象として原理的規定を展開する方法がその点で一貫しなくなるおそれもあるといえよう。

(38) 『諸問題』四七頁。

第三章　資本の生産過程と価値法則

『資本論』は、労働による価値の量的分析のみに注意をうばわれていた古典学派の限界を越え、その第一巻第一・二篇において、価値の形態規定の発展として、商品経済の基本形態をなす商品、貨幣、資本の流通形態を、順次、体系的にあきらかにしている。ついで、第二篇における「貨幣の資本への転化」の規定の最後に示される労働力の商品化という特殊な歴史的・社会的条件を前提に、第三篇以降において、資本が、商品経済の諸形態をもって労働生産過程を包摂し、剰余価値の生産をおこなう関係に考察をすすめている。しかも、その第三篇の冒頭では、「労働過程」を、「人間と自然とのあいだの物質代謝の一般的条件であり、人間生活の永久の自然条件であって、したがって、この生活のどの形態からも独立したものであり、むしろ人間のあらゆる社会形態に等しく共通なもの」(K., I, S. 198. 岩(二)一九—二〇頁)としてあきらかにしている。

このような展開構成において、『資本論』は、商品経済一般にあらわれる価値の形態的関連と、諸社会内部に共通の実体として存在する労働過程とを明確に区分して規定し、労働力の商品化にもとづく資本主義的生産のもとで、はじめて両者が社会的に結合され、徹底した商品経済社会が成立することを、体系的に明瞭にしている[1]。その展開をつうじ、商品の使用価値に対する価値を、さらに価値の形態と実体とに区分し、両者の関連を解明しようとしているところに、歴史を理論的にあきらかにする『資本論』の価値論の基本的特質が示されていた。とくにその理論構成の大筋をとれば、『資本論』の価値論は、商品、貨幣、資本としての価値の形態規定の展開を前提に、あらゆる社会に原則的な労働過程が、資本主義的生産において全面的に商品の価値関係の実体としてあらわれることをあきらかにするものとなっている。その意味では、価値の形態規定をつうじてその背後に価値の社会的実体としての労働の量関係を考察する体系を形成していると考えられる。

ところが、『資本論』の価値論に特有な、このような体系構成の方法は、その理論展開の端緒において「商品の二要因」が分析されるさいに、使用価値に対し価値がただちに「価値実体、価値の大きさ」として実体的に抽象されていることにより不明確にされ、労働価値説の論証に生かされていない。そのため、本書第一章でみたように、価値形態論を欠く古典学派の規定と、内容的に大きくへだたるところのない価値概念が、古典派的残滓としてマルクス価値論の一面に、その端緒から残されていたのである。(2) そこに、価値と生産価格の展開関係をめぐる、従来の価値論争ないし転形問題論争の混乱を生ずる根源が胚胎していたと考えられる。

宇野弘蔵が、『経済原論』において、『資本論』を経済学の原理論として純化整備するさいに、「流通論」「生産論」「分配論」の三篇構成をとり、とくに、商品、貨幣、資本の形態規定の展開を、価値の実体規定にふれることのない純粋の「流通論」に再構成したことは、この点できわめて重要な意義をもっていた。この理論構成によれば、商品論の冒頭において、価値の形態規定の展開にさきだち、いかなる生産関係によるかを明確にしえないまま、労働価値説を提示することにともなうマルクス価値論の論証と展開上の種々の難点は、体系的に解除されうる。労働価値説の論証は、「流通論」の展開を前提に「生産論」において、諸社会に共通の経済原則たる労働生産過程が、資本の生産過程のもとに全面的に価値の形態的関連に包摂される事態にもとづいて与えられる。すなわち、労働価値説は、そこでは、仮説的な単純商品生産社会によることなく、価値の実体が商品関係の背後に現実に社会的に成立する歴史的に実在的な、資本主義的生産関係を論拠として、より唯物論的方法によって論証しうるものとされている。それは、『資本論』に特有な価値の形態規定の展開と、原則的な労働過程の規定、およびそれらの体系的な位置関係を、価値法則の必然的根拠の論証に、理論構成上、徹底して生かそうとするものであった。

こうした新たな理論構成をふまえてみると、諸社会に共通の経済原則としての労働生産過程の規定自体、商品経済に特有な形態原理からいっそう明確に区分されうることになるが、それによって、労働生産過程論の内容がどのように拡充されることになるか。また、そこに示される労働の社会的関連が、資本の生産過程のもとにおかれることにより、価値法則の必然的根拠が内容的にどのように論証され、資本の内的運動法則として確定されることになるか。マルクスの価値論を新たな理論構成のうちに整備強化しようとする宇野理論の展開における成果と残された問題点を確かめながら、こうした論点に検討をすすめてみよう。その過程で、マルクス価値論の展開をめぐり欧米とわが国で最近争われている、二、三の関連した論点にも考察をおよぼしてみたい。

（1）マルクスは、労働力が商品化される資本主義のもとで、商品経済がはじめて社会的に徹底することを、たとえばつぎのように指摘していた。すなわち、「資本主義の時代を特徴づけるものは、労働力が労働者自身にとって、彼に所属する商品の形態をとり、したがって、彼の労働が賃労働という形態をとっているということである。他方、この瞬間からはじめて労働生産物の商品形態が一般化する」（*K.*, I, S. 184. 岩㈠二九六頁）と。

（2）この点を批判的に分析した文献として第一章注（34）に掲げた中野正、大内秀明両氏の著書がある。なお、マルクス以後の価値論争のなかで、『資本論』冒頭における実体的な価値規定を擁護しようとする論者の多くは、序章でみたように、ヒルファディング以来、唯物史観との関連を重視して、唯物史観によって労働価値説を主張しようとする傾向があった。『資本論』の商品論における労働価値説は、それほど直接に唯物史観を主張しているものとは考えられないが、唯物史観を背後において、古典派的価値規定を継承しているとと解釈することも、さして不自然ではない。しかし労働価値説は、唯物史観によって与えられる所与の出発点とすべきではなく、むしろそれ自身原理論の展開をつうじ論証されるものとして扱われるべきであり、それによって唯物史観を科学的に基礎づけるマルクス経済学の基本的理論としての任務も確実に果しうることになると思われる。

第一節　経済原則としての労働生産過程

1

マルクスは、『資本論』の「貨幣の資本への転化」の章を、「労働力の売買」の規定で締めくくり、貨幣所有者は、商品市場で労働力を原料その他とともに十分な価格を支払って購入するものとし、ついで第三篇第五章「労働過程と価値増殖過程」以降、資本の生産過程に考察をすすめている。その第一節「労働過程」は、つぎのように開始されている。

すなわち、「労働力の使用は労働そのものである。労働力の買い手は、その売り手を労働させて、労働力を消費する。後者はこのことによって現実的に活動している労働力、労働者となるのであって、以前にはただ可能的にそれであったにすぎない。その労働を商品において表示するためには、彼は何よりもまず使用価値において、何らかの種類の欲望の充足に役立つ物において、それを表示せねばならない。したがって、資本家が労働者につくらせるものは、ある特殊な使用価値、ある一定の品物である。使用価値または財の生産は、それが資本家のために、資本家の監督のもとで行なわれることによっては、その一般的な性質を変えるものではない。それゆえ、労働過程は、まず第一にどんな特定の社会的形態からも独立に考察されるべきものである」(K., I, S. 192. 岩㈡九頁)と。

マルクスは、ここで、商品経済にもとづき労働力を商品化しておこなわれる特殊な歴史過程としての資本の生産過程をとりあげながら、反転して、むしろ「どんな特定の社会形態からも独立に考察されるべきもの」として労働過程をまず抽出し、規定しようとしている。それは、資本主義的生産の支配的な社会を考察の主題として示しながら、その原基形態として、資本主義社会の内部のみに特有とはいえない商品から分析を始めていたことに照応し、歴史を理論的にあきらかにしようとする『資本論』の価値と資本の理論に特有な、興味ある理論構成を示すところである。実際また、資本主義的商品経済を自然的自由の秩序とみなした古典学派は、労働価値説をとりながら、労働過程を諸社会に共通の経済原則として、商品経済から分離して規定しえなかった。同様のイデオロギー的制約のもとに、労働価値説を放棄して構成される新古典派の経済理論においてはなおさらのことである。

ところで、特殊な歴史過程としての資本の生産過程に考察をすすめながら、あらゆる社会形態に共通する労働過程の規定を、そこからひきだしうるのはなぜか。マルクスは、資本による商品の生産過程も、「使用価値あるいは財の生産」としての側面においては、「その一般的性質を変えるものではない」ということに、その論拠をおいている。それは、「商品の二要因」の規定にさいし、まず使用価値をとりあげ、これを「富の社会的形態のいかんにかかわらず、富の素材的内容をなす」ものとしていたことに対応する。すなわち、単純な抽象的な諸契機にそくして考察される「労働過程は、使用価値をつくるための合目的的活動であり、人間の欲望のための自然的なものの取得であり、人間と自然とのあいだの物質代謝の一般的条件であり、人間生活の永久の自然条件である」(*K.*, I, S. 198. 岩(二)一九頁) とされるのである。

こうして、人間と自然とのあいだの物質代謝を一般的に媒介し、人間生活の永久の自然条件をなすとされる人間の労働活動は、どのような属性をもつであろうか。マルクスの規定をたどると、労働過程において、「人間は、自然素材にたいして彼自身一つの自然力として相対する。彼は、自然素材を、彼自身の生活のために使用しうる形態において獲得するために、彼の肉体にそなわる自然力、腕や脚、頭や手を動かす。」(*K.*, I, S. 192. 岩(二)一〇頁) そのさい、動物の作業や人間労働の「最初の本能的形態」とは異なる人間労働に特徴的なことは、労働の結果をあらかじめ「表象」として頭に描き、合目的的な意志によって行動を規制し、その表象を現実化するということである。[3] この労働過程は、人間の活動が、労働手段を媒体として労働対象に働きかけ、天然資源またはすでに労働によって加工されている原料としての労働対象に、企図された変化をひきおこすものとなる。[4] その結果である「生産物の立場からみれば」、労働手段と労働対象とは、生産手段として、労働は生産的労働としてあらわれる。ある労働過程の生産物は、生活手段として個人的消費に用いられるか、あるいは他の労働過程の生産手段として用いられる。後者の場合には、「労働過程への生産物の投入が、したがって、生きた労働とのその接触が、これらの過去の労働の生産物を使用価値として維持し実現するための唯一の手段なのである。」（*K.*, I, S. 198. 岩㈡一九頁）

　こうした規定をつうじ、一方で、マルクスは、人間労働が、あらかじめ企図された表象に応じた合目的的活動を、外的自然に加えるものとしており、そこには、言語機能をふくむ人間の表象の多様な可変性に応じ、さまざまな使用価値物を生産しうる人間の労働能力の特性が示唆されている。他方で、マルクスは、労働過程がその結果としての生産物を介し、他の労働過程と関連しあい、生産手段にふくまれる過去の労働が、それに加えられる生きた労働によって維持される関係にも考察をおよぼしている。すなわち、ここには、一方で人間労働が種々の有用労働に転換可能な可塑性を有し、他方でさまざまな使用価値物の生産に用いられ、相互に過去の労働と生きた労働として社会的関連をとり結ぶ事態が、事実上すでに示唆され把握されている。こうした認識を一歩すすめるならば、マルクスのいう労働の二重性、すなわち具体的有用労働と抽象的人間労働の二面性が、労働生産過程の社会的構成原理としてあきらかにされてよいことになるであろう。しかし、マルクスは、こうした方向に理論的考察を展開せず、「人間生活の永久的な自然条件」であり「使用価値をつくるための合目的的活動」としての労働過程については、「労働者を他の労働者との関係のなかで示す必要はなかった」（*K.*, I, S. 198-199. 岩㈡二〇頁）と総括する。

　それゆえ、この「労働過程」論では、マルクスの考察は、使用価値をつくるための有用労働の側面に重点をおくものとなっており、生産過程相互の関係のなかで、それら有用労働がさらに抽象的人間労働としての側面において、たがいに量的に比較され配分されなければならないという側面は、あらゆる社会に共通の経済原則として明示されていない。抽象的人間労働は、労働過程論につづく価値増殖過程論において、あらためて価値を形成し増殖する労働の側面として考察される構成がとられているのである。それは、冒頭の商品論において、価値の形態規定の展開にさきだち、価値を抽象的人間労働の結晶にただちに還元し、使用価値を形成する有用労働と価値を形成する抽象的人間労働とを「商品に表わされる労働の二重性」としてのみ考察していたことに由来する。そうしたマルクスの取扱いから、抽象的人間労働は、商品経済をつうじ価値関係の実体としてのみ成立する人間労働の歴史的特性であるとする解釈も広くおこなわれてきた。(5)

しかし、さきに第一章第三節4でもふれたように、マルクスは、たとえば『資本論』の「商品」の章の第四節「商品の物神的性格とその秘密」において、ロビンソン・クルーソー、ヨーロッパの中世社会、家父長的農民経営、および自由人の共同社会などをあげ、労働時間の種々の有用労働への支出と配分が、それらに共通の経済の原則をなしていることをあきらかにしている。(6)『経済学批判要綱』においても、つぎのような興味ある指摘がみられる。

すなわち、「共同体的生産が前提される場合にも、時間規定はむろんいぜん本質的なものである。社会が小麦や家畜等の生産に要する時間が少なければ少ないほど、社会はますます多くの時間を、他の物的または精神的なものの生産のために獲得する。……すべての経済は結局、時間の経済に帰着する。個人が、種々の情報を適当な比率で得たり、その活動にたいする種々の欲求を充足するために、彼の時間を適切に分割しなければならないように、社会も、その全欲望に応じた生産をおこなうために、その時間を合目的的に分割しなければならない。それゆえ、時間の経済は、生産の種々の部門への労働時間の計画的配分と同様に、共同体的生産の基礎の上でもいぜん第一の経済法則である」(*Gr.* S. 89. 訳、1、九三頁)と。

ここでは、生産に要する時間の節約が、種々の有用労働への労働時間の配分の必要とあわせて、共同体的生産においても維持されていなければならない経済の第一の法則とされている。このように、さまざまな使用価値の生産に必要な労働時間の配分が問題とされるさいには、それぞれ異質な具体的有用労働と合せて、その根底に、同質で量的に比較計量の可能な抽象的人間労働の属性が、共同体的諸社会にも存在する人間労働の一面として認識されているとみてよい。(7)実際、いかなる具体的有用労働も、他のさまざまな有用労働に変換可能な人間の抽象的労働の具体的支出形態としておこなわれ、それ自身の内部にもさまざまな具体的有用的労働作業の組合せをふくみ、継続的な労働時間として計られる一面をともなっている。そのような認識にたてば、商品の価値関係は、人間の労働にその継続時間で計られる互いに同質的で抽象的な性質をはじめて付与するものではなく、むしろその支出と配分を歴史的に特殊な社会関係のもとにおくにとどまる。マルクスもあきらかにそのことは認識していたと考えられるのであるが、商品価値をはじめから抽象的人間労働の結晶として実体的に規定する理論構成に妨げられて、「人間生活の永久の自然条件」として労働過程を考察するさいに、労働の二重性を商品の価値関係から分離可能な経済生活の原則として明確に規定しえなかったのである。

そのことはまた、労働過程の成果としての生産物が他の労働者によって生産的または個人的に消費されるといった生産過程の社会的関連が、マルクスの「労働過程」論では十分展開されていないという問題点とも照応している。というのは、人間労働の二重性は、特定の使用価値をつくる合目的的活動を個別的に考察しているだけでは十分明確にしえず、むしろそうした合目的的活動の社会的関連のうちにあらわれる人間労働の質的量的編成にそくして、その理論的意義を確定されてよいものがあると考えられるからである。それとともに、人間と自然の間の物質代謝を媒介し、規制する行為としての労働過程も、各有用労働への分業がおこなわれている社会においては、けっして個別的な労働過程によっては自然との代謝過程を充足しえない。それゆえ、マルクスの労働過程の規定は、労働の二重性とあわせて生産過程の社会的関連をつうじ、さらに理論的に展開されてよい諸側面を残していた。

2

宇野弘蔵の『経済原論』における「労働生産過程」論は、『資本論』の「労働過程」論の成果をひきつぎ、そこに残された問題の諸点を解決する有力な試みを示している。

すなわち、宇野の『経済原論』において、第二篇第一章第一節におかれている「労働生産過程」の規定は、旧版によればさらに三項に区分され、「A労働過程」にとどまらず、「B生産過程における労働の二重性」「C生産的労働の社会的規定」に展開がおよぼされる構成をとっている。このうち最初の項ではほぼ『資本論』の「労働過程」による規定が与えられているが、そのなかで、マルクスのいう人間労働の合目的的活動性をうけて、人間の労働力は「一般的にあらゆる物に転化し得る力として、したがってまた人間の目的にしたがって如何様にも使用し得る力である」[8]としているところは、すでに労働の二重性の基礎規定を抽象的に示していると読むことができる。ついで、宇野は、マルクスが「生産物の立場からみれば」労働対象と労働手段が生産手段としてあらわれ、他の労働過程との関連が示されてくるとしているところをひきつぎ、「労働過程は、その目的に対する結果としての生産物からいえば生産過程である」[9]と規定する。そしてこの「生産過程」において示される具体的有用労働の関連のなかに、抽象的人間労働としての労働時間の関連があらわれ、労働の二重性があきらかにされることになる。宇野は、その点を、つぎのような紡績過程にそくした設例によって考察している。

すなわち、「例えば今仮りに六キロの綿花と一台の機械とをもって六キロの綿糸を生産するのに六時間の労働を要するものとしよう。……この場合、六時間の紡績労働の生産物である六キロの綿糸は、単に六時間の労働の対象化されたものではない。六キロの綿花の生産自身に、例えば二〇時間の労働を要したものとし、また機械の生産にも一定の労働を要し、この綿糸の生産中に消耗せられた部分を、例えば四時間の労働の対象化されたものとすると、生産手段自身ですでに二四時間の労働を要しているわけである。したがって綿糸六キロは三〇時間の労働の生産物ということになる。」そこで、「紡績過程の労働は、一方では綿花を綿糸にかえ、綿花や機械等の生産手段の生産に要した労働時間を新生産物たる綿糸の生産に要する労働時間の一部分とする、マルクスのいわゆる有用労働として機能し、同時にまた紡績過程の労働時間をも綿花その他の生産手段の生産に要した労働時間と一様なるものとして、新生産物の生産に要する労働時間とする、マルクスのいわゆる抽象的人間労働として機能するという、二重の性質を有しているのである。」[10]

この設例は、『資本論』の「価値増殖過程」の節で、マルクスが、資本による価値形成過程の実体を考察するさいに、六労働時間で一〇ポンドの綿花を綿糸に加工するものとしている例を、価値関係から分離して生産過程論に移し、数字や単位に多少の変更を加えたものである。こうして、マルクスが商品価値の実体としてのみ取扱っていた抽象的人間労働の側面を、有用労働の側面とともに、商品関係から離れても認められる「あらゆる形態の生産過程に当然のこと」[11]として明確に規定しているのは、宇野による理論的思索のひとつの重要な成果であった。しかし、そのさい、「生産過程における労働の二重性」が、紡績過程を事例とし、特定の使用価値物を生産するための生産手段に対象化されている労働とこれに加えられる生きた労働の関連に絞って規定されているため、ことに抽象的人間労働の社会的規定性が、質的量的に十分展開されているとはいえないところがある。

たとえば、紡績労働は、綿花や紡績機に対象化されている労働時間とともに、綿糸の生産に要する労働時間の一部とされることにより、一様な抽象的人間労働とみなされているのであるが、紡績労働の抽象的人間労働としての同質性は、生産手段としての綿花や紡績機に投じられている労働との関連の内部でのみ成立しているというものではない。生産系列として関係のない、たとえば時計生産の労働とも、抽象的同質性を有するものと考えられる。というのは、人間の「労働力は、元来、特定の有用労働に制限せられることなく、あらゆる生産物を生産しうる、種々なる有用労働として使用されるのであるが、そしてこれがまた上述のような労働の二重性の基礎をもなす[12]」とみなしうるからである。こうした「基礎」からみれば、紡績に用いられる労働力も、綿花や紡績機にかぎらず、ひろくあらゆる生産物を生産しうるものとして、他のあらゆる有用労働との間に抽象的同質性をみとめられてよいことになるわけである。

それとともに、そのような抽象的可塑性を有する労働力が、種々の生産部面の種々の有用労働に配分され、質的量的に編成されることによって、分業にもとづく社会の物質代謝が維持されてゆくことになる。紡績労働も、そうした社会的労働編成の有機的一分肢をなすものとして、他の有用労働との互換可能な同質性が、社会的に確認されてゆかなければならない関係にある。鈴木鴻一郎編『経済学原理論』は、宇野による労働の二重性の原則的な規定を継承し、これをさらに生産過程の社会的関連のうちに展開すべきものとみて、「すべての生産的労働が労働の二重性として、質および量の二側面をもつというのも、実は、生産的労働が社会的総労働力のたがいに有用な形態における支出として、全体的な量質編成をなしているということの表現にほかならないのである」[13]としていた。

こうした生産過程の社会的関連のうちに労働の二重性を考察することは、人間労働の異質性と同質性の二面の意義を十分に明確にするというだけでなく、抽象的人間労働の量規定を確定するうえでも、決定的に重要なことであった。というのはつぎのようなことが問題となるからである。

すなわち、さきの例でいえば、紡績の生産手段として用いられる綿花に対象化されている過去の労働時間は、たんに綿花の生産部面で投じられるものではない。綿花生産に、たとえば鉄や石炭といった生産手段が用いられているならば、綿花六キロの生産に必要な鉄や石炭に対象化されている労働時間が綿花栽培の労働時間と合計されて、さきの二〇労働時間という数量が決定されるものとみなければならない。鉄の生産にはまた、生きた労働のみでなく石炭や鉄といった生産手段が必要とされていると考えられる。このようにして、生産手段に対象化されている過去の死んだ労働を、順次さかのぼってそれぞれの生産手段の生産に要する生きた労働と死んだ労働に分かれるものと考える場合、各生産物に対象化される労働量は集計可能なものとして決定されうるであろうか。各生産物の加工系列が、それぞれ必ず本源的に生きた労働のみによって生産される原料を出発点に有していればともかく、他の労働過程の結果としての生産物をたがいに生産手段として用いあう関係が連鎖をなしている状況が一般的であるかぎり、生産手段に対象化されている労働量を、さかのぼって生きた労働と死んだ労働に分解して確定しようとする操作は、循環論の構造をもち、単位生産物あたりの投下労働量を不確定なものとすることにならないであろうか[14]。さきの設例にたちもどっていえば、それは、綿花六キロに対象化されていると想定された二〇労働時間が、理論的にどのように確定されるものであるかを問うこととなる。

そのさい、まずあきらかなことは、順次先行の生産手段に対象化されている労働時間を、歴史的過去にさかのぼって分析しようとすれば、生産技術とともに労働の生産性およびときには熟練や強度の変化が問題となり、そうなるとおなじ鉄一トンでも生産された時期により投下されている労働量が異なることになるので、各生産手段に対象化されている労働量の確定が困難となるだけでなく、これに加えられる現在の生きた労働量との較量集計の意味も不明確とならざるをえない、ということである。それぞれすでに過去におこなわれた労働の成果をうけつぐものであるにせよ、生産手段に対象化されている労働は、その補塡がつねに経済的に重要であることからしても、むしろ現在の代表的な技術体系のもとで、その再生産に要する労働時間として考察されるべきであろう。[15] そのことを前提し、さらに各生産部面に投ぜられる労働力は互換可能な単純労働力として扱われ、各生産技術は異なる種類の生産物を結合生産物としてつくりだすことはないと想定しておこう。[16] その場合、各生産部面ごとに生産物一単位あたりに必要な種々の生産手段の物量と生きた労働時間とが、代表的な生産技術によって確定される。他の労働過程の生産物をたがいに生産手段として用いあう関係が社会的な連鎖をなしていても、このような生産技術のまさに社会的な相互関係のなかで、各生産物の単位量に対象化される労働量は、生産手段に用いられる他の生産物の単位量当りの労働量と同時決定的に確定されうることが最近では明白になってきている。

たとえば、単純な例として、さきの綿花が鉄と石炭を生産手段としてつくられ、鉄と石炭はそれぞれさらに鉄と石炭を生産手段として生産されているとしよう。それぞれの代表的な技術によって各生産物単位量あたりに必要な生産諸要素の投入量がつぎのような関係にあるとする。

石炭1/4kg＋鉄1/6kg＋生きた労働1/3時間──→石炭1kg
石炭1/2kg＋鉄1/3kg＋生きた労働1/3時間──→鉄1kg　　①
石炭5/4kg＋鉄1/2kg＋生きた労働2時間──→綿花1kg

ここで、石炭、鉄、綿花各一キロに対象化されている労働量をt_1、t_2、t_3時間とおくと、右のそれぞれの技術的関係から、労働時間を単位とするつぎの三つの方程式がえられる。

$$\left.\begin{aligned} t_1 &= 1/4t_1+1/6t_2+1/3 \quad (1)\\ t_2 &= 1/2t_1+1/3t_2+1/3 \quad (2)\\ t_3 &= 5/4t_1+1/2t_2+2 \quad (3)\end{aligned}\right\} ②$$

これを連立方程式とみなせば、(1)、(2)から$t_1=2/3$, $t_2=1$がえられ、$t_3=10/3$となる。六キロの綿花に二〇時間が対象化されていると想定された背後には、たとえばこうした生産技術の関連が存在していたと考えられるわけである。紡績機も、たとえば一台あたりの生産に石炭六トン、鉄一六トンと生きた労働延べ四〇〇〇時間を要し、右の技術体系に連結されて生産されているとすれば、一台あたり二万四〇〇〇労働時間を対象化していることとなる。この機械が平均三万六〇〇〇時間運転可能であれば、六キロの綿花を六時間で加工するさいには二万四〇〇〇労働時間の六〇〇〇分の一の労働時間すなわち四労働時間を、綿糸に移転することになると考えられる。

このような投下労働量の決定関係を一般化して示せば、つぎのようになるであろう。いま、全社会の生産部面がn個に分れ、n種の生産物が生産されているとする。そのうち第i番目の生産物一単位の生産に要する第j番目の生産物の数量をa_{ij}とし、おなじ第i財一単位の生産に要する生きた労働時間をl_iとする。第i財一単位に対象化される生きた労働と過去の労働を合せてt_i時間とすれば、

$$t_i=\sum_{j=1}^{n}a_{ij}t_j+l_i \qquad (a_{ij}\geqq 0,\ l_i>0,\ i=1,2,\cdots,n) \quad ③$$

と書くことができる。これをn本の連立方程式とみなせば、左右両辺にあらわれるn個の未知数t_iは、それぞれの生産過程の代表的技術によって与えられるa_{ij}とl_iの関数として決定され、一義的な解を与えられる。[17]

このようにして、生産物一単位あたりに対象化される抽象的人間労働の量は、とくに分業にもとづく社会においては、あきらかに各生産部面の内部の生産技術のみによって決まるものではなく、生産技術の社会的関連のなかで確定されるのである。[18] 生産技術の社会的な関連はまたその総体において、各種の有用労働から成る社会的分業への抽象的

人間労働の量的配分を規定するものとなる。そのさい、各生産部面の規模とそれに依存する各種生産物の数量の比率は、一方で、所与の生産技術のもとでの生産系列の連鎖のなかで規定される側面を有する。さきの設例にもどれば、綿花の再生産を維持してゆくためには、想定された技術体系①のもとでは、綿花一キロあたり、石炭は綿花部面のために5/4キロ、鉄部面のために7/10キロ、石炭部面自身のために13/30キロ、合計少なくとも一・四キロの生産を要するし、鉄はそれぞれ1/2キロ、7/15キロ、13/20キロ、あわせて少なくとも一・四キロの生産量を保持しなければならない。他方で、所与の技術水準のうえに、種々の歴史的社会的関係をふくんで動かされ規定される、社会的欲望の種類、規模および組合せが、生産されるべき最終生産物の数量と比率を規定するとみていい。この社会的欲望の体系は、生産技術の発展に影響されて変化する面を有するが、生産技術の体系のみから直接決定されるものではない(19)。

人間と自然との物質代謝の基本的条件を経済原則として考察する場合、生産の技術的体系はむろん可変的なものとみなされなければならないし、社会的欲望の体系もまた生産力の変化に感応しながら、それ自体、歴史的社会的に変化してゆくものとして扱われなければならないと考えられる。そしてそれらの変化をいかに規制し、調整してゆくかは、剰余生産物の処理をだれがいかに支配し、あるいは管理するかに対応し、それぞれの社会の歴史的特質をあらわす重要な一面となる。とはいえ、そのときどきの歴史的社会的条件のもとで、生産技術の体系とそれによって充足されるべき社会的欲望の体系との組合せが与えられているならば、前者による各生産物あたりの必要労働時間の決定を基礎として、社会的に必要な各使用価値物の生産に用いられる生産手段と生きた労働の補塡を可能とするような、労働とその成果の編成配分がおこなわれることが、あきらかに社会的物質代謝の原則的条件の重要な一要件をなすといえるであろう。

3

右にみたように、生産過程の技術的体系によって確定される各使用価値物の生産に要する労働時間は、社会的欲望に応ずる社会的労働配分の前提となり基礎となるのであるが、そのさい、さらに各労働過程の間の生産物の移転関係には、どのような労働量の関係が原則的に随伴するであろうか。与えられた技術体系のもとで、社会的に必要とされる使用価値物の生産がくりかえしおこなわれてゆくためには、その使用価値物を生活手段ないし他の労働過程への生産手段として産出する労働過程に、成果としての生産物とひきかえに必要な生産手段と生きた労働が補充される関係が成立していなければならない。したがって、ある労働過程からその成果としての生産物の単位量が産出されて直接的または間接的消費にむけられるごとに、平均計算において、すくなくともまず、その生産物単位量に対象化された労働時間のうち生産手段から移転された過去の労働時間部分が、必要な生産手段の形態で再補填されなければならない。ついで、生産手段に加えられる生きた労働時間部分も、生産物単位量あたり同量の補充を要するのであるが、その補充は、具体的にはその分量の生きた労働をおこないうる労働力を確保するという形で実現される。

ある労働過程に必要な労働力をくりかえし確保するには、一般に、必要とされる労働力の維持再生産を可能とする生活手段の一定量が、その労働過程に従事する労働者に補給されてゆかなければならない。労働者が労働力の維持再生産をおこなうのは、その消費生活においてであって、そのさいどのような範囲の食料、衣服、暖房、住居等の生活手段が必要とされるかは、「一国の気候その他の自然的特性にしたがって異なる」だけでなく「それ自身歴史的産物であり、したがって、大部分は一国の文化段階に依存している」(*K.*, I.S. 185. 岩㈠一九八頁)とみなければならない[20]。生産の技術的体系は、この必要生活手段の範囲に影響を与えうるが、直接にその範囲を決定するものではない。年間の粗生産物から生産手段の補填に要する部分を控除して得られる種々の使用価値物は、社会的にみてその年におこなわれる生きた労働の対象化にほかならず、その有用物としての種類や分量は、技術の体系によって決定され、技術の進歩によって増大しうる。この生きた労働の対象化された使用価値物の総体が、労働力の維持再生産に用いられる必要生活手段の範囲を下廻るならば、社会の生産規模は縮小を余儀なくされるのであり、例外的な時期にはともかく、経済生活の原則は維持されえないことになる。必要生活手段の範囲が、生きた労働の体化されている生産物の総体をどの程度下廻るかには、技術的に決定される原則は存在していないのであるが、しかし、その比率の量的大小の問題を措けば、両者の差としてあらわれる剰余生産物が産出されているということ自体は、人間社会に共通の経済原則の一面をなしているとみてよいであろう。そうとすれば、必要生活手段に対象化されている必要労働時間と、剰余生産物に対象化されている剰余労働時間とに、生きた労働時間が区分される量的比率には原則がないとしても、両者の区分の存在自体は、経済原則の一環をなしていると考えられる。

ところが、マルクスは、さきにみたように、『資本論』の「労働過程」の節で、もっぱら使用価値を形成する労働の側面に重点をおいて「人間生活の永久の自然条件」を考察していた。そしてこれに続く「価値増殖過程」の節に入り、「この労働を今度は労働過程の場合とはまったく別な見地から考察せねばならない」(*K.*, I. S. 203. 岩(二)一七頁)と述べ、価値を形成する抽象的人間労働の側面をあらためてとりだし、さらに資本家的生産のもとで労働力の価値と剰余価値とを形成するものとして、必要労働とこれをこえる剰余労働の規定に理論展開をすすめている。すなわち、労働の二重性を商品の二要因に対応するものとしてのみ扱い、諸社会に共通な生産過程の原則的基礎として規定しえなかった帰結として、マルクスはまた、必要労働と剰余労働の区分も、理論構成のうえで、資本による価値増殖過程の分析に先行する労働生産過程の規定のうちに位置づけえなかったわけである。

むろん、マルクスは、それに続く理論展開のなかでは、「資本が剰余労働を発明したのではない」といい、「社会の一部が生産手段を独占しているところでは、どこでも労働者は、自由であれ不自由であれ、生産手段の所有者の用いる生活手段を生産するために、自己保存に必要な自分の労働時間に、超過労働時間を追加せねばならない」(*K.*, I. S. 249. 岩(二)一〇〇頁)ことを明確にしている。さらに、マルクスは、たとえばつぎのように述べて、剰余労働が、必要労働と敵対性をもって階級社会においてのみ存在するだけではないことも明確にしている。

すなわち、「剰余労働一般は、与えられた諸欲望の程度をこえる労働として、つねに存続しなければならない。資本主義制度や奴隷制度などのもとでは、それはただ敵対的な形態だけをもつのであって、社会の一部分のまったくの無為徒食によって補足されるのである。一定量の剰余労働は、災害にたいする保険のために必要であり、諸欲望の発達と人口の増加とに対応する再生産過程の必然的な累進的拡張のために必要なのであって、この拡張は資本主義的立場からは蓄積とよばれるものである」（*K.,* Ⅲ, S. 827. 岩㈨一五頁）と。

宇野弘蔵の『経済原論』は、こうしたマルクスの認識を労働生産過程の原則的規定の展開に生かし、旧版では「生産的労働の社会的規定」の項で、種々の社会形態をつうじ、剰余労働により剰余生産物が形成されてきていることに考察をすすめている。新版では、宇野はさらに剰余労働がおこなわれる根拠として、労働力が「あらゆる生産物を生産しうる、種々なる有用労働として使用される」ことを指摘し、そのことが、「労働力自身がその労働の生産物たる一定量の生活資料の消費によって再生産されるという事実に基いて、人間社会の発展の物質的基礎をなす」[21]としている。すなわち、種々の有用労働をおこないうる人間の労働力は、その再生産に要する生活手段の生産にあてられるだけでなく、さらにそのための生産手段とくに労働手段の改善や生産にあてられることによって、労働の生産力を増進する基礎となることが、こうした規定に含意されていると考えてよいであろう。宇野も、労働力の本来的な可塑性が、「人間社会の発展の物質的基礎をなすことになる」という規定に続き、つぎのようにいっている。

すなわち、「一日の労働をなす労働力の再生産に要する生活資料を一定とすれば、あるいはまた生活資料のある程度の増加を前提しても、労働の生産力の増進によって、生活資料の生産に要する必要労働時間は減少し、剰余労働時間は増加し、種々なる使用価値を有する剰余生産物を増産することができるからである」と。

このような考察のなかで指摘されている、労働の生産力の増進とそれによる剰余労働時間の増加の可能性は、たしかに人間の本源的労働能力の展開を示すものと考えられるが、労働生産過程一般の原則としては、つぎのような限定ないし補足を要するであろう。すなわち、まず、労働の生産力の増進は、いうまでもなく、もっぱらどのような労働手段が用いられるかに依存する生産の技術的体系に左右される。生産の技術的体系が、どのような特殊性と速度をもって発展するかは、さまざまな歴史的社会的諸条件に規定されるところが大きい。人類史をつうじ「人間社会の発展の物質的基礎」が、一貫して、「労働時間の節約」(Gr., S. 599. 訳、Ⅲ、六六〇頁)ないし「最小の力の支出によって」(K., Ⅲ, S. 828. 岩(九)一六頁)自然との物質代謝をおこなう方向への生産力の増進におかれていることは、疑いえない[22]としても、そのための生産技術の特性やその変化の様式には、歴史的社会的諸条件が規定的作用をおよぼすのである。古代の奴隷制社会、中世の農奴制社会は、土地を主要な生産手段とする相対的に停滞的な農耕技術を基礎として成立していたが、それらの社会体制自体がまた労働の生産力の増進を抑制する作用を有していた。しかも、それらの社会にも、労働生産過程の一般的な諸条件はつらぬかれていたとみなければならない。資本主義社会は、それらと異なり、工業を主要な基盤として、急速な生産力の増進を実現してきた。しかし、私的資本の利益の追究のために外的自然を極度に利用しさらに破壊し、商品形態をつうじ労働者の疎外を深めてきた資本主義のもとでの生産技術の発展の様相が、労働生産過程一般の唯一可能な発展様式と誤認されてはならないのである。自然との物質代謝を、できるかぎり「最小の力の支出によって」おこなうという原則は、資本主義を廃止し、「社会化された人間、結合された生産者が、自分たちと自然との物質代謝によって盲目的な力によるように支配されることをやめて、これを合理的に規制し、彼らの共同の統制のもとにおく」(K., Ⅲ, S. 828. 岩(九)一六頁)ことにより、自然との調和をふくめ、より適切に実現可能になると考えられるのである。[23]

他方、労働生産力の増進によって可能とされる剰余労働時間の増加は、そうした社会主義社会のもとでは、一方で、生活上の欲望の拡大に応じて必要労働時間に切換えられ、必要生活手段の拡充にあてられうるものとして、他方で、「万人の自由に処分しうる時間 disposable time」(Gr., S. 596. 訳、Ⅲ、六五七頁)の増大のために、労働日を短縮する余地をなすものとして用いられることになろう。したがって、労働生産力の増進が一方的に剰余労働時間の増加の手段とされるのは、むしろ階級社会に特有のことではなかったかと考えられる。宇野の旧『原論』は、「生産的労働の社会的規定」の項の後半で、生産力の増進による剰余労働の成立と増大が、「一定の生産力の発達段階では、社会的に一部の者の労働によって他の者が生活するという階級社会の剰余労働の基礎をなすことにもなった[24]」とし、ついで商品経済による特殊な階級社会としての資本主義における生産方法の展開を問題とする構成を示している。こうして剰余労働の形成と増進を階級社会の基礎として論ずる観点からさかのぼれば、宇野による労働生産過程の規定全体を「人類前史」としての階級社会に共通な経済原則をあきらかにするものと読むこともできなくはない、という示唆も与えられている。[25] しかし、そのような解釈では、「人間生活の永久の自然条件」として労働過程を考察したマルクスの規定を継承し拡充した宇野の労働生産過程論の本来の意図は、十分つらぬかれないことになる。商品経済をつうじ労働生産過程を包摂する資本主義的生産の社会的特質と歴史的限界の理論的解明も、それにさきだつ階級社会と共通するものとして、「階級社会の痕跡を残しているような労働生産過程の設定」[26] にもとづいて展開されるのでは、あきらかに不徹底であり不十分であると考えられる。

それゆえ、新『原論』で宇野が「剰余生産物を生産する剰余労働時間が如何様に処理されるかは、それぞれの社会において生産自身が如何様にして行われるかに対応して決定され、歴史的に社会形態を区別することになる」[27] と述べている規定は、階級社会の歴史をこえる人類史にひろく妥当すると考えるべきであろう。こうして、人類史をつうじ普遍的な経済生活の原則として、労働生産過程の一般的規定を与える観点からすれば、労働の生産力の増進による「労働時間の節約」が、どのような生産技術によって、またどのような速度で実現されるか、あるいは、生産力の増進によって可能となる剰余労働時間の増加が、どのように必要労働時間の短縮、あるいは維持、増大さらには労働日の短縮と組み合されてゆくか、といった諸点をめぐり、それぞれの歴史社会の特性に応じ、異なる処理がおこなわれる余地が大きいことに注意しなければならない。それは、人間の労働力が、あらゆる生産物を種々の技術によって生産しうるという面においても、その再生産がさまざまな生活水準と労働日のもとで可能であるという面でも、本源的に可塑的な自由度をもつことによるのである。

それゆえ、労働生産過程の一般的原則をあきらかにする場合、さまざまな歴史社会をつうじ普遍的に共通する人間と自然の物質代謝の基礎条件を確定するとともに、歴史社会の発展変化をつうじその処理が異なってゆく側面も、基本的な諸点についてあきらかにしておかなければならないのではないかと考えられる。この後者の側面は、とくに労働の生産力の増進の態容、あるいは、必要労働と剰余労働、さらには労働時間と自由時間との区分比率の決定をめぐって重要となるであろう。すなわち、労働日の長さやその内部の必要労働と剰余労働の区分比率には、生産技術との関係においても一義的な決定原理が原則的に存在しているわけではない。とはいえ、そのときどきの歴史的社会的要因をふくんで、生産の技術的体系、年間の労働日数、労働日の長さ、および労働者の必要生活手段の範囲が与えられれば、必要労働と剰余労働の大きさと両者の区分比率は確定されることになる。

必要労働と剰余労働の区分比率が量的にどのように決定されるにせよ、そのときどきの社会的文化的要因をふくんで与えられる労働者の必要生活手段を、そこに対象化されている必要労働時間とともに、労働者がくりかえし確保してゆくことは、社会形態のいかんをとわず、経済生活を維持してゆくうえで原則的な条件をなしている。それは、社会の全労働力をとれば、あきらかに、労働力自身がその労働の生産物たる必要生活手段の消費によって再生産されてゆかなければならない、という経済過程の基本条件にほかならない[28]。こうした論点をふまえて、各労働過程の間の生産物の移転にともなう労働量の関係に、もういちどたちもどってみよう。

すなわち、いま生産の技術的体系が与えられているとし、そのもとで各労働過程が社会的に必要な使用価値物の生産を継続してゆくものとすれば、その労働過程の継続に必要な生産手段と生きた労働が、成果としての生産物とひきかえに補塡されてゆかなければならない。そのうち生きた労働は、その労働過程に従事する労働者に、必要生活手段の形態で必要労働時間をひきわたすことにより確保されてゆくことになる。そのかぎりでは、生産物に対象化され、他の労働過程ないし直接的消費のためにひきわたされてゆく、生きた労働時間の部分は、他の労働過程からの同量の労働時間をふくむ生産物によって補塡されなければならないというものではない。むしろ原則として生きた労働時間を下廻る必要労働時間が、必要生活手段の形で労働者にひきわたされれば、これを消費する労働者によって、ふたたび必要労働を上廻る生きた労働時間が支出され、労働過程に補塡されることとなるのである。その点は、生産手段から生産物に移転される過去の労働時間が、生産技術が変らないかぎり、原則として同じ生産手段の形態で同じ分量を他の労働過程から補給されなければならないのとは異なる関係にある。

こうした原則的条件は、各使用価値物に対象化されている労働時間の平均計算における内部区分にそくして展開することもできる。与えられた生産技術の体系のもとで、一労働日あたりの必要労働時間が六時間であり、一労働日が一二時間であり、したがって、必要労働と剰余労働の区分比率が一対一であるとしよう。こうした条件のもとで、さきに宇野が生産過程における労働の二重性を説くさいに例としていた紡績労働が、一労働日すなわち一二時間おこなわれるものとすれば、それによって生産される一二キロの綿糸には、平均計算において、生産手段からひきつがれる四八時間の過去の労働と、六時間の必要労働と六時間の剰余労働が対象化されていることになる。この労働過程から、あわせて六〇労働時間をふくむ生産物の綿糸一二キロが産出され、つぎの織布過程にひき渡されてゆくごとに、この労働過程には、四八時間の労働時間を対象化している生産手段が補塡されなければならないが、これとあわせて紡績労働者に六時間の必要労働をふくむ生活手段がひき渡されなければならない。紡績労働者はこの六労働時間の必要生活手段の消費によって労働力を再生産し、紡績過程にふたたび一二時間の生きた労働を加えることができる。それゆえ、一般化していえば、各労働過程からみて、成果としての生産物を他の労働過程や最終消費の過程にひき渡すのとひきかえに、その生産物に対象化されている労働時間のうち、生産手段から移転される過去の労働時間をふたたび同量、生産手段の形で補塡するとともに、必要労働にあたる部分と同量の労働時間をふくむ生活手段を労働者に取得せしめることが、その労働過程の維持存続のために原則的に最小限必要な労働配分の条件となるのである。

これにたいし、生産物に対象化される剰余労働時間の部分には、そのような意味での労働配分の原則は存在しないことが注意されなければならない。さきの一二キロの綿糸に対象化される六時間の剰余労働は、それと同量の労働時間をふくむ生産手段や生活手段を他の労働過程から紡績過程にもたらす原則的必然性を有するものではない。すなわち、各生産部面において対象化される剰余労働の大きさに比例しない剰余労働の配分が各部面間におこなわれ、あるいは剰余労働の成果が生産諸部面から切離されて消費される事態は、生産過程の原則を阻害するものとはいえないのである。いいかえると、各労働過程が生産物の形で他にひき渡す労働時間と、生産手段および生活手段の形で他の労働過程から補給をうける労働時間との間には、剰余労働の配分取得関係をめぐり、不等性が入りうるわけである。そこに、われわれは、労働の社会的配分における原則的な弾力性もしくは自由度をみとめることができる。剰余労働とその成果が、生産関係の史的展開に応じ、さまざまな処理をうけることになる根拠も、そのような剰余労働の配分取得における原則的自由度と密接に関連しているとみていい。

こうした剰余労働とその生産物の処理をめぐる原則的な自由度の存在は、一方で、人類史上、一定の生産力の発達段階に応じ、支配階級が剰余生産物を取得する種々の階級社会を形成する基礎となってきた。他方でそれは、権力的身分秩序によって基本的生産関係を維持する古代、中世の諸社会にも、剰余生産物の処理をめぐり、商品経済が外来的、周辺的に、したがってまた部分的に導入される根拠ともなっていた。これにたいし、資本主義は、労働力の商品化によって、基本的生産関係自体を商品経済化し、剰余労働の取得と配分も全面的に商品形態をつうじて実現する特殊な階級社会を形成することになる。この徹底した商品経済社会においては、人間生活の原則的基礎をなす労働生産過程の諸条件は全面的に商品関係をとおして維持されてゆくものとなり、労働生産過程における抽象的人間労働の量関係は、諸商品の価値関係の社会的実体としてあらわれ、社会的必然性をもって、諸商品の価値関係を法則的に規制する実体的根拠となる。それとともに、労働生産過程は、全面的に資本による価値の形成増殖過程としてあらわれる。

宇野は、マルクスが商品論の冒頭で提示した労働価値説を、資本の生産過程における価値の形成増殖過程のこうした特性の解明にそくして、社会的に必然的なものとして論証する試みを示している。われわれは労働生産過程の規定の内容をめぐる本節の考察を前提に、ついで宇野『原論』におけるそうした価値形成増殖過程論における労働価値説の論証の論理に検討をすすめ、あわせてそこに残されている問題点の整理展開を試みることとしよう。

（3）　山口重克「労働生産過程と価値の実体規定」清水正徳他『宇野弘蔵をどうとらえるか』一九七二年、芳賀書店、所収、が指摘しているように、この「人間だけに独自な合目的的活動において、その目的そのものは誰がどのように設定するのか」（一三四頁）という問題は、資本が労働過程をとり込むさいの独自の支配原理をあきらかにするうえでも、注意しておきたい論点である。すなわち、資本主義のような社会形態のもとでは、社会的分業の無政府性と対称的に作業場内分業の専制支配がおこなわれ、したがって、直接的生産者に外部から労働の目的が与えられることになるのである。しかし、その場合にも、労働者は、局部化されるにせよ、あらかじめみずからの作業の目的を認識し、自己の表象としたうえで、その肉体にそなわる自然的諸力を意識的に統御して、自然的素材に変化を生ぜしめる活動をおこなうことに変りはない。その活動の基礎には、種々の有用労働に転用しうるとともに、労働の目的自体をも設定しうる能力が含蓄されていると考えられる。しかも、こうした合目的的な意志による労働の統御は、「労働がそれ自身の内容とその実行の仕方とによって労働者を魅することが少なければ少ないほど、したがって労働者が労働を彼自身の肉体的および精神的諸力の自由な営みとして享楽することが少なければ少ないほど、ますます必要となる」（*K.* I. S. 193. 岩(二)一一頁）側面をもっている。

（4）　こうして、「過程の三契機——過程の主体である労働、ならびにこの労働の要因である・この主体がそれに作用する・労働材料、およびこの主体がそれをもって作用する労働手段——のすべてがいっしょになって一つの中性的な結果——生産物——を生みだす」（*Kr.* I. S. 52. 訳、I、九一頁）といえるのであるが、外的自然を客体とする人間労働の本源的主体性は、階級社会において多かれ少なかれ疎外され、支配階級に吸収され集中されることとなる。そのさい、労働者がみずからの生活を維持するための必要労働をこえる剰余労働をおこないうるだけでなく、階級支配のもとで外部から与えられる作業目的をもみずからの表象として、合目的的な意志による労働をおこないうるという点に、階級社会を維持再生産せしめてきたひとつの重要な根拠がある。その点を逆説的にいえば、人間の本源的に主体的な能力のうちに、階級支配のもとで疎外され強制される労働にさいしても、みずからの意志を合目的的に発揮してそれに従事する余地が与えられていることになる。『経済学批判（一八六一—六三年草稿）』にみられる「過程の主体」としての労働の規定が、『資本論』の「労働過程」論に直接示されていないのは、こうした階級社会における人間労働の主体性の屈折した存在様式を意識し、人間労働を単純に主体的な要因として一般化しえないとみたためであるかもしれない。前注とあわせて、この点、なお考究を要するところと思う。

（5）　たとえば、I. I. Rubin, *Essays on Marx's Theory of Value*, 1972（一九二八年のロシア語版からの英訳）は、第11章および第14章において、こうした解釈を主張しているが、ルービンはそのさい、商品経済に特有な抽象的労働の概念とは別に、「生理的に均等な労働」およびとくに「社会的に均等化された労働」が、諸社会におけるすべての具体的労働の共通の基礎として認識されなければならないとしている。しかし、ルービンのいう「生理的」あるいは「社会的」に均等化された労働は、有用労働の側面と異なり、質的に同等で量的にのみ区分され計量される人間労働の側面にほかならず、その点で抽象的労働と本質的に異なるものとはみなしえない。その点から、逆に、Д・И・ローゼンベルグ『資本論注解』一九三二年、梅村二郎訳、開成社、第一巻、一九五六年、一一九—一三一頁におけるように、商品経済のもとで価値の実体として成立する抽象的人間労働が同時に生理学的同質性を有するとみなければならないという角度からのルービン批判がおこなわれ、有用労働の基礎に同質的な人間労働の一面を、価値関係から分離可能なものとして確定しようとする方向は、封殺されることとなった。(なお、ローゼンベルグのこの著作の戦後一九六二年の新版(宇高基輔・副島種典訳、1、一九六四年、青木書店)では、ルービン批判は省略されているが、人間労働の抽象的労働への還元は商品生産においておこなわれるという論旨にかわりはない。)わが国では、たとえば林直道氏が、「『労働一般』は商品価値の実体としての抽象的労働と全く同一ではない」(『史的唯物論と経済学』上、大月書店、一九七一年、九二頁)と述べ、ルービン的見地をまじえつつ、抽象的労働はあくまで価値の実体をなすという解釈をとっている。

抽象的人間労働を価値実体としてのみ認識するならば、種々の有用労働に抽象的労働を配分しなければならないという人間社会一般の経済原則と、商品経済をつうずるその特殊な実現様式としての価値法則との区別と関連があきらかにされえないこととなり、ひいては、スターリン『ソ同盟における社会主義の経済的諸問題』一九五二年、飯田貫一訳、国民文庫、一九五三年、一〇頁におけるように、社会主義のもとで廃止をめざすべき経済法則を、経済原則と混同しつつ、社会主義建設のために利用すべきものとする混乱が生ずる。最近の中国における胡喬木の「経済法則にてらして事を運び四つの現代化の実現をはやめよう」(『北京周報』46—48、一九七八年一一—一二月)にも、その混乱がむしろ拡大されて継承されている。なお、スターリンの混乱については、宇野弘蔵『「資本論」と社会主義』一九五八年、岩波書店(『著作集』第一〇巻、所収)の第七章に、また、胡論文については、P. M. Sweezy & H. Magdoff, China: New Theories for Old, *Monthly Review, May* 1979(『ソ連問題』別冊14、一九七九年一一月に抄訳)にそれぞれ示唆に富む論評がみられる。あわせて参照されたい。

(6) マルクスは、そのさい、ロビンソンのおこなう労働時間の配分のうちに、すでに「価値のすべての本質的な規定が含まれている」(*K*. I. 91. 岩(一)一三九頁)というのであるが、商品経済をはなれた労働時間の配分のうちに「価値」の「本質的規定」があるとするのは、価値概念の適切な用法ではない。商品経済のもとにおかれると価値の実体を形成することになる、人間活動の本質的で原則的な規定があるというべきところであろう。

(7)　こうした認識は、アリストテレスの場合、ギリシアの奴隷社会を基礎としていたかぎり、価値表現の背後に、労働の同等性を読みとりえなかったことをマルクスが指摘し、さらに価値表現の秘密をなしていた労働の同等性は、「人間は等しいという概念がすでに強固な国民的成心となったとき」はじめてあきらかにされえた（K., I, S. 74. 岩㈠一一一頁）としていることと背反するものではない。たしかに、人間労働一般の同等性、さらに抽象的人間労働の同質性は、身分秩序が解体されて、商品経済のもとに労働者が相互に平等な互換性をもつものとして扱われる資本主義経済を考察の基礎として、はじめて抽象されえた概念であるが、そこに得られた抽象的労働の規定は、各種有用労働へのその配分の必要と合せて、すべての社会形態に存在してきたものと考えてさしつかえない。むしろそのように認識することによってはじめて、資本主義も、人類史の一局面として正確に位置づけられ、その特殊な歴史性を明確に解明しうることになると考えられる。

(8)　旧『原論』上、九一頁。

(9)　新『原論』五〇頁。

(10)　同右、五〇―五一頁。

(11)　旧『原論』上、九五頁。

(12)　新『原論』五二頁。この規定を宇野は、旧『原論』の「生産的労働の社会的規定」の項にあたるところの最初においているのであるが、それに続くところでは、のちにみるように、剰余労働論に考察を集中しており、労働の二重性を生産部面相互の社会的規定性のもとに展開しているわけではない。

(13)　鈴木『原理論』上、一〇四頁。

(14)　たとえば、櫻井毅他『経済原論』一九七九年、世界書院、第二編第一章一のBにおいて、山口重克氏は、それぞれの最終生産物の加工系列をさかのぼって、生産手段と生産物に対象化される労働量を確定する論理を追究しているが、そのさい、各生産系列の始点に、生きた労働のみによって生産される生産物の存在を想定することとなっており、その点に問題を残しているといえよう。

(15)　機械のような労働手段に対象化されている労働時間が、労働過程の反復をつうじ一部ずつ新生産物に移転されてゆき、したがって労働過程でひきつづき機能する労働手段には、ある期間にわたり過去の労働時間が残存しているという事情は、新たな機械の導入による従来の機械の廃棄を制限する原則的な要因となると考えられる。その点では、過去の労働時間も、重要な役割をはたすといえよう。しかし、ここでは、さしあたりこうした生産方法の変化の過程にたちいる必要はない。各部面に代表的な技術体系が当面与えられているものとして分析をすすめてさしつかえないであろう。

(16) なお、労働力をどのような論拠によって単純な労働力として取扱いうるかは、ベーム＝バウェルクとヒルファディングとの論争いらい論議が重ねられてきているところであるが、最近の欧米では、結合生産物の理論的取扱いの困難とあわせて、マルクス価値論をめぐる重要な争点となってきているので、これらの論点にはのちに本章第三節であらためて検討をすすめることとしたい。

(17) なお、わが国では、置塩信雄氏が「価値と価格――労働価値説と均衡価格論――」神戸大学『経済学研究』1、一九五五年三月、いらい、事実上この決定関係をあきらかにしており、氏の『マルクス経済学』一九七七年、筑摩書房、一二頁にも同様の規定が示されている。しかし、そのさい、t_iを直接に「商品の価値」として取扱っている点は訂正を要すると思う。t_iは、商品関係したがってまた価値関係を離れてもみとめうる生産過程一般に原則的な労働の量関係を示すものと考えられるからである。商品経済のもとで、t_iが商品価値の実体をなし、また各部面のa_{ij}、l_iに示される代表的技術が価値関係の無政府的な変動を介して選定されてゆく面をもっているとしても、そのことは、各使用価値の生産に用いられる技術の社会的関連から、各生産物一単位あたりに対象化される労働量がt_iとして確定される関係が、商品経済を離れてはありえないという証左にはならない。問題は、労働の二重性を、あらゆる社会形態をつうずる経済原則の基礎として認識しうるか否かに帰着すると考えられる。置塩氏が社会主義のもとでの「計画価格を労働価値説の立場から基礎づけることが必要なのである」(『マルクス経済学』二七九頁)としているところも、生産物に対象化される労働量を経済計画の基礎としなければならないという趣旨におきかえて理解すべきであり、価値法則を計画価格の策定に利用すべきであるとするのでは、注(5)のスターリン論文と同様の理論的混乱をまぬがれていないことになる。

(18) なお、生産の技術的体系を示す投入と産出の物量方程式を、労働の量関係について解いて、各生産物に必要な労働量がどのように処理されるかをめぐり考察が展開されるのは、労働過程の規定以降、外的自然にたいする人間の物質代謝の基礎条件としての労働の役割があきらかにされ、自然との物質代謝を形成する人間の社会関係が、この労働支出にもとづくものとして、理論的に解明されてゆかなければならないということによる。物量方程式は、たて方によれば、たとえば各生産物一単位あたりに必要な石油の量を確かめるためにも用いうるのだから、労働の必要量をもとめるのは、これと同格の便宜的で選択可能な一方式にすぎないという新リカード学派の一部にみられる主張は、この労働過程の規定にもとづく社会科学としての経済学の基本課題を見失うものである。

(19) マルクスは、商品の使用価値が商品価値の前提であるという側面を展開し、したがって商品経済の一面としてではあるが、社会的欲望が総労働時間の分割にたいし規定的役割を果す関係を、たとえばつぎのように指摘している。すなわち、「使用価値は、個々の商品のばあいには、商品がそれ自体として一つの欲望を充たすということにかかっているとすれば、社会的生産物大量のばあいには、この生産物量が、各特別種類の生産物にたいする、量的に規定された社会的欲望に適合していること、したがって、量的に限定されているこれらの社会的欲望に比例して、労働が種々の生産部面に均衡を得て分配されていること、にかかっている（この点は、種々の生産部面への資本の分配で、考慮に入れられるべきである）。社会的欲望、すなわち社会的に、幾乗かされた使用価値が、ここでは、社会的総労働時間のうちから、種々の特殊生産部面に帰属する割当部分にたいして、規定的なものとしてあらわれるのである」（*K.* III, S. 648-649. 岩㈧四一―四二頁）と。

(20)　マルクスは、こうした規定を「貨幣の資本への転化」論において、労働力商品の価値を左右する条件として考察しているのであるが、労働力が商品形態をとっているか否かにかかわらず、労働者の労働力の維持再生産に必要な生活手段の範囲が、それぞれの社会の自然条件とともに、歴史的社会的要素によって決定され、労働者の物質的生活水準を規定するものとなることに変りはない。生産力の上昇とともに、歴史的社会的要素の役割は増大するとみてよいであろう。

(21)　新『原論』五二頁。

(22)　宇野が、『資本論の経済学』一九六九年、岩波新書（『著作集』第六巻、所収）において、商品経済によって経済原則を強制するものとして、資本主義社会の経済法則を解説するにさきだち、人間の物質的生活資料の獲得の一般的原則として、「最小の労費をもって最大の効果をあげる」（六頁）ことをあげているのも、こうしたマルクスの規定をひきつぐものといえよう。

(23)　すなわち、社会主義のもとで、階級支配や商品経済から解放され「社会化された人間」が生産過程を主体的に「共同の統制のもとにおく」場合には、資本主義のもとで開発された科学技術の成果が、生産技術として無条件にひきつがれでゆくとはいえないであろう。自然科学の生産技術としての展開も、私的資本の利潤動機に導かれて、自然破壊や労働者の疎外をもたらしてきた側面から解放されてゆかなければならない。人間の解放のために、そのときどきの自然的社会的条件のもとで、どのような生産技術が開発され、実用化されてゆかなければならないかが、生産過程の真に合理的な規制の重要な一面をなすのである。しかし、そのことは、社会主義社会の建設が、マルクスのいう「真に自由の国」――すなわち、生産力の増進をつうじ「窮迫と外的合目的性とによって規定された労働がなくなり」、物質的生産の不足がほとんど問題とならなくなる社会（*K.*, Ⅲ, S. 828. 岩㈨一六―一七頁）――に至る過程において、資本主義のもとで開発された自然科学の成果を批判的に引きつぎ発展せしめつつ、「労働時間の節約」（*Gr.*, S. 599. 訳、Ⅲ、六六〇頁）を経済生活の原則として追求する側面をもつことと反するものではない。資本主義的な生産の「合理化」を、生産技術の科学的発展一般と混同することは正確な理解とはいえないが、逆にまた、資本主義のもとでの生産技術の発達にともなう労働者の疎外や自然環境の破壊の批判から、近代自然科学の成果や生産技術の開発一般を否定し、むしろ生産力を停滞させ引下げる方向で社会主義を実現しようとする主張も正しいものとはいえないであろう。それは社会主義の主張としても、ロマン主義的色彩を拭えないものと思う。

なお、マルクスは「直接的形態での労働が富の偉大な源泉であることをやめてしまえば、労働時間は富の尺度であることをやめ、またやめざるをえないのであって、したがってまた交換価値は使用価値の〔尺度〕であることをやめ、またやめざるをえない」（*Gr.*, S. 593. 訳、Ⅲ、六五四頁）と述べていた。しかし、労働時間が節約さるべき目標としてさして問題とならなくなるのは、社会主義社会としても、生産力の充分な開花の上に到達さるべき「自由の国」においてであって、そこに至る過程としては、「労働日の短縮は根本条件である」（*K.*, Ⅲ. S. 828. 岩㈨一七頁）から、生産力の上昇による労働時間の経済＝節約が重要な意義をもちつづけることになるであろう。むろんその過程でも、商品経済的な交換価値は、富の尺度としての役割を縮小し廃止しうるのであって、『要綱』から引用した右の規定では、そのことと富の尺度としての労働時間の廃止とを直結しすぎており、社会主義の建設過程と到達目標の区分も十分でないように思われる。その点、社会主義のもとでも、「必然性の国」の発展過程がなければならないとする『資本論』第三巻第四八章での洞察は、マルクスの思索の深化を示すものと考えられる。

(24) 旧『原論』上、九六頁。

(25) 山口重克「労働生産過程と価値の実体規定」一四九頁。なお山口氏自身はこの解釈を自説として主張しているのではない。

(26) 同右、一五〇頁。

(27) 新『原論』五三頁。

(28) 社会的分業がおこなわれていれば、個々の労働者は、みずからの生活手段を直接に生産しているとはかぎらないし、一般に他の労働過程の生産物を生活手段とする関係にある。しかし、社会の全労働者をとれば、年生産物の全体のうち過去の労働をひきついだ生産手段の補填部分を除く、必要生活手段と剰余生産物の全体が、その年の生きた労働の対象化として生産されていることはあきらかである。こうした関係を前提に、平均計算を想定していえば、個々の労働過程に従事している労働者も、みずからの労働時間のうち必要労働部分にあたる労働時間を対象化している生活手段を受取る位置にあるといえよう。

第二節　労働価値説の論証の内容

1

宇野は、『経済原論』の第二篇第一章の冒頭の「労働生産過程」の節において、労働の二重性および必要労働と剰余労働の区分を、諸社会の経済生活に原則的なものとして規定したのちに、これに続く「価値形成増殖過程」の節において、労働価値説を論証する理論構成を示している。それは、『資本論』の端緒の商品の二要因論で、背後の生産関係をなお明確に規定しえないまま労働価値説が提示されていることにともなう種々の論争問題や理論上の混乱を体系的に解除しようとするものであった。すなわち、商品、貨幣、資本の形態規定の展開を「流通論」として純化したうえで、諸社会に原則的な労働生産過程が全面的に商品の価値関係をとおして処理される資本主義社会に特有な経済過程にそくして、価値法則の必然的基礎を科学的に動かしえないものとして論証する試みがそこに創始されているのである。その論証は、さしあたり資本のもとで労働者が必要労働のみを支出し、商品価値を形成するものとする価値形成過程論において、さきの紡績労働の例に対応するつぎのような設例によって示されている。

すなわち、「今、労働力の再生産に要する一日の生活資料が六時間の労働で生産され、その代価を三志《シリング》とすれば、前節に述べた綿糸の生産を資本家的に行う場合、その生産に二四時間を要した綿花、機械等の生産手段には一二志を支払い、その生産に三〇時間を要した六キロの綿糸は一五志の価格をもって販売されれば、いずれも商品として、その生産に要した労働時間を基準にして売買されることになるわけであるが、それは労働者がその労働力の代価としてうる三志が、綿糸の生産をなす紡績資本家にとっては、その生産物たる六キロの綿糸の代価の内、四・八キロの綿糸の販売によって生産手段の代価一二志が回収されるのと同様に、一・二キロの綿糸の販売によって回収され、労働者にとっては、自己の労働六時間の生産物を商品交換を通して生活資料として得る代価であるということによるのである。三志は、この生産過程を基礎にして展開される商品交換関係の媒介をなすものにすぎない。[29]」

この設例は、文章の構造も複雑であるが、「労働者がその労働力の再生産に要する生活資料は必ずえなければならないという事情を基礎にして、資本は、その生産物をその生産に要する労働時間を基準として互に交換するということになる[30]」という宇野の論旨にそくし、つぎのように分けて読みとることができるであろう。すなわち、まず、労働力の再生産に必要な生活資料に六労働時間が対象化されており、その代価が三志と前提される。[31] その場合、紡績資本家のもとで、二四労働時間を体化している生産手段に、新たに六労働時間を加えて六キロの綿糸を生産する労働者は、その労働力の代価として必ず三志をえなければならない。この三志は、一方で「労働者にとっては、自己の労働六時間の生産物を商品交換を通して生活資料として得る代価である。」他方で、それに対応して、「紡績資本家にとっては」、合計三〇時間を要する六キロの綿糸のうち、六時間分にあたる一・二キロの綿糸の販売によって回収されるべき貨幣額となる。のちの再生産表式論的考察をここに導入すれば、第Ⅰ部門（生産手段生産部門）に属する紡績資本家が、その労働者に労働力の代価として支払う三志は、ついで、労働者が六時間の必要労働を生活手段の形で入手するため第Ⅱ部門（生活手段生産部門）の資本家に支払われるが、さらにつづいて、第Ⅱ部門の資本家が生産手段として必要な綿糸を入手するさいに、六時間を体化している一・二キロの綿糸の代価として支払われ、出発点の紡績資本家に回収されるといった関係を読みこむこともできよう。[32] このようにして、六労働時間の対象化されている一・二キロの綿糸が三志で販売されることになれば、二四労働時間をふくむ残りの四・八キロは一二志で販売されるべきものとなり、しかもこの一二志は、二四労働時間を要する生産手段への代価を回収する意味をもつことになる。かくて、紡績資本家の生産物もその生産手段も、労働者の必要生活手段とおなじく、六労働時間あたり三志、すなわち一労働時間あたり〇・五志という、労働時間に正比例する価格を与えられて売買されなければならないという必然性が示されたことになる。

紡績資本家とその労働者との商品形態による生産関係を基軸に構成されている右のような設例による労働価値説の論証には、労働力商品の代価として支払われる三志による必要生活手段の購入と、一・二キロの綿糸の販売による紡績資本家へのその回収をめぐり、すでに生活資料部門の資本家との売買関係が、直接間接にふくまれていると考えられる。しかし、宇野は右の設例による考察につづき、生活資料の生産をおこなう資本家と紡績資本家との関係をさらに追究し、やや異なる視角を加えてつぎのように分析を続けている。

すなわち、「この労働者の紡績資本家に対する関係は、紡績資本家と生活資料の生産をなす資本家との間の売買関係をも規制せずにはおかない。例えば紡績資本家が六時間の労働生産物を三志で販売しているのに、生活資料の生産をなす資本家が五時間の労働生産物を三志で労働者に販売しているとすれば、それは労働者に対してその生活資料を十分に与えないことになるばかりでなく、紡績資本家に対しても彼よりもヨリ多くの利益をえていることになるのであって、紡績資本家としては綿糸の生産をこのまま続ける意義を失うことになる(33)」と。

ここでは、さきに六労働時間をふくむ必要生活資料の代価を三志として考察をはじめた出発点の想定が変更されている。むろん、六労働時間による生活資料の代価が三志という数字例自体、さしあたり任意の想定にすぎなかったのであり、宇野にとって当面の「問題は三シリングにあるのではない(34)」と考えられる。それゆえ、出発点の数字例は変更されてもさしつかえないのであるが、さきに示されていた労働価値説の論証の構造にしたがえば、その変更は、生産過程を基礎とする商品交換のなかで、設例中の各価格表示をそれに比例して変更せしめざるをえないはずのものであった。たとえばここで新たに想定されているように、いまや五労働時間による生活資料の代価が三志となれば、必要生活手段の範囲が変らないかぎり、三志を支払うだけでは「労働者に対してその生活資料を十分に与えないことになる」であろう。さきの論証の論理によれば、いまや紡績労働者は、労働力の代価として三・六志をえて、六労働時間をふくむ必要生活手段を獲得しなければならないし、紡績資本家はこの三・六志を六労働時間の対象化されている一・二キロの綿糸の販売によって回収しなければならないことになる。それにともない、二四労働時間の対象化されている四・八キロの綿糸はいまや一四・四志で販売され、生産手段の補填にあてられなければならないのであって、あわせて六キロの綿糸はさきの一五志にかえて一八志の代価を要することになる。

ところが、宇野はここではそのようなさきの論理とは角度を異にして、紡績資本家がいぜん六時間の労働生産物を三志で販売しているとすれば、五時間の生活資料を三志で販売する資本家にくらべて利益が少なく綿糸生産を続ける意義を失なうと指摘する。この場合、紡績労働者が六時間の必要労働をおこないながら、労働力の代価として三志を得るにとどまるならば、紡績労働者は労働力の価値を下廻る五労働時間の生活資料を入手するにとどまる。生活資料を生産する資本家が、こうした価格関係をつうじて獲得する利益は、紡績部面から労働者が流出する傾向に対処して、労働力の代価がひきあげられてゆくか、あるいは生活資料の生産に資本が流入してその生産物の供給が増加し、生活資料の価格が低下するか、あるいはその両者の組合せによって消失してゆくことになるであろう。他方、紡績資本家は、必要労働のみがおこなわれているという想定のもとで、みずからの生産物を六労働時間あたり三志で販売しながら、六労働時間を提供する労働力に三志をこえて、例えば三・六志の代価を支払うならば、生産手段が以前と同様に労働時間あたり〇・五志の価格で販売されていても、二四労働時間をふくむ生産手段を補填することはできず、生産を縮小せざるをえない。したがって、社会的に必要な綿糸の供給が確保されてゆくように、市場において、綿糸の価格が上る方向での調整が生ずるか、あるいはそうした不調整を生じた生活資料の価格の下向への訂正が生ずるか、さらにあるいは双方の組合せによる調節が生ずるにちがいない。

このような市場を介しての価格の調整を経て、生活資料と綿糸が、一労働時間あたり〇・六志の価格で取引されることになるか、〇・五志の価格となるか、その中間の価格となるかはここでは明確でない。それは、さきに六労働時間の必要生活手段がなぜ三志の価格を与えられるかが、労働価値説の論証の出発点として当面問題とならないとみなされていたことに対応している。いずれにせよ、宇野は、ここでは労働時間あたり不等な価格が与えられる場合、資本家間の利益をめぐる投資行動をつうじ、市場における価格の調整がおこなわれ、結局、等労働時間の生産物には等価格が与えられるような規制が作用していることを示そうとしているのである。たしかに投下労働時間による商品価格の規制は、市場における無政府的な不均衡の調整をとおして法則的に貫徹されるのであり、その調整は、資本主義のもとでは、具体的には利益をめぐる投資の調整によっておこなわれるのであるが、必要労働によって価値形成がおこなわれるという想定の範囲で、資本の間の利益の比較をただちに問題とすることが宇野の理論構成上、適切であったかどうか。それにさきだつ労働価値説の論証の筋道からすれば、一部の資本家がその生産物を労働時間に比して相対的に高い価格で販売すると、他の資本家もしくは労働者がその商品の再生産に要する労働時間を獲得しえなくなるのであって、市場を介し価格関係の訂正がおこなわれる場合、価値形成過程論としては、利益をめぐる資本間の投資効率の差より、むしろ特定の生産部面にとって、または広く社会的にみて、必要な商品の供給がくりかえしえられなくなる点に問題が生ずるものとすべきではないかと考えられるのである。(35)

こうして、宇野による労働価値説の論証の論理には、やや異質な二様の論理が並存していた。資本家と労働者との生産関係が商品形態によって維持されることを基軸に、紡績資本家が一方で生活資料生産資本家との間で、他方で綿花、紡績機生産資本家との間で生産過程的関連にもとづき、商品生産物の価格を相互に投下労働時間に規制されるものとして設定せざるをえないとするさきの論理が基本であるかぎり、利益をめぐる資本間の売買関係の規制の論理は、あきらかに補足的で副次的な位置に示されていると考えられる。しかし、両者の展開関係をさらに内容的にどのように整理して理解すべきかという点には、この資本の生産過程論に先行する「流通論」ないしのちの「分配論」との関係においても、なお考究を要する問題が残されているといわなければならない。いずれにせよ、こうした二様の論理をつうじ、等労働量の商品生産物には等価格が法則的に与えられ、したがって等労働の交換が商品売買の基準となる関係を、価値法則の論証の内容として宇野がここで取り出そうとしていたことはあきらかである。「価値形成過程」の項における労働価値説の論証を総括して、宇野が、「かくしてまたあらゆる生産物がその生産に要する労働時間によってえられるという労働生産過程の一般的原則は、商品経済の下にあっては、その交換の基準としての価値法則としてあらわれるのである」(36)と規定するときにも、前後の文脈からとうぜんに、価値法則の内容としては、生産に要する労働時間の等量が商品交換の基準となる関係が意味されているのである。そしてこれに続き、さきの設例における紡績資本家が、労働力の代価として三志を支払い、労働力の使用価値として六時間の必要労働をこえて、さらに六時間の剰余労働を得て、三志の剰余価値を入手するという例をあげて、価値増殖過程の規定を展開するさいにも、さらにその後の理論展開をつうじても、宇野の『経済原論』においては、価値法則は右のような内容をもつ所与の前提として取扱われることとなっていた。

2

こうして宇野による労働価値説の論証を、価値形成過程論における展開の結果からみると、価値の形態規定の展開を前提に、それゆえあくまで価格表示をつうじてではあれ、商品生産物の等労働量交換を価値法則の規制の内実としている点では、古典派的手法にならった『資本論』冒頭の労働価値説の規定を内容的にそのままひきついでいることになる。しかも、宇野は、そのような価値法則の現実的妥当性を、戦前以来の通説的見解のように、資本主義にさきだつ歴史上の単純商品生産によって示そうとするのではなく、具体的にはすでに生産価格が商品生産物の売買の基準として存在している資本主義的商品経済によって、その内的生産関係を基軸に、論証しようとしていた。そうであるだけに、商品交換の基準をあきらかにする価値法則の論証の内容が、どのような意味で理論的・現実的妥当性をもつかは、生産価格論との展開関係を論争問題として念頭におくとき、戦前の通説にくらべ、ある意味でいっそうきびしく問われざるをえない論点をなしていたと考えられる。

そのさい、まず注意されなければならないのは、鎌倉孝夫、山口重克の両氏が強調しているように(37)、宇野のとくに新『原論』における価値法則の論証が、価値増殖過程論にさきだつ価値形成過程論において与えられていることである[38]。すなわち、さきの設例もそうしていたように、価値形成過程論では、労働者は必要労働のみを支出しているものと想定すれば、紡績労働者が労働力の代価として三志を得て、これによって六時間の必要労働をふくむ生活資料を入手するなら、その対極に、紡績資本家はおなじ六労働時間の綿糸一・二キロの販売によってこの三志を回収する関係におかれていなければならない。一般に、剰余労働がおこなわれないという前提のもとでは、各生産部面をつうじ資本の有機的構成（すなわち労働力に投じられる可変資本と生産手段に投じられる不変資本との技術的構成を反映した価値構成）や回転期間のいかんを問わず、代表的技術によって商品生産物に対象化される労働時間に比例した価格が与えられ、したがってまた等労働量の交換関係が法則的に成立していなければ、各部面の生産過程が維持されえないことは、容易に確かめうることである。すなわち、その生産物に対象化される労働時間に比して相対的に不利な価格を与えられる部面では、生産規模を縮小せざるをえず、社会的に必要とされる生産物の供給を継続してゆくことができない状況が生ずるからである。

そうしてみると、宇野による労働価値説の論証は、各生産物に対象化されている労働時間のうち、生産手段から移転される過去の労働時間をふたたび生産手段の形で補塡し、必要労働部分を生活手段の形で労働者に取得せしめるという原則的な労働配分の条件を、資本主義が商品の価格関係をとおして法則的に実現してゆかなければならないということに論拠をおいていると考えられる。しかし、その論拠から、商品生産物の等労働量交換が価値法則の規制の内実としてとりだされるさいに、労働者の労働がさしあたり必要労働のみにとどめられるという前提がおかれていた。マルクスも、「労働過程」の規定に続き、「価値増殖過程」を考察するさいに、まず、紡績資本家のもとで労働者が六時間の必要労働のみをおこなうものとして価値形成過程を規定し、ついで、労働者が労働力の価値として六労働時間の生活資料を購入する三志をうけとりながら、労働力の使用価値として一二時間の労働を提供し、紡績資本家がそれによって六労働時間にあたる三志の剰余価値を取得する関係を価値増殖過程論として展開していた。宇野は、このようなマルクスによる価値形成過程と価値増殖過程の区分と展開を、理論構成のうえでひきつぎ、とくに新『原論』では、前者の価値形成過程の枠組のなかで、商品生産物の等労働量交換の法則的必然性を示そうとしていたわけである。しかし、賃銀労働者の労働が必要労働の範囲のみにとどめられるようなたんなる価値形成過程は、資本の生産過程としては、価値増殖過程と独立には存在しえない。マルクスは、価値形成過程と価値増殖過程とを対比して、「労働過程と価値形成過程との統一としては、生産過程は、商品の生産過程である。労働過程と価値増殖過程との統一としては、それは資本主義的生産過程であり、商品生産の資本主義的形態である」(*K*., I, S. 211. 岩(二)四一頁)としている。しかし、ここではすでに労働力を商品として資本家に販売する労働者によって、たとえば紡績資本のもとでおこなわれる価値形成過程が分析されているのであって、その「商品の生産過程」は非「資本主義的生産過程」ではありえない。すなわち、価値形成過程としての「商品の生産過程」は、ここではむしろ、同時に「商品生産の資本主義的形態」の基礎を示しているのであって、価値形成過程は、かならず剰余労働を剰余価値として取得する価値増殖過程に展開され、その基本的な一面をなすものとみなければならない(39)。それゆえ、資本による価値の形成過程と増殖過程とは、異質のものとして分離して取扱われてはならない。労働価値説の論証にさいしても、剰余労働による価値増殖がおこなわれないものとして、資本による価値形成過程を価値増殖過程から分離して考察することは、機械的で無理な抽象といわなければならないであろう。資本主義的生産の内的運動法則として、価値法則を措定し展開するという観点からしても、たんなる価値形成過程論の範囲でのみ価値法則の必然性が示されるのではあきらかに不十分であって、資本主義にとって不可欠な価値増殖過程とその展開にも妥当するものとして、価値法則の内実が確定されていなければならないはずである。

こうしたことからあらためて問題となるのは、宇野がさきに価値形成過程論における労働価値説の論証にさいし、補足的に述べていた、三志で六時間の労働生産物を販売する紡績資本家にくらべ、おなじ三志で五時間の労働による生活資料を販売している資本家のほうが「ヨリ多くの利益をえていることになる」という規定の意義と妥当性である。同質的な単純労働により、剰余価値率を均等とするかぎり、各生産部面をつうじ資本の有機的構成と回転期間に差異がないという条件があれば、同量の資本は同一期間に同量の剰余労働を生産物に対象化せしめることになるので、右の規定は価値増殖過程論以降にもそのまま妥当する。すなわち、生産に対象化されている労働時間に比して相対的に高い価格を与えられる生産部面の資本は、より多くの利益を得ることになり、逆の立場の生産部面にある資本は逆により少ない利益を得る。それゆえ、前者のような部面の資本の生産拡張は、他部面からの資本の流入も加えて加速され、後者の部面ではその逆の現象が生じ、その結果、前者の生産物の価格は下り、後者の生産物価格は上り、結局、生産物に対象化されている労働時間に比例する価格が、商品交換の法則的基準としてあらわれる。そこでは、各種の使用価値の生産に要する労働量によって商品の価値が決定されるという価値法則の根本が、等労働量交換としての等価交換と、社会的労働の各生産部面への配分の規制とあわせて、市場における価格の変動をとおして貫かれてゆく必然性が、理論的に単純化された姿で示されることになる。(40) それゆえ、商品生産物の等労働量交換を価値法則の規制の内実として理論的に保持して、価値増殖過程以降の資本の生産過程の原理を解明しようとするならば、各生産部面をつうじ、生産手段に対象化されている過去の労働とこれに加えられる生きた労働の比率、および資本の回転期間が均等であるという追加的条件を前提して考察をすすめなければならない。この追加的条件が現実には存在していないということから生ずる問題は、『資本論』第三巻第一・二篇で示されているように、各部面をつうじ資本の競争により利潤率が均等化され生産価格が売買の基準となる形で、剰余価値が資本家的に再配分されるという事態にすぎず、さしあたり資本と賃労働の生産関係の解明を主題とする資本の生産過程論においては、そうした資本と資本の間の剰余労働の再配分の原理にはたちいらないという意味で、ひとまず各部面の資本の構成と回転速度を均等なものと前提しておく理論構成も、ひとつの有力な接近方法となると考えられる。『資本論』第一巻第三篇以降第二巻末に至る理論領域や、これを再構成した宇野『原論』の「生産論」は、このような理論構成をとる方法的論拠や前提条件を、かならずしも明示的にあきらかにしていないのであって、その点に問題を残しているが、ほぼこうした接近方法をとっていると理解することもできるであろう。

しかし、各生産部面をつうじ、資本の構成と回転期間に差異がないという想定が現実的妥当性をもつものでないことは、明確にしておかなければならない。その点、資本主義が機械制大工業ついで装置産業によって、手工業等における複雑労働ないし熟練労働を排除し、労働力を一般に単純な労働力として取扱う傾向があり、また、労働市場をめぐる労働者間および資本家間の競争をつうじ、各生産部面における労働日の長さと実質賃銀、したがってまた剰余価値率を均等化する傾向があることから、資本の生産過程論以降の考察にさいし、単純労働と剰余価値率の均一性が理論的に想定されるのとは、まったく事情が異なる。資本主義のもとでの生産方法の発展は、各部面をつうじ資本の構成や回転速度を均等化する傾向にあるとはみなしえないからである。そこで、各生産部面のあいだに資本の構成や回転速度の差異が現実に存在していることをみとめ、具体的には生産価格が商品生産物の売買の基準となる資本主義経済の基底に、生産過程の原則的な労働量の関係が、商品経済的に充足されてゆくことにともなう価値関係の法則的規制作用がどのように確定されうるか、という方向でさらに検討をすすめてみよう。宇野による資本間の利益の比較論にたちもどり、資本による価値形成過程はかならず価値増殖過程に延長されるものとして考察をすすめれば、かりに回転速度がおなじでも、紡績資本にくらべ生活資料部門の資本が、同量の資本についてより少ない労働者を雇用する技術に依拠し、したがって有機的構成が高ければ、同一資本量で同一期間に生産物に対象化する剰余労働の量は相対的に小さいであろう。その場合、生産物に対象化される労働時間に比例する価格で売買がおこなわれるのでは、生活資料部門の資本家は、紡績資本家にくらべて同一資本量あたりにより少ない利益を得るにとどまる。[41] その程度によっては、紡績資本家が一労働時間の生産物を〇・五志で販売しているときに、生活資料を生産する資本家が一労働時間の生産物を〇・六志で販売しても、「ヨリ多くの利益をえていることになる」とはかならずしもいえないことになろう。

しかも、そのような価格関係では、「労働者に対してその生活資料を十分に与えないことになる」ともただちにはいえない。六労働時間の必要生活手段が三・六志で販売される関係が安定的に存在しているならば、紡績資本家も労働力の代価として三・六志を与えなければならない関係におかれるであろう。剰余労働がおこなわれないとすれば、紡績資本家は、この三・六志を紡績労働者の必要労働六時間の対象化されている一・二キロの綿糸の販売によって回収しなければならず、これを三志で販売するのでは生産規模の縮小が必至となるのであった。その点に、宇野による価値法則の論証の基本がおかれていたと考えられる。しかし、価値増殖過程まで視野に収めて考察をすすめれば、労働力の代価として与えられる貨幣額が、その労働者による必要労働の対象化されている生産物の販売代価として回収される関係を、法則的に必然的な商品交換の基準とはみなしえないことになる。たとえば、さきの紡績資本家が、六時間の必要労働をこえてさらに六時間の剰余労働を支出せしめ、一二キロの綿糸を生産物として入手するとしよう。この一二キロの綿糸は、消費された生産手段からひきつがれた過去の労働四八時間の対象化にあたる九・六キロと、各六時間の必要労働と剰余労働の対象化されている各一・二キロとに区分しうる。紡績労働者からみて、必要労働時間を生活資料の形で買戻すために三・六志が支払われなければならないとしても、紡績資本家は、必要労働のみがおこなわれていた場合と異なり、いまやこの三・六志をかならずしも必要労働の対象化にあたる一・二キロの綿糸の販売によって回収しなくてもよいと考えられる。一・二キロの綿糸をいぜん三志で販売し、不足する〇・六志は、剰余生産物としての綿糸のうちから〇・二四キロの販売によって回収するとしても、紡績資本家はなお剰余価値を入手しつつ、労働力の代価を回収して、ひきつづき紡績労働者に必要生活資料を与え生産をくりかえしてゆくことができるであろう。むろん、キロあたり二・五志というこの綿糸価格が、一二キロあたり四八労働時間の綿花と紡績機の消耗分を補塡するためにも十分なものでなければ、紡績資本家として生産過程を維持してゆくことはできない。とはいえ、紡績資本家は、生活資料を生産する資本家との間におけると同様に、綿花や紡績機を生産する資本家との間においても、剰余労働の移転関係の範囲では、不等な労働量の商品交換が価格形態のもとにくりかえされても、剰余価値を取得しつつ、生産過程の維持に必要な生産手段とそこに対象化されている労働時間を補充してゆくことが十分可能であるとみなければならない[42]。

こうして、紡績資本家と紡績労働者の商品形態による生産関係と、これをめぐる生産過程の関連を基本的事例として構成されている宇野『原論』の労働価値説の論証も、結局、剰余労働がおこなわれないか、各生産部面をつうじ、資本の構成と回転速度に差がないという、非現実的で特殊な前提条件を入れることなしに、商品生産物の等労働量交換の法則的必然性を論証することに成功しているとはいえない。そのいずれかを選ぶとすれば、資本主義的生産の本質にてらして、後者の前提条件によるほうが望ましいし、またそれによって価値法則の意義と作用を理論的に単純でわかりやすい姿で示しうるから、ことに入門的解説などでは、前提条件をあきらかにしたうえで、資本の生産過程をこれによって考察してゆく方法も成立しうるとも考えられる。しかし、もともと宇野による労働価値説の論証は、単純商品生産社会のような歴史的に実在しない社会関係を想定する方法を排し、あくまで歴史的に実在的な商品経済社会としての資本主義にそくして、価値法則の社会的必然性を唯物論的に解明しようとする方法を基本としていた。この基本的方法から捉えかえすならば、非実在的で特殊な前提条件をおいて、価値法則を仮説的な理論モデルのように説くのでは、方法論的に不徹底であり、したがってまた、そのような前提条件により商品生産物の等労働量交換を法則的に必然的なものとしておくこと自体、再考の余地があったのではないかと考えられる。

3

そこで、商品、貨幣、資本の価値の形態規定を純粋の流通形態論として展開し、資本の生産過程論に入って労働価値説を論証する宇野『原論』の方法は継承しながら、その論証の内容に生産物の等労働量交換をふくめない方向に、その後の研究がすすめられてきた。まず鈴木鴻一郎編『経済学原理論』およびその共同執筆者のあいだに、ほぼつぎのような見解が示された(43)。すなわち、資本の生産過程論の主題は、資本と賃労働の全体としての生産関係の解明にある。したがって、資本はそこでは単一の社会的統合体として扱われ、その内部の個別的使用価値的異質性はまだ問題とされえない。とはいえ、資本は、労働力商品の使用によってあらゆる使用価値物を商品として生産しうるものとなるので、いまや商品生産物の価値としての同質性は全面的に人間労働の対象化としての同質性を根拠とするものとなる。しかも、資本は商品生産物でない労働力にも商品価値の形態を与え、その再生産に要する生活手段とそこに対象化されている必要労働時間を、労働力商品との交換において与えなければならない関係におかれる。それゆえ、労働力商品の価値はその再生産に要する労働時間によって規定されるものとしてあらわれ、それを前提に、資本はこの必要労働時間をこえる剰余労働時間の取得によって価値増殖をとげる。こうして、労働力の価値と剰余価値が、全体としての必要労働時間と剰余労働時間をそれぞれの社会的実体としている関係に、価値法則の論証の主要な内容がおかれる反面で、商品生産物間の価値関係の労働量による規制関係は、抽象的包括的にもっぱら質的規定を与えられるにとどまる。使用価値の異なる商品生産物のあいだの交換の基準は、資本の生産過程論に続く資本の総過程論ないし分配論において、生産価格としての価値の形態規定の展開によってあきらかにされればよい、と考えられたのである。(44)

しかし、このような理論構成による労働価値説の論証では、商品生産物に対象化される労働量が、どのように商品の価値の形態としての価格を規制し、商品生産物の交換の法則的基準を量的に規定するかはあきらかにされえないこととなる。もともと、商品の価値としての同質性は、使用価値の異なる他の商品との交換をもとめる性質としてあらわれ、したがってまた形態的にも他商品との交換の量的基準をもとめる性質を展開する。諸商品の価格形態の形成と、それにもとづく貨幣の購買機能の反復による価値尺度の機能は、商品価値のそうした性質の流通形態としての発展を示すものである。(45)流通形態論における価値概念のこうした展開との関連においてみるならば、商品生産物の価値性質が人間労働の対象化としての同質性を根拠とするものとなる関係も、たんに商品生産物の全体に関する包括的な、もしくは質的な規定のみにとどめえないであろう。すなわち、流通形態論からの価値概念の展開の一貫性を維持するうえでも、価値法則の論証の内容は、使用価値の異なる商品生産物の間の価値の形態としての価格が、生産物に対象化される労働量によって規制され、そこに商品生産物の交換の基準が必然的に形成される基礎があるという側面の解明をかならずふくんでいなければならないと考えられる。資本家と労働者とのあいだの全体としての必要労働と剰余労働の授受をめぐる生産関係も、本来的に無政府的な商品経済の諸形態をもって編成されるほかはないのであり、価格形態をつうずる種々の商品生産物の売買を介して維持されるのである(46)。それゆえ、資本の生産過程の内実を、全体としての労働力の価値と剰余価値の労働実体にそくして解明する理論領域においても、種々の商品生産物の価格がその労働実体にどのように対応し規制されるかをあきらかにしておくことは、主題に無縁な課題ではない。むしろそれは、資本主義的生産の内的運動法則としての価値法則に不可欠で本質的な作用の一面を明確にすることになるであろう。のちに生産価格の規定を、価値法則の現実的貫徹機構の解明として位置づけ、価値概念の一貫した展開の体系のうちにおさめて理解するうえでも、価値法則の論証の内容には、商品生産物の労働実体による価格の規制の必然的基礎についての分析がふくまれていなければならないと考えられる。

こうして、資本のもとでの社会的生産関係を、それに特有な商品経済的形態とともに解明し、労働価値説を論証しようとするさいにも、労働力商品とともに個々の商品生産物の価値の形態としての価格が、社会的実体としての労働の諸量にいかに対応し規制されるかという問題の解明は、回避しえない課題をなすとみなければならないのである。

4

さしあたりつぎのことはあきらかであろう。すなわち、一方で、生産の技術的体系が与えられると、さきに第一節の2でみたように、各生産物の単位量に対象化される労働量は社会的関連のうちに確定される性質をもつ。その性質は、資本のもとで社会的に必要とされる生産物の種類や分量、ないしそれらを生産する技術が特殊社会的に選択され、動かされるとしても、変りはない。他方、それらの生産物は、特定の流通市場において、くりかえし商品として供給されては購買されるかぎり、貨幣の価値尺度機能をつうじ、一物一価を形成するとともに、その価格の変動に法則的基準を有することを形態的にあきらかにされる属性をもっている。価格の基準として市場に形成される価値の形態的関連は、需要の変動に対応する供給の条件が変化しなければ安定的に維持される。資本主義のもとで単純労働が支配的であるとすれば、そのような供給の条件は、基本的には、生産の技術的体系および（これとあわせて必要生活手段の範囲と労働日の長さとに規定される）必要労働と剰余労働との区分比率に集約される。したがって、それらの条件に変動の生じないかぎりでは、各商品生産物の単位量に対象化される労働量と、その商品の価値の形態としての価格の基準とはともに安定的に維持され、したがってまた両者のあいだには安定的な比率が存在するはずである。

その比率は、剰余労働がおこなわれていれば、前項で述べたように、各生産部面をつうじ資本の構成と回転期間が均等であるという条件のもとでは、正比例関係を形成する。そのような条件を想定し、商品生産物の等労働量交換を価値法則の作用の内容として、資本の生産過程の考察をすすめる場合には、前提されている条件が、資本主義的生産において一般に実現される傾向は、現実には存在していないということが理論的に意識されていなければならない。(47)それゆえ、ここではむしろ各部面をつうじ資本の構成と回転速度が均等であるという条件は存在していないものとして、資本の生産過程を分析する場合、価値法則の内実としてどのような規定を与えうるかという問題を、さらにやや積極的に展開してみよう。その場合には、各商品生産物における労働実体と基準価格との間に、もはや正比例関係は保証されえないことになる。

しかし、各商品生産物の価値の実体としての労働量と、価値の形態としての基準価格との間の比率が、正比例関係になくとも、背後の供給条件とともに、当面安定的に維持されていさえすれば、まず、労働力商品の価値をつぎのように規定することに支障はない。すなわち、全社会的にみれば、労働者はみずからの支出する労働時間のうち、必要労働部分の対象化されている各種の必要生活資料を、それらの基準価格において購入するに足る貨幣額の合計として、労働力の代価を支払われる関係になければならない。労働力商品の価値の形態として労働者に支払われるこの貨幣額は、労働力の再生産に必要な労働時間を必要生活資料の形で入手するために用いられるのであり、労働力商品の価値の実体をなす必要労働時間の貨幣表現とみなすことができる。(48)その関係は、一般に、労働力の維持再生産に必要な生活手段と、そこに対象化されている必要労働時間が、労働者にくりかえし与えられてゆかなければならないという生産過程に原則的な条件を、資本が商品経済的に実現するものにほかならない。もともと労働力は、労働の生産物ではなく、したがって商品化されても、対象化された労働としての価値の実体を直接に有するものではない。しかし、労働力と必要生活資料それぞれの価値の形態としての貨幣価格を介し、生産過程で支出される必要労働時間と、同量の労働を体化している必要生活資料とがくりかえしおきかえられてゆくのであり、生産過程をつうずる特殊な様式においてではあるが、等労働量の交換がそこに法則的に維持されてゆくとみてよい(49)。こうした労働力商品の価値の形態と実体の社会的な規定性は、労働価値説の基本的な一面をなすといえよう。たとえば、一日あたりの労働者の必要生活資料に六労働時間が対象化されており、その代価が三志であり、それに対応して、一労働日あたりの労働力商品の価値の形態としての賃銀が三志、それをつうじて取得さるべき労働力の価値の実体が六労働時間となるといった関係は、右のような労働力商品の維持再生産をめぐるその全社会的な価値の実体と形態の法則的関係を前提に、その平均計算としてのみ成立するものと考えられる。

資本は、労働力商品の価値の形態としての賃銀を支払い、これを介して労働力の価値の実体としての必要労働時間を生活手段の形で労働者に取得せしめるのとひきかえに、労働力商品の使用価値として、生産過程における労働支出の全体を受取る。そのうちで必要労働をこえる剰余労働は、社会的な剰余生産物に対象化され、資本が全体として取得する剰余価値の実体的な源泉をなす。この剰余生産物の価値の形態としての貨幣価格は、個別的にも全体としても、その生産に要する労働時間との比率を、たとえば必要生活手段における価値の形態と実体の比率と均等なものとする保証は一般にはない。したがって、必要労働と剰余労働の比率が、たとえば一対一である場合に、それらの対象化されている必要生活手段と剰余生産物の価値の形態としての価格の比率は、一般にはこの一対一の比率からずれているであろう。しかしそのことは、資本がそのような剰余生産物の価格形態のもとに、労働者の剰余労働を剰余価値の社会的実体として取得する原理をなんらさまたげるものではない。こうして、生産過程一般に必要労働と区分されて原則的に存在しうる剰余労働が、資本の生産過程において、商品形態を介して取得される剰余価値の実体を形成する点に、資本主義的生産関係の歴史的に特殊な発展の動力と形態が与えられる。

資本の全体が剰余価値の社会的実体として獲得する剰余労働は、必要労働とともに、直接的には種々の使用価値物の生産過程において対象化される。宇野『原論』の設例にたちもどれば、一日一二時間働き一二キロの綿花を綿糸に加工する紡績労働者は、そのために必要な綿花等の生産手段に対象化されている過去の労働四八時間を、有用労働の側面において綿糸に移転するとともに、平均して六時間の必要労働と六時間の剰余労働を加えて合計六〇時間を要する一二キロの綿糸を生産する。その価値の形態としての価格がどのような水準となろうとも、紡績資本家が生産するこの一二キロの綿糸商品に、六時間の剰余労働をふくむ六〇労働時間が価値の実体として対象化されていることに変りはない。しかし、商品生産物の価値の実体と形態のあいだに、一般に正比例の対応関係が保証されていないとすれば、紡績資本家が商品流通をつうじこの一二キロの綿糸とひきかえに入手する諸商品の価値実体が、あわせて六〇労働時間となる法則的必然性はないことになる。むろん、紡績資本家の生産過程が社会的に必要なものとして存続しなければならないかぎり、一二キロの綿糸商品の価値の形態としての貨幣価格は、価値の実体としてこの商品に対象化されている六〇労働時間のうち、少なくとも、四八時間は生産手段の形態で直接に、また六時間は必要生活手段の形態で間接に労働者のもとに再確保し、それによって紡績部面の生産過程を維持してゆくに足るものでなければならない。しかし、それらをあわせた五四労働時間と異なり、六時間の剰余労働部分は、商品流通をつうじ紡績資本家の手もとに、それと同量の価値実体をもつ剰余生産物を再取得せしめる原則的な必然性を有するものではない。諸商品の価格関係をつうじ、紡績資本家が一二キロの綿糸とひきかえに入手する剰余生産物の価値実体が、六労働時間を越えているならば、紡績部面の生産過程の維持に障害とならないことはあきらかであるが、逆に六労働時間を下廻るとしても、その生産過程の維持に原則的に必要な条件がただちに破壊されているとはいえない。すなわち、剰余労働部分に関しては、社会的労働の配分取得関係をめぐる経済原則は存在していなかったのであり、経済原則を商品経済的に実現してゆくものとして、価値法則の内容を解明するさいにも、そのことは十分考慮されていてよいと思われるのである。

たとえば、六労働時間で生産される必要生活資料の代価が三志である場合、紡績労働者の必要労働六時間の対象化されている一・二キロの綿糸が三志で販売されるならば、この綿糸生産物と必要生活資料とは、三志の貨幣価格を介し、六時間の等労働量の交換を実現してゆくものとなるが、そのさい、四八労働時間の対象化されている生産手段も、二労働時間あたり一志という比率で二四志という代価を与えられているとはかぎらない。この生産手段がかりに二五志の価格を与えられているならば、紡績資本家は、四八労働時間の対象化されている綿糸九・六キロの代価二四志に、二時間の剰余労働の体化されている〇・四キロの綿糸の代価一志を加えて、生産手段の再補充にあてなければならない。綿糸とその生産手段との間には、不等な労働量の交換がおこなわれることとなるが、紡績資本家は、その生産過程の継続に必要な労働力と生産手段を補充し、なお残る四時間の剰余労働の対象化されている〇・八キロの綿糸の代価二志を、貨幣形態における利益として確保することができる。この場合、他の条件が変らないまま、さらに六労働時間の体化されている必要生活資料が三・六志の代価を与えられるものとなれば、綿糸と必要生活手段との間にも等労働量交換は成立しないこととなり、紡績資本家は、紡績労働者の必要労働六時間の対象化されている一・二キロの綿糸の代価三志に、一・二時間の剰余労働の対象化にあたる〇・二四キロの綿糸の代価〇・六志を加えて、労働力の価値の代価を支払わなければならず、これをさしひいて残る〇・五六キロの綿糸の代価一・四志を貨幣形態での利益とすることになる。こうした場合、紡績労働者からみて綿糸に対象化する六時間の必要労働を、生活手段の形で取戻すために要する三・六志は、それを支払う紡績資本家にとっては六時間の対象化にあたる一・二キロの綿糸の販売によってのみ回収すべきものとはならないわけである。

また、右のような状況のもとで、紡績部面の資本家が、投下資本にたいする一定期間における貨幣形態での利益の取得の効率、すなわち利潤率において、生産手段生産部門の他の資本家や生活手段部門の資本家に比して、かならず不利であるともかぎらない。もとより、紡績資本家が、一二キロの綿糸生産物について貨幣形態で取得するさきの二志ないし一・四志の利益によって購買する剰余生産物の価値の実体が、六労働時間を下廻っているならば、紡績労働者によって綿糸に対象化される剰余労働の一部は、商品の価格関係をつうじ他部面の資本家に移譲されていることになる。しかし、のちに生産価格の規定によってあきらかにされるように、資本の構成と回転期間の種々に異なる生産諸部面のあいだでは、むしろこうした剰余労働の資本家社会的な再配分がおこなわれることこそが、諸資本に均等な価値増殖の効率をもたらす価格の形成の要件をなしているのである。資本の生産過程の解明を主題とする理論領域では、諸資本の競争をつうずる剰余労働の再配分の原理にまで展開をすすめるわけにはゆかない。しかし、資本の生産過程にそくして、価値法則の必然的基礎を論証するさいにも、商品生産物の価値の実体の一部をなす剰余労働部分は、生産部面間に移転・再配分のおこなわれる余地があるものとして取扱われてよいと考えられる。

こうした観点からみるならば、すでにあきらかなように、商品生産物の価値の実体として対象化されている労働時間と、その価値の形態としての貨幣価格との間には、相互に等労働量の商品交換をもたらすような正比例関係は一般にはむしろ成立しないといわなければならない。とはいえ、各部面の資本にとって、その商品生産物の価値の形態としての価格は、各生産物に対象化されている労働実体のうち、少なくともその生産物のために消費された生産手段からひきつがれている部分とこれに加えられた必要労働の部分とを、みずからの生産過程の維持に必要な生産手段と労働者のための必要生活手段として、商品経済的にくりかえし補充するに足るものでなければならない。ある商品生産物の市場における価格がこの要件を充たしていなければ、その商品の生産は縮小されざるをえないので、社会的に必要な生産物であるかぎり、市場の需給をつうじその価格は上方に訂正されずにはいないであろう。こうして市場における価格の法則的規制の基準を示す右の要件は、裏返していえば、商品生産物の価値の実体としての労働時間の結晶と、相互にかならずしも量的に正比例関係にない価値の形態としての諸価格をつうじ、不等な労働量の交換がおこなわれるにせよ、その結果取得される労働量の不等の範囲は、剰余労働の資本家間の再配分のうちにとどめられるということになる。商品生産物に対象化される価値の実体としての労働時間が、価値の形態としての価格を規制する関係に、こうして剰余労働の不等な交換の余地があることは、商品経済をつうじ経済生活の原則的条件が侵害されることを意味するものではない。むしろそれは、剰余労働をめぐる社会的な労働配分における原則的な自由度ないし弾力性を商品経済的に確認する形式であると考えられる。生産過程にたいしほんらい外来的な流通形態としてあらわれる資本は、労働力の商品化を根拠としつつ、この剰余労働の配分をめぐる弾力性を緩衝に利用することにより、生産過程の原則的諸条件を無政府的な商品経済の形態原理のうちに、法則的に維持し実現してゆくものとなる。それは、マルクスが「価格と価値量との量的不一致の可能性」は価格形態の「欠陥ではなく、逆にこれを一つの生産様式に、すなわちそこでは規律がただ無規律性の盲目的に作用する平均法則としてのみ貫かれうるような生産様式に、よくあてはまる形態にする」（*K.*, I, S. 117. 岩㈠一八二頁）と指摘していたことを、労働実体においてうけとめる側面であり、しかも価格の基準としての価値の形態と労働実体との間の法則的なずれの余地をふくんでうけとめる側面であるといえよう。

むろんこうした側面をともないながら、商品生産物の価値の実体による価値の形態の規制関係には、各生産物に対象化される労働時間のうち、少なくとも必要労働と過去の労働を必要生活手段と生産手段の形で、各生産過程に補塡してゆかなければならないという、より基本的な労働配分の原則が商品経済的に貫かれていることは明確にしておかなければならない(50)。さきの一二キロの綿糸の場合であれば、そこに対象化される六〇労働時間のうちの少なくとも五四労働時間にあたる必要労働と過去の労働が、紡績資本家のもとでの生産過程の継続のためにくりかえし補充されうるような価格が形成されなければならないのであって、その点に、価値の実体による価値の形態の規制の基礎が示されることになるのである。さしあたり生産諸条件に変動のないかぎり、そのような規制をうけた価値の形態としての価格が、市場価格の変動の基準として安定的に成立していなければ、社会的に必要な種々の生産手段と生活資料が、商品経済的に生産を確保されえないし、また、商品形態をつうじ、労働者に労働力の再生産に必要な労働時間を生活手段の形で与えてゆくことも困難となるであろう。

ふりかえってみると、宇野のことに新『原論』における労働価値説の論証は、価値の実体による価格の規制のこうした基礎的な一面を、剰余労働部分の社会的な処理の問題から分離抽象し、たんなる価値形成過程論の範囲で単純化してあきらかにすることにより、価値の実体に比例する価格関係の法則的必然性を示そうとするものであった。その合理的核心は、労働力商品の価値規定を基軸に、商品生産物に対象化されている必要労働と過去の労働とによる価格の規制力をとりだそうとしているところにあった。しかし、われわれのみてきたところによれば、必要労働と過去の労働による価格の規制力も、それにかならず随伴する剰余労働の不等量の交換の余地とあわせて、価値の実体による価格の規制の全構造のうちに位置づけられ、解明されることにより、その基礎的な重要性と意義をより正確にあきらかにされることになる。もともと、歴史的に非実在的な社会関係の想定を排し、社会的な労働が全面的に商品形態に包摂されて処理される資本主義的生産関係にそくして、外来的な価値の形態と背後の労働実体との法則的関連を解明しようとする宇野の理論構成の方法は、こうした整理によって、価値法則の論証の内容にいっそう徹底して生かされることになると考えられるのである。

そのさい、すでにあきらかなように、生産過程において技術的体系から確定される労働の諸量は、資本主義のもとにおいても、それ自体で、商品価値の価格としての量関係を、全面的一義的に決定しうるものではない。それは、生産過程に原則的な労働の諸量と、これにたいし外来的な商品の価値の形態としての価格の量関係との歴史的性質の差異に根ざしている。資本主義的生産においては、生産物に対象化される労働の諸量は、社会的な必然性をもって商品価値の実体をなし、価値の形態としての価格を規制することになるのであるが、剰余労働の処理に原則的な自由度がふくまれているかぎりにおいて、その規制にはさしあたり理論的に未確定な幅が残されるとみなければならない。生産価格論でのちにあきらかにされるように、生産部面間の利潤率をめぐる資本の競争を介し、剰余労働の配分にも資本家社会的原理が形成されるのであるが、そうした諸資本の競争の形態は、原則的な労働の諸量から導かれるというものではない。資本の生産過程論においては、そのようなのちの展開を予定し、その理論的基礎として、必要労働と剰余労働をそれぞれの実体とする労働力の価値と剰余価値の関係をあきらかにするとともに、商品生産物に対象化される価値の実体としての労働量のうち、必要労働と過去の労働による価格の規制力をあきらかにしておけばよいと考えられる。それゆえ、労働生産過程の規定を前提に、資本の価値形成増殖過程にそくして与えられる価値法則の論証の内容は、労働実体による商品価格の規制をめぐる価値法則の作用を全面的に展開してあきらかにするものではありえない。それはなお「価値関係の必然的根拠」の論証にとどまるものであり、その積極的な成果とともに当面の理論上の限界をも明確にしておかなければならないのである。その点では、宇野が、価値法則の「必然的根拠」を前提に、さらに価値法則の「絶対的基礎」を確定する領域としている再生産表式論の構成原理とあわせて、のちの生産価格論との展開を、体系的にいっそう首尾一貫したものとする試みが要請されていると考えられる。[51] 次節では、こうした課題を念頭に、本節での検討をふまえ、価値の実体規定を確定するために重要と思われる最近の論争問題に整理を加え、そのうえで再生産表式の構成原理に再考を加えることとしよう。

(29) 新『原論』五三―五四頁。
(30) 同右、五五頁。
(31) そのさい、旧版では、宇野は「一労働時間の生産物が〇・五志に価するとすれば、労働者は賃銀として三志を得ていることになり……」(旧『原論』上、一〇〇頁) と述べていた。しかし、これでは各生産物が体化している労働時間に比例する価格を与えられ、商品生産物の等労働量交換が成立するという宇野の労働価値説の論証の結論が、むしろ論証の最初に前提されていることになり循環論証と解されてもやむをえない。またその前提から、賃銀として支払われる貨幣額が三志であるのは、必要労働と同量の六労働時間が貨幣商品金に対象化されているためであると解される余地があった。大内秀明『価値論の形成』四二四頁、春田素夫「価値法則の論証」鈴木鴻一郎編著『セミナー経済学教室1　マルクス経済学』一六〇頁などで、宇野の労働価値説の論証において、賃銀として支払われる貨幣商品と必要生活手段ないし労働力との間に、等労働量交換が成立する必然性が示されているか否かが、問題とされているのも、その点に関わっている。しかし、新『原論』では、価値形成過程論の出発点で「一労働時間の生産物が〇・五志に価するとすれば」という前提は消去されている。そして、貨幣「三志は生産過程を基礎にして展開される商品交換関係の媒介をなすものにすぎない」(新『原論』五四頁) とし、三志の貨幣商品が六労働時間の生産物であるから、六労働時間の生活資料の価格表示に用いられるという想定を、労働価値説の論証の基礎としているのではないことを、ほぼあきらかにしている。論証の展開の結果からすれば、「貨幣たる金をも含む、あらゆる生産物が、労働力の商品化によって、すべて商品として資本によって生産せられ、貨幣たる金自身も、その生産に要する労働時間の変化と共に、その価値を変化するものとして、商品の価値を尺度するものであることが明らかになる」（同上、六三頁）という規定が与えられることになるが、さしあたり論証の課題は貨幣を「媒介」として交換される商品間の労働量の関係におかれているのである。

(32) 綿糸を買取る織布業者が、シャツ製造業者に対し、なお生産手段生産部門に属するとすれば、一・二キロの綿糸の代価は、直接第Ⅱ部門から回収されるわけではない。また、織布業者が第Ⅱ部門に属するとしても、紡績労働者が労働力の代価をすべて綿布の購入にあてるとはいえないから、再生産表式論との比較は、厳密な妥当性をもつとはいえない。しかし、ここでの諸前提のもとでは、一方で、紡績労働者がその必要労働六時間を対象化している綿糸と六労働時間の必要生活手段とを三志の貨幣を介して置換えなければならず、他方で資本家は、六労働時間をふくむ一・二キロの綿糸の販売によって、労働力の代価として与える三志を回収しなければならない関係にあることは、表式論との比較を離れてもあきらかなところである。

(33) 新『原論』五四頁。なお、旧『原論』上、一〇〇頁にも同様の分析がみられた。

(34) 宇野弘蔵編『資本論研究』Ⅱ、一九六七年、筑摩書房、二三二頁。

(35) 宇野も、紡績資本家が、投下労働時間に比例した価格では「一五志に価する綿糸を例えば二〇志に売るということも、すでに前にも述べたように場合によってはあり得ないことではない。しかしそれは社会的には労働者か、他の資本家か、いずれにしても自己の商品は、その商品の生産に要した労働時間を基準にして販売しながら、綿糸だけはその生産に要した労働時間を基準にしないで購入しなければならないということになって、決して繰り返えして行い得ることではない」（旧『原論』上、一〇三頁）としていた。すなわち、この場合必要労働の範囲で価値形成過程を解明する宇野の理論的枠組のもとで、資本と資本の間の関係を考察するならば、「他の資本家」にとっては、利益の大小にさきだって、社会的に必要とされる規模での商品生産物の供給をくりかえしておこないえないという点がまず問題となるとみてよいであろう。これを反映し、市場においては、綿糸と他の商品生産物の間の需給の不調整が価格の変動を介して調節さるべき事態となると考えられる。労働力商品の再生産に要する必要労働時間が十分確保されないという事態も、一方でこうした商品生産物の市場における価格の調整を介し是正されてゆく面がある。他方でその背後に、資本の蓄積にともなう全体としての労働市場の需給の調節機構の作用が存在しているとみてよい。すなわち、短期的には、不況期のように労働力が相対的に過剰な時期には、一部の生活資料の価格が上っても、賃銀はそれに応じて上昇しえず、労働者の得る生活資料の量と労働実体は切下げられるであろうが、好況期には、生活資料の価格が上れば、それと同様の、あるいはそれを越える賃銀上昇が生ずるであろう。いずれにせよ、労働力商品の需給の調整は、商品生産物とは異なる機構によっておこなわれるのであって、抽象的な価値法則の論証の論理に、その点をどのように含蓄せしめうるか、理論的になお考究を要する問題があると思われる。

(36) 新『原論』五五頁。

(37) 鎌倉孝夫『資本論体系の方法』二九九―三〇一頁、山口重克「労働生産過程と価値の実体規定」一五七―一五八頁。

(38) 旧『原論』では、第二篇第一章の「一 労働=生産過程」に続く「二 価値形成=増殖過程」が、「A 価値形成過程」「B 価値増殖過程」「C 価値法則の確立」の三項に区分されており、価値形成過程のみならず価値増殖過程の規定をもうけて、資本主義のもとで労働生産過程が商品形態をとおして法則的に実現されてゆき、とくに労働力の価値規定をめぐり「価値関係の必然的基礎」が与えられるものとされていた。新『原論』では、「価値形成増殖過程」の節の内部区分は項目として明示されなくなっているが、価値法則の必然的基礎の論証は、価値増殖過程の規定にさきだち、価値形成過程の項にあたるところで示される構成に組みかえられているといえよう。

(39) マルクスも、「価値形成過程と価値増殖過程とを比較してみるならば、価値増殖過程は、ある一定の点を越えて延長された価値形成過程にほかならない」(*K.*, I. S. 209. 岩(二)三八頁)ともいっている。

(40) 宇野は、「一般に価値法則という言葉は、商品の等価交換として理解されやすいが、価値法則の根本は種々なる使用価値の生産に要する労働によって商品の価値が決定せられるということにある。等価交換は、社会的総労働の各種使用価値の生産への配分と共に、かかる価値法則の展開に外ならない」(旧『原論』上、一〇七頁)としている。この規定において、「等価交換」は、あきらかに、商品生産物の等労働量交換を内実とするものと考えられているのであるが、各部面の資本の構成と回転期間が均等であるという条件のもとでは、投下労働による商品生産物の価値の決定が、そのような意味での商品交換の基準を与えるものとして展開され、そのことがまた、市場価格の変動をつうずる社会的労働配分の規制機構の基礎を示すものとなる。商品生産物の等労働量交換を内実とする「等価交換」を、価値法則の論証の内容とすべきか否かは、以下さらに検討しなければならないが、宇野がここで、そうした「等価交換」を「価値法則の根本」とは区別して、生産に要する労働による価値の決定を根本とする「価値法則の展開」として位置づけていることは、留意されてよい。

(41)　こうした場合、資本の生産過程論においても、資本間の有利不利の比較は、同一期間に同一量の資本が得る利益の大小、したがって具体的には利潤率をめぐっておこなわれるほかにはないと考えられる。その点、宇野『原論』以降、流通形態論の整備の一環として、資本の流通形式論の展開にさいし、すでに利潤率の概念が与えられ、ここでの考察に理論的に前提されていることに注意しておきたい。小林彌六氏は、「生産論では総過程論で論じられるような利潤率をめぐる資本の競争が捨象されているとすれば、資本家は等しい労働の充用にたいし等しい価格が付加されることか、あるいは等しい剰余労働にたいし等しい利益が獲得されること以外に『有利不利』の判断の基準をもちえない」(小林彌六『経済原論』一九七八年、御茶の水書房、一五一頁、なお同『価値論と転形論争』一九七七年、御茶の水書房、一一七—一一八頁にも同主旨の主張がみられる)としているのであるが、資本家が、生産手段に投ずる資本部分を度外視して、「剰余労働にたいし等しい利益が獲得される」か否かを「有利不利」の判断基準にするとは考えられないし、また、こうした判断基準による資本家の投資によって、社会的労働配分が調整され、等労働量交換の法則的必然性が示されることになるともいえないであろう。

(42)　理論構成上のちに示される生産価格の規定は、生産部面間における剰余労働のそうした移転関係がむしろ法則的にくりかえされざるをえないことをあきらかにするものとなる。しかし、それは、労働価値説の侵害や修正を意味するものではなく、諸資本の競争をつうずる価値法則の現実的展開形態をなし、資本家的に必然的な生産過程の維持機構を示すものとみるべきではないかと考えられる。価値法則の論証の内容も、こうしたのちの生産価格論の展開と整合的なものとして構成されていなければならないと思われるのである。

(43)　ここでは、鈴木『原理論』上とともに岩田弘『世界資本主義』、同『マルクス経済学』上、一九六七年、盛田書店、大内秀明『価値論の形成』、降旗節雄『資本論体系の研究』、櫻井毅『生産価格の理論』一九六八年、東京大学出版会、などに示された価値法則の論証ないし価値と生産価格の展開の論理の大筋をとりまとめてみることとする。

(44)　なお、イギリスのマルクス学派のなかで、M・デサイが、価値と生産価格の転形問題を扱うさいに、マルクスにおける商品の物神性論を延長していえば、価値論は、価格関係とは次元の異なる理論領域において、直接には観察も測定もできない労働の量関係をめぐる人間の社会関係を、ことに資本と賃労働の生産関係を解明すべきものであるとしているのは、このようなわが国における一連の研究と近接した見解を示したものといえる。cf. Meghnad Desai, *Marxian Economic Theory*, 1974, chap. 12. 伊藤誠・櫻井毅・山口重克編訳『論争・転形問題』所収。もっとも、デサイの場合、価値形態論の成果が利用されていないので、価値と価格の論理次元の差異がいっそう一面的に強調されており、価値論の発展としての生産価格論の意義が不明確にされるおそれも大きい。

(45) 前章第二節1でもふれたように、宇野は、『資本論』における貨幣の価値尺度の規定の問題点を補正して、貨幣による購買がくりかえされるうちに、商品所有者の多少とも偶然的で主観的な価格表示が訂正されることをつうじ、価格の変動の中心をなす価値関係が社会的にあきらかにされることになるという点に、貨幣の価値尺度機能があるとしていた。そのさい、商品の価格表示をうけて、貨幣が購買機能を反復することをつうじ、価格変動の基準が示されてくるのは、諸商品の価値関係自身にそのような社会的属性が内在している場合であるとみるべきであろう。貨幣による価値尺度の機能は商品価値のそうした社会的属性を価格関係のうちにあきらかにするのであって、その属性を外部から付与するものではない。

(46) 宇野が、たとえば「個々の資本家に対して個々の労働者があってはじめて賃銀をもらい賃銀で買うということができるのであって、総資本家から総労働者が買うなんかということはありえない」(『資本論研究』Ⅳ、二五三頁)と発言しているのも、鈴木『原理論』におけるような資本の生産過程論の理論構成にたいし、こうした点を問題としたものであると考えられる。もっとも、この論点から、宇野自身の労働価値説の論証の内容がただちに是認されることにもならないであろう。

(47) 山口重克「労働生産過程と価値の実体規定」も、宇野『原論』の展開について、「価値増殖過程」論は、価値と労働実体との関係が「ズレを内包しうるものであることを確認すべき場所」であるとしたうえで、「生産論」では、剰余労働をめぐるこうしたズレにはたち入らないで、考察がすすめられることが「説明されるべきではなかったか」としている(一六三頁)。しかしその「説明」として、「生産論」では「資本家と労働者との関係を一般的に扱う」(旧『原論』上、八八頁)ことをあげるだけでは、おそらく理論的に明示されるべき条件を十分に示したことにならないと考えられる。

(48) 労働力の再生産に必要な労働時間は、労働力の維持再生産に要する必要生活手段の範囲と、社会的な生産の技術的体系が与えられれば、理論的に確定されうる。さきに第一節の3および注(20)でふれたように、マルクスはこの必要生活手段の範囲を自然的条件のみでなく歴史的文化的要素にも依存するものとしていた。この歴史的文化的要素に具体的にどのような諸条件が入るかは、資本主義の発展段階によっても異なるであろうし、理論的実証的になお検討を要するところであろう。しかし、資本の生産過程の原理的分析にさいし、この必要生活手段の範囲を資本の運動にとって、そのときどきに与えられている条件として取扱うことは許されてよい抽象であろう。

なお、宇野は、たとえば「恐慌論の課題」『マルクス経済学の諸問題』(『著作集』第四巻、所収)において、資本の直接的生産過程論において、さしあたり所与の条件として取扱われる必要生活手段の範囲が、原理的には、恐慌論において産業循環の過程のうちに決定されるものと整理している。しかし、拙著『信用と恐慌』第四章第二節（本著作集第三巻）でも検討したように、産業循環の過程における貨幣賃銀および実質賃銀の法則的な騰落は、その基準となる必要生活手段の範囲を、全面的に決定するものとはみなしがたい。そのかぎりで、マルクスのいう歴史的文化的諸要因は、資本にとって外的な条件をなすとしても、必要生活手段の範囲を決定するものとして原理的にいぜん捨象されてはならない意義をもっていると考えられる。

(49)　この点は、古典学派いらい、等労働量交換として、労働価値説を抽象し展開するさいに、明示されているにせよいないにせよ、内奥の確信を与えてきたと考えられる重要な事情である。しかしこうした事情を理論的に解明するために、労働力とは再生産の機構を異にする商品生産物に等労働量交換としての価値の規制がまず示されなければならないと考えられてきているところに、再考を要する問題があるといえよう。なお、最近の欧米のマルクス学派による価値論研究のなかでも、マルクスの価値論は、生産価格の規定にさきだち、資本の生産関係を労働力の価値と剰余価値の規定によって解明する課題をもつことが強調され、そこからその課題にとって不可欠なものとして、商品生産物の等労働交換としての価値規定を、第一次的接近として擁護し、主張する見解が示されている。たとえば、Alfredo Medio, Profits and Surplus-Value : Appearance and Reality in Capitalist Production, in : *A Critique of Economic Theory*, ed. by E. K. Hunt and J. G. Schwartz, 1972: Anwar Shaikh, Marx's Theory of Value and the "Transformation Problem", in : *The Subtle Anatomy of Capitalism, ed. by J. G. Schwartz*, 1977（ともに伊藤誠・櫻井毅・山口重克編・監訳『欧米マルクス経済学の新展開』所収）をみよ。

(50)　注(40)でみたように、宇野は、労働による商品価値の決定を価値法則の根本とし、等価交換と労働配分とを価値法則の展開の二面としていた。ここでのわれわれの整理にしたがえば、商品生産物における労働による価値の決定は、正確には各商品に対象化される労働時間によって価値の実体が決定されることを意味する。これにたいし、等価交換の側面は、「もともと、商品交換は異なった使用価値の等価交換を形態上の原則とする」（宇野弘蔵編『演習講座新訂経済原論』一九六七年、青林書院新社、一〇二頁）とされるように、形態上、価格の法則的基準をもとめつつ交換がおこなわれる側面に重点をおいて理解すべきであり、その背後に労働実体の等量交換がかならずしも随伴せず、むしろ剰余労働部分に不等量交換の余地がふくまれているものと考えるべきであろう。それによって、社会的労働とその成果の配分を規制する価値法則の作用の一面も、理論的により一貫してあきらかにされてゆくことになると考えられる。なお、非資本主義的生産による商品も、くりかえし供給されるかぎりでは、ここで示されたような価値の実体による価格の規制に服する傾向を有し、剰余労働部分については価格の規制に、必要労働と過去の労働の部分とは異なる相対的な弾力性をふくんでいるものと推論される。しかも、多少とも自給部分に依存しているかぎり、必要労働と過去の労働による商品生産物の価格の規制にも弾力性がふくまれ、そうした点に商人資本的な収奪が加えられることにもなる。いずれにせよ、前資本主義的な商品生産をとれば、等価交換が等労働量交換としておこなわれる社会的必然性がある、とはみなしえないであろう。

(51) すなわち、宇野は、「生産論」の始点にあたる「価値形成増殖過程」論において、「価値関係の必然的基礎」(旧『原論』上、一〇七頁)を論証し、「生産論」のしめくくりにあたる「再生産表式」論の展開をつうじ「価値法則の絶対的基礎」(同上、二六八—二七四頁)を論じている。それは、宇野が、前者において、紡績資本家を例として、ほぼ代表単数的に価値法則の必然的基礎を解明し、後者において社会的総資本の再生産にそくし、価値法則の絶対的基礎を総括しようとしたものとみることができるが、なお考究を要する興味ある問題点をなしている。たとえば、恐慌論において、宇野は、利潤論におけるマルクスの「資本の絶対的過剰生産」の規定を、「恐慌の必然性の根拠」を示すものとして整備するとともに、「恐慌の必然性」は、さらに利子論において、利潤率と利子率との対立的な運動をとおして解明している(『恐慌論』とくに附録二、『著作集』第五巻、所収、および旧『原論』下、二六五—二七〇頁)。価値法則の規定の展開は、この恐慌論の構成と簡単に類推的に整理しえないであろうが、価値法則の必然性の全面的な展開にたいし、その「必然的基礎」ないし「絶対的基礎」とされている側面をどのように位置づけて理解すべきかは、総過程論ないし「分配論」との体系的な関係においても、さらに検討されてよいところであろう。

第三節　価値の実体規定の展開

宇野『原論』は、生産過程にたいし外来的な流通形態としてあらわれる価値の形態が、資本主義的生産において、生産過程に原則的な労働の諸量を価値の実体として包摂し、これに規制される関係にそくし、価値法則を論証する理論構成を示している。われわれは、この理論構成の方法を徹底する観点にたって、価値法則の論証の前提と内容に検討をすすめてきた。これをうけて、価値の実体規定を確定し展開するうえでのいくつかの理論問題にさらに考察をくわえておこう。まず、最近の欧米における論争状況のなかで、マルクス価値論にとっての重要な難問とされている結合生産物および複雑労働の原理的取扱いをめぐる論争問題に整理検討を試み、最後に、従来、等労働量交換としての等価交換を前提に分析されていた再生産表式の基本条件が、その前提を離れてどのように取扱われうるかを確かめてみたい。

一　結合生産物の価値実体

1

商品生産物に対象化される労働量を価値の実体として規定するにさきだち、その前提として、われわれは第一節の2において、各部面をつうずる生産技術の相互連関のなかで、各生産物の単位量に対象化される労働量が確定されうることをみた。そのさい、各部面をつうじ、相互に互換可能な単純労働が用いられ、また各生産技術は異なる種類の生産物を結合して生産することはないものと前提されていた。いま、この後者の前提をとりさり、たとえば牛の飼育によって牛肉と牛皮とが結合的に生産されるように、異なる使用価値物が単一の労働過程の結合生産物 joint products として産出される場合があるとしよう。その場合、第一節の2で③として示したような連立方程式（一五八頁参照）を解く手法では、各使用価値物に対象化される労働量を決定することはできないことになる。生産部面の数に等しい方程式の数よりも、未知数として確定されるべき単位使用価値物あたりの労働量の数が多くなるからである。この問題をめぐり、マルクスの労働価値説をあるいは否定し、あるいは擁護する論議がとくに欧米で最近活発化し、価値論論争の新たな一焦点となってきている。

問題の発端は、P・スラッファが『商品による商品の生産』[52]において、限界原理への批判を意図しつつ、生産の技術的体系と実質賃金とが与えられれば、均衡価格が一義的に確定されることをあきらかにするなかで、結合生産がおこなわれる場合の問題をとりあげ、検討を加えたことにはじまる。スラッファは、そのさい、二商品を結合的に生産する単一の過程があるという事情のもとでは、それら「二商品を異なった方法で、しかもはじめに仮定するように、異なった割合で生産する第二の、平行的な過程」が存在するものと想定し[53]、それによって必要な方程式の数を未知数の数と一致させて、分析をすすめた。スラッファ自身は、マルクスの価値論との関連にはまったく言及していない。しかし、彼の分析手法は、生産の技術的体系から、商品生産物の労働実体を確定するためにも適用できるものであったから、スラッファ学派からマルクス価値論をどのように取扱いうるかが、しだいに重要な論点とされるにいたった。

ことにI・スティードマンのつぎのような主張が注目をあつめている。すなわち、物量タームで規定される生産の技術的諸条件と実質賃銀が与えられれば、利潤率と生産価格は十分に確定される。商品に対象化される労働時間としての商品の価値は、生産の技術的条件から決定されるものであり、「利潤率（と生産価格）の決定にとって、いくらよくみても、余分なものである。[54]」結合生産がおこなわれているような場合には、マルクス的な対象化された労働時間としての価値は、決定不能となりうる。決定される場合にも、正の値だけでなく、ゼロや負の値をとりうる。剰余生産物のなかに負の価値となるものが多い場合には、利潤が正で剰余価値が負である場合も生じうる。

たとえば、二つの商品A、Bを結合的に生産するつぎのような二つの生産技術が並存しているとする[55]。

Ⅰ　A生産物5、労働1 ⟶ A生産物6、B生産物1

Ⅱ　B生産物10、労働1 ⟶ A生産物3、B生産物12

単位労働あたりの実質賃銀を〈A生産物1/2、B生産物5/6〉とし、その価格を1としたときの生産物A、Bの価格をp_a、p_bとし、利潤率をrとする。スラッファ流に、賃銀は年末に支払われ、利潤率は生産手段への投資のみに計上されるとすれば、並行的な右の二つの技術の費用と売上げの関係、および賃銀による賃銀財の購入を示す、つぎの三式がえられる。

$(1+r)5p_a+1=6p_a+p_b$　(1)

$(1+r)10p_b+1=3p_a+12p_b$　(2)

$1=1/2p_a+5/6p_b$　(3)

これを連立方程式とみて、いずれも正となる解をもとめれば、

$r=20\%,\ p_a=1/3,\ p_b=1$

をえることができる。[56] ところが、他方で、生産物A、Bの単位あたりに対象化されている労働時間としての価値l_a、l_bを、この並行的な技術からもとめると、

$5l_a+1=6l_a+l_b$　(4)

$10l_b+1=3l_a+12l_b$　(5)

の二式を連立方程式として解くことになり、

$l_a=-1,\ l_b=2$

をえる。すなわち、この並行的な生産技術のもとで二商品の価格と利潤率は正の値をとり、資本家的にはいずれも選択可能な技術であるにもかかわらず、この並存的技術から導かれるA商品の価値は負の値をとることになる。しかもいま、6単位の生きた労働がⅠの技術過程に5、Ⅱに1投じられているとすれば、両過程あわせての生産物から生産

手段として要費したものをさしひいて残る純生産物は〈Aが8、Bが7〉であり、労働6単位に与えられる賃銀財〈A3、B5〉をそこから控除して残る剰余生産物は〈A5、B2〉の組合せになるから、それらの価値を計算すると、

$V=3\times(-1)+5\times2=7$

$S=5\times(-1)+2\times2=-1$

$V+S=6$

となり、利潤率γが20％と正であるにもかかわらず、剰余価値Sが-1と負の値になる結果が生じてしまう。スティードマンは、こうした検討をつうじて、マルクスの労働価値説は、余計なものであるだけでなく、内的に不整合を生ずるものであるから、スラッファ的な物量体系による価格決定論におきかえることにより廃棄すべきであると主張しているのである。

2

しかし、こうしたスティードマンの論評は、一方で、マルクスの価値論を、スラッファや新古典派の価値論と同様に、もっぱら均衡価格の決定論を主題としているものとみる狭い視野にたって裁断するものである。その主題にてらせば、生産の技術的体系と実質賃銀から生産価格が導かれるかぎり、背後の労働の量関係を考察することは余計な手続きとみなされざるをえない。しかし、それとともに、マルクスの価値論に本質的な理論課題がほとんど正確には理解されていないこととなっている。すなわち、マルクスの価値論は、たんなる均衡価格の決定論に終始するものではない。それは、すでにみてきたように、人間と自然の物質代謝の永久の自然条件として「労働過程」を規定し、経済生活のこの原則的条件が資本主義的商品経済のもとで、どのように価値関係の社会的実体をなすか、またその基軸にどのように剰余価値が剰余労働を実体として生産され処理されているかをあきらかにし、それによって資本主義経済の特殊歴史性をその根本から理論的に解明しようとするものである。このように、資本主義のもとでの人間と人間の

社会関係の基礎を、それに特有な形態と機構をつうじて解明しようとする課題にそくしていえば、あきらかに価値の実体としての労働の量関係の考察を余計な手続きとして排除するわけにはゆかない。スティードマンのこの点での論難は、従来の多くのマルクス価値論への論難とおなじく、歴史科学ないし社会科学の基礎理論としてのマルクス価値論の意義と課題を理解しえない水準にたつものといわなければならない。

他方、スティードマンの論難は、マルクス価値論における労働実体を、一面的に生産技術から確定さるべきものと解したうえで展開されている。負の価値や負の剰余価値が生ずるという不都合も、結合生産物の価値実体を、結合生産物の数と等しい異なる生産技術の並存の想定から、技術説的に導こうとするスラッファ的解釈から生じているものにほかならない。このスラッファ的解釈では、並存している技術のうち、いずれが社会的需要に対応する支配的供給条件をなしているかは、まったく問われないこととなっている。また、さきのA、Bの商品を結合的に生産する技術が一種類に限定されているという十分にありうべき場合や、逆に三種類以上の技術が並存している場合には、均衡価格も価値実体もともに確定されえないこととなる。

そこで、置塩信雄氏は、『マルクス経済学』において、結合生産物が生ずる場合にも、生産技術は一種類であるとして考察をすすめ、結合生産物の労働実体は、結合的に産出される他方の生産物の労働実体をゼロとして与えられる上限と、ゼロとの間の範囲で確定されえないものとしている[57]。置塩氏は、第一節の注(17)でもふれたように、技術説的に生産技術の体系から決定されるかぎりでの単位生産物あたりの投下労働量をそのまま商品価値としているので、結合生産物が存在する場合には、氏によれば、必要生活手段と剰余生産物の投下労働量、したがってまたそれらの価値は確定不可能となる。したがって、剰余価値が正の場合に一般的利潤率は正となるという置塩氏のいわゆる「マルクスの基本定理」は、この場合、根本的に訂正され、「労働者が剰余生産物を生産させられるかどうかが搾取の有無をきめることになる」し、またこの意味で「労働者が搾取されることが、利潤存在の必要条件である[58]」と主張されることとなる。賃銀労働者による剰余労働の収取関係として資本主義的生産における搾取をあきらかにし、同時に資本主義的利潤源泉をそれによって解明しようとしたマルクス価値論の本質的理論内容が、置塩氏によってここにあきらかに廃棄されていることに注意しなければならない。

イギリスのマルクス学派によるこの問題の取扱いも満足すべき解答に到達しているとはいえない。たとえば、S・ヒメルヴァイトとS・モハンは、スティードマンにたいし、つぎのような反論を示している。[59] すなわち、スティードマンは各労働過程の生産技術にくみあわされる具体的有用労働が、商品交換のなかで社会的に必要な抽象的人間労働として通約される論理をあきらかにしていない。したがってまた、この通約にもとづきさらに利潤率を均等化する資本家的競争により、賃銀労働者の労働が二次的通約をうける論理も理解していない。負の剰余価値と正の利潤率の共存といった矛盾は、この二重の通約の間に生じ、資本主義的現実の矛盾を反映するものとして解明されなければならない。しかし、このヒメルヴァイトとモハンの立論では、本章の第一節でみたマルクスにおける労働の二重性論の問題点をひきついで、抽象的人間労働を商品経済のみに特有な規定としていることに端緒的問題がある。結合生産物の理論上の処理の困難などをめぐり、提起されている「矛盾」が、内容的にどのような意味で資本主義の現実の矛盾のあらわれであるかも明確でない。新リカード学派的接近ではみおとされるマルクス価値論の展開構成を対抗的に示しつつ、ヒメルヴァイトとモハンは、スティードマンの指摘する「矛盾」をかえって実在的なものとみとめることにもなっている。

P・アームストロング、A・グリン、J・ハリソンは、いっそう直截に、結合生産物が存在する場合、「個々の商品に価値を帰することはできない」[60]としている。そのうえで、賃銀財の全体を生産するのに最小限必要な産業の複合体を想定し、そこに投じられる総労働量を労働力の価値として、搾取率ないし剰余価値率を規定しようとしている。[61] しかし、このやり方では、アームストロングらもみとめているように、労働力の価値を規定する産業複合体で結合的に生産手段や剰余生産物が産出されている場合、それらの生産に必要な労働時間をもふくむものとして労働力の価値の実体が規定されてしまうところに問題が残る。その程度いかんによっては、労働力の価値といい剰余価値率といっても、まったく意味のない規定となりかねない。いずれにせよ、各商品生産物の価値は生産の技術的体系のみから決定されるものとする技術説的接近が、これらの反論にも共通しているかぎり、スティードマンの強調する結合生産物の取扱いの困難は、理論的に克服しがたい問題として残されざるをえない状況にある。

3

われわれからみて、この論争に欠落しているのは、価値の形態規定の背後にその実体としての労働量を確定しようとするマルクスの価値概念における重層的構成への無理解である。さかのぼれば、商品価値の形態とその発展をあきらかにしようとせず、価値の量的分析のみに注意をうばわれていた古典派経済学の根本的欠陥（cf. *K.*, I, S. 95. (一)一四五頁）が、結合生産物をめぐる新リカード学派の問題提起とその後の論争にも尾をひいていると考えることができよう。これにたいし、価値の形態規定を純化して整備し、ついで経済原則としての労働生産過程とそこにみいだされる労働の二重性をあきらかにし、それを前提に、資本の生産過程にそくして価値法則を論証する、われわれの理論構成からすれば、結合生産物の問題はつぎのように整理することができるであろう。

すなわち、結合生産物が存在する場合、その数に見合う異なる生産技術の行程が並存しているものとすることは、スティードマンが負の価値ないし負の剰余価値を導く出発点の前提であったが、あきらかに恣意的想定であったといわなければならない。現実に複数の異なる技術的行程が並存しているとしても、社会的労働配分のうえでいずれが代表的な技術であるかは、そのときどきに確定されるものと考えられる。スティードマンの設例におけるⅠとⅡの生産行程は、労働一単位あたりの純生産物を比較すれば、Ⅰは〈A1、B1〉、Ⅱは〈A3、B2〉となるから、経済生活の原則としては、より効率的なⅡがしだいに選択されてゆくことになるであろう。しかし、たとえば、さしあたりⅡが例外的少数の行程にすぎず、Ⅰが圧倒的に大量の生産条件をなしているとすれば、社会的労働配分の基準は当面むしろⅠにおかれるものとみなければならない。商品経済的には、市場にあらわれる需要の変動に対応する支配的な供給の条件が当面Ｉにあり、したがって市場価値を規制する生産の条件もＩによって代表されることになるであろう(62)。スティードマンは、この二行程のみで生産価格と一般的利潤率が決定されるように扱っているので、資本家的には、収益性の観点からいずれの技術も選択可能なものと想定しているのであるが、生産諸要素が他の諸産業から購入され、販売価格の基準もいずれかの技術を代表的なものとして市場で確定される場合、売上げ利潤率にせよ投下資本あたりの利潤率にせよ、同一部面内の異なる技術による資本に均等な収益性が与えられることは、一般にはありえないことと考えられる。こうした場合、技術的により効率的な生産行程による資本は相対的に高い利潤率をあげるであろうが、産業内で例外的少数にとどまるかぎり、市場価格の変動を規制する基準とはならず、超過利潤をあげることとなる。

こうして、労働生産過程の原則としても、資本主義的商品経済の論理としても、社会的労働配分の基準となる代表的技術が各産業にそのときどきに確定される性質があるとするならば、結合生産物の労働実体は、理論上どのように取扱われるべきであろうか。たとえば、スティードマンのさきの設例のうちのＩの技術が当面代表的生産条件であれば、単位労働により純生産物〈Ａ１、Ｂ１〉がえられるから、生産物Ａ、Ｂの労働実体l_a、l_bは、$l_a+l_b=1$となり、この条件のなかで、それぞれゼロと１の間の値をとりうる。労働生産過程の原則としては、この範囲でそれらがどのような値をとるか、あるいはそれを表現する$l_a/l_b=\alpha$の比率がどのようなものとなるかは、生産の技術的条件から決定されるものとはみなしえない。したがって、そこにさきに第一節の３で剰余労働部分について検討したような、社会的労働配分のうえでの原則的な自由度に類似した、弾力的な自由度が、結合生産物の間における労働実体の帰属関係にみとめられることとなる。たとえば、商品経済を廃止した共同的計画経済のもとで、さしあたり所与の生産技術の体系とその体系とも感応して形成される社会的欲望の体系との関連において、生産物Ｂに比してＡの直接的もしくは間接的消費を促進することが望ましいという合意が形成されるならば、さきの比率αはひき下げられ、また、それによって生ずる消費と生産の反応もみながら、その比率が適当な水準に決定されてゆくことになるであろう。

こうして、一般に、各生産部面にそれぞれ代表的な生産条件が確定されるものとし、また同じ使用価値物は複数の部面から産出されることはないという、おそらく現実に適合的な想定をおけば、結合的に生産される使用価値物に帰属すべき労働実体は、さきのαにあたる相互の分割比率さえ与えられれば、生産の技術的体系にもとづき確定されるものと考えられる。さらにその結果、結合生産物を産出する部面は、理論上、相互に技術的構成の等しい生産行程によって各使用価値物を分離的に産出する複数の部面に還元して考察をすすめることも可能となる。(63) したがって問題は、結合的に生産される使用価値物に帰属する労働実体相互の分割比率がどのように決定されるかに帰着する。それは単純に生産技術の体系によって決定されるものとはいえないし、たんに主観的な効用から導かれるものともいえない。経済原則としては弾力的な自由度をもちながら、生産の技術的体系と間接的にはそれにも規定される社会的欲望の体系との関連のうちに、代替財との比較関係などの要因もふくめ社会的に決定されるものと考えられるのである。

商品経済的には、このような結合生産物における労働実体の分割比率が、市場における商品価値の形態的な尺度を介して確定されることになる。すなわち、社会的需要の発動の形態としての貨幣による購買の反復をつうじ、主観的偶然的な諸商品の価格表示が訂正されて、価格変動の基準となる価値の形態が市場に示される機構は、一般にその背後に、各商品の供給を支配する代表的な技術を確定しつつ、社会的欲望の体系を充足すべき労働配分の調節をおこなう機能をふくんでいる。(64) 結合生産物については、代替物があればそれとの競合関係などもくみこみながら、市場におけるこうした価値の尺度が、結合生産物のそれぞれに帰属すべき労働実体の比率を、それら生産物の商品としての均衡的な価格水準の形成を介して確定する機能をはたすわけである。それは、流通における需要の程度によって商品生産物の価値の実体が直接に形成されるとか増加されるということを意味するものではない。それは、たとえばさきの結合生産物A、Bの場合、価値の実体としてのl_aとl_bがともにゼロと1の間にあり、しかも一方が1に近づけば他方はゼロに近づき、両者の合計がつねに1となるような制約条件のもとにあることからもあきらかであり、市場における均衡的な価格の形成にさいしても、そのことが実体的な制約条件をなしていると考えられる。もっとも、スティードマンの単純な設例から離れて、結合生産物A、Bが注(63)に示したような、他の多くの生産部面と相互に入り組んだ関係にある場合、αの比率いかんがA、Bの生産行程に入る他の生産部面の生産物の労働実体の大きさに影響し、間接的にl_a+l_bの大きさにも変化をもたらしうる。そのことも需要によって価値実体が形成される関係とはみなしえないであろうが、その経済学的意義はなお考究を要するものがある。それは、たとえば生産性の変化にともなう既存生産物の労働実体の再評価と比較されてよい問題となるように思われる。

いずれにせよ、市場における価値の形態的尺度機構を介して、結合生産物の価値の実体をなす労働量の分割比率が、商品経済的に確定されることをふまえてみれば、必要生産物と剰余生産物に対象化されている労働量とその比率としての剰余価値率は、結合生産物がふくまれている場合にも、つねに正の値において、原理的に確定可能なものとして取扱うことができる。(65) そうしてみると、マルクス価値論の重大な不整合を示すものとして提起されてきた、結合生産物の取扱いをめぐる論争問題は、あきらかに新リカード学派的なマルクス価値論への技術主義的接近自体の限界を示すものでもあった。マルクス価値論に特有な価値の形態と実体の重層的な把握を明確化しようとする研究の方向は、この論争問題についても、マルクス価値論への技術主義的解釈の限界を批判的に克服するうえで、重要な意義をもっていたわけである。

二　複雑労働の取扱い

1

結合生産物の価値の実体規定をめぐる論争問題が、マルクス価値論へのスラッファ的接近から注目を集めるに至った比較的新しい理論問題であるのにたいし、熟練労働ないし複雑労働の理論的処理をめぐる問題点は、ベーム＝バウェルクによるマルクス価値論への批判(66)以降、マルクス労働価値説の展開上の難問としてくりかえし論議を集めてきた。最近における欧米の価値論論争のなかでも、この論点は、たとえば森嶋通夫氏が労働価値説の放棄を推奨するひとつの重要な論拠とされている(67)。スティードマンも、異種労働を一種類の労働に還元することは不必要なことであり余計なことであると主張している(68)。

これにたいするマルクス学派の反論は、しばしばまた技術説的接近に偏り、そのために、労働力商品の特殊性を不明確にするとともに、単純労働によって価値法則を展開する方法的論拠をかえって十分確定しえないものとなっている。その古典的類型は、ベームにたいするヒルファディングの反批判のなかにすでに示されていた(69)。そこで、その骨子をベームとの論争の経緯とあわせて、まず簡単にみておこう。

マルクスは「商品に表わされる労働の二重性」を考察するさいに、つぎのようにいっていた。すなわち、「複雑労働は、強められた、あるいはむしろ複合された単純労働にすぎないものとみなされるのであって、したがって、複雑労働のより小さい量は、単純労働のより大きい量に等しくなる。この換算がたえずおこなわれていることは、経験が示している。ある商品がどんなに複雑な労働の生産物であっても、その価値は、その商品を単純労働の生産物に等置するのであり、したがって、それ自身ただ単純労働の一定量を表わしているにすぎないのである。いろいろな労働種類が、その度量単位としての単純労働に換算される種々の割合は、生産者の背後におこなわれる一つの社会的過程によって確定され、したがって、生産者にとっては慣習によって与えられているように思われる。簡単にするために、以下では各種の労働力を直接に単純労働力とみなすのであるが、それはただ換算の労を省くためにすぎない」（*K.*, I. S. 59. 岩㈠八三―八四頁）と。

このマルクスの規定も、原理的考察において、労働力を一般に単純労働力として取扱う論拠を十分あきらかにするものではなく、複雑労働の単純労働への還元を、抽象的に「生産者の背後におこなわれる一つの社会的過程によって確定される」関係としているにとどまる。ことにベームは、このマルクスの規定にたいし、商品の交換比率を投下労働から説明するはずのマルクスが、ここでは商品の交換比率により複雑労働の単純労働への換算関係を説いており、循環論的説明におちいっていると批判していた。ヒルファディングは、これにたいし、ベームにあっては価格現象の説明こそが経済学の本来の課題とされているると指摘するとともに、マルクスの価値論には、社会的な立場から複雑労働ないし熟練労働の単純労働への還元の原理を認識する拠点が与えられていると主張する。そのさい、ヒルファディングは、マルクスが「価値増殖過程」の節の最後に示しているつぎのような規定を引用する。

「社会的平均労働にくらべて、より高度な、より複雑な労働とみなされる労働は、より高い養成費をふくみ、その生産により多くの労働時間を要する、したがってより高い価値をもつ労働力の発現である。この力の価値がより高いならば、それはまたより高度な労働においてて発現し、したがって、同じ時間内に比較的より高い価値に対象化される。しかし、紡績労働と宝石細工労働との等級の差異がどうであろうとも、宝石細工労働者が、彼自身の労働力の価値を置換えるにすぎない労働部分は、彼が剰余価値を創造する追加的な労働部分から、質的には決して区別されない。いぜんとして剰余価値は、労働の量的超過によってのみ、同じ労働過程の、一方の場合には糸生産の過程の、他方の場合には宝石生産の過程の、延長された継続のみによって出てくるのである。」(*K.*, I. S. 221-212. 岩(二)四一—四二頁)[70]

この規定自身、価値増殖過程の見地から、複雑労働の場合も、その労働力の価値を置換える必要労働部分とそれをこえる剰余労働部分との、同質的な二つの部分に区分されることに重点をおくもので、養成費をふくむ複雑労働力の価値規定の内容についても、またその価値規定と複雑労働力の価値形成作用との関係についても、理論的にたちいって正確な分析を与えようとしているものとは思われない。しかし、ヒルファディングは、ここでのマルクスの規定を手がかりとして、まず複雑労働力の価値も、養成費をふくむその生産ならびに再生産に必要な労働にひとしいのはとうぜんのこととしたうえで、つぎにベルンシュタインの解釈に反対し、複雑労働ないし熟練労働のつくりだす高い価値を、その労働力の高い価値ないし賃銀からひき出してはならないと主張する。すなわち、ヒルファディングによれば、熟練労働力の賃銀は、この労働力のつくりだす価値の大きさやその搾取率について、直接にも間接にも何事も語るものではない[71]。とはいえ、熟練労働力を養成するために必要な一連の不熟練労働は、一方で、熟練労働力の価値をつくり出すとともに、他方で、「新たな価値の源泉たるべき使用価値を移転する。」

すなわち、「社会の立場からすれば、不熟練労働は、それが熟練労働力をつくるうえに充用されるかぎりにおいて、潜在的である。社会にたいする不熟練労働の作用は、熟練労働力――不熟練労働はこの労働力の形成にはいりこむ――の活動とともにやっとはじまる。したがって、不熟練労働の総量は熟練労働の支出という一行為において支出され、それとともに価値および剰余価値の総量がつくり出される。そしてこの総量は、熟練労働力とその機能たる熟練労働とをつくり出すために必要とされたいっさいの不熟練労働の支出によって、つくり出された価値総量と一致する。[72]」

それは、たとえば一〇箇の電池を結合して単一の力として利用すれば、簡単な平均力の一〇倍を示すのに類推できる。このようなヒルファディングの解釈は、最近の論争のなかでも、マルクス理論家のあいだで、通説的なものとして支持されている。B・ローソンが「熟練労働は、今期におこなわれる同量の不熟練労働と、当該労働者の熟練に体化されているのと同量の労働との和に等価である[73]」としているのも、ヒルファディングの論旨をひきつぐものである。置塩信雄氏も、同じ論旨を展開し、異種労働が存在する場合の商品価値と、複雑労働の単純労働への換算率の決定関係を、つぎのように定式化している[74]。すなわち、いまl種類の異種労働が存在し、第i商品一単位の生産に必要な第k番目の労働をτ_{ik}であらわし、この労働の単純労働への換算率をh_kであらわすとする。異種労働が存在しない場合、第i商品一単位の価値実体は、$t_i=\sum_{j=1}^{n} a_{ij}t_j+l_i\ (i=1, 2, \cdots, n)$とあらわすことができたが（一六一頁参照）、異種労働がおこなわれる場合には、

$$t_i = \sum a_{ij}t_j + \sum \tau_{ik}h_k \qquad (1)$$

と書きかえられることになる。ここで第1番目の労働が標準的な単純労働であるとすれば、

$$h_1 = 1 \qquad (2)$$

としてよい。そこで、a_{ij}とτ_{ik}とを生産の技術的体系から与えられる諸量とみて、n個のt_iと（$l-1$）個のh_kとの未知

数を決定するには、(1)の n 個の方程式では十分でないことになる。しかし、さらに第 k 番目の労働者を養成するために標準的に必要な追加投入を $(H_{k1},\cdots,H_{kn},T_{k1},\cdots,T_{kl})$ とし、その労働者の一生における標準的労働量を Λ_k とすれば、

$$\Lambda_k h_k = \Lambda_k + \sum H_{ki} t_i + \sum T_{kj} h_j \quad (k = 2, 3, \cdots, l) \qquad (3)$$

という関係が成立する。すなわち、熟練労働は、養成ないし訓練のために必要な追加投入の分だけ過大評価される、とみなされるわけである。この(1)(2)(3)を合せれば、商品の価値 t_i と複雑労働の換算率 h_k は決定されることになる。

たしかにこのように解釈し展開すれば、ベームのいう循環論証との批判は、まったくあたらないことになる。なお、こうした解釈では、すでにヒルファディングも明確にしていたように、異種労働の間、あるいは熟練労働と不熟練労働の間で、搾取率は異ならざるをえないのであって、一般には「熟練労働の搾取率は、不熟練労働の搾取率にくらべておそらくははるかに僅少であるだろう[75]」と解されることになる。しかし、そのことは、森嶋氏の主張（注(67)の文献）に反し、マルクスによる資本家と労働者への階級区分をそれ自体でただちに不明確にするものではないし、労働価値説を放棄せざるをえない有力な論拠ともみなしえない[76]。

2

とはいえ、ヒルファディングいらいのマルクス学派による右のような複雑労働の通説的な取扱いは、一方で、マルクス批判家に、ある意味で同調し、複雑労働ないし異種労働が原理的に重要な存在であることを認めているところに、方法上再考を要する問題があった。他方で、複雑労働力の形成に必要な資材の価値と養成労働が、複雑労働力の価値と使用価値に入りこみ、複雑労働の生産物に移入されるものとみることにより、労働力商品の価値と使用価値の特殊性が理論的に不明確にされているのではないかと考えられる。すなわち、労働力商品は、他の商品生産物と異なり、人間の労働によってつくり出されるものではない。したがって、労働力は商品形態を与えられても、他の商品生産物のように、直接にその生産に要する労働量を価値の実体として有するものではない。労働力の維持再生産に要する必

要生活手段に対象化される労働量が、間接的に労働力の実体とされるのである。しかも、生産手段における価値の実体が新たに加えられる有用労働を介して、生産物の価値に移転されてゆくのにたいし、労働力の価値の実体は、生産過程をつうじ生産物に移転されるものではない。労働力の発現としての新たな労働時間の支出により、労働者に必要生活手段の形でひきわたされる労働力の価値の実体が再形成され、さらにそれをこえる剰余価値の実体も対象化されるのである。ところが、ヒルファディング以来の通説的見解では、複雑労働を、標準的単純労働の部分とその他の部分とに区分し、後者の部分は、養成に用いられる資材の価値と労働が、複雑労働者の人格に貯えられ、その労働の支出とともに生産物中に移転されるものとして、生産手段における価値実体の形成とその移転の論理とまったく同様に取扱っている。それは、複雑労働を、単純労働とそれをこえる熟練労働の二面に機械的に分離するとともに、後者の面を生産手段に類推して扱うものであり、労働力の価値と使用価値の原理的関係をそのかぎりで不明確にするものといわなければならない。

かりに、複雑労働力も、その養成に要する労働量としての価値を生産物に移転してゆくものではなく、その労働力の使用によって、根源的に必要労働と剰余労働を生産物に対象化するものと捉え直すならば、その全体が同時間の標準的な単純労働と養成に要する労働量の比例的分割部分との和とされる論拠は明確でなくなる。一般に労働力の再生産に要する必要労働時間の長さは、それをこえる労働日ないし剰余労働の長さを規定するものではないからである。こうして、通説的な見解における複雑労働の取扱いは、理論上納得のゆかないものであるが、その取扱いにおいて、複雑労働も標準的な単純労働の側面をもつものとして、養成労働によって加えられる側面との関係が考究されていることは注目されてよい。それは、暗黙のうちに、単純労働が社会的にはむしろ支配的であり、それゆえにまた標準的であると想定していることを示しているように思われるからである。

さかのぼって考えると、複雑労働の理論的処理の困難をめぐる問題は、単純労働が現実に基本的な生産諸部面の支配的様相とならざるをえない資本主義的生産過程にそくして価値の実体を解明する以前に、たんなる商品論において、種々の商品生産の形態を背後に想定したまま、価値の実体を抽象し規定しているマルクス価値論の展開構成自体から派生しているところがある。マルクスは、たとえば「商品の二要因」論においてはやくも、「一商品の価値がその生産中に支出される労働量によって規定されるならば、ある人が怠惰または不熟練であるほど、彼はその商品を完成するのにそれだけ多くの時間を必要とするので、その商品は価値が高いということになりそうである」という問題をあげ、これにたいしてつぎのようにいっている。

すなわち、「商品世界の諸価値に表わされている社会の総労働力は、無数の個別的労働力から成っているのであるが、ここでは一つの同じ人間労働力とみなされる。これらの個別的労働力のおのおのは、それが社会的平均労働力の性格をもち、このような社会的平均労働力として作用し、したがって、一商品の生産においてもただ平均的に必要な、または社会的に必要な労働時間のみを用いるかぎりにおいて、他の労働力と同じ人間労働力なのである。社会的に必要な労働時間とは、現存する社会的に正常な生産条件と、労働の熟練および強度の社会的平均度とをもって、なんらかの使用価値を生産するために必要な労働時間である」（K., I, S. 53. 岩(一)七四頁）と。

ここでは、異なる種類の商品がその生産に要する労働時間によって価値を決定されるという問題と、おなじ商品が熟練の程度や生産条件によって生産に要する労働時間を異にする場合にも、同一の価値規定を与えられるという問題が重ね合せて考えられている[77]。この後者の問題は、一面で前項でふれた市場価値論にもつうずる問題となるが、資本の運動を介して、各生産部面に代表的な生産条件がそのときどきに確定されるとともに、一般には機械装置の速度に規定されるものとして、労働者の性格の相違や熟練の程度は問われない状況が、現実に形成されるとみてよいであろう。すなわち、各生産部面において労働者が、無差別な単純労働者として扱われる状況は、資本の生産過程の現実的帰結をなすものと考えられるのであるが、種々の異なる商品の価値が、「社会の総労働力」の平均的分肢の作用によって規定される関係もまたこれと表裏をなしており、労働力の商品化により社会的生産を全面的に商品化する資本の生産過程にそくして始めて現実的な社会関係として抽象しうることであった。

ところが、マルクスは、たんなる商品論において価値の実体規定を与え、その一環として、複雑労働の単純労働への還元も、抽象的に商品生産一般に関わる問題としてまずとりあげている。古代や中世の諸社会の周辺にあらわれ、資本主義社会にも多かれ少なかれ存続する手工業にもとづく小商品生産者においては、たしかに熟練が重要な要素をなしており、人間労働は現実に互換的な単純労働としては扱われえないことが多い。そのような小商品生産にもつうずる抽象的な規定として、マルクスは価値の実体規定を与えているために、「商品に表わされる労働の二重性」論においても、複雑労働が種々の生産部面に存在しているものとしたうえで、単純労働へのその換算の割合を問い、これを「生産者の背後におこなわれる一つの社会的過程によって確定される」関係とすることとなっていた。「価値増殖過程」論における複雑労働力の価値と使用価値をめぐるさきにみた論及も、商品論におけるそうした取扱いに由来していたといえよう。

他方、マルクスは、「商品に表わされる労働の二重性」を考察するさいに、「われわれの資本主義社会では、労働需要の方向の変化に従って、人間労働の一定の部分が、あるときは裁縫の形態で、あるときは織布の形態で供給される。このような労働の形態転換は、摩擦なしにはすまないかもしれないが、とにかくおこなわれなければならない。生産活動の規定性、したがってまた労働の有用的性格を無視するとすれば、労働に残るものは、それが人間労働力の支出であるということである」(*K.* I.S. 58. 岩㈠八二—八三頁)といっている。ここでは、資本主義のもとでの「労働の形態転換」の不可避性を現実的な論拠として、商品価値の実体を形成する人間労働の抽象的同質性が、相互に代替可能で、単純な労働力の支出によるものとして把握されうることが示唆されている。「価値増殖過程」論で、複雑労働に言及した箇所への注においても、マルクスは、「高度な労働と単純な労働との、『熟練労働』と『不熟練労働』との相違は、一部分はたんなる幻想にもとづくか、または少なくとも、すでに前から実在的でなくなってもはや伝統的な慣習のうちに存続するだけの相違にもとづいている。また一部分は、労働者階級中のある階層のいっそう絶望的な状態にもとづいている」「とにかく、いわゆる『熟練労働』が国民のなかで量的に大きな範囲を占めているものと想像してはならない」(K. I, S. 212. 岩(二)四二頁)と指摘している。[78] 実際、資本主義的生産は、機械装置の体系によって、労働生産過程における熟練の必要を排除し、単純な平均労働を工業諸部面にも支配的なものとする。もともと商品経済は、生産物の交換による社会関係の確立と拡大をもとめ、あらゆる生産物に価値としての同質性を付与する傾向を有する。労働力の商品化にもとづく資本主義的生産は、労働生産過程を徹底して商品経済化することにより、生産物の価値としての同質性を外面的な形態原理にとどめることなく、価値の実体を形成する人間労働自身の同質化を要請し実現するのである。マルクスも相対的剰余価値生産の考察にさいし、機械制大工業の効果の一面として、資本主義の発展のそうした原理を具体的史実としてあきらかにしていた。

したがって、宇野弘蔵がすでに強調しているように、資本の生産過程にそくして、価値の実体規定を論証し展開する方法によれば、人間労働を一般に平均的で単純な労働として理論的に取扱いうる現実的な論拠は確保されるのであって、複雑労働の生産物の価値規定をめぐる問題は、原理的考察からは除外されてよいことになる。その点は、商品論において価値実体論が論じられているために、マルクスにあっては明確にされえなかったのであるが、さらにベーム以来のマルクス批判家にあっては、この問題が小商品生産者や芸術家等の中間諸層の商品経済活動にも適用さるべき事柄として好んで取上げられる論点とされてきた。これにたいするマルクス学派の通説的な反論も、すでにみてきたように、複雑労働の重要性を認めたうえで、その単純労働への換算率を技術主義的接近方法により解明しようとするにとどまっていた点に、方法論上再考の余地があったわけである。

3

なお、原理的には労働生産過程も、資本主義的生産を考察の対象とし、その根底にみいだされる経済原則としてあきらかにされるのであって、一般には同質的で単純な人間労働から成るものとされてよい。古代、中世の諸社会においても、商品経済に接する周辺的な手工業の一部に、高度な熟練を要する労働をふくんでいたとはいえ、家内工業と未分離の農業を主とする主要な生産活動は、それぞれの社会に平均的な単純労働力に担われていたものと考えられる[79]。社会主義の建設においても、資本主義のもとで発展した生産技術の歪みは是正しながら、生産諸部面をつうじ、労働者は同等な能力をもち、代替性を有するものとして協働しうるであろう。むろん、労働生産過程の原則として、こうした単純で同質的な人間労働の支出と配分の原理があきらかにされれば十分であるにしても、そのときどきに社会的に必要とされる複雑労働がおこなわれ維持される関係を経済原則に反する現象とはいえない。しかし、そのさい、複雑労働力の養成とその労働の産物をめぐって、どのように労働の配分がおこなわれるかには、さきに必要労働をこえる剰余労働の区分とその処理に関してみとめられたのと類比可能な原則的自由が存在していると考えられる。

　ことに複雑労働の養成費が確保されてゆく様式に一定の原則があるとはいえない。たとえば、自由な労働者の共同社会において、必要な複雑労働力の養成が、社会的な負担によっておこなわれているとすれば、養成された複雑労働者は、他の労働者と同等の必要労働を生活手段の形で受取り、その生産物にたいしても特別な労働の代償をもとめなくてよいことになりうる。ただしこの共同的社会は、剰余労働の一部をさいて複雑労働の養成機関を維持し、その養成費をくりかえし支出してゆかなければならない。他方、ギルドのような職人団体のなかで複雑労働の養成がおこなわれている場合には、その生産物とひきかえに、養成費用も補償されるような労働配分がえられなければならない。しかし、養成された職人は、ギルド組織の内部で、養成費用にあたる部分をみずからの必要労働ないし必要生活手段の一部として費消するわけにはゆかない。後継職人の養成をそれに要する資材や労力とともに、くりかえし維持してゆかなければならないからである。資本主義的生産は、こうしたギルド的組織を解体し、一般には労働力の維持再生産を、その補充人員としての子供たちの育成をふくめ、労働力商品への価値の支払いをつうじておこなってゆく（cf. *K.*, I, 185-186. 岩(一)一九八―一九九頁）。

　そこで、かりにヒルファディングいらいの通説にしたがい、複雑労働力の養成費用、すなわち置塩氏のさきの定式化における $\sum H_{ki}t_i + \sum T_{kj}h_j$ が、一方で複雑労働の生産物の価値を形成するとともに、他方で複雑労働力の価値に入るとみる場合、複雑労働者に与えられる労働力の価値の代価は、社会的にみて、後継の複雑労働者の子供たちのなかに育成する機能をふくむと解すべきであろうか。そうであるとすれば、熟練労働者ないし複雑労働者は、事実上、世襲的に再生産されることが、その労働力についての価値法則の帰結と考えられることになる。他方、その労働力の価値の代価は、当該労働者の養成に費消された費用を回収せしめるにとどまり、その子供たちを複雑労働者として再形成するに足るものではないとすれば、次の世代の複雑労働力の形成に要する費用を誰が負担し支出するのかは、原理的には解決を与ええない問題となる。ここにも、複雑労働の生産物価値とその労働力価値への通説的な技術主義的接近にとって困難な問題が残されていることになる。

むろん、現実の資本主義の発展過程では、周辺的な小商品生産者の一部や中間諸層に、さまざまな養成費の相違をふくむ複雑労働が存続しており、基軸的な生産部面においても、労働者を管理する一方法としても種々の差別化がおこなわれている。しかしそのような状況は、複雑労働の養成がどのようにまた誰の負担によっておこなわれているかという点とあわせて、資本主義経済の運動法則、ことに労働力の価値と剰余価値の原理的規定を考察の基準として、現状分析的に解明されなければならない課題に属している。そのような現状分析の科学的基準を明確なものとするうえで、経済学の原理論は、商品経済にもとづく資本主義的生産の基本的な運動の論理にそくして、商品価値の実体を、相互に同質的で単純な労働力の発動によるものとして規定し展開してよい研究領域をなしていると考えられるのである。

三　再生産表式と価値の実体規定

1

最後に、われわれは、再生産表式の構成原理に再考をくわえておこう。

宇野『原論』は、『資本論』第一巻第三篇以降第二巻末に至る領域を「資本の生産過程」「資本の流通過程」および「資本の再生産過程」の三章から成る「生産論」に統合している。その第三章「資本の再生産過程」は、『資本論』第一巻第七篇に整理を加え、相対的過剰人口の形成をつうじ、資本がみずから生産しえない労働力の補給を確保する機構をあきらかにしたうえで、『資本論』第二巻第三篇に依拠し、再生産表式論を展開し、「生産論」全体を総括している。すなわち、資本は、労働力さえ補給されれば、社会的に必要なあらゆる生産物を生産し、自立的な一社会を形成しうる。この資本主義社会は、無政府的に生産をおこなうのであり、価格の変動を介し、社会的需要に応ずる生産をおこなうものとなるが、社会的需要白身、基本的には資本の再生産過程の内に形成される。ことに、社会的な物質代謝に必要な生産手段と生活手段とが、資本の運動のうちに、たがいに需要するものを供給する関係をなして再生産されてゆかなければならない。「それはまた全社会の労働力を生産手段と共に、それぞれの生産物の生産に必要とせられる程度に応じて配分することによって、年々の再生産を継続するという、経済生活の合理的処理に当然なる、いわばあらゆる社会に共通なる経済の原則を、商品形態をもって行うものにほかならない[80]。」

マルクスは、資本のもとでのこうした社会的関連を、生産手段生産部門（第Ⅰ部門）と生活手段生産部門（第Ⅱ部門）による商品生産物を基点とする再生産過程として、簡単な数字例にとりまとめて表示している。宇野『原論』もその数字例からつぎのような場合をとりあげ、再生産表式を展開している。いま、数字の単位を億ポンドスターリングとし、cは不変資本、vは可変資本、mは剰余価値を示し、剰余価値率$\frac{m}{v}$は一〇〇％であるとする。剰余価値がすべて資本家により個人的に消費され、単純再生産がおこなわれているとすれば、両部門の商品生産物は、たとえばつぎのような価値関係を有していなければならない。

$$\text{I}\quad 6000=4000c+\underline{1000v+1000m}$$
$$\text{II}\quad 3000=\underline{2000c}+500v+500m$$

ここで、第Ⅰ部門の生産物中の二〇〇〇（$1000v+1000m$）は、価値部分としては労働者と資本家に消費されるべきものであるが、現物としては生産手段である。他方、第Ⅱ部門の二〇〇〇cは、現物としては生活手段であるが、価値部分としては生産手段の更新にあてられるべきものである。そこで、この両部分が交換されるならば、両部門は同様の規模と構成をもって再生産を継続しうる。それゆえ、Ⅰ$(v+m)$＝Ⅱcが、単純再生産の基本条件をなしていることになる。そのさい、Ⅰの四〇〇〇cは第Ⅰ部門内の資本家間の交換によって生産手段として用いられ、Ⅱの五〇〇vと五〇〇mは第Ⅱ部門内の労働者と資本家に消費される。こうした場合、つぎの拡大再生産においても同様であるが、両部門間および両部門内における商品生産物の取引は、すべて資本家の有する貨幣の支出を介しておこなわれ、貨幣は流通手段として機能し、出発点の資本家に還流しては次年度の交換取引に役立てられることとなる。(81)

つぎに、剰余価値の一部が蓄積される拡大再生産の過程をとると、両部門の商品生産物の価値は、たとえばつぎのような構成を有していなければならないであろう。

$$\left.\begin{array}{ll} \text{Ⅰ} & 6000=4000c+1000v+1000m \\ \text{Ⅱ} & 2250=1500c+375v+375m \end{array}\right\} \text{計}8250$$

ここで、第Ⅰ部門の剰余価値の半分五〇〇mが蓄積され、もとの資本とおなじ比率で不変資本と可変資本に分割されると、四〇〇cと一〇〇vとが四〇〇〇cと一〇〇〇vに追加されることになる。これに対応して第Ⅱ部門でも蓄積がおこなわれなければならない。すなわち、第Ⅰ部門の$1000c+100m(v)+500m(k)$（$m^{(v)}$、$m^{(k)}$は剰余価値から、それぞれ可変資本、資本家の消費にあてられる部分を示す）にたいして、第Ⅱ部門の不変資本が一〇〇を加えて一六〇〇cに拡張されなければならず、それに応じてⅡmのうちの二五mが可変資本に追加されなければならない。そこで両部門の生産物価値は、つぎのように再区分されることになる。

$$\text{Ⅰ}\quad 4000c+400m_{(c)}+\underline{1000v+100m_{(v)}+500m_{(k)}}$$
$$\text{Ⅱ}\quad \underline{1500c+100m_{(c)}}+375v+25m_{(v)}+250m_{(k)}$$

このうち、Ⅰ $1000v+100m_{(v)}+500m_{(k)}=1600$とⅡ $1500_c+100m_{(c)}$とが交換され、その結果、生産資本は、Ⅰ $4400c+$

$1100v$, II $1600c+400v$ となる。それによって、それぞれ六六〇〇と二四〇〇あわせて九〇〇〇の生産物価値が生産され、前年度の八二五〇の生産物価値をこえる拡大された規模での再生産がおこなわれることになる。

このような数字例からあきらかなように、あらゆる社会をつうじ、拡張再生産はかならず生産手段の生産拡張をともなわなければならないという経済の原則が、資本の価値関係のもとでは、$\mathrm{I}(v+m)>\mathrm{II}c$ という条件としてあらわれる。すなわち、単純再生産における $\mathrm{I}(v+m)=\mathrm{II}c$ に代り、$\mathrm{I}(v+m)>\mathrm{II}c$ が拡大再生産の基本条件となる。この条件は、さらに内容的には、$\mathrm{I}v+m_{(v)}+m_{(k)}=\mathrm{II}c+m_{(c)}$ という関係に集約することができると考えられる。

2

すでにみたように、宇野は、「生産論」の冒頭で経済原則としての労働生産過程の規定を与え、労働生産過程を商品経済的に包摂する資本の価値形成過程にそくして、価値法則の必然的基礎を解明していた。これに対応し、「生産論」を終結する位置において、宇野は、右のような再生産表式論をつうじ、資本主義的商品経済が、あらゆる社会をつうずる再生産の原則を実現しうることをあきらかにするとともに、それによって同時に、「価値法則の絶対的基礎」が与えられるものとみている[82]。そのさい、価値形成過程論では、綿糸商品の生産過程が代表単数的に考察され、そこに生産物に対象化される労働時間による価格の規制の必然性が追究されていたのにたいし、ここでは、社会的総資本の再生産過程にそくして、原則的に必要な労働の社会的配分が、商品の価値関係をとおしておこなわれる側面に重点がおかれる。たとえば「社会主義社会においては社会的機関によって行われる労働力の配分と生産物の分配との基準となる労働時間が、ここでは商品の価値としてあらわれるのである[83]」とされている。そのさい、商品の価値関係は、生産物に対象化されている労働時間に比例する価格により、商品を交換せしめるものとされ、マルクスの表式論とおなじく、宇野の表式論も、商品生産物の等労働量交換を価値法則の内容として構成されている。

他方、マルクスの表式論ではさほど一貫して強調されているとはいえないが、宇野の表式論では、あらゆる社会に共通な社会的再生産の一般的原則を確定するとともに、この原則を商品形態により資本が実現せざるをえないところに、価値法則の絶対的基礎を究明する課題が重視されている。その課題は、(i)二大部門をつうずる社会的再生産の原則的条件の検出、(ii)その条件を商品経済的に実現するものとしての価値法則の絶対的基礎の確定、(iii)価格変動をつうじ各個の商品生産物、したがってまた各産業への社会的に必要な労働配分を実現する価値法則の作用の論定、の三面から成っていると考えられる。このうちの(iii)は、(i)(ii)をつうずる二大部門にそくしての「価値法則の絶対的基礎」の確定に付随して、その論理が各産業への労働配分の問題に拡張されて適用されたものと考えてよいであろう。そこで問題は、さしあたり(i)と(ii)の展開関係にあり、とくにそれをつうじ商品生産物の等労働量交換が社会的に必然的なものとして論証されえているか否かにある。

　単純再生産の原則的条件にたちもどってみよう。宇野は、新『原論』では億ポンド、旧『原論』では億円、いずれにせよ価格表示で表式を構成し展開しているが、その背後にはそれぞれの価格に比例した労働時間が随伴し、したがって、とうぜんに等労働量交換が成立するものとしている。[84] しかし、さきの(i)と(ii)の面を区別したうえで、両者の関係をつうじて提示される価値法則の絶対的基礎の内実に点検をすすめようとすれば、まず生産手段と生活手段をそれぞれ生産する二つの生産部門の生産物に対象化される労働量とその相互的な補塡関係に、どのような原則的条件が存在していなければならないかを、ひとまず商品経済に特有な価格関係から分離して、確認してみなければならない。そのさい、単純再生産の前提からただちにあきらかなことは、両部門の再生産が、それぞれの規模と技術的構成を変えずに反復され、剰余生産物がすべて消費されている場合、年々両部門で消費される生産手段が、物的にも、対象化されている労働時間としても、第I部門による同量の年生産物によって補塡されてゆかなければならない、ということである。そこで、各部門において消費される生産手段に対象化されている労働時間を c_i、必要労働時間を v_i、剰余労働時間を m_i、それらの合計を a_i（単位は億時間、$i=1,2$）とすると、

$$a_1 = c_1+v_1+m_1 = c_1+c_2 \qquad (1)$$

という関係が、単純再生産の基本条件として原則的に存在していなければならないことがわかる。

$$\therefore \quad v_1+m_1=c_2 \qquad (2)$$

しかし、この関係は、(2)式の両辺に示される労働時間が、生産手段と生活手段の形でたがいに一方の部門から他方の部門に引渡されて、等労働量交換が両部門間に成立していなければならないという含意を必ずしもともなうものではない。さきに労働生産過程についてみた剰余労働部分の処理をめぐる原則的な弾力性ないし自由度を考慮すれば、第Ⅱ部門の再生産の継続に不可欠なv_1+m_1時間の生産手段が、第Ⅰ部門から引渡されるさいに、これと等しいc_2時間をこえ、c_2+m_2時間を上限とする生活手段が第Ⅰ部門に引渡されて、そこでの剰余生産物の消費がm_1時間をこえて増加しても、単純再生産の原則的条件がそこなわれることにはならないであろう。逆に、第Ⅱ部門から引渡される生活手段がc_2時間分より少なくても、v_1時間をこえていれば、第Ⅰ部門における剰余生産物の消費がm_1より少なくなり、それだけ第Ⅱ部門での剰余労働の消費が拡大するにとどまり、両部門の単純再生産の継続に支障は生じない。

いま、社会的再生産が全面的に資本の生産過程のもとにおかれ、したがって、商品の価値の形態をとおして再生産に必要な労働配分が維持されてゆかなければならないとしよう。その場合、第Ⅰ部門の生産物は、労働実体のx倍のポンド名称を、第Ⅱ部門の生産物は、労働実体のy倍のポンド名称をそれぞれ価値の形態として与えられるものとする。各部門が、年生産物の価値の形態として取得するa_1x億ポンド（第Ⅰ部門）、a_2y億ポンド（第Ⅱ部門）のうち、c_1x億ポンドは生産手段の補塡のために、またv_1y億ポンドは労働力の価値の代価として支出しなければならない。したがって、第Ⅰ部門の資本家が貨幣形態で取得する剰余価値は、$a_1x-(a_1x+v_1y)$億ポンドとなり、これと第Ⅰ部門の労働者が労働力の代価として受取るv_1y億ポンドの合計が、単純再生産のもとではすべて第Ⅱ部門の生産物にたいする第Ⅰ部門からの購買にあてられることになる。すなわち、その合計は億ポンドを単位として、

$$a_1x-(c_1x+v_1y)+v_1y=(a_1-c_1)x=(v_1+m_1)x \qquad (3)$$

となる。他方、第Ⅱ部門は、生産手段の補塡のためにc_2x億ポンドを第Ⅰ部門の生産物にたいする購買に支出しなければ

ばならない。そこで、それぞれの部門が他の部門にたいしておこなう購買と販売とが均衡するためには、

$$(v_1+m_1)x = c_2x \qquad (4)$$

という関係が成立していなければならない。[85] この(4)式は、あきらかに x や y の値いかんにかかわらず、さきの(2)式が成立していればなりたつ。そしてこの(4)式に示される貨幣額での売買をつうじ、第Ⅱ部門は消費した c_2 億時間の生産手段を、それと同量の (v_1+m_1) 億時間の生産手段によって補塡してゆくことができる。すなわち、両部門の生産物が労働実体に比例した価値の形態を与えられておらず、したがって $x/y=k$ が1でない場合においても、単純再生産の社会的な需給均衡の基本条件として、(2)式の関係が成立していなければならないことがわかる。

しかし、両部門の商品生産物に対象化される労働実体に、$v_1+m_1=c_2$ という(2)式の関係が成立しており、それを前提にその x 倍の価格で第Ⅰ部門の商品生産物が取引される場合、それをつうじて、両部門間に等労働量の交換が実現されているとはかぎらない。すなわち、第Ⅱ部門は、c_2x 億ポンドの貨幣を支出し、$(c_2=v_1+m_1)$ 億時間の労働実体をもつ生産手段を第Ⅰ部門から入手する。第Ⅰ部門は、労働力の代価および剰余価値の消費のために、これと同額の $(v_1+m_1)x$ 億ポンドの貨幣を第Ⅱ部門に投げ返し、生活手段を購入する。その場合、第Ⅱ部門の生産物は、価値の形態としての価格の $1/y$ の労働実体を有するので、第Ⅰ部門がこの取引をつうじて入手する生活手段の労働実体は、$(v_1+m_1)x/y$ 億時間となり、$x/y=k$ が1でなければ、$(c_2=v_1+m_1)$ 億時間と一致しない。その差は、

$$(v_1+m_1)x/y-(v_1+m_1)=(v_1+m_1)(k-1) \qquad (5)$$

と書ける。第Ⅰ部門の労働者は、kの値いかんをとわず、労働力の価値の代価として v_1y 億ポンドの賃銀を取得し、それによって v_1 億時間の必要労働時間を生活手段の形で入手するものとみてよいであろうから、(5)式は、第Ⅰ部門の資本家が、価値の形態としての価格をとおして、($k>1$ の場合) 第Ⅱ部門から追加的に取得するなり、あるいは逆に ($k<1$ の場合) 第Ⅱ部門に引渡す剰余労働時間の分量を示すものとなる。その限界的な上限は、前者の場合 m_2 によって、後者の場合 m_1 によって画されているのであり、したがって単純再生産の社会的条件を維持してゆくうえで、k の値は、

v_1、m_1、m_2によって与えられるつぎの(6)式の範囲になければならないと考えられる。(86)

$$-m_1 < (v_1+m_1)(k-1) < m_2$$

$$\therefore\quad v_1/(v_1+m_1) < k < 1+m_2/(v_1+m_1) \qquad (6)$$

むろん、この範囲内で$k=1$となる場合には、$v_1+m_1=c_2$という(2)式に示される労働量の対応関係が、同時に両部門間の労働量の等量の交換関係をともなうものとなり、剰余労働の部門間移転は生じないことになる。

つぎに、拡大再生産がおこなわれる場合には、各部門の生産物に対象化される剰余労働時間 m_i は、$m_{i(c)}+m_{i(v)}+m_{i(k)}$に区分されて、そのうちの前二項が追加的な生産手段と必要生活手段の確保のためにあてられてゆく。しかも、第Ⅰ部門の生産物は、両部門で消費される生産手段を補塡し、さらにおのおのに追加される生産手段を補給するものでなければならない。したがって、

$$a_1 = c_1+v_1+m_{1(c)}+m_{1(v)}+m_{1(k)}$$

$$a_1 = c_1+m_{1(c)}+c_2+m_{2(c)}$$

$$\therefore\quad v_1+m_{1(v)}+m_{1(k)} = c_2+m_{2(c)} \qquad (7)$$

という関係が、労働時間を単位として成立していなければならず、そのいみでまた、労働時間のタームにおいて、$v_1+m_1>c_2$が拡大再生産の原則的な基本条件をなしているということができる。資本の再生産過程において、生産物が商品として取扱われ、単純再生産の場合とおなじく、両部門の生産物が労働時間の各x倍、y倍の価格表示（単位は億ポンド）を与えられるものとしよう。第Ⅰ部門から第Ⅱ部門の商品生産物の購入にあてられる貨幣額は、労賃として支払われる$v_1y+m_{1(v)}y$と、資本家が売上げから消費にあてうる部分$a_1x-(c_1x+v_1y+m_{1(c)}x+m_{1(v)}y)$との合計であり、

$$a_1x-(c_1x+v_1y+m_{1(c)}x+m_{1(v)}y)+v_1y+m_{1(v)}y = (a_1-c_1-m_{1(c)})x = (v_1+m_{1(v)}+m_{1(k)})x \qquad (8)$$

となる。他方、第Ⅱ部門は生産手段の補塡と追加のために、第Ⅰ部門の生産物にたいし、$(c_2+m_{1(c)})x$億ポンドの購買をおこなうので、両部門の販売と購買が相互に均衡するには、つぎの(9)式が成立しなければならない。

$$(v_1+m_{1(v)}+m_{1(k)})x=(c_2+m_{2(c)})x \qquad (9)$$

この⑼式は、x、yないし$x/y=k$の値いかんにかかわらず、さきの⑺式が成立していればなりたつから、⑺式のような労働量の関係が両部門の生産物の間に存在していることが、価格形態をつうずる拡大再生産の過程にも、基本的な条件であるといえる。第Ⅰ部門は、⑺式に示される労働時間を、そのx倍の価格で第Ⅱ部門に引渡すが、同じ価格総額で第Ⅱ部門から生活手段を第Ⅰ部門の資本家や労働者が購入する場合、その$1/y$の労働実体を取得することになるから、その差は、

$$(v_1+m_{1(v)}+m_{1(k)})x/y-(v_1+m_{1(v)}+m_{1(k)})=(v_1+m_{1(v)}+m_{1(k)})(k-1) \qquad (10)$$

と表わすことができる。すなわち、kが1より大ならば、⑽式に表わされる量の剰余労働が第Ⅱ部門から第Ⅰ部門の資本家に移転され、kが1なら、両部門の間には等労働量の交換が成立し、kが1より小ならば、⑽式の分量の剰余労働が第Ⅰ部門から第Ⅱ部門に移転されることになる。したがってまた、kは、最大限の幅をとっても、

$$1-m_1/(v_1+m_{1(v)}+m_{1(k)})<k<1+m_2/(v_1+m_{1(v)}+m_{1(k)}) \qquad (11)$$

の範囲になければならないと考えられる。

3

以上の検討を簡単な数字例に適用し、検証しておこう。

まず、マルクスによって宇野が単純再生産の表式として掲げていたつぎの数字例が、両部門の生産物に対象化されている労働実体を億時間単位で示すものと読みなおしてみよう。

Ⅰ　$6000=4000c_1+\underline{1000v_1+1000m_1}$

Ⅱ　$3000=\underline{2000c_2}+500v_2+500m_2$

さきの⑵式の関係が下線を付した数量間に成立していることはあきらかである。⑹式をこの数字例に適用すると、

$0.5<k<1.25$となるが、いま$k=1.1$とし、$x=0.11$、$y=0.1$として、両部門の生産物の価格、費用、利潤p_iを、億ポンド単位で表わしてみると、つぎのようになる。(87)

Ⅰ　$660=\underline{440c_1x+100v_1y+120p_1}$

Ⅱ　$300=\underline{220c_2x}+50v_2y+30p_2$

第Ⅱ部門の資本家は、生産物の価格として入手する三〇〇億ポンドのうち、二二〇億ポンドで第Ⅰ部門から二〇〇〇億労働時間を体化している生産手段を購入し、労働者に労働力の代価として五〇億ポンドを支払い五〇〇億時間の必要労働時間を生活手段の形で取得せしめつつ、前年度と同規模の再生産をおこなう。第Ⅰ部門の資本家は、六六〇億ポンドの生産物価格のうち、四四〇億ポンドを相互の生産手段の補塡のために支出し合い、それによって前年度と同様の四〇〇〇億時間の不変資本を確保するとともに、一〇〇億ポンドを労働力の代価として支払い、一〇〇〇億時間の必要生活手段を労働者に取得せしめつつ、前年度と同様の生産規模を維持する。これらは再生産の継続に必要な価値の形態としての費用をなすものであり、商品生産物の価格からそれらを控除すると、第Ⅰ部門の資本家は一二〇億ポンド、第Ⅱ部門の資本家は三〇億ポンドの利潤を、剰余価値の貨幣形態として受取ることになる。それをつうじ、第Ⅰ部門の資本家は、その商品生産物に対象化される剰余労働時間を二〇〇億時間こえる剰余生産物を取得し、第Ⅱ部門の資本家は、逆にみずから対象化せしめた剰余労働時間を二〇〇億時間下まわる剰余生産物を取得する。このような剰余労働の部門間における再配分は、この場合、剰余生産物が資本家の消費資料として単純に消費され、再生産からは脱落してゆくので、社会的な生産の維持に支障をきたすものではない。

とはいえ、いま固定資本を捨象し、資本の回転を年一回として、各部門の利潤率$p_i'=p_i/(c_ix+v_iy)$を右の数字例につき計算してみると、第Ⅰ部門は二二・二%、第Ⅱ部門は一一・一%となり、利潤率の不均等が生じていることがわかる。したがって、資本家的には、第Ⅱ部門から第Ⅰ部門へ資本を移動させて、商品生産物の価格関係を変更し、そこに生ずる実体的な過不足をまた市場の価格変動をとおして訂正してゆく過程が生じ、その結果、労働実体における部門間の均衡関係がさきの数字例のようにおちつくならば、利潤率は両部門をつうじ二〇％となるように均等化され、両部門の生産物の価格比率 $k = x/y$ は1を重心とするものとなろう。こうして、利潤率を均等化するような価格の基準が、等労働量の交換を内実とするものにおちつくのは、この場合あきらかに両部門をつうじ、資本の有機的構成 (v_i/c_i) が均一 $(1/4)$ とされていたことによる。資本の生産過程にそくし、商品生産物の等労働量交換をもたらすものとして、価値法則の必然性を論証するには、さきに第二節2でふれたように、剰余労働を捨象した単なる価値形成過程によるか、あるいは資本の構成と回転期間とが各部面をつうじて均等であるとするか、そのいずれかの前提が必要であった。宇野は、新『原論』の価値形成過程論では、前者の前提にもとづき価値法則を論証していると解されるが、再生産表式論では、後者の前提に依拠し、社会的労働配分の原則的条件を商品経済的に充足するものとして、価値法則の絶対的基礎を説いているのである。単純再生産に続く拡張再生産の表式も、宇野にあってはすべて両部門の資本構成が均等な数字 $(v_i/c_i=1/4)$ を例に組立てられている。

他方、マルクスは、拡大再生産のために作製したいくつかの数字例のうち、「拡大された規模での再生産のための出発表式」(*K.*, II, S. 505. 岩㈤二六二頁) としているものでは、つぎのように両部門の資本構成を異なる数字にしている。

Ⅰ　$4000c + 1000v + 1000m = 6000$
Ⅱ　$1500c + 750v + 750m = 3000$
（計9000）

このように第Ⅱ部門の資本構成 $(v_2/c_2 = 1/2)$ が第Ⅰ部門の倍であるような単純再生産の表式は、億労働時間を単位としてたとえばつぎのように構成することもできるであろう。

Ⅰ　$4000c_1 + 1000v_1 + 1000m_1 = 6000$
Ⅱ　$2000c_2 + 1000v_2 + 1000m_2 = 4000$

こうした場合、商品生産物に体化されている労働時間に比例した価格が与えられ、等労働量の交換が成立しているとすれば、両部門の利潤率は、$p_1' = 20\%$，$p_2' = 33.3\%$ とかえって不均等になる。そこで、両部門に均等な利潤率、p' が成立するものとして、両部門の商品生産物にそれぞれ労働時間のx倍、y倍のポンド表示の価格が与えられるものとすると、

$$(1+p')(4000x+1000y)=6000x$$
$$(1+p')(2000x+1000y)=4000y$$

という関係が、同時に成立していなければならない。これを連立方程式とみて、未知数がすべて正になる解をもとめると、p'は二二・八％、$k=x/y$は一・一二八七となり、かりにyを〇・一とすると、つぎのような価格（億ポンド）タームでの表式を構成することができる。

$$\text{I}\quad 677.22=451.48c_{1}x+100v_{1}y+125.74p_{1}$$
$$\text{II}\quad 400=225.74c_{2}x+100v_{2}y+74.26p_{2}$$

この場合には、第II部門から第I部門へ二五七・四億時間の剰余労働が移転されるような、不等労働量交換をもたらす価格関係が形成されるのであるが、むしろそれによって両部門の利潤率は均等化する。しかもそのような価格関係が、両部門のc_iとv_iとを前年と同量の労働実体において補塡するものであることはあきらかである。

マルクスが、拡張再生産の「出発表式」として示している数字例も、労働時間を単位とするものと読むならば、資本構成が右の場合と同様なので、均等化される利潤率の水準およびx、yも同様の決定関係におかれるとみていい。マルクスは、第I部門のmの半分が、おなじ資本構成のもとで蓄積されるとみている。したがって、両部門の商品生産物に対象化される労働実体は、これに応じてつぎのように区分されて、次年度の拡張再生産にあてられてゆくことになる。

$$\text{I}\quad 6000a_{1}=4000c_{1}+1000v_{1}+400m_{1(c)}+100m_{1(v)}+500m_{1(k)}$$
$$\text{II}\quad 3000a_{2}=1500c_{2}+750v_{2}+100m_{2(c)}+50m_{2(v)}+600m_{2(k)}$$

そしてこのような労働実体の関係が、たとえば、つぎのような価格表示を介して、資本家社会的に取引されてゆくと

考えられる。

Ⅰ　$677.22a_{1}x=451.48c_{1}x+\underline{100v_{1}y}+45.15m_{1(c)}x+\underline{10m_{1(v)}y+70.59p_{1(k)}}$

Ⅱ　$300a_{2}y=\underline{169.3c_{2}x}+75v_{2}y+\underline{11.29m_{2(c)}x}+5m_{2(v)}y+39.41p_{2(k)}$

この場合には、第Ⅱ部門から第Ⅰ部門へ二〇五・九億時間の剰余労働が移転されるような、不等労働量の交換をもたらす価格関係が形成されていながら、両部門の需給は一致し、それぞれが拡張再生産のために必要とする生産手段と生活手段は確保され、しかも利潤率は均等化することになるのである。

4

そうしてみると、再生産表式に総括される労働配分の社会的原則を、資本主義も商品経済的に充足してゆかなければならないというところに、価値法則の絶対的基礎を確認しようとする場合、一般に資本の有機的構成が部門間で均等化する必然性がないとするならば、商品生産物の等労働量交換をもたらすような価値の形態としての価格の形成を、ここでも価値法則の論証の内容として示しえないことになる。とはいえ、商品生産物に対象化される価値の実体としての労働時間が、価値の形態としての価格を規制する関係は、価格形態を介しておこなわれる生産物の不等労働量交換の最大範囲が、各部門の剰余労働の移転関係にとどめられざるをえないということにも、すでに明白に示されている。逆にいえば、価値の形態としての価格は、各部門の c_i、v_i を労働実体として補塡するにたる水準に相互に形成されなければならないわけである。しかも、そうした価格形態をつうじ、各部門の再生産が維持されてゆくうえで、生産物に対象化される労働時間のうちに、単純再生産では $v_1+m_1=c_2$、拡張再生産では $v_1+m_1>c_2$ ないし $v_1+m_{1(v)}+m_{1(k)}=c_2+m_{2(c)}$ といった関係が必要条件として存在していなければならぬこともすでにあきらかである。それらは、マルクス以来、単純再生産および拡張再生産の基本条件とされているものであるが、それらを生産物の等労働交換と不可分のものとみることは、剰余労働の社会的配分をめぐる原則的自由度と、それを前提に、資本主義的商品経済が経済原則を法則的に充足してゆく原理の内実とを不明確にし、あるいは不正確に理解せしめることになると考えられる。さきにみたように、価値の形態としての価格関係は、対象化される価値の実体における、$v_1+m_1=c_2$ あるいは $v_1+m_{1(v)}+m_{1(k)}=c_2+m_{2(c)}$ といった関係の存在を前提に、剰余労働の部門間移転をともなう不等労働量交換を仲介するものとして形成されうるし、しかも、部門間の需給の均衡も維持しつつ、単純なあるいは拡張された規模での再生産に必要な生産手段と生活手段の補充を実現してゆく過程を構成しうるのである。

もともと、価値法則は、労働による価値の決定を根本とし、等価交換と労働の配分をその展開による効果とするものと考えられてきた[88]。そのさい単なる価値形成過程のみをとるか、各部面をつうじ資本の構成と回転期間に差がないと前提すれば、価値法則のこうした三面は、きわめて見透しやすいものとなる。すなわち商品生産物に対象化される労働実体に比例する価格を等価として交換がおこなわれることをつうじ、生産技術に従い社会的欲望を充足してゆくために必要な労働配分が法則的に達成されてゆくものとみなしうる。しかし、資本の生産過程にはかならず価値増殖過程がふくまれ、また資本の構成と回転にも部面によって差異があるとすれば、価値法則の一面としての等価交換の内容を生産物の等労働量交換として一般的に論証することは、再生産表式論までふくめて点検をすすめても不可能であった。とはいえ、商品生産物に対象化される労働時間を価値の実体として規定することは、さきにみたように結合生産物や複雑労働の処理の技術的困難をめぐって提起されている論点を考慮しても、経済学の原理的体系として特に支障はないと考えられる。しかし、市場価格の基準となる価値の形態としての価格は、われわれのみてきたところでは、この商品生産物の価値の実体としての労働時間とそれぞれ正比例する水準を等価とするとは一般にはいえないのであって、むしろ剰余労働部分の移転関係をともなう不等労働量の交換が、形態的な等価交換の背後にふくまれることになる。再生産表式も、そのような価値の実体と形態のずれをふくむものとして、社会的労働配分の原則を商品経済的に充足する過程を、総括して示しうるのである。各産業ないし生産部面にたいする社会的労働配分もまた、こうした価値の実体と形態のずれをともない、したがってまた剰余労働の移転関係を随伴しておこなわれているものとみなければならない[89]。

もっとも、全体としての労働力の価値と剰余価値の規定を基軸に、資本主義的生産の内的運動法則を解明する「生産論」の領域では、商品の価値の実体と形態との間に、剰余労働部分の不等量交換をもたらしうるずれが入ることが認められるにせよ、そのずれの量的決定原理にまでたちいる必要はない。さしあたり、価値の実体と形態との間には、そのようなずれがふくまれながら、そのときどきの技術体系と実質賃銀に照応する一定の安定的な対応関係が存在しているとみなされれば、労働力の価値規定にも剰余価値生産の原理的解明にも、基本的な支障はないと考えられる。しかし、そのかぎりではまた、価値の実体としての労働が、商品生産物における価値の形態としての等価をどのように決定し、それをつうじて剰余労働をふくむ労働の社会的配分をどのように規制するかは、なお十分に展開された姿で示されていないことになる。それゆえ、「生産論」の領域での価値の実体規定の論証は、価値法則の「必然的根拠」ないし「絶対的基礎」を確定するものとなるにせよ、ことに商品生産物についての価値法則の必然性の展開をなおのちの理論領域の課題として残しているところがあるとみなければならない。

そのようにみるならば、『資本論』第三巻において、マルクスが労働価値説の展開として創始した生産価格の規定は、価値法則の外的修正と解されてよいものではない。むしろそれは、諸資本の競争を介し、剰余労働の配分関係までふくめて、価値の実体が価値の形態を全面的に規制する原理をあきらかにし、商品生産物についての価値法則の必然的な貫徹形態を確定する位置にあると考えられる。次章では、マルクスによるこの生産価格の規定の成果とそこに残された問題点を点検することから始め、本章における考察を延長し、最近の「転形問題」論争に整理検討をくわえてみよう。

(52) P. Sraffa, *Production of Commodities by Means of Commodities*, 1960. 菱山泉・山下博訳『商品による商品の生産』一九六二年、有斐閣。

(53) *ibid.*, p. 43. 同訳、七一頁。

(54) I. Steedman, *Marx after Sraffa*, 1977, p. 202.

(55) 以下、*ibid.*, chap. 11, pp. 150-162の論旨をその設例とともに要約する。

(56) 賃銀も前払いされて投資額に算入されるものとする、マルクスの生産価格の規定によって、同じ物量体系が処理されているとすれば、つぎの三式がえられる。

$(1+r)(5p_a+1)=6p_a+p_b$　(1)

$(1+r)(10p_b+1)=3p_a+p_b$　(2)

$1=1/2p_a+5/6p_b$　(3)

これを連立方程式とみて、いずれも正となる解をもとめれば、

$r=14.38\%$, $p_a=0.1762$, $p_b=1.0943$

という値をえる。しかしこの点は、スティードマンの前後の論旨に影響するものではない。

(57) 置塩信雄『マルクス経済学』一六九頁。

(58) 同右、一七五頁。

(59) S. Himmelweit and S. Mohun, The Anomalies of Capital, *Capital & Class*, 6, Autumn 1978.

(60) P. Armstrong, A. Glyn, J. Harrison, In Defence of Value : A Reply to Ian Steedman, *Capital & Class*, 5, Summer 1978, p. 8.

(61) この取扱いは、M. Morishima, Marx in the Light of Modern Economic Theory, *Ecoleomctrica*, July 1974における森嶋氏の議論を多少補正して援用したものと考えられる。

(62) マルクスは、『資本論』第三巻第一〇章で市場価値の規定を与えるさいに、つぎのような相異なる二つの論理を示していた。すなわち、そのひとつは、同一産業に異なる生産条件が並存している場合、単位商品に対象化される労働量の加重平均を市場価値とするもので、この規定では、市場は価値の量規定になんら内的に関わらないことになる。しかし、もうひとつの論理では、マルクスは市場における需給の組合せを極度に重視し、たとえば市場における需要が強い場合には最劣等の生産条件が、逆の場合には最優等の生産条件が市場価値を規定するとしている。しかし、たとえば前者の場合、より優良な条件による生産拡張が市場の需給を調整するのであれば、市場調節的な価値が最劣等条件で規定されるとはいえない関係にあろう。

宇野弘蔵は『経済原論』において、このようなマルクスの市場価値論の二面的論理を是正して、市場価値は、需要の変動に支配的

に対応する生産条件に規定されるものであり、またその条件を商品経済的に確定する原理を示すものであるとしている。（なお、宇野弘蔵「市場価値論について」『マルクス経済学原理論の研究』所収、「市場価値について」『マルクス経済学の諸問題』所収、をも参照されたい。）むろん、資本の直接的生産過程の考察にさいしては、市場価値の規定をただちに論じうるものではないが、その規定を予料して、各産業には、それぞれ代表的な技術が確定されるものとして分析がすすめられてよいと考えられる。

(63) すなわち、さきに第一節の2で、結合生産物がない場合、第i番目の生産物の単位量あたりの労働実体t_iは、

$$t_i=\sum_{j=1}^{n}a_{ij}t_j+l_i \qquad (i=1,2,\cdots,n) \qquad (1)$$

によって示され、生産技術に規定されるa_{ij}とl_iを所与とすれば、このn個の方程式を連立させて、n個のt_iを決定しうることをみた。いま、n種類の生産物中、t_1とt_2が結合的に生産されることになり、前者のQ単位、後者のR単位が各生産物のA_{1j}単位と労働L_1を投じて、結合生産される技術のもとにおかれたとする。その場合、この結合生産物の労働実体は、

$$Qt_1+Rt_2=A_{11}t_1+A_{12}t_2+\cdots A_{1n}t_n+L_1=\sum_{j=1}^{n}A_{1j}t_j+L_1 \qquad (2)$$

と表示しうる。ここで

$$t_1/t_2=\alpha \qquad (3)$$

が与えられれば、(2)と(3)から

$$t_1=\alpha/(\alpha Q+R)\sum_{j=1}^{n}A_{1j}t_j+\alpha L_1/(\alpha Q+R) \qquad (4)$$

$$t_2=1/(\alpha Q+R)\sum_{j=1}^{n}A_{1j}t_j+L_1/(\alpha Q+R) \qquad (5)$$

がえられる。これをさきの(1)とあわせれば、n個のt_iが決定できることになる。こうして、結合生産物は、理論上、技術的構成の等しい異なる生産行程により各結合生産物が産出されているものとして、取扱いうる。こうした取扱いは、結合的に生産される財が三種類以上であっても適用しうるし、また、結合生産をおこなう産業が複数であっても成立するであろう。

(64) このような意味において、貨幣の価値尺度の機能は、のちの市場価値ないし市場生産価格の規定を予定してあきらかにされるも

のであり、また後者は前者を前提に展開される関係にある。

(65) こうした結合生産物の価値の実体規定の取扱いは、問題の性質上、すでにあきらかなように、市場価値論ないし市場生産価格論に多分につうずる側面がある。したがって、原理論の体系構成上は、市場を介して価値の実体が確定される問題の一環として、市場価値論ないし市場生産価格論において論及されるべき事項となるとも考えられる。その場合には、資本の生産過程論から生産価格論にかけての展開は、注(63)におけるような理論的処理を念頭に、結合生産はおこなわれていないものとして構成されることが許されるであろう。

なお、たとえば、社会にただ一つの生産部面しかなく、そこで結合的に生産されるA、B二財のうち、必要生活手段がB財のみから成るというような、極端に単純化された想定のもとでは、置塩、前掲書、一六九―一七五頁、P. Armstrong, etc., *op. cit.*, p. 9で問題とされているように、技術説的接近では必要労働と剰余労働の分割比率が確定不可能となるが、市場における均衡的な価格の形成を介し、結合生産物の価値実体の区分比率を確定することができるとするわれわれの接近も、こうした場合には、あまり意味のあることではなくなる。しかし、それは、おそらくリカードの穀物利潤論の手法につうずる極度に単純化された経済モデルのなかで、結合生産物の価値実体を取扱おうとする無理から生じているのであって、むしろ一般には、結合生産も、多数の生産部面の一部でおこなわれていることに留意して取扱われてよいし、その場合には、市場における均衡的な価格の形成が、結合生産物についても、われわれがみてきたように、実質的な意義をもってくると考えられるのである。

(66) E. von Böhm=Bawerk, *Zum Abschluss des Marxschen Systems*, 1896, in : P. M. Sweezy, ed., *Karl Marx and the Close of his System by Eugen von Böhm=Bawerk and Böhm=Bawerk's Criticism of Marx by Rudolf Hilferding*, 1949, pp. 80-90. 玉野井芳郎・石垣博美訳『論争・マルクス経済学』一〇七―一一八頁。なお、しいて区分すれば、熟練労働は、同一有用労働の習熟度の差異による規定であり、複雑労働は、異なる有用労働を比較しての熟練度の規定であるとみることができる。とはいえ、マルクスもその後の論争もこうした区分をかならずしも明確にしてはいない。両者は当面、互換的な概念とみておいてよいであろう。

(67) M. Morishima, *Marx's Economics: A Dual Theory of Value and Growth*, 1973, chap. 14. 高須賀義博訳『マルクスの経済学』一九七四年、東洋経済新報社、第14章。

(68) I. Steedman, *op. cit.*, chap. 7.

(69) R. Hilferding, Böhm=Bawerks Marx-Kritik, 1904, in: P. M. Sweezy, ed., *op. cet.*, pp. 136-146. 玉野井・石垣訳、前掲書、一六五―一七七

頁。

(70) ヒルファディングは、この箇所を引用するさいに、一八八三年の第三版によって aber としているが、そしてその点は初版、再版も同じであるが、この単語は第四版でエンゲルスにより daher と改められ、こんにちにいたっている。ヒルファディングはこの aber という用語をひとつの論拠としているのであるが、「しかし前後の論旨からみて、この言葉はとくに強い表現のようには思えない」(玉野井・石垣訳、前掲書、一七二頁)という英訳版の訳注はおそらく適切であろう。

(71) わが国でおこなわれた複雑労働をめぐる論争については、遊部久蔵『価値論争史』第五章に概観が与えられている。そのさい遊部は、養成労働によって価値を高められた複雑労働力は、同一時間内に倍加された価値をつくりだすものとして、単純労働力と同一の剰余価値率を形成するものとみていた(同上、二〇七頁)。このような見解においては、複雑労働力がその養成労働に比例して、価値と剰余価値の形成力を強めるという関係を、どのように論証するかが問題として残らざるをえないであろう。

(72) P. M. Sweezy, ed., *op. cit.*, p. 145玉野井・石垣訳、前掲書、一七五―一七六頁。

(73) B. Rowthorn, Skilled Labour in the Marxist System, *Bulletin of the Conference of Socialist Ecoleomists*, Spring 1974, p. 26, also in his *Capitalism, Conflict and Inflation*, 1980, p. 233.

(74) 置塩信雄、前掲書、一八〇―一八一頁。

(75) P. M. Sweezy, ed., *op. cit.*, p. 143玉野井・石垣訳、前掲書、一七三頁。すなわち、標準的な単純労働における剰余価値率をかりに一〇〇%とすれば、さきの置塩氏の(3)式において、複雑労働者の必要労働は、$(A_k/2+\sum H_{ki}t_i+\sum T_{kj}h_j)$となり、剰余労働 $A_k/2$ との比率 $A_k/(A_k+2\sum H_{ki}t_i+2\sum T_{kj}h_j)$としての搾取率はあきらかに一〇〇%を下まわることになる。

(76) 置塩信雄、前掲書、二七一―二七二頁の森嶋批判と、M. Morishima, *op. cit.* 高須賀訳、前掲書、二三六―二三七頁の反論をもみよ。

(77) 以下、宇野弘蔵、新『原論』五六―五九頁、および同『経済学方法論』Ⅳの一(『著作集』第九巻、所収)をあわせて参照されたい。

(78) この点を二〇世紀のアメリカ資本主義の実態にそくしてあきらかにしたものとして、H. Braverman, *Labor and Monopoly Capital*, 1974. 富沢賢治訳『労働と独占資本』一九七八年、岩波書店がある。たとえば、その最終章では、馬車の御者を不熟練労働者に、自動車の運転手や流れ作業の従業者を半熟練労働者に、それぞれ分類する公式統計と、それにもとづき熟練ないし半熟練労働者の比率がむしろ高まりつつあるとする弁護論的通説が、非実在的な慣習に由来する幻想であることが批判的に指摘されている。

(79) むろん、機械制大工業における場合とことなり、古代、中世の農作業においては、労働者の個人的能力差を均等化する客観的機構を欠いていた。とはいえ、マルクスが『資本論』第一巻第一一章「協業」で、E・バークの借地農業者としての経験によって、五人の農僕を一組としてみれば、すでに他の任意の五人と同じ時間にまったく同じだけの労働をおこなうという事例をひいている（*K.*, I. S. 342. 岩(二)二五〇頁）ような、協業による平均化作用は存在していたとみてよいであろう。

(80) 新『原論』一一六頁。

(81) たとえば、Ⅰ四〇〇〇 *c* については、第Ⅰ部門内のA群の資本家が二〇〇〇億ポンドの貨幣でB群の資本家から生産手段を買い、B群の資本家が同じ貨幣でA群の資本家から生産手段を購入すれば、貨幣はA群の資本家のもとに戻り、A群とB群の資本家の手にあった四〇〇〇億の生産手段の交換を媒介したことになる。また、第Ⅱ部門の資本家が二〇〇〇 *c* を補塡するため二〇〇〇億ポンドを支出し、第Ⅰ部門の資本家から（一〇〇〇 *v* ＋一〇〇〇 *m*）の生産手段を購入すると、第Ⅰ部門の資本家は、そのうちの一〇〇〇億をもって第Ⅱ部門の資本家から生活手段を購入し、一〇〇〇億ポンドは労働者に賃銀として支払う。第Ⅰ部門の労働者はこの貨幣で、第Ⅱ部門の資本家から生活手段を購入するから、結局、二〇〇〇億ポンドは、第一部門の（一〇〇〇 *v* ＋一〇〇〇 *m*）の生産手段と第二部門の二〇〇〇 *c* の生活手段の交換を媒介しつつ、第Ⅱ部門の資本家に復帰する。第Ⅱ部門の資本家が労賃として支払う五〇〇億ポンドは、労働者による五〇〇 *v* の生活手段の購入にあてられ、第Ⅱ部門の資本家に還流する。残るⅡ五〇〇 *m* は、さきのⅠ *c* と同様に、部門内の資本家間の相互取引をつうじ、出発点の資本家群に回流する貨幣によって交換され、資本家の消費にあてられてゆく。むろん、こうした取引を仲介する貨幣は、年間をつうじ、より小額に分散されて、より速かに流通するから、たとえばⅠ四〇〇〇 *c* の売買に二〇〇〇億といった大量の貨幣を要するわけではないが、そのことによって、ここでの貨幣の運動の性質が変るものではない。

(82) 旧『原論』上、二六八頁。なお、宇野は、『演習講座新訂経済原論』において「価値法則の必然的展開は、労働力商品化を基礎とする資本の生産過程ではじめて論証されるものと、われわれは考えている。これにたいして『価値法則の絶対的基礎』は、あらゆる社会につうずる経済的要請が、商品経済では価値法則としてあらわれる点を明らかにする」（二二五頁）としている。しかし、資本の直接的生産過程における価値法則の論証も、労働生産過程の規定を前提に、「あらゆる社会につうずる経済的要請が、商品経済では価値法則としてあらわれる」ことをすでに明確にする側面をもっている。また、再生産表式論も、社会的再生産の原則が全面的に商品経済によって処理される資本主義的生産の内的原理の一環として解明されるのであり、価値法則をたんに商品経済に一般的なものとしてあきらかにしようとするものではない。注(51)でもふれたように、宇野の場合、資本の価値形成過程が代表単数的に取扱われているので、あらためて社会的総資本の再生産過程にそくし、とくに社会的労働配分を規制する価値法則の作用が表式論で展開されなければならない問題をなしていたのではないかと考えられるが、宇野による価値法則の「必然的根拠」と「絶対的基礎」の関係をどのように理解し、整理展開すべきか、なお考究を要するものがあると思われる。

渡辺昭氏は、「価値と生産価格」についての最近の連作のなかで、この点をめぐり、再生産表式論において、社会の総労働による価値の「実体性の相関」がはじめてあきらかにされることに注目し、たとえばつぎのようにいっている。すなわち、「『価値法則』は、まず第一に『生産論』そのものの内部で、『資本の生産過程』における商品の価値の『決定』が、『資本の流通過程』を『媒介』に『資本の再生産過程』において『実現』される『必然的』規定として『論証』されなければならないし、またかくしてはじめて『論証』される」(「価値と生産価格(8)」和歌山大学『経済理論』一六〇号、一九七七年一一月)と。たしかに、宇野の理論構成においては、再生産表式論をまって、はじめて価値法則の社会的必然性が十分に論証されると整理される余地があろう。しかし、他方で、資本の直接的生産過程論における価値法則の規定にも、労働生産過程の社会的規定性をふまえ、社会的な「実体性の相関」がすでに抽象的にではあれ含蓄されているべきであると考えられる。他方で、いうまでもなく、価値法則の論証の内容をどのように整備すべきかが、ここでの論点にも重大な関わりをもってくるであろう。価値法則の必然性は、それを受容する流通形態、資本の生産過程における「根拠」、再生産過程における「絶対的基礎」、さらには総過程論における具体的貫徹形態をつうじ、いわば立体的に、あるいは体系的に論証されるべきものとも考えられるのである。

(83) 旧『原論』上、二七〇頁。

(84) たとえば「単純再生産の表式では、年労働時間の三分の二は生産手段の生産に、三分の一は消費資料の生産にあてられることによって、年生産物の三分の一、即ちその年の価値生産物が個人的に消費し得ることになっているが、それは全く第一部門の二〇〇〇x億時間の生産物たる生産手段が、第二部門の二〇〇〇x億時間の消費資料と交換せられるからに外ならない。この原則を無視しては如何なる社会も単純再生産を繰り返すことさえ出来ないであろう。」(旧『原論』上、二七〇頁) これにたいし以下では、この二〇〇〇x億時間の生産手段と消費手段の交換を単純再生産の経済的原則とみなしうるか否かが問題とされることになる。

(85) かつて、拙稿「価値法則と生産価格」東京大学『経済学論集』第三九巻四号、一九七四年一月、において、この問題に論及したさいには、さきの(2)式における対象化された労働実体に存在すべき原則的関係と、この(4)式の価格次元での均衡関係との区分と関連を十分明晰にしていなかった。そのため「単純再生産の基本条件は、価格次元で、$\mathrm{I}(v+m)=\mathrm{II}c$と示しうるのではなかろうか」（五一頁）という拙稿の表現は、「不正確のように思われる」（春田素夫「価値法則の論証」一六四頁）と批判をうけていた。その点ここに補足し、訂正しておきたい。

(86)　高須賀義博『再生産表式分析』一九六八年、新評論は、「再生産の均衡条件は生産数量と単位価格に分解すると後者が消去され素材的数量方程式に帰着するが、このことは如何なる価格体系のもとでも再生産の均衡条件は維持されうることをしめすものである」（一七二頁）と主張するさい、こうした(6)ないしのちの(11)式に示されるような、相対価格のとりうる眼界をあきらかにしていない。高須賀氏のこの主張は、たとえばつぎのように導かれている。すなわち、マルクスの拡大再生産のための均衡条件は、価値（労働時間）タームでつぎのように書ける。

$$\Delta C = \Delta C_1 + \Delta C_2 \quad (1)$$

これを生産数量（X）と単位価値（a）とに分解すれば、

$$X_1a_1 - (\alpha_1 K_1 a_1 + \alpha_2 K_2 a_1) = \Delta K_1 a_1 + \Delta K_2 a_1 \quad (2)$$

となって、単位価値（a）は全部消去され、均衡条件は素材的数量関係、

$$X_1 - (\alpha_1 K_1 + \alpha_2 K_2) = \Delta K_1 + \Delta K_2 \quad (3)$$

に帰着する。単位価値をいかなる単位価格に変えても(3)が導けることに変りはない。したがって、いかなる価格体系のもとでも、拡大再生産の均衡条件は維持されうる（同上、一六二―一六三頁）。

しかし、高須賀氏のこの算式で示されているのは、余剰生産手段と各部門への追加生産手段との物量における一致が、それらの価値（労働時間）ないし価格における一致と同時に成立するということにすぎない。それは、生産手段の単位価値 a_1 がその x 倍の価格に変えられたとき、生活手段の価値の y 倍の価格との間に、どのような労働時間の交換比率 k を形成することになるかを示すものではない。この k の値いかんによって、一方の部門が再生産の同一規模での維持をも不可能とされうることがみおとされてはならないのである。

(87)　この場合、たとえば第Ⅰ部門の生産物の価格構成は、

$$\mathrm{I} \quad 660a_1x = 440c_1x + 110v_1x + 110m_1x$$

と書くこともできそうであるが、第Ⅰ部門の労働者に与えられるべき必要生活手段の代価にあたる労働力の代価は、あきらかに一

一〇億ポンドは要しない。そこに生ずる一〇億ポンドの余剰が一一〇億ポンドのm_{1x}と合して第Ⅰ部門の利潤ないし貨幣形態で取得される剰余価値をなす。それは、第Ⅱ部門でc_2の補塡に二〇〇億ポンド（c_{2y}）では不足し、五〇億ポンドのm_{2x}から二〇億ポンドを減じてこれを補い二二〇億ポンド（c_{2x}）とし、貨幣形態での剰余価値もしくは利潤を三〇億ポンドにとどめざるをえないことと照応する。むろん、こうした両部門の相対価格の比率にともなう剰余労働の部門間の移転関係は、全体として剰余価値の実体的源泉となる剰余労働を増加するものでないことは、以下の分析でもあきらかにされるであろう。

(88) この点については、注(40)とあわせて、宇野弘蔵編『演習講座新訂経済原論』一〇二—一〇三頁におけるこれら三面の関係についての説明をも参照されたい。

(89) すくなくとも、再生産表式に総括される商品生産物の労働実体の間の均衡条件が、「総過程」論における諸資本の競争の機構、とくにその基本となる生産価格の規定の展開によって訂正を要するものではなく、むしろその根底に法則的に維持されてゆく社会的再生産の実体的条件をあきらかにするものとなる関係は、右のような検討をつうじ、いっそう確実に主張することができると考えられる。

第四章　価値の実体と生産価格

第一節　価値法則と生産価格

一　諸資本の競争と価値法則

『資本論』の第三巻「資本主義的生産の総過程」は、第一・二巻における資本の生産過程、流通過程ないし再生産過程の展開にもとづき、あらためて「種々の資本の相互の行動、すなわち競争のうちにあらわれる」ものとして、「全体としてみられた資本の運動過程から生ずる具体的諸形態をあきらかにし叙述する」（K., III, S. 33. 岩㈥四一―四二頁）領域とされている。ことにその第一・二篇では、「一般的利潤率とそれによって規定されるいわゆる生産価格を規制する法則」を「資本主義的競争の根本法則」（K., III, S. 47. 岩㈥五七頁）として解明している。それにつづいて示される商業利潤、利子、地代などへの剰余価値の分化形態と、それに対応する資本の分化展開形態は、この生産価格を規制する諸資本の競争を媒介し貫徹せしめる具体的機構を順次あきらかにするものとみることができる。

このような第三巻の展開をつうじ、生産価格を規制する諸資本の競争の機構が解明されてゆくことにより、資本の運動の基礎となる価値法則も、剰余価値と資本の分化諸形態を介して貫徹されてゆく姿を具体的にあきらかにされてゆくものと考えられる。マルクスは価値法則が諸資本の競争をとおして貫かれる関係をたとえばつぎのようにいっている。

「商品としての生産物ないし資本主義的に生産された商品としての商品の性格から、価値規定の全体と価値による総生産物の規制が生ずる。価値というこのまったく独自な形態では、一方では、労働はただ社会的労働としてのみ通用し、他方では、この社会的労働の配分も、その生産物の相互的補塡すなわち物質代謝も、社会的連動装置への従属や挿入も、個々の資本家的生産者たちの偶然的な相殺的な活動に任されている。この資本家的生産者たちは互にただ商品所有者として相対するだけであり、そして各自が自分の商品をできるだけ高く売ろうとする（外観上は生産そのものの調節においてもただ自分の恣意だけによって導かれている）のだから、内的法則はただ彼らの競争、彼らが互に加え合う圧迫をつうじてのみ貫かれるのであって、この競争や圧迫によって乖離は相殺されるのである。ここでは価値の法則はただ内的法則としてのみ、個々の当事者にたいしては盲目的な自然法則としてのみ、作用するのであって、生産の社会的均衡をその偶然的な動揺のなかで貫徹するのである。」（*K.*, III. S. 887. 岩㈨一〇九―一一〇頁）

このように、諸資本の競争が、無政府的な諸資本の活動をつうじ社会的労働配分を調整し、それによって価値法則を貫徹せしめるものとすれば、諸資本の競争の基準となる生産価格の形態も、価値法則の貫徹機構の基本形態をなすものとみなされなければならない。とりわけ、前章までのわれわれの検討にしたがえば、商品生産物の価値の実体と形態の関係において、不等労働量交換の余地があると考えられる剰余労働部分についても、生産価格論において、諸資本の競争をつうずる資本家社会的な分配原理が確定されるのであり、商品生産物における価値の実体による価値の形態の規制原理は、その全体の姿を理論的にあきらかにされることとなる。無政府的な市場価格の動揺のなかで背後の労働実体の規制をうけながら、諸資本が競争を介し生産価格を基準に生産物を売買するようくりかえし導かれるところに、価値法則の作用の現実的な態容が示されることになるのである。しかも、市場における偶然的価格変動をつうじ、諸資本が生産価格をこえる市場価格にたいしては生産拡大の速度を速め、逆の場合には逆の方向をとることにより、社会的欲望の体系に応じ必要とされる使用価値物の生産に社会的労働配分が無政府的に調整されてゆく。商品生産物に対象化される労働時間としての価値の実体が、価値の形態としての価格を規制する価値法則の作用も、このような社会的労働配分の調整を背後にふくんでいなければ、貫徹されえない関係にある。

生産価格を基本形態とする価値法則のこうした現実的貫徹機構は、商品経済に特有な無政府的な流通諸形態が、労働生産過程に原則的な労働の量関係を資本主義的生産関係として包摂し、さらに多数資本の競争を介し、社会的実体による規制をうけとめて展開する姿態にほかならない。したがって、『資本論』第一巻第一・二篇における価値の形態規定の展開とそれにもとづく資本の流通形式の規定は、それに続く資本の生産過程にそくした剰余価値生産の原理を介し、第三巻の領域において価値法則の現実的貫徹機構を解明するための、形態的基礎をあきらかにする意味をもっていたとみることができる。それとともに、外来的な流通形態としてまず考察される商品価値の価格としての相互関係も、またそれにもとづく資本の私的な貨幣増殖運動も、資本の生産過程における労働の量関係を実体的な社会的根拠とすることにより、明確に価値の法則的規制に服するものとしてあらわれ、その現実的態容の解明を要請するものとなる。こうして、生産価格を形成する諸資本の競争の機構は、資本の生産過程における剰余価値生産の原理とあわせて、それにさきだつ価値の形態規定の展開を体系的にうけとめ、それによって資本主義的生産の内的運動法則たる価値法則の現実的貫徹形態の基本を構成するものとしてあきらかにされてよいと考えられる。

『資本論』の生産価格論は、このような課題と理論体系上の位置をすでにほぼ明確にするものとなっている。それは、古典学派の価値論と同一の地平で生産物の交換比率の基準をたんに量的に精確に示したものではない。すなわちそれは、資本主義経済を究極の自然秩序とみなしていた古典学派のイデオロギー的制約を突破して、資本主義的生産の特殊な歴史性を明確にするために、商品経済に特有な価値の諸形態と社会的生産一般の基礎をなす労働の諸量との関連を、立体的に解明しようとした『資本論』の理論構成において始めて提示されえた理論的規定であった。しかしその生産価格の規定の展開にたちいってみると、マルクスに特有な価値の形態規定の展開の成果がかならずしも体系的に十分にうけとめられ理論展開に生かされているとはいえない。とりわけ、冒頭の商品の二要因論において、古典学派とくにリカードの価値論の手法を踏襲し、交換関係にある諸商品から使用価値を捨象し、商品の価値をその生産に支出された人間労働の結晶に帰着させ（K., I, S. 52. 岩㈠七三頁）、その後の全展開に等労働量の商品交換を価値法則の内実として前提したことは、前の諸章でみてきたように、価値の形態規定の展開自体にも、また価値法則の内容把握にも種々の難点を残していたが、その延長上に、生産価格論の理論構成にもかなり重大な一連の問題点を残す結果を生じている。次項ではそれらの問題点をふくめ、マルクスの生産価格論の展開の内容にさらにたちいって考察をすすめよう。

二　価値の生産価格への転化

1

『資本論』の生産価格論は第三巻の第一・二篇に示され、第二篇で「利潤の平均利潤への転化」と「商品価値の生産価格への転化」を論ずるまえに、第一篇で「剰余価値の利潤への転化」を考察する構成をとっている。この第一篇の主題は、その第一章「費用価格と利潤」および第二章「利潤率」に展開されており、これにつづく「剰余価値率にたいする利潤率の関係」「回転の利潤率に及ぼす影響」「不変資本使用上の節約」「価格変動の影響」および「補遺」の五つの章は、すでに与えられた規定の応用ないし補足にあてられているとみてよい。また最初の二章は、時期を異にしておなじ問題を取扱った草稿を並べて編集してあるため、内容上重複するところも多い[1]。

そこでここでは、第二章を補足的に参照しながら、第一章をおもにとりあげて検討してゆくことにしよう。この第一章の前半で、マルクスはまず費用価格の規定をつぎのようにあきらかにしてゆく。

すなわち、資本主義的に生産される商品において「商品価値のうち、消費された生産手段の価格と充用された労働力の価格とを補塡する部分は、資本家自身がその商品に要費したものだけを補塡し、したがって資本家にとって商品の費用価格をなす。」（K., III, S. 34. 岩㈥四二頁）「商品の資本家的費用は資本の支出によって計られ、商品の現実的費用は労働の支出によって計られる。それゆえに、商品の資本家的費用価格は、商品の価値または商品の現実的費用価格とは量的に異なる。それは、商品価値よりも小さい。」この「商品の費用価格は、けっして資本家的簿記中のみに存在する項目ではない。この価値部分の独立化は、現実の商品生産においてたえず実際につらぬかれてゆくものとなる。というのは、それは、その商品形態から流通過程を経てたえずふたたび生産資本の形態に再転化されなければならず、したがって商品の費用価格は、その商品の生産に消費された生産要素をたえず買いもどさなければならないからである。」（K., III, S. 34-37. 岩㈥四三頁）

このように、各商品の生産に消費される生産要素を買いもどすべき価値部分として費用価格があらわれるかぎり、価値形成増殖過程において生産諸要素が演ずる異なった役割は問題とされない。そこでは「不変資本と可変資本との区別は消えさっている。」（K., III, S. 42. 岩㈥四九頁）ただ、商品の生産に充用される固定資本が、流動資本と異なり、平均磨損分ずつ部分的にのみ費用価格に入るという区別だけがみとめられる。「とはいえ、商品の費用価格と前貸資本とのあいだにこういう差異があるということは、ただ商品の費用価格が、商品の生産のために現実に支出された資本によってのみ形成されるということを確証するにすぎない。」（K., III, S. 43. 岩㈥五〇頁）

こうして、マルクスが生産価格論の出発点を費用価格の規定におき、商品の生産に要した生産要素を買いもどすために必要な価格部分としてこれを示していることは注目に値する。それは商品価値の貨幣を介する価格形態のうちに、資本の競争を規制する原理を確定してゆく始点をあきらかにしようとするものと考えられるからである。しかも、この費用価格は、マルクスも指摘しているように、たんに各商品の生産に支出された資本を貨幣形態で補塡すべき簿記項目をなすものではなく、流通過程をつうじ、各商品の再生産に要する労働力と生産手段との補塡を実体的に保証してゆくべき価格部分をなしている。したがって、費用価格は、各商品の再生産に要する生産手段に対象化されている労働とこれに加えられる生きた労働を、商品売買のうちに各生産行程に補塡せしめる価格部分としてあらわれ、資本主義的生産にもとづく商品価値の価格としての形態的関連において、各商品の生産に要する労働量による実体的規制が現実的にうけとめられるさいの基本形態をなすものと考えられる。

さらにここで注意しなければならないのは、このような費用価格の規定と意義が等労働量交換としての価値関係においてのみ成立するものではないという点である。市場における価格の変動をつうじ、さしあたりある程度安定した価格体系がその基準をなしているかぎり、そのような価格体系のなかで、各商品の生産に要した生産要素に支出された資本を補填するとともに、、それをつうじ各商品の生産に要する生産諸要素と労働量の補填を可能とする費用価格の規定は十分にあきらかにされうる。のちにみてゆくように、その点では市場価格の基準が不等な労働量の交換をともなう生産価格の体系としてあらわれてもかわりはない。そうとすれば、生産価格の基本となる費用価格の規定は、むしろ等労働量交換としての価値関係によるものとしてではなく、はじめから――背後の生産力と実質賃銀の体系を反映した――市場における価値の形態としての価格体系のうちに示されるものと規定されてよいのではなかろうか。

しかし、マルクスは費用価格をこのように商品に対象化された労働量と比例しない価格体系のなかでもあきらかにしうるものとはしていない。費用価格を一方で生産諸要素の補填に要する価格部分として規定しながら、他方でその価格部分は商品の生産に要する労働時間に規定された商品価値 $W = c + v + m$ のうちの $c + v$ の補填価値を示すものとみなし、かくてむしろ、労働量に比例した価値をそのまま価格とする想定のもとに考察をすすめているのである。

2

これに対応し、第一章の後半で費用価格をこえる剰余価値を利潤として規定してゆくさいには、もっぱら商品の生産に投下された労働量にそのまま規定される商品価値の構成部分として剰余価値 m がとりあげられてゆく。そのかぎりでは、費用価格の規定を商品価値の価格としての形態的関連のなかで規定する観点は剰余価値の規定にはほとんどおよぼされていない。「貨幣の資本への転化」論において、価格形態をつうずる商品の売買に前貸された貨幣の増加分として、剰余価値の形態規定が示されていたこともここには生かされていないわけである。商品の生産に投じられる労働に比例して価値と価格が規定されるという前提のもとに、剰余労働による「剰余価値 mが、可変資本 v の価値変化からのみ生じ、したがって元来はただ可変資本の増加分であるにもかかわらず、生産過程の終ったあとでは、やはり支出された総資本 $c+v$ の価値増加分をなす」（*K*., III. *S*. 44. 岩㈥五二頁）ということから、前貸総資本の所産とみなされ、利潤とされることにここでの考察の重点がおかれているのである。

すなわち、「さしあたりまず剰余価値は、商品の価値のうち商品の費用価格をこえる超過分である。しかし、費用価格は、支出された資本の価値に等しく、またたえずこの資本の素材的諸要素に再転化されるのであるから、この価値超過分は、商品の生産で支出されて商品の流通から復帰してくる資本の価値増加分である。」「とはいえ、剰余価値は、前貸資本中、価値増殖過程に入る部分にたいしてのみではなく、それに入らない部分にたいしても増加分をなす。つまり、商品の費用価格から補塡される支出された資本にたいしてのみではなく、およそ生産に充用された全資本にたいする価値増加分をなす。」「このように前貸された総資本の所産と観念されたものとしては、剰余価値は、利潤という転化された形態を与えられる」（*K*., III. *S*. 44-46. 岩㈥五二—五五頁）と。

このように、費用価格をこえる価値超過分としての剰余価値が、たんに費用価格に支出された資本の増殖分としてではなく、「前貸された総資本の所産」として、すなわち「前貸された資本のうちの、商品の費用価格に入る部分からも、費用価格に入らない部分からも、一言でいえば充用資本の固定成分からも流動成分からも等しく生ずる」（*K*., III. *S*. 46. 岩㈥五五頁）ものとしてあらわれるのはなぜか。マルクスは、一方で、「素材的には総資本が生産物形成者として役立ち、労働手段も生産材料も労働も同様にそうである。総資本は価値増殖過程にはその一部分しか入らなくても、素材的には現実の労働過程に入る。おそらくこれが、総資本は費用価格の形成にはその一部分しか寄与しないが、剰余価値の形成には全体として寄与するということの理由なのであろう」（*K*., III. *S*. 46. 岩㈥五五頁）といい、生産過程における「剰余価値の形成」に全資本が「寄与する」ことを理由としてあげている。しかしこのように生産資本の機能にそくしてみるだけでは、かえって「剰余価値の形成」にたいする「寄与」が不変資本と可変資本とで異なることも考慮されざるをえないことになりかねない。

マルクスも他方で、つぎのように述べ、不変資本と可変資本の区別が問題外とされるのは、資本の費用価格としての前貸形態をとおしてのことであるとしている。

すなわち、「費用価格の外観上の形成においては、不変資本と可変資本との区別はみとめられえないのであるから、生産過程のうちにおこる価値変化の根源は、可変資本部分から総資本に移されざるをえない。一方の極で、労働力の価格が労賃という転化された形態であらわれるのであるから、反対の極で剰余価値が利潤という転化された形態であらわれるのである」（*K.*, III, S. 46. 岩㈥五六頁）と。

たしかに市場における商品価値の価格としての形態を前提に、貨幣としての資本価値が、費用価格にまとめられて生産諸要素の購入に支出され、製品の販売をつうじ補塡さるべきものとしてあらわれるかぎり、生産過程における資本の諸要素の機能の相違は考慮外におかれる。マルクスも第一章に入ると「資本の一般的定式はG—W—G′である」（*K.*, III, S. 51. 岩㈥六三頁）ことを、あらためて再確認し、そのうえで「資本家にとっては、彼が可変資本から利益を打ち出すために不変資本を前貸するというように事柄をみるか、または不変資本を価値増殖するために可変資本を前貸するものとみるか、すなわち機械と原料により高い価値を与えるために貨幣を労働賃銀に支出するものとみるか、または労働を搾取することができるように貨幣を機械装置と原料に前貸するものとみるかは、どちらでもよいことなのである」（*K.*, III, S. 52. 岩㈥六四頁）といっている。すなわち、剰余価値が前貸総資本の所産として利潤とされるのは、資本がほんらい流通形態として——価格関係を前提に前貸貨幣の増殖をすすめる運動体として——あらわれることに由来する面がある。労働力商品の価値の代価が、労働時間全体への報酬とみなされて労賃形態を与えられるのも、商品経済とともに古くからみられる職人等への労賃の支払形態を、近代的な資本がひきつぐものであり、しかも資本はこれをより多額な貨幣に販売すべき商品の入手に要する購買の費用の一部のように取扱うのである。マルクスのいうように「労働力の価格が労賃という転化された形態であらわれる」ことは、可変資本から総資本に価値変化の根源を移す直接の原因とはみなしえないにせよ、利潤形態と労賃形態の両者がともに生産過程にたいする商品経済の外来性に根ざすもので、あい照応する関係にあることはあきらかである。

　むろん、産業資本はそれにさきだつ商人資本的形式の資本とことなり、労働力の商品化にもとづきみずからの生産過程の内部に価値増殖の根拠をもっている。それにともない、それぞれの産業資本は、特定の使用価値物の生産にあてられる機械設備等の固定資本にも、貨幣価値を投資し、その回収と増殖をはからなければならない。したがって、商人資本的形式の資本のように、各商品の購買価格にたいする販売価格の差額の効率を利潤率として比較し、より有利な商品の取扱いに資本を簡単に動かしてゆくわけにはゆかない。ある商品一単位の生産に要する生産諸要素の購入価格としてまとめられる費用価格の中にも、固定資本の償却部分を重要な部分として含めざるをえない。と同時に、費用価格と販売価格の差額として得られる剰余価値も、一定期間における固定資本をふくんだ全前貸資本の増殖分として、その効率が比較されざるをえない。そのいみでは、産業資本の利潤は、商人資本的な資本とおなじく必ず価格形態をとおして取得されるのではあるが、その背後の生産過程で素材的に全資本が商品生産物の形成に寄与するということを前提に、商人的資本の場合に比して、あきらかに、前貸総資本の所産としてうけとられその効率を問題とされる性質がつよい[2]。費用価格と販売価格の差額の程度は、商品単位あたりの利潤率として考慮されるとしても、同時に、より重要な前貸総資本の所産としての利潤率を規定する基礎的契機とみなされることになるのである。

　このように、費用価格をこえる剰余価値が、固定資本をふくむ前貸総資本と対比され、一定期間におけるその取得の効率が重視されるのは、生産過程を有する資本における利潤の特性を示すものといえよう。しかし、だからといって、利潤形態自体がそのような産業資本の運動にもとづいてはじめて成立するというものではないと考えられる。すなわち、その点では、「資本一般の最初の自由な存在様式」(K., III. S. 349. 岩㈥五二九頁)としてあらわれる商人資本的形式の資本において、前貸貨幣の増殖分としての剰余価値がすでにいわゆる譲渡利潤の形態でうけとられていたことを理論的にも無視してはならない。産業資本も、そうした商人資本的形式の資本を、資本の原始的形式として前提し、その形態をひきついでいるのである。

ところが、マルクスは『資本論』の第一巻における「貨幣の資本への転化」論において、G―W―G′を「資本の一般的定式」として規定しながら、そこに示される貨幣の増殖分としての剰余価値を、利潤の形態としては展開していない。そして資本の増殖分としての剰余価値が、理論的には商品売買のみでは成立しえないということに考察の重点を移していた。したがって『資本論』では、歴史的考察としてはともかく、理論展開の内容からすれば、資本は生産過程における剰余価値の生産によってはじめて成立し、生産された剰余価値の転化形態としてはじめて利潤形態が成立するという構成がとられているのである。そのことは、さきに第一・二章でみたように、マルクスが、冒頭の商品論において、人間労働の結晶として実体的に一面化された価値規定を与え、その後の全展開に等労働量の商品交換を価値法則の内実として前提していることに深くむすびついていた。それとともに、産業資本も個別的にはその増殖の程度を労働時間によっては尺度しえず、前貸資本とその増分の貨幣形態における比較としてあらわれる利潤ないし利潤率によって、その運動を尺度し規制するほかはないという点は不明確にされ、生産価格論の展開にも種々の制約が生じているのである。

たとえば、マルクスは費用価格をこえる商品価値の超過分としてえられる剰余価値を、前貸総資本に対置して利潤ないし利潤率の規定を与えてゆく場合、商品価値、剰余価値、前貸資本価値が、費用価格とおなじく価格形態において、支出ないし回収される貨幣の額として比較されるものであることを十分明確にしようとせず、つぎのようにいっている。

「商品のうちにふくまれる価値は、商品の生産に要する労働時間に等しく、そしてこの労働の総量は、支払労働と不払労働とから成る。これに反して、資本家にとっての商品の費用は、商品に対象化されている労働のうち彼が支払った部分だけから成っている。」「剰余価値または利潤は、まさに商品の費用価格をこえる商品価値の超過分に、すなわち、商品に含まれる総労働量をこえて商品にふくまれる総労働量の超過分にある。」（*K.*, III, S. 52.

岩㈥六五頁）

このように、商品価値、剰余価値はもとより費用価格や利潤まで、商品の生産に要する労働時間の内部区分として、直接に労働時間で尺度されるものとして扱われるかぎり、価値の法則的規制にしたがえば、各資本はその生産過程で支出される剰余労働に応じた剰余価値を利潤としてうけとるものとなる。したがって、資本の有機的構成ないし回転期間が異なり、そのため前貸総資本とその雇用する労働者数の比率が異なる産業諸部面のあいだには、利潤率の相違が法則的に生ぜざるをえないことになる。

3

マルクスは『資本論』第三巻第二篇「利潤の平均利潤への転化」において、まずこの点を第八章「生産部門の相違による資本構成の相違とそれにもとづく利潤率の相違」として考察してゆく。(3) そしてその結果をつぎのように要約している。

「要するに、われわれはつぎのことを示した。種々の産業部門において、諸資本の不等な有機的構成に対応し、また前述の限界内では諸資本の不等な回転期間にも対応して、不等な利潤率が支配するということ。したがってまた、利潤は諸資本の大きさに比例し、したがって等しい大きさの諸資本は等しい期間内には等しい大きさの利潤を生むという法則が（一般的な傾向からみて）妥当するのは、おなじ剰余価値率のもとでは、ただ諸資本の有機的構成がおなじである場合――回転期間がおなじであることを前提して――だけだということ。ここに展開したことは、諸商品がそれらの価値どおりに売られるという、一般にこれまでわれわれの論述の基礎であった基礎の上であてはまる。他方、非本質的で偶然的な相殺されるような差異を別とすれば、相異なる産業部門についての平均利潤率の不等は、現実には存在せず、また、資本主義的生産の全体制を止揚することなしには存在しえないであろうということには、すこしも疑う余地はない。それゆえ、価値理論は、ここでは現実の運動と一致しえ

	資　本	剰余価値率	剰余価値	生産物価値	利潤率
Ⅰ	$80c+20v$	100%	20	120	20%
Ⅱ	$70c+30v$	100%	30	130	30%
Ⅲ	$60c+40v$	100%	40	140	40%
Ⅳ	$85c+15v$	100%	15	105	15%
Ⅴ	$95c+5v$	100%	5	105	5%

ず、生産の事実上の現象と一致しえないかのようにみえ、したがって一般に諸現象の理解は断念されなければならないかのようにみえる。」（*K.*, III, S. 162. 岩㈥二三九―二四〇頁）

こうしてマルクスは、ここで、異なる産業諸部門の資本が一般に平均的な利潤率をあげるという法則と、等労働量交換としての価値法則が一致しえないかにみえることをあらためて問題とし、第九章「一般的利潤率（平均利潤率）の形成と商品価値の生産価格への転化」に入る。そのさい、第八章の最後では、各商品一単位の生産に等量の資本が支出されている諸部門の間では、資本構成がいかに異なろうと費用価格はおなじであり「この費用価格の同等性が諸投資の競争の基礎をなし、この競争をつうじ平均利潤が形成される」（*K.*, III, S. 163. 岩㈥二四〇頁）という。しかし第九章では、この規定は生かされているとはいえない。平均利潤は、むしろまず費用価格のとくに価格形態としての規定性や、それにもとづく諸資本の競争を介さずに示されてゆく。

すなわち、マルクスは第九章でまず上のような表を示し、そこから利潤の平均率とそれを実現すべき生産物価格をつぎのように規定している。

「この五つの部面に投下された資本の総額は五〇〇、これらの資本によって生産された剰余価値の総額は一一〇、それらによって生産された商品の総価値は六一〇である。われわれがこの五〇〇を一つの資本とみて、ⅠからⅤまではその資本の種々の部分をなすにすぎないとみるならば（たとえばある木綿工場で、種々の細部門、すなわち梳綿室、前紡室、精紡室、織布室に可変資本と不変資本の種々の比率があって、全工場の平均比率はあらためて計算してみなければならないという場合のように）、第一に、この五〇〇の資本の平均組成は$390c+110v$すなわち百分比では。$78c+22v$であろう。一〇〇という各資本をたんにこの総資本の五分の一とみれば、その組成は、この78c ＋22vという平均組成であろう。同様に、各一〇〇にたいし平均剰余価値として、二二が帰属するであろう。したがって、利潤の平均率は二二％であり、そして最後に、五〇〇によって生産された総生産物の各五分の一の価格は、一二二であろう。そこで、前貸総資本の各五分の一の生産物は、一二二で売られなければならないであろう。」（*K.*, III, S. 165. 岩㈥二四二—二四三頁）

マルクスはここで、各部門はいずれも年一回回転し、各一単位の生産物を生産しているものと想定していると解される。この数字例からマルクスは、二二％という一般的利潤率を導くとともに、その利潤率に従い各部門の単位生産物に割当てられる平均利潤二二を、各商品生産物の費用価格 c ＋ v の一〇〇に加えた価格として、生産価格をつぎのように規定している。

すなわち、「前貸資本一〇〇にたいし二二という平均利潤をⅠからⅤまでの諸商品の各費用価格に加えることによって生ずる価格の偏倚は相殺される。諸商品の一部分が価値以上に売られるのとおなじ割合で、他の部分が価値以下で売られるのである。そして、このような価格で諸商品が売られることによってのみ、ⅠからⅤまでの資本の有機的構成の相違にもかかわらず、ⅠからⅤまでの利潤率が均等に二二％であるということが可能にされるのである。種々の生産部面の種々の利潤率の平均がひきだされ、この平均が種々の生産部面の費用価格に加えられることによって成立する価格、これが生産価格である」（*K.*, III, S. 167. 岩㈥二四五—二四六頁）と。

あきらかにここでは、平均利潤は、生産諸部門に投じられている諸資本を「単一の総資本としてみる」（*K.*, III, S. 166. 岩㈥二四四頁）ことによって、その各可除部門に剰余価値が資本量に応じ平均配分されるものとして示され、各部門の資本は、あたかも一企業内の各作業場への投資、ないし「株式会社のたんなる株主として」（*K.*, III, S. 168. 岩㈥二四七頁）収益の平均配分をうけるものとみなされる。そのかぎりでは、平均利潤ないしその前提となる一般的利潤率が、費用価格とそれにもとづく諸資本の競争を介して成立する関係は、これまでのところでは理論的に明確にされているとはいえない。むろんマルクスもすぐつづいてつぎのように述べ、一般的利潤率が諸資本の競争によって成立することは指摘している。

すなわち、「種々の生産部門に投じられた諸資本の有機的構成が異なる結果、したがって与えられた大きさの総資本のなかで可変部分の占める百分比の相違に応じ、おなじ大きさの諸資本がひじょうに異なる量の労働を動かすという事情の結果、それらの諸資本に取得される剰余労働の量もひじょうに異なり、また諸資本によって生産される剰余価値の量もひじょうに異なる。これに応じて、種々の生産部門で支配的な利潤率は、元来ひじょうに異なっている。これらの相異なる利潤率は、競争によって、これらの相異なる利潤率全体の平均である一つの一般的利潤率に平均化される。この一般的利潤率に応じて、与えられた大きさの資本に、その有機的構成のいかんをとわず帰属する利潤が平均利潤とよばれる」(K., III, S. 167. 岩㈥二四六―二四七頁)と。

しかしこの場合にも、諸資本の競争は、費用価格のとくに価格形態としての規定にもとづいて展開されているとはいえない。さきに単一の総資本の各可除部門への剰余価値の平均配分として一般的利潤率を示していたさいにも、ここで競争を介して一般的利潤率が成立するとする場合にも、資本およびその商品生産物に対象化されている労働時間とその内部区分が、そのままそれぞれの価値とその内部区分を示すものとされていることに変りはない。したがって、一般的利潤率は、諸資本の競争をとおして成立するとされる場合にも、各部門に投じられている資本の労働量としての各一定分量に、平均的な剰余労働量を帰属せしめる比率として、直接に労働時間を尺度に考察されているのである。それは、商品価値をその生産に要する労働時間に直接還元する古典学派の労働価値説を前提に、一般的利潤率と生産価格をおなじ労働による価値の実体規定の理論次元の平面上でみちびこうとするところに生じた取扱いではないかと考えられる。

しかしそのような取扱いは、『資本論』に特有な価値形態論の成果を生かす方向にあるとはいえない。価値の形態規定の展開にしたがえば、諸商品の価値は、価格形態において、直接的には貨幣の各分量との交換比率として表示され尺度される。資本も直接的には、商品売買をつうじ貨幣の増殖をすすめる価値の運動形態としてあらわれるのであり、生産過程を包摂する産業資本も、個別的には諸商品の価格形態を前提に、生産諸要素の購入に前貸される資本総額と一定期間におけるその増分とを貨幣額において比較して、利潤率としてのその増殖の効率を運動の尺度とする形態をはなれてはありえない。

マルクスも、前貸総資本、費用価格、利潤ないし平均利潤といった生産価格の規定要素を、労働時間で尺度される価値関係として展開する取扱いとならんで、部分的には、それらを価格形態において、貨幣量で尺度されるものとして展開しようとする取扱いを示している。すでにみたように、費用価格は、あきらかに、商品の生産に要する生産諸要素の購入に支出された資本の貨幣価値を補塡すべきものとして規定しているところがあった。それに対応して、マルクスは、「資本と労働とが相対する」資本の「内的な有機的生活」から、「資本と資本とが相対し、他方で諸個人もまたふたたびただ買い手と売り手として相対する」資本の「外的な生活関係」に考察領域が移行しているここでは、「剰余価値そのものも労働時間の取得の産物としては現われないで、商品の費用価格をこえる商品の販売価格の超過分として現われる」(K., III, S. 54. 岩㈥六七頁)と述べて、価格関係のうち剰余価値の利潤としての形態を考察しようとしているところもある。生産価格についても、たとえば「資本家が彼の商品をその生産価格で売るとすれば、彼は自分が生産において消費した資本の価値量に比例して貨幣を回収し、社会的総資本のたんなる可除部分としての彼の前貸資本に比例して利潤をうち出すのである」(K., III, S. 169. 岩㈥二四八頁)と説き、平均利潤を貨幣形態において回収せしめる販売価格であることを示しているところがある。こうした諸規定は、『資本論』第一巻の第一・二篇における価値の形態規定の展開に呼応して、諸資本の競争の現実的形態を理論的に明確にする方向を示すものとして、評価されてよいところであろう。

じっさい資本は、ことに競争をつうじ剰余労働の剰余価値としての配分を争う個別資本の運動にそくしてみると、こうした価値の価格としての形態的関連をとおして、貨幣額における前貸資本の増分を利潤ないし利潤率としてうけとり、これによってみずからの運動を規制するほかはない。社会的な再生産の実体としての労働の量関係を直接にその運動の尺度とするものではありえない。労働の量による価値の規制と価値関係をつうずる労働配分の調整も、貨幣を尺度とする価値の価格としての形態的関連と、それにもとづく資本の利潤率をめぐる運動のうちにのみ展開される。そこに、社会的実体としての労働の量関係を商品経済に特有な量形式において編成する資本主義的生産の特殊な歴史性が、理論的に展開された姿態において示されることになるのである。そのいみで、『資本論』が、部分的にせよ、価値の価格としての形態規定のうちに、費用価格、利潤、生産価格などの規定を展開しようとしていることは見逃されてはならない。しかしその反面で、諸商品の等労働交換を価値法則の内容として前提し、労働の量をそのまま示すものとして商品と資本の価値を取扱い、費用価格、利潤、生産価格等の規定をその内部区分から導く論理をむしろ基本としている点には疑問がのこらざるをえない。後者のような論理では、資本主義的生産とその運動を支配する価値法則の特殊な歴史性も理論的に十分明確にされえないおそれがあると考えられるのである。

4

そればかりではない。諸商品の等労働量の交換を価値法則の内容として前提し、これにもとづき生産価格を展開する論理には、さらにつぎのような二つの重大な問題点が伏在していた。

すなわち、第一に、資本の生産物が生産価格を基準に売買され、諸部門に均等な利潤率が与えられる関係が法則的に示されるかぎり、資本の構成と回転期間の異なる諸部門の商品生産物のあいだに、ことに剰余労働部分についての等労働量の交換は成立しえない。したがってそこには等労働量交換としての価値法則がそのまま貫かれているとはいえない。逆に価値法則がそのまま貫かれるなら諸部門の利潤率に相違が生じざるをえない。

『資本論』第三巻の第九章で生産価格の規定を展開したのちに、第一〇章「競争による一般的利潤率の均等化。市場価格と市場価値。超過利潤」の前半で、マルクスはこの問題にたちもどり、「このばあい本来困難な問題は、この諸利潤の一般的利潤率への均等化がどのように行われるかという問題である。なぜならこの均等化はあきらかに結果であって出発点ではありえないからである」（K., III, S. 183. 岩㈥二七二頁）と述べ、さらにさかのぼって「このような諸商品の現実の価値どおりの交換はそもそもどのようにして成立したのか」（K., III, S. 184. 岩㈥二七二—二七三頁）という設問をみずから提示していた。すなわちここでは、諸商品が価値どおりに売られるか生産価格で売られるかは、「あきらかに二つのまったく異なる事柄である」とみなされ（K., III, S. 184. 岩㈥二七三頁）、後者が資本主義的生産にもとづく商品売買に支配的な法則としてあらわれることを解明した時点でふりかえり、前者すなわち価値どおりの売買が、資本主義的生産のもとで一般に成立しうる法則であったかどうかをあらためて問題としようとしているわけである。そして、つづいて「労働者たち自身がめいめい生産手段をもっていて、彼らの商品を相互に交換し合う」単純商品生産を想定し、そこでは資本主義的にみた「利潤率の不等はどうでもよい事情」となり、価値どおりの交換が成立しうると述べ、「かくて、その価値どおりの、または近似的に価値どおりの諸商品の交換は、資本主義的発展の一定の高さを必要とする生産価格での交換よりも、はるかに低い一段階を必要とする。」「したがって、価値法則による価格と価格運動の支配は別としても、諸商品の価値をたんに理論的にのみでなく、歴史的にも生産価格の先行者とみなすことはまったく適切である」と説いていたのである（K., III, S. 185-186. 岩㈥二七四—二七七頁）。

このように価値を生産価格の歴史的先行者とみなす解釈は、『資本論』第三巻への「補遺」の「一、価値法則と利潤率」のなかで、エンゲルスによって敷衍され、さらにベーム＝バウェルクに対するヒルファディングの反論のなかで強調されて以来、価値法則と生産価格の展開関係をあきらかにするうえで有力な解釈とされてきた。しかし、価値法則の妥当性を資本主義にさきだつ単純商品生産によって示そうとする見地には、序章一の3でも述べたように、『資本論』の理論構成の解釈としても、理論的内容としても疑問の余地が大きいといわなければならない。そこで、価値法則と生産価格の規定を歴史的前後関係において解釈する無理を避けて、たとえば各産業部門をつうじ均等な資本構成と回転期間を想定して、商品生産物の等労働量交換としての価値法則を説くような手法も考えられる。しかし、それは便宜的な設例としてはともかく、価値法則をいわば第一次的接近としての仮説ないし理論モデルとして主張するものとなり、その現実的で実在的な妥当性を理論的にかえって否定するおそれがあった。そうとすれば、価値と生産価格の展開関係をめぐり、マルクスが第三巻第一〇章でかえりみて提起しようとしていた問題は、価値法則の論証の内容とその展開の論理にわたり今日なお十分に解決されているとはいえないであろう。(4) 前章におけるわれわれの検討も、内容上この問題点の根源に関連するものであった。

第二に、諸商品の等労働量交換を価値法則の内容として前提し、それにもとづき商品生産に支出される労働量の内部区分として費用価格、剰余価値ないし利潤を規定し、生産価格を展開してゆく論理は、生産価格論の内部においても、いわゆる費用価格の生産価格化をめぐる難問をのこしている。

すなわち、マルクスは第三巻第九章の後半で、それまでの展開にもとづき、諸商品の価値から生産価格が偏倚する関係は相殺され、諸商品の生産価格総額は価値総額に等しくなるという命題を示し、ついで「この命題と矛盾するかにみえるのは、つぎの事実、すなわち資本主義的生産においては、生産資本の諸要素は通則として市場で買われるのであり、したがってそれらの価格はすでに実現された利潤をふくみ、したがってまた一産業部門の生産価格がそれのふくむ利潤とともに——つまり一産業部門の利潤が——他の産業部門の費用価格に入る、ということである」(K., III, S. 169. 岩㈥二四九—二五〇頁) と問題を提示している。このように費用価格の要素となる生産手段も、対象化されている労働量とかならずしも比例しない生産価格で取引され、その生産価格において費用価格に入る関係は、その生産手段の生産に必要な費用価格の要素がまた生産価格化されるというように無限に遡及しうる。それとともに、費用価格の他の要素である労賃部分も、労働者の必要生活手段がその生産に要する労働量にかならずしも比例しない生産価格で取引されるので、そのいみでは生産価格を介し規定されるべきものとしてあらわれる。

マルクスは、これをうけて、「可変資本についていえば、たしかに平均的な日労働賃銀は、つねに必要生活手段を生産するために労働者が労働せねばならない時間数の価値生産物に等しい。しかしこの時間数自体また、必要生活手段の生産価格の価値からの偏倚によって変造される」(K., III, S. 171. 岩㈥二五二頁) といい、さらに $80c+20v$ の中位構成の資本において、80cが生産価格に規定され、その価値から偏倚しうるなら、「同様に、その生産価格と価値とがちがう諸商品が労働賃銀の消費に入り、したがって労働者がこれらの商品の買戻し（それらの補塡）のために、生活必需品の生産価格とその価値が一致するばあいに必要であろうよりも、長時間または短時間労働せねばならず、したがって、より多量またはより少量の必要労働をなさねばならないばあいには、20vもその価値から偏倚しうるであろう」（K. III, S. 217. 岩㈥三二五頁）と述べている。すなわち、ここでは生産価格の規定を介し、必要労働と剰余労働の区分も変更をうけ、資本と賃労働の価値関係が生産価格の成立により変更されうるとみなされているわけである。しかし、生産価格をつうずる剰余価値の利潤としての分配関係は、本来、資本家と労働者との間の剰余価値の生産関係の実体に影響をおよぼしうるものではなかったのではなかろうか。

いずれにせよ、費用価格を構成する不変資本の諸要素と可変資本のいずれもが、いまや生産手段と生活手段の生産価格としての規定をうけ、労働量に比例する価格で購入されるものとはいえなくなる。したがって平均利潤もいまや、労働量を尺度として各部門の資本に前貸価値に比例する剰余価値の平均配分を与えるものとはみなしえなくなる。むしろ労働の量とはかならずしも比例しない生産価格に規定された生産諸要素の購入に投ぜられる前貸資本の貨幣額に比例する、剰余価値の貨幣表現における平均配分を与えるものとしてあらわれることになろう。

したがって、マルクスの提起している費用価格の生産価格化の問題を展開し、その結果からみるならば、生産価格を規定する諸契機は、いずれも生産に要する労働量を直接の尺度とするものではなく、生産価格を基準とする市場価格関係のうちに、したがって価格を表示する貨幣額を尺度として扱われるものとなる。そうなると生産価格の規定の基礎となる費用価格と利潤を、各商品の生産に要する労働時間の内部区分として扱い、労働量で尺度される価値関係としていたことが、ここでもあらためて再考を要する問題となる。少なくとも、費用価格の諸要素の生産価格化をつうじ、各商品に対象化された労働量としての価値の実体から、生産価格の体系がどのように整合的に導かれ、価値の実体と生産価格との間にどのような量関係がみいだされるかがあきらかにされなければならないであろう。そのさいとくに、「すべての異なる生産部面の利潤の総計は剰余価値の総計に等しくなければならず、また、社会的総生産物の生産価格の総計はその価値の総計に等しくなければならない」(*K.*, III, S. 182. 岩㈥二七〇頁)という、マルクスの総計一致二命題の成否が理論的に重要な問題点となりうる。

しかし、マルクスは費用価格の生産価格化の問題をこのような方向に展開しようとしていない。むしろ商品に対象化されている労働量をそのまま価値とする前提を固持したまま、一般に問題は「つねに剰余価値として入るものが一方の商品で過多なだけ他方の商品では過少であるということに、したがってまた諸商品の生産価格のうちにある価値からの偏倚も相殺されるということに帰着する」(*K.*, III, S. 171. 岩㈥二五二頁)といい、さらにつぎのように述べてこの問題の考察をいちおう打ち切っているのである。

すなわち、「以上に与えられた展開によって、諸商品の費用価格の規定にかんしてはあきらかに一つの修正が入ってきている。最初は、商品の費用価格はその商品の生産に消費される諸商品の価値に等しいと仮定された。しかし、一商品の生産価格は、その買手にとっては費用価格であり、したがって、費用価格として他の一商品の価格形成に入りうる。生産価格は商品の価値と一致しないことがありうるのだから、他の商品のこのような生産価格がふくまれている一商品の費用価格もまた、その商品の総価値のうちの、その商品に入る生産手段の価値によって形成される部分よりも大きいかまたは小さいことがありうる。費用価格のこの修正された意義を銘記すること、したがってまた一特殊生産部面において商品の費用価格がその商品の生産に消費された生産手段の価値に等置される場合はつねに誤謬が可能であることを銘記することが必要である。われわれの当面の研究にとっては、この点にこれ以上くわしくたち入ることは必要でない」(*K.*, III, S. 174. 岩㈥二五七―二五八頁)と。

このように、費用価格の生産価格化をめぐり、マルクスがみずから提起している問題を十分解明しつくさず、中途で考察を打切っているところから、次節でみるような欧米の転形問題論争が発生し展開されてきている。その過程で、欧米マルクス学派の理論研究の水準も高められてきているが、なお論争問題に最終的決着が与えられているとはいえない。それは、ひとつには、論争の根源をなしているマルクス自身の価値論の展開における、古典学派的な手法の制約が体系的に払拭されないままに研究がすすめられ、逆に、マルクスに特有な価値の形態規定の展開が、問題の解決になお生かされていないことによるところが大きいと考えられる。その点では、戦後のわが国における宇野弘蔵に始まる『資本論』研究の新たな進展がきわめて重要な意味をもってきていると思われるので、宇野理論における価値と生産価格の展開関係をめぐる理論的貢献と、そこに残されている問題点につづいて検討をすすめておこう。

三　生産価格と価値法則

1

『資本論』を経済学の原理論の位置において再構成した宇野弘蔵の『経済原論』[5]は、価値と生産価格の展開関係についても、『資本論』にのこされている難点を新たな角度から体系的に解決する端緒をひらくものとなった。とりわけ、『資本論』第一巻第一・二篇の商品、貨幣、資本の形態規定の展開を、純粋の流通形態として整理した意義は大きい。というのはそれによって、『資本論』に特有な価値の形態規定の展開が、理論的に純化されるとともに、古典派経済学において一面的に実体化されていた価値規定の制約から解除され、同時に生産価格論の展開にのこされている問題の諸点を解決してゆくうえでも、有力な手掛りが与えられることとなったからである。

すなわち、宇野の『経済原論』は、第一篇の「流通論」において、さしあたり価値の社会的実体としての労働の量関係にふれることなく、商品経済の基本的な諸形態をマルクスに特有な価値の形態規定の発展として純化、再構成するとともに、第二篇の「生産論」において、資本主義的生産の特質にそくして、価値法則の必然性を論証する展開構成を示していた。こうした展開構成のなかで、社会的生産にたいし、ほんらい外来性をもってあらわれる商品経済における価値の価格としての形態的な関連と、諸社会に共通な経済原則としての労働の量関係との区分が、理論体系のうえで鋭く明確にされることとなった。そのうえで、労働力の商品化を基軸とする資本主義的生産において、はじめて商品経済の諸形態が徹底して社会的実体としての労働の量関係を包摂し、社会的労働量による法則的規制をうけるものとなることが体系的にあきらかにされている。それは、資本の運動のもとに、外来的な価値の形態的関連が、反転して社会内部の労働生産過程を無政府的に編成するところに成立する資本主義的生産の特殊な歴史性をあきらかにするものとして、その内的運動法則たる価値法則の必然性を理論的に把握する試みをすすめるものであった。

宇野の『経済原論』の第三篇「分配論」は、こうした展開構成を前提に、資本によって生産される剰余価値が、商品経済的に価格形態をとおして分配されてゆく原理を考察してゆく理論領域とされている。その第一章「利潤」では、資本が「利潤率を基準にして各種の生産部門を選択し、社会的に需要せられる各種の使用価値を、それには直接関心をもたない資本が、社会的に生産し、供給することになる。それはいわば商品経済的廻り道であるが、同時にまた社会的需要の充足を商品経済の法則をもって実現する、資本主義的に特有なる原理を具体的に展開するものである」とされ、これにつづく「地代、利子による剰余価値の分配も、この資本の原理の貫徹のための、いわば補助物をなすものである」[6]とされる。

こうして、宇野は、『資本論』にくらべいっそう明確に、利潤論における生産価格の規定の展開を、価値法則の貫徹機構として位置づけようとしている。すなわち、一方で、価値法則はもっぱら資本主義にさきだつ単純商品経済において妥当していたのであり、資本主義のもとでは価値法則に代って生産価格が商品交換を支配するに至るという解釈は、宇野『原論』の体系構成においてはもはやあきらかに成立しえない。価値法則は、資本主義以前の商品経済にも妥当する面をもつにせよ、とりわけ資本主義的生産の運動法則として論証され展開されるものとみなされているからである。宇野自身、基本的には、「資本家的商品が、価値を基礎とする生産価格で売買されるということは、価値法則に反するどころか、価値法則はそういう形でしか貫徹せしめられないことをしめすのである」[7]と説いていた。

しかも他方で宇野は、価値の価格としての形態規定とそれにもとづく資本の形態規定の流通論としての整備を前提に、貨幣を尺度とする商品と資本の価値の形態的関連が、生産過程にもとづく価値の法則的規制をどのようにうけとめるかをあきらかにする理論的領域として、生産価格論に整理を加えつつあった。たとえば生産価格論の出発点において、宇野は、「資本は、生産過程においてその価値増殖をなす産業資本としてG―W…P…W′―G′の運動を展開することになっても、G―W―G′の商人資本的形式を一般的形式とするものである。商人にとってWが単にGのG′への価値増殖の手段をなすのと同様に、生産過程において増殖される剰余価値も、安く買って高く売ることによって得られる剰余価値と共に、資本家は、産業資本にとってもW′はそれ自身にはその生産の目的をなすものではない。事実、その内に獲得するのであって、G―Wの過程で買入れられる生産手段と労働力との価格を、W′―G′の過程で販売される商品に対して、その費用価格となすのである(8)」としている。それは、宇野が、「貨幣の資本への転化」にさいし、G―W―G′の商人資本的形式において、すでに「資本Gに対して、剰余価値 g は利潤とせられるのであるが、それは運動体としての資本にとっては当然のことであるが、一定の時間を、例えば一年を基準にしてその増殖力を利潤率をもって表示される(9)」と規定し、『資本論』と異なり、剰余価値の利潤および利潤率としての規定も、流通形態論において示し、産業資本の運動形式の前提としていたことに対応し、あわせて、産業資本における費用価格とそれをこえる剰余価値ないし利潤が、商品の価格形態をつうじ貨幣価値の増殖を目的とする資本の運動のうちにあらわれる形態であることを、体系的に明確にしようとするものであった。

宇野によるこのような理論的展開は、価値と資本の流通形態としての価格関係と、資本の生産過程において示される価値の実体としての労働の量関係の次元の区分を明確にしつつ、両者の関連を価値法則の現実的貫徹の態容として解明する課題にそって生産価格論を整備する方向をあきらかに示唆している。

2

ところが、宇野による生産価格論の展開に一歩たちいってみると上のような整理の方向はかならずしも徹底していない。むしろ内容的には『資本論』の生産価格論の骨格がほぼそのまま踏襲されているといっても過言ではない。新『原論』（一四二―一四八頁）によってその大筋をたどれば、ほぼつぎのように展開がすすめられている。

すなわち、まず個々の資本家は販売価格を高め費用価格を節減することに努めるが、しかし「生産手段にしても、労働力にしても、その価格は、生産物たる商品の販売価格と同様に、一定の価値による基準を有していて、そう安く買うわけにはゆかないし、生産物もまたそう高く売るわけにもゆかない」とされる。そのうえで、あらためて商品価値の構成部分として$c+v$の費用価格とmの剰余価値が考察されることになるのであるが、そのさい宇野にあっても、商品に対象化されている労働時間ないしそれに比例する価格をそのまま価値とみなし、価値関係の内実を等労働量交換とみなす前提が表面にあらわれてくる。そのような前提にたてば、各生産部門の諸資本は、その雇用する労働者の剰余労働をそのまま剰余価値として取得することになるから、資本の構成と回転期間の異なる生産諸部門の間では、同一量の投下資本のあげる剰余価値量は異ならざるをえない。したがってまた、商品価値のうち費用価格をこえる剰余価値の投下資本にたいする比率である利潤率は、部門ごとに異なり、回転期間の差異をしばらく措けば、資本構成の高い部門より低い部門のほうが利潤率は高いこととなる。しかし、資本は利潤率を投資の基準として産業部門を選択するから、前者の部門をさけて後者の部門を選んで投下され、その結果、前者の生産物の価格は価値以上に騰貴し、後者の生産物の価格は価値以下に低落し、結局、同額の資本に利潤を均等にする価格、すなわち費用価格に平均利潤をくわえた生産価格が、市場価格の運動の基準となる。

さきにみたように、『資本論』の生産価格の規定が、まず、それにさきだつ費用価格と利潤の規定も、利潤率をめぐる諸資本の競争の論理も媒介せずに示されていたのにたいし、宇野は、このようにして、利潤率をめぐる諸資本の投資部門の選択を介して価値が生産価格に転化する論理を示している。しかしそのさい、利潤率の基礎となる費用価格や前貸総資本ないし剰余価値が、等労働量の交換としての価値規定を前提に展開されているかぎり、『資本論』の生産価格論の基本構成は、ほぼそのまま継承されることとなっている。また、宇野のここでの説明では、価値の生産価格への転化にともない、資本構成の高い部門から低い部門に資本が移転され、したがってたんなる剰余労働の配分関係のみならず、生産諸部門間の社会的労働配分全体の均衡関係に実体的変更が生ずるように読みとれる点にも問題がのこるといわなければならない。

ところで、資本構成の高低とならんで、資本の回転期間の長短も、資本による剰余価値生産の効率のうえに、同様の影響を与える。マルクスは、『資本論』第三巻第四章に「回転が利潤率に及ぼす影響」という表題のみを残しているが、エンゲルスがその本文を補記し、この点を数字例をあげてあきらかにしていた。これにたいし、宇野は、この回転期間を構成する生産期間と流通期間とを区別し、前者は、生産過程の性質により技術的に決定されるから「その相違による利潤率の差は、資本の構成の相違と同様に、価値の生産価格への転化によって解消されることになる。ところがこれに対して流通期間となると、その生産物の品質から一定の期間を限定されるものもないではないが、一般的にいって個々の場合に種々異るのであって、資本もこの点による利潤率の差は、直接に価値の生産価格化によって解決するというわけにはゆかない[10]」としている。そして商業資本が流通期間を専門的に担当することによってこの点による利潤率の差の平均化が実現されることを予示している。この点は、宇野による商業資本論の整理展開の論理とも深くかかわる興味ある理論問題をなしている。たしかに流通期間は、生産過程のように技術的な決定性をもたないで、無政府的な変動をふくむ面がある。しかし、諸産業の生産過程と生産過程の間の技術的関連や運輸技術さらには商取引の慣習や市場組織の態容などから、流通期間にも、需給の変動による延長短縮の基準となるような期間が部門ごとに形成される傾向があるものと考えてよいのではなかろうか。とくに、おなじ商品でも「個々の場合に種々異る」面をもつとはいえ、価格を下げれば販売期間が短縮されるといった関連がみとめられ、価格に社会的な基準が存在するかぎり、販売期間にもその時々の生産技術の体系と市場組織の構造を反映した各商品種類ごとの基準が示されることになるのではないかと考えられるのである。じっさいまた、産業資本は、その流通期間のすべてを商業資本に代位せしめるものとはいえないが、そのために、利潤率の均等化をめぐる競争の基準が確定されえないともいえない。こうして、生産期間と異なり、流通期間は一面的に不確定な期間であるとして、商業資本にこれを集中代位せしめる関係を予定し、生産価格論の展開において捨象する宇野の取扱いには疑問の余地がある。とはいえ、この論点は、生産価格論の展開をめぐる『資本論』と宇野『原論』の基本構成の上に重大な差異を生ずるものではなかった。

とりわけ等労働量の交換を価値法則の内容として前提して構成されているかぎり、宇野の生産価格論も、『資本論』の生産価格論にのこされていた問題の諸点を全面的に解決するものとなっているとはいえない。すなわち、その生産価格論は、一方で、価値法則を資本主義的生産の運動にそくして論証し、基本的には価値法則の貫徹機構として生産価格を展開しようとしながら、他方で、生産価格は価値から「乖離した価格」であり、これを基準とする「価格の運動は直接に価値法則によって規制せられるものとはいえなくなる」[11]とも規定せざるをえないものとなっていた。すなわち、生産価格は、一方で価値法則の「実現の機構」とみなされながら、他方で「価値法則をそのままに展開するとはいえない」[12]ものとされ、やや不整合な二面的理解のもとにおかれているのである。そのかぎりでは、マルクスが生産価格の規定の展開を経て、あらためてふりかえり「諸商品の現実の価値どおりの交換はそもそもどのようにして成立したのか」と述べていた問題は、宇野の理論構成にとってもいぜん難問としてのこされていたのではないかと思われる。

しかも、商品に対象化された価値実体の内部区分として費用価格 $c+v$ と剰余価値 m を規定することから出発し、生産価格を展開したのち、宇野も、費用価格の諸要素が生産価格で売買されるため、価値と生産価格の乖離が複雑な関係をふくむことはみとめていた。だが、この費用価格の生産価格化の問題をふまえてみると、商品生産物に対象化された労働量としての価値の実体規定から、どのようにして正確な生産価格の規定が導かれるかは、なおあきらかにされていたとはいえない。この問題はさらに、総剰余価値＝総利潤ないし総価値＝総生産価格といったマルクスの総計一致二命題にも動揺を与える構造をもっていた。宇野も、たとえば「生産手段が一般に価値以上の生産価格をもって売買され、消費資料が反対に価値以下の生産価格をもってせられるとし、利潤部分が単純再生産を前提として資本家の個人的消費に充てられるとすれば、全社会の費用価格が已に価値以上の生産価格を有するものと想定しなければならないであろう」とし、さらにその場合、「利潤部分をなす生産物」が、社会全体でたとえば六〇の価値を有しながら四〇の生産価格で販売され、それが各資本に平均配分されることも生じうると述べていた[13]。そこでは、総剰余価値とその利潤としての貨幣表現が一致しないことがありうるとされていたわけである。そのことは、マルクスに従い $c+v$ を費用価格として規定していた宇野の生産価格の規定自体にも、問題を投げかえすことになる。

もっとも、この費用価格の生産価格化をつうずる価値と生産価格の乖離が、労働者の必要生活手段に生ずる場合に、マルクスが必要生活手段の生産に要する労働時間も「変造される」とみて、労働力の価値規定にも変化があらわれるとしていた点は、宇野によって訂正されている。すなわち、価値と生産価格の乖離は、費用価格の生産価格化をつうじ複雑化しても、「労働者が一日の労働の内いわゆる必要労働時間をもって自分自身のために労働し、剰余労働時間をもって形成する剰余価値を資本の利潤となすという労働者の資本家に対する関係自身には何等の変化をも齎らすものではない。」「労働者の購入する一日の生活資料が、例えば六時間の労働の対象化されたものとしての価値よりも下の生産価格をもって売買されるとすれば、一日の労働賃銀はその生産価格によって決定されるわけであるが、労働者としてはその賃銀によって、六時間の労働生産物を買戻すわけであって、例えば一日一二時間の労働をなすとすれば、あと六時間は剰余労働として資本家の手に剰余価値を生産することになる[14]」とされているのである。

だが、このようにして価値と生産価格の乖離が労働力の価値規定の内容になんら変更を生ぜしめるものではないことが確認されると、ひるがえって「生産論」において、労働力商品の価値規定を基軸に商品生産物の価値法則を等労働量の交換関係として論証する論理にも、再考の余地が生ずることになる。すなわち、前章でわれわれが検討を加えた価値法則の論証問題の一端にほかならない。それに対応して、商品生産物の等労働量交換を価値法則の内容として、価値を生産価格へ転化する理論構成をとるかぎり、宇野においても、生産価格論に先行する価値法則の現実的妥当性をどのように理解しうるか、また費用価格の生産価格化の問題にどのように終局的な解決を与えうるか、という二つの難問が理論的にいぜんもちこされることとなっていたといわなければならない(15)。

3

そこで、流通形態論を純化し価値の価格としての形態規定を明確にしたうえで、資本の生産過程にそくし価値法則の必然性の基礎を論証する宇野の展開方法をおしすすめ、そこにのこされた右のような難点を解決するために、価値法則を商品生産物の等労働量交換として示さない理論構成が新たに提示されてきた。たとえば、鈴木鴻一郎編『経済学原理論』によってこれをみると、そこでは、第一篇「流通形態——商品・貨幣・資本」、第二篇「資本主義的生産」および第三篇「資本主義的生産の総過程」の三つの篇に区分された理論領域の展開次元の相違が強調され、つぎのような理論構成が示されている(16)。

すなわち、その第一篇で、価値の実体としての労働にふれず、価値の流通形態としての規定の展開をすすめ、第二篇で、資本主義的生産の運動にそくし、社会的労働の量による価値の実体的規制をあきらかにする構成をとっている点は、この『原理論』も宇野『原論』を踏襲しているが、しかし第二篇で、資本主義的生産の内的法則として価値法則をあきらかにするさいに、前章でもふれたように、宇野の展開とは異なり、『原理論』は個々の商品生産物の価格を規定するものとして労働の量による価値の規制を説こうとはしていない。そこでは、社会的全体としての資本の生産関係にそくして、労働力商品の価値として必要生活手段にふくまれる必要労働時間がひきわたされ、それをこえる剰余労働時間が剰余価値として資本に取得される関係が価値法則の基軸として示されるとともに、商品生産物にかんしては、労働生産物としての同質性のうちに商品価値としての同質性の根拠が与えられるという包括的で質的な規定が示されるにとどまる(17)。

これにたいし、第三篇では、「商品生産物の使用価値的相違にみられる資本の生産過程の使用価値的相違」が資本の「同質性を制約し、資本を個々の資本として」設定せしめるとともに、そうした個別資本にとって「ふたたびまた自己の外部に商品流通を、したがってまた商品価格を前提し、流通に外から貨幣を投じて商品をひきあげ、商品をふたたび流通に投じて貨幣をひきあげるという形態」が運動の原理となるとされる。[18] この個別資本の形態において、商品生産物の費用価格をこえる販売価格の超過分としてえられる剰余価値が、前貸資本の貨幣量の一定期間における増殖分として、利潤および利潤率の規定をうけとることとなる。

そのさい、費用価格をこえる販売価格の超過分として得られる剰余価値を増大させようとする資本家活動には、費用価格の節約の面でも、回転の促進の面でも、限界があり、したがって、資本の価値増殖が「資本家の活動からは独立した資本の過程それ自体から生ずるものとして、あらわれる」こととなり、それによって、剰余価値ははじめて利潤の形態に転化するとされている。[19] しかし、産業資本における剰余価値は、無政府的な資本家活動を介して取得され、各産業の内部においても産業間においても、取得の効率に偶然的な差異をのこさざるをえず、利子付資本の形態におけるように、純粋に「資本価値それ自体の自己増殖分」とみなされえない側面がのこるであろう。またこの論点を介し、剰余価値の利潤形態への生成転化を説く必要もない。というのは、さきにもふれたように、利潤および利潤率の形態は、商人資本的形式の資本G—W—G′においてすでに示されるものであり、産業資本的形式の資本もこれをひきつぎ流通形態としてすでにそれらを有するのであって、ここでは利潤形態の生成が問題なのではなく、生産過程にもとづくその法則的運動の基準があきらかにされればよいと考えられるからである。

いずれにせよ、鈴木『原理論』においては、商品流通と商品価格を自己の外部に前提して前貸貨幣の増殖をめざす、個別的諸資本の利潤率をめぐる競争をつうじ、生産諸部門に一般的利潤率を与えるよう、費用価格に平均利潤を加えた生産価格が、商品生産物の販売価格の基準となり、同時に、費用価格と前貸資本の全要素がおのおの生産価格を基準に購入される関係が示されてゆく。

このような生産価格の規定の展開をつうじ、鈴木『原理論』では、あきらかに等労働量交換としての価値規定は理論展開の前提とされていない。したがってまた、価値理論にしたがえば、資本構成や回転期間の異なる生産部門の間に利潤率の相違が生ずるという規定も与えられていない。基本的には、第二篇で、資本と賃労働の全体的関係を基軸に社会的な労働の量関係による商品価値の実体的な根拠を内的にあきらかにする領域と、第三篇で、価格形態をつうずる諸資本の競争のうちに価値法則の具体的貫徹形態をあきらかにする領域との展開次元の区分が強調され、それによって、生産価格を価値の転化・修正形態としてでなく、価値の展開形態としてあきらかにしようとする方向に整理がすすめられているのである。そしてそのような方向において従来の生産価格論の難点に、宇野『原論』からさらに一歩すすんだ解決を与えようとする試みが示されたのであった。

しかしこのような方向に理論構成をすすめることにより、生産価格がどのようないみで、価値法則の貫徹形態をなすのかは、ある意味でかえっていっそう難解になり、不明確になるおそれもありはしないかと思われる。というのはつぎのようなことである。

すなわち、一方で資本の生産過程論において資本が同質的な全体として労働力商品による価値の形成増殖をすすめるものとみなされ、他方で資本の総過程論においてはじめて資本と資本の間の商品関係がとり扱われるものとみなされ、前者における価値と後者における生産価格の規定の展開次元の差異が強調されるだけでは、生産価格がどのようないみで価値の展開形態をなしているのかは、なおかならずしも明確にされているとはいえない。むしろ、生産価格と価値は異なる理論次元に属する異質の概念であるとして、両者の関連が切断されるおそれさえある。[20]そうなれば、生産価格は、社会的労働の量関係による価値の実体的規制をうけとめるものとされながら、事実上、たんなる価格関係にあらわれる均衡価格に解消されることにもなりかねない。その反面で、生産論における価値規定が、商品生産物の価格の基準を示すいみを失ない「空洞化[21]」するとともに、反転して、商品生産物の価値が価格との関係を切断されて、生産に支出される社会的労働の量関係そのものに還元される傾向も生じうる。と同時に、流通形態論における価格の基準としての価値の形態規定の展開と、生産論における価値の実体的基礎の解明と、総過程論における生産価格の規定が、価値概念の発展として一貫しえないものとなりはしないであろうか。

マルクスの生産価格論いらい難問としてもちこされている費用価格の生産価格化をめぐる論争問題にも、正面から解決が与えられているとはいいがたい。価値と生産価格の展開次元が区分され、きりはなされることによって、転形問題論争の紛糾のひとつの根源に一定の理論的照射が与えられたことはあきらかであるが、しかし、その理論構成は、むしろこの論争問題の実質的内容にたち入ることを回避し、問題自体をいわば消去するものとなっているといわれてもやむをえない面がある。(22)

もっとも鈴木『原理論』とその共同執筆者による生産価格論の研究は、価値と生産価格の理論次元を異質のものとして分離する方向のみに徹しようとしているわけではない。すでに『原理論』の生産価格論においても、ことに費用価格が生産過程の実体的規制をうけとめる価格形態であることは重視されている。すなわち、生産価格の基礎となる費用価格は、商品生産物の販売価格のうち、生産諸要素の購入にあてられた貨幣を補塡すべき部分として、まず価格形態にそくした規定が与えられるのであるが、それにとどまらずさらにこの費用価格が、その商品の再生産に要する生産手段と労働力を補塡し、その生産に必要とされた $c+v$ の労働時間を再確保せしめる価格部分として、「再生産過程の価値規制をうけとめ」るものであることがあきらかにされている。(23) これにたいし、「費用価格をこえる販売価格の超過分は、資本の再生産過程から解放された自由に処分しうる剰余の貨幣をなす」(24) のであって、この価格部分をとおして、全体としての剰余労働の成果が、個々の資本家にとっての剰余価値ないし利潤として取得されてゆく。しかし個別資本にとって、この販売価格の費用価格超過分は、その商品の生産過程で対象化される剰余労働と同量の剰余労働を、商品交換をつうじ取得せしめるものでなくともよい。それは、前章で検討したように、ほんらい剰余労働の成果をどのように配分し消費するかについて、社会的物質代謝の過程を維持してゆくうえで、一般的な経済原則は存在せず、いわば原則的に弾力的な自由度がそこにふくまれていることに照応する。いま、商品価値は、その生産に要する労働量に直接規定されるものとして考察をすすめれば、鈴木『原理論』のいうように、「このことは、商品価値のうち剰余価値部分については、個々の資本は直接に価値規制をうけとめるなんらの原理ももっていない、ということにほかならない。つまり資本は、個々の資本としては、商品価値のうち $c+v$ 部分は絶対的に実現しなければならないにもかかわらず、m 部分についてはそういう必然性を直接にはもっていないわけである。」[25]

もともと、鈴木『原理論』は、価値の実体と形態の区分を重視する宇野『原論』の方法を体系的にさらに徹底しようとしていた。その観点にたてば、ここで $c+v$ および m の部分とされているのは、価値の形態としての価格の背後に、商品生産物に対象化されている労働量としての価値の実体をさすものとみなければならない。その点を明確にして読みとれば、商品生産物に体化されている価値の実体としての労働量のうち、$c+v$ 部分は価値の形態としての価格をつうじ等量が再確保されなければならないが、m 部分はそのような必然性をもっていないということを、鈴木『原理論』は、事実上、認識していたといえよう。こうした認識は、前章で検討したように、資本の生産過程論における商品生産物の価値法則の論証の内容にも生かされるべきであろう。それに照応して、生産価格論における費用価格は、各商品生産物に対象化される $c+v$ 部分の労働量としての価値の実体をうけとめ、それと同量の労働量によって再生産される生産手段と労働力を取得せしめる価値の形態規定と理解されてよい。これにたいし m の剰余労働部分は、等労働量の交換を必然化するものではなかったが、諸資本の競争を介し、費用価格をこえる販売価格の超過分が平均利潤（すなわち各商品一単位あたりに計算された一般的利潤率による利潤）に帰着する傾向を示すことにより、剰余労働部分にも、資本家社会的な分配ないし交換の基準が形成されることになる。この両者をあわせた費用価格プラス平均利潤としての生産価格が、その背後の価値の実体としての労働量の規制をうける価値の具体的展開形態をなすことは、すでにこうした考察からもほぼあきらかであると考えられる。だが、このような価値の実体による価値の形態としての生産価格の規制の原理をさらにたちいって明確にするためには、従来の転形問題論争についての検討をさけることができないし、またその検討が重要な手がかりとなるものと考えられる。節をあらためて考察をすすめよう。

（1）　なお、エンゲルスによれば、第三巻のためのマルクスのほとんど唯一の「主要原稿」では、第三章にあたる問題から叙述がはじめられていた。すなわち、「第一篇については、主要原稿は、大きな制限をもってしか使用されえなかった。初めからすぐに、剰余価値率と利潤率との関係の多くの数学的計算（われわれの第三章をなすもの）がもちこまれ、他方、われわれの第一章で展開される対象は、もっとあとではじめて、そしてことのついでに取扱われる。ここでは、各二つ折り判八ページの二つの書き直しかけが助けになった。しかし、それらも全体がまとまりをつけて書き上げてあるのではない。それらから現在の第一章がまとめられている。第二章は主要原稿からとられている。」（*K.*, III, S. 11-12. 岩㈥一一頁）第一章のもとになった各八ページほどの「異文原稿」の一方にマルクスによって「第一章。剰余価値の利潤への転化と剰余価値率の利潤率への転化。費用価格と利潤」と表題が記されていたことからいっても、また内容上の関連からしても、エンゲルスが現行版のように、第一・二章を第三章のまえにおいて編集したことは、適切であり、マルクスの意図に反するものではなかったといえよう。なお佐藤金三郎「『資本論』第三部原稿について㈠」『思想』一九七一年四月、を参照されたい。

（2）なお、マルクスが第三巻第二章で、「剰余価値率の利潤率への転化から、剰余価値の利潤への転化が導き出されるべきで、その逆ではない」（*K.*, III, S. 53. 岩㈥六六頁）といっているのは、第一章「費用価格と利潤」、第二章「利潤率」とされている構成に反するかにみえ、その意味もかならずしも明確でないが、すでに第一章で示されているように、こうして剰余価値が前貸総資本に対置されその所産とみられたとき、したがって利潤率の形式においてみられたとき、剰余価値は利潤とみなされるという関係を表現しようとしたものと考えられる。鈴木鴻一郎『続マルクス経済学』一九五九年、弘文堂、三一〇頁を参照。

（3）これにさきだつ第一篇の第三章「剰余価値率にたいする利潤率の関係」以下では、主として時系列において「剰余価値率が変らなくても、利潤率はいろいろに変ることがありえ、上昇または低下しうる」（*K.*, III, S. 151. 岩㈥二二一頁）ことが示されていた。そのような時間的変化について示された考察が、第八章では空間的な諸部門の間の問題におきなおされて、展開されているわけである。なお以下ではマルクスにしたがい、「生産部門」と「生産部面」とは同義的用語として扱い、「産業部門」もこれらと同義に用いる。

（4）渡辺昭氏も連作「価値と生産価格」において、マルクスの生産価格論の検討を総括し、「生産価格による諸商品の売買関係の規制は、諸商品の価値規定の修正であるどころか、ほかならぬこの価値規定が現実におこなわれる『総過程』の諸結果そのものを、ただ具体的に形成し、かくして、この根本規定を社会的に展開する規定であるにすぎない」としている。しかし、この観点にたてば、「真の難点」は、マルクスの「価値および生産価格の規定の理論的内実にあるのではない。『展開』の方法、その基礎となるべき『価値理論』そのものの証明の不備という一点に」ある（「価値と生産価格⑷」和歌山大学『経済理論』第一四八号、一九七五年一一月、三八

—三九頁）というだけではすまされないのではなかろうか。つぎにみる費用価格の生産価格化の問題や前章での検討にも関連して、私のみるところでは、展開方法ないし証明の不備に対応して、価値と生産価格の規定の「内実」にもさかのぼって再考を要請する問題点が残されていると思われるからである。

（5）宇野弘蔵の旧『原論』と新『原論』とでは、価値と生産価格の展開に関して、大綱において変更をふくむものではないと考えられるので、以下では両者の論旨をまとめてみてゆくこととしたい。

（6）新『原論』一三八頁。

（7）宇野弘蔵編『演習講座新訂経済原論』二五一頁。

（8）新『原論』一四一—一四二頁。

（9）同右、三九頁。

（10）同右、一四八頁。

（11）同右、一四九頁。

（12）同右、一五四頁。

（13）旧『原論』下、七一頁。

（14）新『原論』一五〇—一五一頁。

（15）宇野も、たとえば、「価値論から生産価格論への展開の方法に、もう少しすっきりした説明をやりたいが、どうもうまくゆかない。労働者と資本家との価値関係を資本家の現実的関係の解析としてやることは正しいのだが、どうもその論理的展開がやはりむつかしいということになる」（宇野弘蔵編『資本論研究』Ⅳ、二六〇頁）と述べ、価値と生産価格の展開関係に、なお考慮を要する難問が伏在していることに言及していた。

（16）この著作における価値と生産価格の展開の論理は、共同執筆者のあいだで、櫻井毅「価値の生産価格への転化について—「ボルトキェヴィッツといわゆる『転化問題』—」『武蔵大学論集』第五巻第二号、一九五八年（同『宇野理論と資本論』所収）、鈴木鴻一郎『続マルクス経済学』、岩田弘「〈剰余価値の利潤への転化〉と〈利潤の平均利潤への転化〉」、大内秀明「生産価格と価値法則」（ともに鈴木鴻一郎編『利潤論研究』一九六〇年、東京大学出版会、所収）などの研究をつうじて準備されてゆき、その後、岩田弘『世界資本主義』、同『マルクス経済学』上、大内秀明『価値論の形成』、降旗節雄『資本論体系の研究』、櫻井毅『生産価格の理論』などにおいて補完され敷衍されている。また、日高普『全訂経済原論』も、この鈴木編『原理論』の「最大の功績」（一四四頁）として、その生産価格論を評価している。

なおこれらの論者のうち、鈴木、岩田両氏をのぞけば、自由主義段階にいたるイギリス社会にみられた歴史的傾向を延長し、あらかじめ純粋の資本主義社会を想定して原理論を展開するという宇野による原理論の抽象の方法をそのまま継承している。したがって、鈴木、岩田両氏がこれと異なり資本主義の世界史的な発展過程そのものを原理的考察の対象とすべきであるとする世界資本主義論の方法を提唱していることは、以下にみてゆくような価値と生産価格の展開の論理に関連するところがあるとしても、それはおそらく直接的なものではない。とはいえ、その整理の方向は、世界資本主義論の方法と不整合ともいえない。むしろ、それは、流通形態としての価格関係と社会的実体をなす労働の量関係との外接的な異質性を強調する点で、ほんらい社会的生産に対し外来的な世界市場性を有する商品経済とその中軸に部分性をもって成立し発展する資本主義的生産との対比と関連を重視する世界資本主義論の方法に、より適合する理論構成といえるかもしれない。

(17)　鈴木『原理論』上、一〇九―一一五頁。
(18)　同右、下、二四二―二四三頁。
(19)　同右、下、二六四―二六五頁。
(20)　比較的早くこうした方向での疑問を提示していたものに、宇野弘蔵編『資本論研究』Ⅳ、一七四頁（この箇所の執筆は山口重克）、あるいは櫻井毅『生産価格の理論』に対する私の書評（東京大学『経済学論集』三五巻一号、一九六九年五月）をあげることができる。
(21)　櫻井毅「価値と価格」鈴木鴻一郎編著『セミナー経済学教室1　マルクス経済学』一八六頁。但しこの論稿における「価値規制の空洞化」という小見出しは、著書『宇野理論と資本論』にこの論稿を収録するさいに、他の小見出しとともに削除されている。しかし、同様の用語による反省ないし批判は、小林彌六『価値論と転形論争』二三二頁や高須賀義博『マルクス経済学研究』一九七九年、新評論、一五六頁にもみられる。
(22)　高須賀義博、前掲書も、こうした文脈において、宇野派は「『次元の相違』論によって転化問題を回避していた」（一一九頁）とし、さらに鈴木『原理論』は価値概念を「空洞化」し、生産価格の「現象的把握」を示すものである（一五六―一五八頁）と批判している。つぎにみるような側面を評価していない点でやや一面的であるが、まったく不適切な批判とはいいきれない。しかし、この批判から、高須賀氏にとっては、ひるがえって生産価格論に先行する価値概念をどのように実在的なものとして展開しうるかが、いぜん難問として残ることとなろう。ことに、「労働価値論と論理整合的な唯一の価値は価値価格である」（一九七頁）とし、しかも歴史=論理説を排し、資本主義経済にそくして生産物の等労働量交換をともなう「価値価格」を主張することに、どのような方法論的意義と妥当性を認めうるか。それは、あるいはエンゲルスが『資本論』第三巻の「補遺」で批判しているC・シュミットの主張に近づき、価値法則を資本主義経済の解明にとって不可欠なものではあるが、擬制的なひとつの「科学的仮説」（*K.*, III, S. 904. 岩㈨一一八頁）とすることになりはしないかと考えられる。

(23) 鈴木『原理論』下、二五二頁。
(24) 同右、下、二五二頁。
(25) 同右、下、二五三頁。

第二節 「転形問題」の一考察

一 「問題」の所在

1

前節でみたように、マルクスは、『資本論』第三巻第一・二篇で生産価格の規定を展開していたが、それは、古典派経済学の労働価値説に残されていた重要な難問のひとつを、体系的に克服するものであった。すなわち、古典学派は、ブルジョア・イデオロギーに制約されて、商品経済に特有な価値の形態的関連とその背後に存在する社会的労働の量関係との理論的な区分と関連をあきらかにしえず、もっぱら労働量による価値の量規定のみに考察を集中し、その結果、諸資本の競争をつうじてあらわれる価値の展開形態としての生産価格と投下労働価値説との関係をついに解明しえなかった。これにたいしマルクスは、価値の形態的な関連をとおして、社会的な労働の量関係が処理される資本主義的商品経済の歴史的特質を理論的に解明する体系を構成し、その一環として、投下労働価値説にもとづき、諸資本の競争を介してあらわれる費用価格、一般的利潤率、生産価格といった諸形態に考察をすすめたのである。そこに、古典学派からマルクスへ、労働価値説がどのように継承され、また批判的に克服されているかをめぐり、学説史的にも理論的にも興味ある重要な問題がある。

とりわけ、マルクスは『資本論』冒頭の「商品の二要因」論において、価値の形態規定の展開にさきだち、価値を抽象的人間労働の結晶として、実体的にのみ規定し、そこから等労働量の商品交換を価値法則の内実としてその後の全展開に前提していたのであり、そこに残されている古典派価値論の強い影響が、生産価格論の展開をとおしても、既述のごとくつぎのような二つの難問をもたらしていた。

すなわち第一に、『資本論』の第一巻での価値と第三巻での生産価格との「矛盾」の存否をめぐって争われてきた問題点がある。マルクス価値論の課題と方法に無理解なベーム＝バウェルク以来の外在的批判とは別に内在的に検討をすすめる場合にも、生産価格は価値法則の展開というよりは外的修正となっていないか、あるいは逆に生産価格論からふりかえると価値どおりの交換の現実的妥当性をどのように理解すべきかが、重大な難問として残らざるをえない。この点を突破しようとして、前資本主義的商品経済、ことに単純商品生産によって価値法則の妥当性を説く、従来の通説的な歴史的論理的展開説は、部分的にはマルクスに由来するところがあるにせよ、その理論内容においても『資本論』体系の解釈としても、決して満足すべき解決を与えるものではなかった。他方、マルクスは、確立された資本主義のもとで、生産価格が成立しているなかでも、「すべての異なる生産部面の利潤の総計は剰余価値の総計に等しくなければならず、また、社会的総生産物の生産価格の総計はその価値の総計に等しくなければならない」(*K.*, III, S. 182. 岩㈥二七〇頁)とし、それとともに、「中位またはほぼ中位の構成をもつ資本にとっては、生産価格は価値と、そして利潤はその資本が生産した剰余価値とまったくまたは近似的に一致する」(*K.*, III, S. 183. 岩㈥二七一頁)と述べ、いわゆる総計一致二命題および中位構成の資本の場合をとって、価値法則の現実的妥当性を確認しようとしているところがある。この点も、ヒルファディングいらい、第一巻と第三巻の「矛盾」といわれる難問への通説的解答のひとつの要点として用いられてきた。しかし、のちにみてゆくように、つぎのもうひとつの難問をめぐる検討をとおして、このマルクスの命題も単純にそのまま支持しうるかどうか疑わしくなってきているのであり、残されている問題の錯綜した様相がそこにも示されている。

『資本論』の生産価格論に残された第二の難問として、費用価格の生産価格化をめぐる争点があった。マルクスはみずから、費用価格に入る諸要素をそれらの価値で規定している点に何度かたちもどり(cf. *K.*, III, S. 169-171, 174, 217. 岩㈥二四九―二五二頁、二五八頁、三二五頁)、これらが生産価格に転化された場合に生ずる問題を考察しようとしていたが、十分な展開をすすめるには至らなかった。[26]

しかし、商品生産物が生産価格を基準に売買されるものとすれば、その費用価格に入る生産諸要素の売買も生産価格を基準とすることになってとうぜんであり、この点をふくんで、価値と生産価格の展開関係に、いかにして首尾一貫した、しかも経済学的に意味のある理論構成を示しうるか、マルクスによる価値論の整備展開にとって、試金石となる難問がそこにのこされていたことはいなめないところであろう。しかも、問題の解きかたによっては、マルクスの生産価格の規定にとって基本的なものと一般に考えられている総利潤＝総剰余価値、総生産価格＝総価値のいわゆる総計一致二命題の両者またはいずれかが維持しえないものとみなされることにもなる。そこからひるがえって、この二つの命題でマルクスの意図していた事柄の意義が、それらに前提される価値概念の内容と妥当性とともに、さかのぼって検討を要する問題となってゆく。

戦後の欧米におけるマルクス価値論の研究は、一貫してこの費用価格の生産価格化をふくめ、価値の生産価格への転形をどのように理論的にあきらかにすべきかを中心的な論点としてきた。そのさい、スウィージーにはじまりミーク、ウィンターニッツ、ドッブ、シートンらの参加をえて一九五〇年代までにすすめられた、いわば古典的な第一期の「転形問題」論争においては、もっぱらこの第二の問題すなわち費用価格の生産価格化の理論的処理が、やや形式的技術的な側面に流れる傾向をともないながら、検討されていった。しかし、最近一九七〇年代にこの「問題」の論争が第二期をむかえ、ミディオ、ライブマン、デサイ、ヤッフェ、シャイクら若手マルクス理論家によって再燃するなかで、この費用価格の生産価格化の問題も、マルクス価値論の体系的な整備をとおしてその位置をあきらかにされ、解決されなければならないという方向に考察が深化されつつある。さきの第一の問題が第二の問題と体系的にきりはなしえない論点をなすことがあらためてあきらかにされつつあるともいえよう。

われわれは、以下、そのような欧米における「転形問題」論争の主要な諸論点の展開をたどり、それぞれの成果と限界をあきらかにするとともに、そこになお残されていると考えられる問題点に、積極的な解決を与える試みをすすめよう。それをつうじ、宇野弘蔵にはじまる価値の形態規定の純化整備にもとづく戦後のわが国における『資本論』研究の進展が、この論争問題の整理にもどのようないみで有効であり、またそこにどのような理論展開をあらたにくわえうるかも、あきらかにされることになるであろう。

2

さしあたり、戦後の欧米における「転形問題」論争の発端をなしたスウィージーの『資本主義発展の理論』の第七章「価値の生産価格への転形」[27]をとりあげ、その特徴的な論旨をみてゆくことによって、「問題」の所在をさらにたしかめておきたい。

スウィージーによれば、生産手段、労働者の生活手段、資本家用奢侈財をそれぞれ生産する第Ⅰ、第Ⅱ、第Ⅲ部門における不変資本 c_i、可変資本 v_i および剰余価値 s_i（$i=1,2,3.$ 以下同様）の間に成立すべき単純再生産の諸条件、すなわち、Ⅰ $c_1+v_1+s_1=\sum c_i$, Ⅱ $c_2+v_2+s_2=\sum v_i$, Ⅲ $c_3+v_3+s_3=\sum s_i$ が想定されている場合、価値が生産価格に転形することにより単純再生産の均衡が破られる結果が生じてはならない。ところが、生産諸部門の資本構成が等しくない場合、マルクスのように費用価格を価値計算のまま c_i+v_i にしておき、これに平均利潤 $p_i=\{\sum s_i/\sum(c_i+v_i)\}\times(c_i+v_i)$ を加えて生産価格を規定するのでは、たとえば、第Ⅰ部門の商品生産物の価格 $c_1+v_1+p_1$ と各部門における不変資本への投資額の合計 $c_1+c_2+c_3$ が一般には一致しえないことになる。各部門の商品生産物の供給価格とこれにたいする需要に不一致が生ずるようにみえる。しかし、それは産出高が価格であらわされているのに、生産に用いられた資本は価値表現のままにおかれていたためであり、「問題は、マルクスが価値の価格への転形を中途までしか行わなかった点にある。」[28]

そこでスウィージーは、あらためて費用価格に入る諸要素も生産価格化されるというマルクスの指摘をとりあげ、この論点をボルトキェヴィッチの考察[29]に依拠しつつ、つぎのように展開してゆく。すなわち、不変資本一単位の価格

がその価値の x 倍、賃銀財一単位の価格がその価値の y 倍、そして奢侈財一単位の価格がその価値の z 倍になるものとし、そこに成立する一般的利潤率を r とする。単純再生産の条件を示すⅠ $c_1+v_1+s_1=\sum c_i$ をはじめとするさきの三つの方程式が、価値計算において成立しているものとし、それらが価格に転形されるものとすると、つぎの三本の方程式がえられる。

Ⅰ　$c_1x+v_1y+r(c_1x+v_1y)=x\sum c_i$

Ⅱ　$c_2x+v_2y+r(c_2x+v_2y)=y\sum v_i$

Ⅲ　$c_3x+v_3y+r(c_3x+v_3y)=z\sum s_i$

「これらの三つの方程式には、四つの未知数 x、y、z および r がある。一義的な解をえるためには、方程式の数と未知数の数はおなじでなければならない。[30]」そこで、マルクスが想定していたように総価格は総価値に等しいとおくことによって、第四の方程式 $x\sum c_i+y\sum v_i+z\sum s_i=\sum(c_i+v_i+s_i)$ をえてさきにすすむこともできよう。その「経済学的意味」は、価値表式における計算単位一労働時間を価格表式の計算単位にも用いるということである。「この手順になんら論理的異論はないが、数学上の観点からはこれに代るより簡単な、それゆえより好ましい方法がある。」すなわち、$z=1$ とおくことによって未知数を四つから三つに減らすことである。スウィージーはつぎのような想定によってこの方式をうらづけている。

すなわち、「価値表式を労働時間の単位で計算する代りに、貨幣タームで計算することができるであろう。そうすれば、各商品の価値は労働の単位で表現されないで、商品が交換される貨幣商品の単位数によってあらわされることになる。貨幣商品の一単位の生産に要する労働の単位数は、二つの計算体系の間をむすぶ直接の環をなすであろう。価値表式が貨幣単位に変換され、そして金——それは奢侈財として分類するとする——が貨幣商品としてえらばれるものと想定しよう。そうすると金の一単位（たとえば三五分の一オンス）が価値の単位となる。単純化のため、われわれはまた、他の奢侈財の各単位は、すべて金の単位にたいし一対一の基準で交換されるようにえらばれていると仮定しよう。換言すれば、金をふくめすべての奢侈財の単位価値は一に等しいということである。さて、価値表式から価格表式にすすむさい、われわれは、三五分の一オンスの金を計算単位として維持するものとする。[31]」

このような想定にたてば、奢侈財の価値と生産価格の間の比率を示す係数 z は1とおかれてよいことになる。これによって、さきの連立方程式には一義的な解が与えられることになり[32]、これを解くことによって、ボルトキェヴィッチ＝スウィージーはたとえば上掲の表のような数字例を示している。

価　値　計　算

生産部門	不変資本	可変資本	余剰価値	生産物の価値
Ⅰ	225	90	60	375
Ⅱ	100	120	80	300
Ⅲ	50	90	60	200
合計	375	300	200	875

この場合，$r=25\%$となり，また$z=1$とおくと，$x=32/25$，$y=16/15$となり、つぎの表がえられる．

価　格　計　算

生産部門	不変資本	可変資本	利　潤	生産物の価格
Ⅰ	288	96	96	480
Ⅱ	128	128	64	320
Ⅲ	64	96	40	200
合計	480	320	200	1000

$z=1$とおかれたことからただちに生ずるこの計算例の特徴は、奢侈品における価値と価格が総額（二〇〇）においても不変なものとしてあらわれ、同時にそれに対応する剰余価値と利潤の総額も、二つの表式で等しい数量にとどまっていることである。しかし、産金業をふくむ奢侈財部門の資本構成が社会的に中位である特殊な場合を除くと、生産物の総価値は総価格と一致しえない。この表式例のように産金業の資本構成が平均より低い場合、価格表式における金の購買力が価値表式におけるより低くならなければ、産金業には平均以上の利潤率が与えられてしまうであろう。産金業も競争をつうじ一般的利潤率をうけとるにとどまるとすれば、$z=1$であるかぎり、資本構成のより高い他の諸部門の生産物はその価値に比して高い価格を与えられなければならないことになり、その結果、生産物の総価格（一〇〇〇）は総価値（八七五）を上まわることとなる。産金業の資本構成が平

均より高ければ逆の結果が生ずるであろう。

ボルトキェヴィッチは、こうした議論によって、「マルクス並びにマルクス主義者がきわめて大きい重要性を附与する総価値と総価格とが等しいという命題そのものが一般に誤っているということを積極的に論証することができる(33)」といい、また「マルクスはあたえられた価値と剰余価値の諸関係にもとづいて利潤率の高さを決定する確かな方途を示すことに失敗したばかりでなく、価格についての彼の不合理な理論構成に誤りみちびかれ、利潤率の高さが一般に依存している諸要因を正しく認識しえなかった(34)」というのであって、マルクスの理論構成に概して否定的な評価を与えたのである。しかし、スウィージーは逆につぎのようにいってマルクスを擁護しようとする。

すなわち、「総価格と総価値とのあいだのこの不一致は、なんら重要な理論上の論点をふくむものではない、ということを了解しておくことが大切である。それはたんに計算単位の問題でしかない。もしわれわれが労働時間の単位を価値および価格の両体系における計算単位として用いたならば、総量は同一であったであろう。計算単位として、われわれが金の単位（貨幣）を用いることにしたために、総量はくいちがうのである。しかし、いずれの場合においても、価格表式におけるいろいろな比率（総価格にたいする総利潤の比率、賃銀財の産出高にたいする不変資本産出高の比率等）は同一となるだろう。そして重要なのは、さまざまの諸要素が表現されている絶対的な数量ではなくて、むしろ体系のそれぞれの要素のあいだに存在する関係である。」しかもマルクスは、価格計算の体系を価値計算の体系から導く問題を「正しく提起し」「彼の理論体系の強固な基礎をなす労働価値説が結局において正しいものであることを立証する途をひらいていた(35)」というのである。

このようなスウィージーのボルトキェヴィッチによる議論は、たしかに労働価値説にもとづく価値の生産価格への転化が、費用価格に入る諸要素にまでおよぶ一貫した論理のうちに示されうることをあきらかにする試みとなっている。マルクスののこした問題をその点でひとまず解決してみせたものといえよう。しかもそのさい価格の体系を尺度する貨幣商品の位置と役割に注目していることもいちおう評価されてよい。

しかし、その議論は、もともと「近代的リカーディアン[36]」というべきボルトキェヴィッチによるものだけに、マルクスに特有な価値の形態規定の展開を徹底することによって、問題の根本をあきらかにしようとするものではなかった。たとえば、貨幣商品によって生産価格の体系が計量されるということも、価値形態論にもとづき、価値の形態としての価格がかならず貨幣量で表示され尺度されるものとしてあらわれることから導かれる必然的な帰結である、とされているのではない。労働時間を単位とする価格計算による方式と代替可能な、計算手続上の便宜的想定のように扱われるにとどまる。それとともに、生産価格体系の前提となる価値関係を、逆に、「労働時間の単位で計算する代りに、貨幣タームで計算することができる」ものとみなすことにもなっている。

要するに、価値の形態としての価格関係と、価値の実体としての労働の量関係との理論的規定における次元の相違が十分明晰に区分されていないわけである[37]。そこには、価値の形態と実体の区分を批判的に解明しえなかった古典学派による価値論の限界が、『資本論』の一面を介し、まだつよく残存しているといえないであろうか。「貨幣商品の一単位の生産に要する労働の単位数は、二つの計算体系の間をむすぶ直接の環をなすであろう」というスウィージーのさきの規定も、この点を解決するものとはいえない[38]。したがってまた、$z=1$とおくことも論理的に必然性を欠く恣意的な想定ではなかったか、またこれによって総価値＝総生産価格とするマルクスの命題、ないしその背後に意図されていた理論的含意が簡単にすてさられてよいものであろうか、こうした点に疑問が提起されるのはまぬがれないところであった。そこから生じたその後の論争が、どこまでこの問題の根本にせまりえたか、項をあらためて、主要な論争の展開をかいつまんでみてゆこう。

二　論争の展開

1

スウィージーのボルトキェヴィッチによる検討を契機に、その後、一九五〇年代にかけて、費用価格の諸要素の生産価格化の問題を、マルクスの価値論とどのように整合的に解明すべきかをめぐり、おもにイギリスの学界で一連の論議がおこなわれた[39]。

その論議はさしあたり、ボルトキェヴィッチおよびスウィージーによる問題のたて方を継承し、三つの生産部門についてたてられた三本の連立方程式にふくまれている四つの未知数、x、y、zおよびrに一義的な解を与えるために必要なもうひとつの方程式をどのように想定すべきかをめぐって展開された。

すなわち、まずウィンターニッツは、ボルトキェヴィッチが「金すなわち貨幣商品が奢侈財のひとつであり、その結果、第三部門の価格が価値の生産価格への転換により影響をうけないと前提している」ことに反対し、「その独断的で不当な前提が価格総額を価値総額から偏倚させるのである[40]」という。そして、「マルクス体系の精神にかなうあきらかな命題は、価格総計が価値にひとしいということである[41]」といい、$c_i+v_i+s_i=a_i$ とおくとき、$z=1$の代りに、$a_1x+a_2y+a_3z=\sum a_i$（すなわち総価格＝総価値）という第四の方程式を加えることによって、さきの四つの未知数に解が与えられることを示した。

その過程で、彼は、ボルトキェヴィッチとスウィージーが方程式を解くときに、ひとつの条件としていた単純再生産の均衡関係も、不当で不必要な想定であるとみて、その均衡関係を示す等式（$c_1+v_1+s_1=\sum c_i$, $c_2+v_2+s_2=\sum v_i$, $c_3+v_3+s_3=\sum s_i$）によらずに、未知数に解が与えられることを示している。メイは、ボルトキェヴィッチにくらべウィンターニッツの解法が「正しい方向に一歩前進したもの」と評価し、問題の性質とその解法は、単純再生産の条件から独立であるばかりでなく、さらに三部門分割にも限定されるものでないことを示唆している。すなわちそれは、一般に n 部門からなる拡張再生産にも通ずる問題を、$n=3$の場合について解いているとみることができるというのである[42]。

メイは、それとともに、価値とそこからひきだされる「価値の一つの形態」としての生産価格を現実の市場価格または価格と区別しなければならないとしている。しかし、彼も「価値の一つの形態」としての生産価格を正確に価格形態としてとらえ、貨幣の数量によって尺度されるものであることをあきらかにするものではない。むしろ、現実の価格にたいし、「価値と生産価格の間の関係はほとんど形式的な予備的接近にすぎない」とみることによって、むしろ生産価格を実体的な労働量の関係において考察し、その次元で総生産価格＝総価値とする解法を支持しようとするのである。

したがって、メイによって支持されたウィンターニッツの解法は、ボルトキェヴィッチによるスウィージーの解法が絶対的なものでなく、またそこにふくまれていた不必要な制限が解除されうることを示した面では、正当な批判をふくんでいたとはいえ、問題の根本においては大きな進展をもたらしたものとはいえない。生産価格が、背後に価値の実体としての労働の量関係を伏在させているとしても、直接的には、貨幣商品の使用価値量との交換比率として表示され計量されなければならないものであるという重要な論点は、スウィージーのとりあつかいにくらべむしろあいまいにされているとさえいえよう。その点をスウィージー的に考慮するなら、ドッブが指摘しているように、「ウィンターニッツは、『価格総額は価値総額に等しい』ということを前提することによって、結局は金が資本構成にかんし平均的な条件のもとで生産されると仮定した[43]」と解釈されることにもなる。しかし、問題は、むしろウィンターニッツやこれを支持するメイがみずからの解法のそのような制限を明確にしこれを検討しようとしていないところにある。そのかぎりで、その解法も、マルクスの理論体系がめざしていた意図を真に生かして問題を解いたものといえるかどうか。生産諸部門の資本構成の間に特別の条件を想定しないかぎり、一般にはむしろ総価格＝総価値を前提に示される解が、総利潤＝総剰余価値というマルクスのもうひとつの基本命題といわれるものと両立しないことからも、それを最終的な問題の解決とはみなしえないものがあった。

じじつ、ミークは、「もし投入物の価値も産出物の価値とともに生産価格に転化されるのであれば、総利潤を総剰余価値に等しくすると同時に総生産価格を総価値に等しくするような同時的転形をなしとげることは通常不可能である(44)」といい、ウィンターニッツの解法では、「総利潤は通常総剰余価値から乖離する(45)」ことを指摘する。そして、彼は「マルクスにとって本質的な論点は、総剰余価値が利潤に転化され、その結果価値が価格に転化されたのちにおいても、$\sum a/\sum v$ の比率が $\sum a_p/\sum v_p$ の比率〔前者は総価値対可変資本総額、後者はそれぞれが生産価格に転化された場合の比率を示す――伊藤〕に等しくなければならないということであった(46)」と考え、ウィンターニッツの方程式を解く場合、総価値＝総価格に代えて、総剰余価値＝総利潤（$\sum s_i=\sum S_i$）を追加さるべき方程式とみなし、さらに、「賃銀財産業における資本の有機的構成が社会的平均に等しいという想定(47)」をおけばよい、というのである。

この、ミークの主張においても、価格形態のうちに取得される利潤の総量と、剰余労働の総量を実体とする剰余価値の総量とが直接に等しいものとされ、価値の形態と実体の次元の区分が明確にされていない。$\sum S_i=\sum s_i$ とおかれる場合それぞれの単位はどう考えられているのであろうか。貨幣の数量で示される価格の量と労働時間とがそれぞれの単位であるとすれば $\sum S_i$ と $\sum s_i$ は等号でむすんでよいものかどうか。しかもミークは、ドッブに従い(48)、$\sum a/\sum v=\sum a_p/\sum v_p$ をマルクスにとって「本質的な論点」とみなし、そのため賃銀財部門の資本構成を社会的平均に等しいと想定している。けれども、賃銀財部門にかならず社会的に平均的な資本構成が存在するという合理的論拠はみいだしがたいし、したがってまた、それを条件とする $\sum a/\sum v=\sum a_p/\sum v_p$ が生産価格の規定にとって「本質的な論点」をなすものとみてよいかどうかには問題があろう。そのうえ、ミークの解法では、ウィンターニッツらによって、マルクスにおける基本的命題と考えられていた総価値＝総価格の関係は、逆に一般には成立しえないことになる。

そこで、シートンは、一方で、メイによって示唆されていたように、転形問題の解法が三部門分割にかぎられることなく、一般に n 部門から成る産業連関分析に拡張可能であることをあきらかにするとともに、他方で、三部門分割による考察において、単純再生産を想定する場合、奢侈品生産部門の資本構成が社会的平均に等しく、$c_3 : v_3 : a_3 = \sum c_i : \sum v_i : \sum a_i$ という関係にあるなら、ボルトキェヴィッチ＝スウィージーにおける $z=1$, ウィンターニッツにおける $\sum a_i = a_1x + a_2y + a_3z$（総価値＝総価格）、およびミークにおける $\sum s_i = \sum S_i$（総剰余価値＝総利潤）の三条件を同時に満足せしめうることを示している。そして、それまでの諸論者が転形問題の解についてもとめていたすべての特性をみたしているのだから、「これこそあるいみでもっとも満足すべき理論モデルかもしれない[49]」というのである。しかし、シートン自身みとめているとおり、「このモデルはきわめて多くの限定をうけており、一般性から著しく離反してしまっている。[50]」そのいみで、ボルトキェヴィッチいらいの諸説にくらべとくに満足すべきものとはいえない。むしろ、シートンは、その主観的意図はともかく、結果的には、従来の諸説の整合性が、きわめて特殊な条件なしには一般に成立しがたいことを示し、それによってそれまでの転形問題への接近における限界を集約的に示すことになったといえよう。

こうして、ボルトキェヴィッチによるスウィージーから、ウィンターニッツ、ミークを経てシートンにいたるまで、一九五〇年代にかけてみられた「転形問題」論争は、つぎつぎに技術的な改善と新たな解決の可能性を示したが、しかしそれをつうじ誰もが納得しうる一般的な解決にむけて進展していたとはいえない。むしろ対立的な諸見解が、たがいに他を一面的で特殊な制限条件によるものとしてきわだたせる効果をもちながら、展開されたのである。問題のたて方自身になにか共通の基本的難点が伏在していたのではなかろうか。

たとえばディキンソンは、それまでの転形問題の取扱い方をミークに代表させて、つぎのように批判している。

すなわち、「価値と価格は異なる次元の量であり、異なる単位で尺度されるものである。価値は労働時間の分量で計られる。価格は貨幣のタームで計られる。三つの異なる生産部門のそれぞれにおいて、価値は乗数 x、 y または z により価格に転換される。各乗数は労働時間を貨幣に関連させる係数をいみする。この係数の絶対値は重要でない。労働時間一時間が一フランに対応するか、あるいは一〇〇フランにかはどうでもよいことである。x、yおよびzの比率のみが転形問題にとっていみがある。それらの比率が与えられれば、現実の価格はニュメレールを用いて得ることができるが、ニュメレールの大きさは重要なことではない。／こうして、じっさいにはたんに、利潤率と$x:y:z$の二つの比率という三つの未知数があるにすぎない。それらは三つの方程式から決定されうる。第四の条件は不要なのである。／価格総額（またはなんらかの価格総額）を価値総額（またはなんらかの価値総額）に等置する考え方はいみをなさない[51]」と。

たしかにこのディキンソンの指摘は、それまでの転形問題の論議におけるひとつの盲点をついていた。価値と価格とが異なる次元に属し、異なる単位で尺度されるものであれば、それぞれの総額を等置したり、総剰余価値＝総利潤とおくことにはあきらかに問題がある。さらに、労働時間で尺度される価値と貨幣量で尺度される価格の間の係数の絶対値にあまりいみがなく、価格の絶対水準を問題にしないとすれば、商品生産物の間の相対価格としての交換比率は、転形問題の解決のために諸論者が依拠したそれぞれに特殊な条件を必要とせずに決定されうる[52]。

しかし、問題は、マルクス価値論の展開をたんに商品生産物の間における相対価格としての交換比率の決定論として理解しておいてよいかどうかという点にある。ディキンソンもその点では、それまでの転形問題の論議における理解に無批判で、むしろそれを極端に表現しているといえよう。商品生産物の相対価格の決定に課題を限定して考えれば、生産価格の規定にさきだつ価値の実体規定の意義は不明確になる傾向をまぬがれない。価値と価格の次元の相違がなにをいみするか、あるいは生産価格論にさきだつ価値実体論の固有の課題はなにかが理論的に確定されなければならないわけである。それとともに、マルクス価値論の展開としてみれば、価格を尺度する貨幣がたんに形式的なニュメレールとみなされてよいはずはなく、価値の実体としての労働量との関係でその位置と役割が考慮されなければならない。また、それとともに、マルクスが総価値＝総生産価格および総剰余価値＝総利潤の二命題で表現しようとしていた事柄も、理論的に「いみをなさない」ことであったといえるかどうか、検討さるべき余地はなお多分にのこされていたと思われる。

2

一九五七年のシートンの論文をほぼ終点として、戦後の欧米の転形問題論争は、その第一期を閉じその後六〇年代にかけて一時中断されていた。しかし、一九七〇年代以降ふたたびまえにも増して広い関心を集め大きく再燃している。それは、一九六〇年代末に始まる欧米資本主義諸国でのマルクス経済学のルネッサンスの重要な一翼をなすものであった。この七〇年代にはじまる第二期の転形問題論争は、かつての第一期の論争において検討され、残された問題の諸点をひきつぎながら、論議の内容と参加者の理論的立場をきわめて多彩なものとしてきている。とりわけ、第一期の論争では、生産価格論の前提となるマルクスの価値論自体の意義や当否が問われることはなかったのであるが、この第二期の論争では、費用価格の生産価格化をめぐるマルクスの転形手続きの不備を、形式的もしくは技術的に補整する方策を論議するにとどまらず、その問題を介して、さらにマルクスの労働価値説の意義や成否が重大な問題とされてきている。ボルトキェヴィッチ以来の狭義の転形問題論争がいまやベーム＝バウェルク以来の価値論論争と重合して、世界的に白熱した論戦が展開されているのである。

その背景には、一九六〇年代にスラッファにはじまる新リカード学派が、それまで欧米の経済学界に支配的であった新古典派の限界理論の基礎に鋭い批判を加え、それを転機に、若手研究者の理論的関心がかなり大量にマルクス経済学に移行してきているという状況がある[53]。そのような状況のなかで、マルクスの価値論ないし転形問題は、新古典派経済学正統派、新リカード学派、マルクス学派のそれぞれが、他にたいするみずからの優越性を主張し、相互に批判を交しあう共通の論争課題とされるようになった。その重要なひとつの発端は、新リカード学派とそれに続くマルクス学派による新古典派批判に反撥するかのように、サムエルソンが一九七一年の論文[54]などにおいて、マルクスの価値論と生産価格論につぎのような総括的批判を加えたことであった。

すなわち、サムエルソンによれば、商品生産物の相対価格の決定論としてマルクスの労働価値説が妥当するのは、生産手段がまったく用いられないか、剰余価値がゼロ、ないしは各産業部門の資本の有機的構成が均一のときにかぎられる。また、費用価格を生産諸要素の価値で規定しているマルクスの生産価格の規定が妥当するのは、資本の有機的構成が各部門をつうじ均等であるか、「どの部門も種々の原料と機械用役を社会が全体としてそれらを生産する比率とおなじ比率で使用する」という「資本の均等な内部構成[55]」が存在し、しかも労働者の必要生活手段の内容もこれと同一の比率で構成されている場合にかぎられる。それらはいずれもごく一般性を欠く場合にすぎない。他方、費用価格の構成要素まで生産価格化するボルトキェヴィッチいらいの転形手続きもあまり意味のあることではない。たしかに、投入産出の技術的な物量体系から各商品に対象化される労働量としての価値を確定し、ついでこれにたいする転形率をもとめて生産価格を導くことはできるが、しかしその結論は出発点の物量体系にもとづく価格方程式をといて直接に得られるものと異ならない。それゆえ、『資本論』第一巻の価値分析は「不必要な廻り道」にすぎず、価値の生産価格への「転形」は「最初に書かれたものを消しゴムで消し去り、その後に新たに出発して正しく計算されたものを記入することに酷似している[56]」と考えられる。

こうしたサムエルソンの考察は、あきらかにマルクスの価値論を、古典学派の価値論の水準にひきもどし、あるいはそこからの発展の成果を正当に評価しないまま攻撃するものである。しかも、商品生産物の均衡価格の解明に課題を限定したうえで、マルクスの価値論と生産価格の規定は、そのままでは一般的妥当性を欠いており、費用価格部分までふくめて価値を生産価格化する転形手続きも、物量体系による価格方程式の解とおなじ結論に達するにすぎず、かえって価値分析の不要性を明確にするものであるとみなし、結局、労働価値説の否定に力点をおくものとなっている。少なくともそれは、「転形問題」をマルクス価値論の展開の体系にそくし、内部から解決しようとするものではなく、むしろこの論争問題を、ベームいらいの労働価値説否定論に重ね合せる役割をはたした。しかし、かつてベームが限界効用価値説を主張し労働価値説を全面的に成立しえないものとしていたのにくらべ、サムエルソンの批判は、内容的には、均衡価格の説明にとって労働価値説が不必要であるとしているにすぎないと読むこともできる。すなわち、サムエルソンは、あきらかにベームと異なり、商品生産物に対象化される労働量を確定することは可能であると認めており、さらに対象化された労働量としての価値から生産価格を導くボルトキェヴィッチ流の転形手続きも誤りとしているわけではない。そこには経済理論における限界原理の勃興期と崩壊期の差異が反映しているとみることもできよう。またその裏面において、レオンチェフの投入産出分析の手法やスラッファの理論構成が、マルクス価値論の評価と批判の角度に影響を与えていることも見逃せない。

森嶋通夫氏の『マルクスの経済学』(57)は、こうしたサムエルソンのマルクス批判をつよく意識して執筆され、ほぼおなじ手法によりながら、剰余価値率と一般的利潤率との関係などいくつかの点で、マルクスの意図により好意的に考察をすすめている。しかし、森嶋氏は、費用価格を生産要素の価値で規定するマルクスの生産価格の規定は、サムエルソンのいう「資本の均等な内部構成」よりゆるやかではあっても、いぜんごく制約的な産業の「一次従属」という条件のもとでのみ成立するにすぎないことを指摘し、さらに異種労働と結合生産物ないし固定資本の取扱いの困難を理由に、最終的にはマルクスの労働価値説を放棄して、フォン・ノイマンの理論モデルを採用することを推奨している。物量体系と労働量としての価値、物量体系と均衡価格としての生産価格のそれぞれの双対性とその間の転形関係として問題がとらえられ、しかも均衡価格の決定論に重点を絞ってゆくかぎり、森嶋氏においても、サムエルソンと大筋においてはあまりへだたることなく、労働価値説不要論が導かれるのは、むしろ容易なことであった。

こうした検討をうけて、スティードマンは、スラッファ理論を高く評価する見地から、マルクスの価値と生産価格の理論への批判をさらに簡明にとりまとめて提示している。(58)そのひとつの論点は、さきに第三章第三節でみたように、結合生産物および異種労働の取扱いをめぐり商品生産物の価値規定に変則性ないし不整合が生じうるということであった。しかし、おそらくより重要なもうひとつの論点は、技術的な物量体系から、一方で各商品生産物に対象化されている労働量としての価値体系に達することはできるが、他方で直接に均衡価格としての生産価格の体系にも達しうるのであり、それゆえ、諸商品の価値を分析したのちに、生産価格にこれを転形することは、価値分析にともなう不整合がなくとも、余計な手順にすぎない、という主張である。そこでも、物量体系と価値および価格との二重の双対関係の対比をつうじ、均衡価格の決定論にとっては投下労働量としての価値概念は不要であるという、サムエルソンいらいのマルクス批判がくりかえされているわけである。

こうして、新古典派経済学正統派さらには新リカード学派に属する重要な理論家が、つぎつぎに転形問題を手掛りに、さかのぼってマルクスの価値論自体にも批判的検討を加えるようになってきている。それは、一九六〇年代に進展した「資本論争」をめぐる、J・ロビンソンらのケインズ左派やスラッファに始まる新リカード学派による新古典派価格理論の基礎への批判が、その後マルクス学派にもひきつがれ、さらに論点も拡大されてきている動向[59]と対をなす理論状況にほかならない。いずれにせよ、こうした理論状況のなかで、欧米マルクス学派の転形問題への接近も、一九五〇年代にいたるさきの第一期の論点をたんにひきつぎ展開するだけではすまなくなっている。すなわち、新古典派や新リカード学派さらには古典学派にたいするマルクス学派の理論的基礎として、マルクス価値論の特質を体系的に再評価するなかで、転形問題に解決をすすめようとする試みがくりかえされるようになった。とくに、費用価格の生産価格化の問題を適切に取扱うためにも、それにさきだつ価値論の課題と意義を正確に確定しておかなければならず、さらに価値と価格の次元の差異にも留意しなければならない、といった論点が提示され、欧米におけるマルクス価値論の研究を深化させてきている。代表的な論稿を以下いくつかとりあげて、欧米マルクス学派における転形問題論争の最近の論点の推移をたどってみよう。そのさい、新古典派と対立しながら、さらにこれを批判して擡頭した新リカード学派との緊張関係が、欧米マルクス学派の論点の展開に重要な一契機となっていることに注意しておきたい。

3

たとえばミディオは、スラッファにはじまる新リカード学派が、利潤率や諸商品の相対価格の決定に需要が何の役割も演じないことを示し、新古典派を批判したことを評価しながら、それら諸量の決定関係に考察を限定しているかぎり、利潤そのものがどのようにして存在しうるのかといった問題はとかれるべくもないことを批判し、「あるいみで、新リカード学派は経済学的分析を前マルクス的段階にまで——はるかに洗練された厳密な形においてではあれ——おしもどしている」という。[60] マルクスの価値論は、むしろとりわけ資本家と労働者の間の関係をめぐる利潤の形成過程の考察のためのものであるというのである。[61]

しかし、ミディオは、そうした鋭い指摘に続き、「転形問題」の考察に入ると、一転してスラッファ理論との折衷ないしその利用をはかることになる。すなわち彼はまず、ディキンソンの考察を n 部門モデルに拡張した形で——価値と生産価格（簡単に価格とよばれる）の間をつなぐ係数の絶対値を除くと——諸商品の相対価格——と均等な利潤率とが、各商品に対象化されている不変資本、可変資本、剰余価値としての労働の諸量の関数として決定されることを、数式的にあきらかにする。[62] ついで、価格の絶対水準を規定すべきニュメレールをもとめ、「われわれはここで、対象化されている労働一単位あたりの諸価格を取扱っているのだから、ニュメレールを決定するということは、その価格がその価値に等しいような一商品——ないしは諸商品の集合——をみいだすことにあたる」[63]という。そして、スラッファの標準商品 standard commodity の構想をここに導入し、[64] その生産諸要素がつぎつぎにさかのぼってみずからの資本の有機的構成と等しい資本構成によって生産されているような ω^* 産業を一定の条件に従い理論的に合成して想定すれば、ちょうどマルクスが中位的資本構成による部門について述べたように、その平均利潤が剰余価値に等しく、価格が価値に一致するとみなせる商品を得ることができるというのである。[65]

ω^* 産業では、生産された剰余価値が過不足なくそのまま平均利潤として取得されることになるのであるが、そのことが、ミディオのいうようにその製品の価格が価値に一致することだとみなされてよいかどうか。価格と価値がそれぞれ貨幣量と労働時間を尺度単位とするかぎり、ω^*産業の商品についても両者を等置する基準化がいかなるいみをもつかは不明確である。また貨幣商品金の生産部門の資本構成が、ω^*産業と一致しその一部に入る保証はまったくないのであるから、その資本構成の相違の程度によって、おなじ価値量のω^*商品がいろいろの価格に表示されざるをえないであろう。ω^*産業自体、実在性をとわれない観念的合成物であり、その商品の価格が価値に等しくなるよう基準化してこれをニュメレールにおくことは、ボルトキェヴィッチ＝スウィージーによる$z=1$にくらべて、あるいみでいっそう恣意的想定となりはしないかとも考えられる。結局、ミディオは、マルクス価値論に特徴的な課題を鋭く指摘しながら、転形問題の取扱いにおいては、スラッファ理論における標準商品の合成の手法をとり入れて、価値と価格をつなぐニュメレールを確定する試みを示したのであるが、その試みは、価値体系から生産価格体系を導くボルトキェヴィッチ以来の方程式群の解法に、いぜん恣意的で特殊な一様式をくわえたにとどまるといえよう。

「転形問題」を論議する場合、マルクスの価値論が、たんに商品生産物の相対価格の決定論にとどまらず、むしろそれにさきだち資本と賃労働の生産関係の理論的解明にあてられるものであるということをまず明確にしておかなければならないという論旨は、ミディオにかぎらず、最近の欧米のマルクス理論家にほぼ共通にみられるところである。たとえば、ライブマンもこの点を強調し、「資本家と労働者の間の基本的関係――すなわち労働日の不払労働と支払労働の間での分割、ないし搾取率――が不変であることが、価値の生産価格への転形の条件である」[66]という。たしかに、価値の生産価格への転形の結果として、「搾取率に変化を生ずるとすれば不合理であろう。」しかし、ライブマンのように、「生産価格体系も価値体系とおなじ次元すなわち労働時間の単位をもつ」[67]としたうえで、生産価格体系のもとでも対象化される生きた労働時間のうち賃銀ないし可変資本として与えられる部分の比率に変化がないという条件で、費用価格の生産価格化を数学的にとけば、「そのことは、一般に（労働の特殊な配分関係を除けば）、付加価値は生きた労働時間と、利潤総量は剰余価値総量と、生産価格の総額は価値の総額と、それぞれ等しくないであろうということとを含意する[68]」ということになる。生産価格が生産過程で対象化される価値の実体としての労働時間とはっきりおなじ次元におかれて比較されているだけに、そこに理論的混乱が残るといわざるをえない。

こうして、ミディオやライブマンは、一方で、マルクスの価値論が、とりわけ資本と賃労働のあいだの生産関係の理論的考察にとって不可欠なものであることをあらためて強調したのであるが、他方で、価値と生産価格の関係については、両者をなんらかのいみで同次元において比較する発想を脱していない。そのかぎりでは、スウィージーからシートンにいたるかつての「転形問題」論争の延長上において、ボルトキェヴィッチ以来の方程式群の解法に別種の条件設定なり数理的整理をくわえたにとどまる面がある。

これにたいし、デサイは、おなじように「マルクスにとって、価値は社会関係であった[69]」ことを強調しつつ、さらにすすんで「目にみえる価格の領域」とその背後の「目にみえない価値の領域」との理論次元の差異を重視することによって、従来の「転形問題」論争にのこされてきた混乱を整除しようとしている。彼によれば、その点では、マルクス自身も「価値関係をあたかも観察可能で直接に測定可能であるかのようにとり扱う」誤りをまぬがれていない[70]。費用価格を価値単位で規定したまま生産価格の規定を与えているのもそのことに関連している。商品の物神性についてのマルクスの洞察が忘れられてはならない。生産価格の規定は、再生産表式論のような商品資本の循環によってではなく、あくまで貨幣資本の循環にそくし、目にみえる価格関係の次元で与えられるべきものである[71]。

さらにデサイによれば、価値と生産価格の体系的な関係は、ボルトキェヴィッチの解法によってすでに形式的技術的にはとかれている。ただ$z=1$とおくかこれに代えて適当なデフレーターを用いるかは、数学的にはトリヴィアルなことである[72]。「一般に価格は価値に比例的とはならないが価値からひきだされうるのである[73]。」もっとも、諸価格は直接観察可能なものであり、それらをあるがままにどのようなものであるか知ろうとするなら価値論はいらない。「われわれが価値論を必要とするのは、諸価格と利潤がなぜそのようなものとして存在するのかをあきらかにし、それによって資本主義社会がなぜ不平等と階級分化に支配されているのかを理解するためである[74]。」

こうしてデサイは、マルクスの価値規定が、ことに剰余価値の生産をめぐる資本と賃労働の生産関係を解明するものであることを強調するとともに、価値と生産価格の理論的規定の次元の差異を重視する。[75]さきにみたディキンソンによる価値と価格の次元の区分についての指摘を発展させたものとみることもできようが、デサイによる考察は、マルクス価値論の研究として、はるかに体系的であり深化している。前節での検討をふりかえっていえば、そこには、すでにわが国で鈴木鴻一郎編『経済学原理論』およびその共同執筆者のあいだに展開された生産価格論研究とかなり近い線が示されているといえよう。たしかに、価値と生産価格を同次元で直接量的に比較し、両者の展開関係をたんに商品生産物における交換比率の量的変化として考察するだけでは、マルクスによる価値論の重要な一面がみおとされることになる。またそれでは、価値と生産価格の体系をつなぐ環として、総価値＝総価格、総剰余価値＝総利潤、ボルトキェヴィッチの $n = 1$ ないし搾取率の不変性、などのうち、いずれによるべきか決定的理由を欠くまま混乱をまぬがれなかった。

したがって、価値と生産価格の展開次元の差異を体系的にあきらかにしようとするデサイの提言は十分評価されなければならないが、しかし問題はまだそのさきにある。ことに、わが国における研究とことなり価値の形態規定の展開として生産価格を位置づけえないまま、価値と生産価格をそれぞれ次元と課題をことにするものとして分離するだけでは、後者は前者にたいし外的で異質な現象とみなされかねない。その裏面で、価値が各商品生産物の価格変動を規制しつつ、それぞれの生産に社会的に必要な労働配分を調整する作用を展開する側面は軽視される。価値はその実体としての労働の量関係に、しかも資本と賃労働のあいだにおける労働の量関係にせまく限定されて理解される傾向を与えられることにもなっている。

じっさい、デサイは、サムエルソンのマルクス批判に反論しつつ、マルクスの価値論は「価格理論、資源配分の理論、および資本主義経済における社会関係の理論を与えるという多様な任務を行ないうるということに固執するのは誤りであろう」といっている。[76]そこには、マルクスの価値論を商品生産物の相対価格の決定論としてのみ解釈し、無理解な論難をおこなうサムエルソンへの反撥が示されているのであるが、しかし、マルクス価値論の体系的な広がりを極度にきりすてることによって、かえって価格現象の理論的考察にさいしては新古典派や新リカード学派に譲る余地を生じているのではないかとも考えられる。

もともと、資本と賃労働のあいだの価値関係も、生活手段、さらに間接的には生産手段としての商品生産物の売買を介してのみ、社会的に維持されるものである。したがって、商品生産物の売買が価値の実体としての労働の量による価格の規制を（等労働量の交換としてでないにせよ）ふくんでいなければ、資本と賃労働の間の価値の実体としての労働時間の取得関係も、法則性をもって維持されえないであろう。他方、商品生産物の売買価格の基準を具体的に示す生産価格は、資本と賃労働のあいだの生産過程において対象化される価値の実体としての労働の諸量が、資本家社会的に配分され取得されてゆく過程を媒介するものとしてあらわれるはずである。したがって、資本と賃労働の生産関係をめぐり価値の実体規定を内的にあきらかにする理論次元と、これにもとづき諸資本の競争をつうじ価格関係のうちに生産価格の規定を与える理論次元とを体系的に区分したうえで、われわれは、生産価格を価値にとって外的な異質物とすべきではなく、むしろ価値の形態としての生産価格が、その背後の価値の実体としての労働の諸量をどのように代表し、媒介するかを理論的に確定しなければならないのである。

そのいみでは、価値の形態としての生産価格が、直接には貨幣量で表示され尺度されながら、その背後の価値の実体としての労働量をどのように代表することになるかがさらに問われなければならない。ヤッフェは、その点で、「貨幣はそれが社会的にみとめられた人間労働の〝体化物〟であるかぎりにおいて価値の尺度となる」といい、そうした貨幣で表示されるかぎり、「生産価格の〝体系〟は、じっさい、価値〝体系〟とおなじ次元をもつはずであり」、「変形された価値の形態」とよべるものであるという。[77] おなじ次元にそろえて比較されれば、「総価格は総価値と等しくなければならない。そうでなければ新しい価値が流通過程で創造されたことになろうが、それはあきらかに不合理である。」[78]「転形問題」の論議でその点に混迷が生じているのは、「価値の形態」としての表示と、貨幣商品金の使用価値量によってあらわされる「貨幣価格」の次元の差異が明確に区分されていなかったためではないか、というのである。

　しかし、こうした取扱いによって費用価格の生産価格化をとげば、総価格を総価値と同次元で量的に等しいものとするかぎり、総利潤は総剰余価値と同次元（労働量）で比較されるものとされながら、一般には量的に異なるものとなるであろう。生産価格を価値の形態として位置づけて、しかもその背後の労働量とともに考察する方向に一歩をすすめながら、価値の形態がかならず貨幣の分量で表示され尺度される価格関係を形成する面はここでは逆に軽視されることとなっている。価値の形態も、貨幣形態で取得される価値の実体としての労働量に還元されて理解されている点に問題が残されているのである。

　シャイクも、商品に対象化された労働量としての価値と、流通で価値のとる形態としての貨幣価格とを区分して問題の整理をすすめ、しかもヤッフェと異なり、生産価格は貨幣価格の理論次元に属するものとみなし、これを価値に比例する「直接価格」から転形されるものと位置づける。[79] そのような認識からすれば、「『転形問題』は『〈価値〉の価格への』転形に関するものではない。むしろそれは〈価値〉の一形態たる直接価格を、もう一つの形態たる生産価格に転形する問題である[80]」とされることになる。それとともに、流通にあらわれるこうした価値の形態面における転形は、「全体としての体制にとってはなんら実質的変化をふくむものではない。商品総量とその各階級への分割諸部分は、以前のままで変りがない。そうであるかぎり、〈価値〉総額と剰余〈価値〉総額も以前のまま変りがない。転形のもたらすものは、個別資本家間への剰余〈価値〉全体のプールの分割の変化である[81]」と考えられる。

　こうした観点にたって、シャイクは、おなじ生産規模のもとで産出される諸商品の「直接価格」から生産価格への転形手続きにさらに内容的な分析をすすめる。そのさい、ボルトキェヴィッチ以来の考察であきらかなように、転形の前後で価格総額と利潤総額のいずれを一定として「基準化」するかは、数学的には任意性をもつが、一般にはその両方を維持することはできない。シャイクは、さしあたり価格総額が等しくなるように数字例を構成し、「直接価格」から生産価格への転形関係を考察し、とくにそのさい、マルクスの転形手続きが費用価格の生産価格化をふくむ「正しい生産価格」の規定への第一次接近としてみれば、完全に正しいものであったことをあきらかにしようとしている。というのは、費用価格を価値に比例する「直接価格」によって規定するマルクスの方式によって得られる生産価格を、費用価格の諸要素に「フィードバック」して第二次接近としての生産価格を導き、それによってさらに費用価格を訂正する手続きを反復してゆけば、費用価格が生産価格化するものとしてたてられる方程式群を解いてえられる結果に収斂するからである。(82)

こうしたシャイクの考究は、最近の欧米マルクス学派による転形問題の一連の研究のなかでも、ひとつの頂点を形成する水準に達している。それは、価値の実体と価値の形態とを区分しつつ、価値の形態規定の展開として生産価格をあきらかにしようとするわれわれの観点にごく近い取扱いをすすめているとみてよい。シャイクにとって残る問題のひとつは、生産価格にさきだって、各商品に対象化される労働量を価値とし、それに比例する「直接価格」での商品交換がおこなわれているものとする抽象を、資本主義経済からどのように必然的なものとしてとりだし、論証しうるか、という点にある。シャイクにあっては、流通の背後の本質的な社会関係の解明のためには、価値ないし「直接価格」による考察から出発しなければならないことが強調されてはいるが、それはなお論証を欠く仮説的ないし便宜的接近として価値法則を示しているにとどまるとも考えられる。その点は、欧米マルクス学派の最近の考察全体にもつうずる問題点であるが、内容的には前章で検討した主題としてうけとめられてよいことであるから、ここではこれ以上立入らないでおこう。

ここでの主題に関連し、シャイクによって残されているもうひとつの問題系列は、つぎのようなことであり、それらもまた右にみてきたような最近の欧米マルクス学派による転形問題の考察全体にとっての基本的な制約を集約して示すものと考えられる。すなわち、シャイクは、投下労働量としての価値に比例した「直接価格」から生産価格に転形されても、価格総額は変らないとみるさいに、生産価格の全体としての絶対水準がどのように「基準化」されるかは、どうでもよいことのようにみなし、内容的には事実上、貨幣商品金の生産部門の資本構成を社会的に平均的なものと想定していることになっているといえよう。少なくとも原理的には、貨幣商品も資本主義的生産部門の一環として生産されているものと考えられてよいのであって、この生産部門についても、費用価格の諸要素が生産価格化されるものとして、一般的利潤率が与えられるよう、生産価格の水準が確定されるものと考えなければならない。そして、その場合、一般には「直接価格」をあらかじめ想定しても生産価格と総額が一致する保証はないと考えられる。他方、価格総額を不変として転形手続きをすすめれば、「直接価格」の場合、剰余価値に比例する価格表現を与えられていた利潤の総額は、生産価格総額における利潤総額と一般には一致しない。シャイク自身「剰余〈価値〉量とその転形された貨幣形態（生産価格のもとでの総貨幣利潤）の間の関係は、さらに確定される必要がある」[83]ことを認めている。そのかぎりで、マルクスが価値と生産価格、および剰余価値と利潤の間に主張していた総計一致二命題の意図も、なお十分理論的に確定されているとはいいがたい。

総じて、価値の実体としての労働の諸量が、価値の形態としての生産価格の体系を、その絶対水準までふくめて、どのように規定するか、そしてさらに生産価格の体系をつうじ、価値の実体としての労働の諸量が、各階級と生産諸部門にどのように取得されてゆくかが、さらにたちいって明確にされなければならないであろう。それをつうじ、価値の実体と、これに規制されつつこれを媒介する価値の形態としての生産価格との関連がさらにたちいってあきらかにされてよい。それによって、前節でみたようなわが国における生産価格論研究の成果をうけとめ深化せしめながら、欧米における転形問題の研究を突破し、この論争問題に新たな考察を加えうるのではないかと考えられる。

三　価値概念の立体的関連

1

欧米の「転形問題」論争における論議をふりかえってみると、ことに一九七〇年代以降あきらかに、『資本論』の価値論の体系的な研究にもとづき、価値と生産価格の展開関係を解明しようとする方向に、新たなマルクス理論家による研究が深化発展しつつある。

そこでは、価値の生産価格への転形は、かつての一九五〇年にいたる第一期の論争におけるように、単純に商品生産物の価値による等労働量交換から生産価格による交換への交換比率の変化を、どのような条件によって、数学的に整合的な形式のもとにといてみせるかという問題としてのみうけとめられてはいない。また、生産価格の規定にさきだつ価値規定は、ミークのように資本主義に歴史的に先行すると考えられる「単純商品生産社会」による抽象であり、資本主義になると修正されるものであるとは、もはや一般には考えられていない。マルクスによる価値規定は、むしろなによりも、資本と賃労働のあいだの資本主義的生産関係の実体をあきらかにするために不可欠な理論であることが強調される。そのうえで、この資本主義的生産関係を価値関係として考察する理論領域と、諸資本の競争をつうじ剰余価値が生産価格を基準に分配される関係を考察する理論領域との次元の差異が重要視されている。さらにこれをふまえ、貨幣価格としての生産価格とそれによって媒介される価値の実体としての労働の諸量との体系的な関連が、価値概念を立体化することによって解明される方向も示唆されている。費用価格に入る諸要素の生産価格化をめぐってマルクスがのこしていた論点も、そのような問題に吸収されおきかえられて検討されつつあるといえよう。

しかし、論理的考察のそのような体系的深化にもかかわらず、貨幣価格の次元における生産価格は、価値にとってもっぱら外的な現象とみなされる傾向がなお一部に顕著である。そうした傾向は、すでにみてきたように、価格と価値の次元の差異が重視されるようになって以来、ディキンソンやデサイの主張に特徴的であるばかりでなく、これと一見対照的なヤッフェにまである意味では共通にみとめられ、ヤッフェにおいては、価値はもとより価値の形態としての規定まで、現象的な貨幣価格にたいし、実体的な労働の量関係に限定して理解されることとなっていた。

しかし、前節でも検討したように、『資本論』に特有な価値の形態規定の展開を体系的に生かそうとする見地にたてば、あきらかにそれでは不十分であろう。たとえば、『資本論』第一巻第一章第三節におけるマルクスにしたがえば、諸商品の貨幣価格は、商品が、それぞれの使用価値の個別的異質性に制約されながら、他の諸商品との交換をもとめる価値性質の展開をつうじ必然的に形成される一般的価値形態の固定化したものにほかならない。生産価格も、市場価格の変動をつうずる諸資本の競争の基準として、貨幣量で表示され尺度される次元にあらわれながら、価格としての価値の形態が具体的に展開された姿を示すものと考えてよいであろう。それは、価値にとって外的でどうでもよい現象ではなく、価値概念の立体的な展開に重要な一面を担うものと理解されなければならない。

他方、生産物に対象化されている労働の諸量も、交換価値としての商品の価値の形態的関連の背後にあって、これを規制するものとして存在するかぎりにおいてのみ、価値の実体を形成する。価値の形態との関係を捨象し、一般に商品の生産に要する労働量をそのまま価値とするのでは、「価値形態をまったくどうでもよいものとして、あるいは商品そのものの性質には外的なものとして取り扱い」、「価値の大きさの分析にすっかり注意をうばわれた」(*K.*, I, *S.* 96. 岩㈠一四五頁) 古典学派の価値論とあまり内容的にへだたらないものとなる。ところが、『資本論』の一面にも価値をその実体としての労働の量に還元する古典派的価値論の残滓がのこされていたのであって、そのことが「転形問題」をめぐる欧米の研究を方法的に制約してきたことは否めないところであろう。

そこで、『資本論』に特有な価値の形態と実体の理論的区分を体系的に徹底する方向で「問題」をさらに整理するなら、生産価格は具体的に展開された価値の形態として貨幣価格の次元にあらわれるものとみなければならないが、これによってその背後の価値の実体としての労働の諸量がいかに表現され媒介されることになるか。その点が、生産過程で対象化される価値の実体としての労働の諸量と、これに規定される価値の形態としての生産価格と、さらにこれを介して取得される価値の実体としての労働の諸量の三者の関連をとおして、あきらかにされてよいと考えられる。このような三面に価値概念を立体化して、価値の実体と形態の規定・媒介関係を考察することにより、従来の「転形問題」の論議にのこされてきている不明確な諸点も体系的に整理されうることになろう。

2

そのような方向にさらに検討をすすめる手掛りとして、われわれは、戦後の「転形問題」論争の出発点をなしたボルトキェヴィッチによるスウィージーの議論にもういちどたちもどってみよう。そこにふくまれている問題の諸点を基本線において解除してゆくことは、その後の論争をとおしてもちこされてきている理論的混乱を整除することにも直接につうずるものがあると考えられるからである。

すでにみたように、スウィージーは、三部門分割による単純再生産の条件を想定して考察をはじめていた。これにたいし、ウィンターニッツは単純再生産の条件が問題の解法にかならずしも必要でないことを指摘し、メイは問題の性質とその解決の手法は、三部門分割に限定されるものではなく多部門に拡張可能であることを示唆していた。そのことを念頭においておきさえすれば、一般に n 部門から成る拡張再生産にもつうずる問題の基本を、簡単化して二部門なり三部門から成る単純再生産の構造に抽象して考察しておくことは、あながち排除さるべき手法とはいえない。(84) 必要な一般化はあとから技術的に加えられてゆくことになるであろう。

ところで、前章第三節の三で検討したように、三部門分割における単純再生産の条件を示す三つの等式 I $c_1+v_1+s_1=\sum c_i$, II $c_2+v_2+s_2=\sum v_i$, III $c_3+v_3+s_3=\sum s_i$ は、各部門の商品生産物のそれぞれが「価値価格」における等労働量の交換をおこなうことを表示する関係とみなされるべきではない。たとえば I $c_1+v_1+s_1=c_1+c_2+c_3$ をとれば、それは、各部門の商品生産物のあいだにおける交換比率あるいは相対価格の基準がどのようなものとなるにせよ、生産手段に対象化されている価値の実体としての労働の総量が、各部門をつうじ消費された生産手段を補塡するのに用いられなければならないし、そのためにはまた各部門をつうじ消費される生産手段と同じ労働量をふくむ生産手段が年々第I部門において生産されなければならないという関係を表現している。

もっとも、さきにも言及したように、資本と賃労働の生産関係の根本をなす労働力商品の価値規定自体、そのときどきの生産力の水準に応じ、各商品生産物に対象化されている価値の実体としての労働時間と、各商品生産物の売買価格の基準とのあいだにそれぞれ安定的な対応関係が存在していることをすでに社会的に要請している。しかし、その対応関係は一般に正比例関係である必要もないしその必然性もない。均一な正比例関係でなくても、商品生産物に価値の実体として対象化されている労働時間と、価値の形態としての価格のあいだに、それぞれ安定的比率が存在していれば、労働力商品の価値の代価として支払われる賃銀は、必要生活手段とそこに対象化されている必要労働時間を買戻すにたる金額として決定される。したがって、前章第二節でみたように、必要労働による労働力商品の価値規定を前提に、資本による剰余価値生産の機構を解明する理論領域では、商品生産物について、その価値の実体としての労働量と価値の形態としての価格の基準のあいだに、いわゆる価値価格としての正比例関係が想定されるべきであるとはいえないのであって、とくに剰余労働部分の処理をめぐる原則的な弾力性と自由度をふくみながら、各商品の価値の実体と形態のあいだにそれぞれ安定的な比率が存在するものとだけ考えておけば十分なのであった。両者のあいだに存在すると考えられるそうした比率は、諸資本の競争を介する剰余価値の配分機構を考察する理論領域に入ると、価値の実体と生産価格としての価値の形態とのあいだの関係として、具体的にその決定の原理をあきらかにしうるものとなる。いわゆる「転形問題」をめぐるスウィージーいらいの論議は、この決定原理を確定しようとする観点からみなおして、整理展開することができると考えられる。

　さて、ボルトキェヴィッチによって考察をすすめたスウィージーは、第Ⅰ部門、第Ⅱ部門および第Ⅲ部門の商品生産物が、それぞれ価値の x 倍、y 倍、z 倍の価格をもつことになると仮定し、利潤率を r として、つぎのような三つの方程式群で生産価格の体系を示していた。

Ⅰ　$c_1x+v_1y+r(c_1x+v_1y)=x\sum c_i$

Ⅱ　$c_2x+v_2y+r(c_2x+v_2y)=y\sum v_i$

Ⅲ　$c_3x+v_3y+r(c_3x+v_3y)=z\sum s_i$

われわれの整理にしたがえば、これらは、価値による交換の体系から生産価格による交換の体系への転形を示すものとみるべきではなく、各部門の商品生産物に生産過程で対象化されている価値の実体としての労働量と、その交換を媒介する生産価格としての価値の形態との対応・規制関係を前者にもとづき体系的に示すものと考えなければならない。前者は時間を単位とし、後者は貨幣の分量を単位とするのであって、たがいに次元をことにしている。

価値の実体と形態とのあいだに存在するそうした次元の差異をはっきり念頭におけば、ボルトキェヴィッチとスウィージーが、さきの方程式群に解を与えるため、$z=1$としていることはあきらかに恣意的で必然性を欠く想定であった。すなわち、貨幣商品金に対象化されている一労働時間が、一般にかならず価格の尺度標準に用いられる金の一単位（かりに三五分の一オンスで一ドルとよばれるものとする）のなかに存在する保証はまったくない。かりに一ドルとよばれる金一単位の生産に社会的に必要な労働量が二時間であれば、zは1でなく$\frac{1}{2}$としなければならないわけである。

そうなると、形式的には、マルクスの主張していた生産価格の総額は価値の総額に等しいという命題はもとより、利潤の総額は剰余価値の総額に等しくなければならないという命題も、もはやともに支持しがたいものにみえる(85)。そのかぎりでは、ディキンソンも指摘していた価値と価格の次元の差異を理論的に深化させ、デサイのように、前者はことに資本と賃労働の生産関係を考察する理論領域に妥当し、後者はそれをうけて諸資本の競争が展開される領域にあらわれる規定であるとみて、両者を分離して整理する見識も成立しうる。しかし、さらにわれわれの整理の筋道によって考察をすすめれば、さきの二つのマルクスの命題は、もともと価値の形態としての貨幣価格と価値の実体としての労働量とを比較し、年生産物の全体または剰余部分をとれば両者が量的に一致するといういみで述べられていたのかどうか。むしろ、それらは、貨幣価格としての生産価格を介し商品生産物を交換して取得される価値の実体が、生産過程をとおして各商品に対象化されている価値の実体としての労働量より多くも少なくもありえず、また生産価格を介し利潤として取得される価値の実体が、生産された剰余価値の実体すなわち社会的剰余労働の対象化と総量において一致しなければならないということ――いいかえれば商品生産物の持手を変換せしめる流通過程では価値の実体はまったく増減されえないということ――を述べようとしたものと理解すべきではなかろうか。

かつてウィンターニッツやミークは、価値の実体と形態の次元の区分を明確にしないまま、総価値＝総価格あるいは総剰余価値＝総利潤という条件によって「転形問題」をとこうとしていたが、たとえばヤッフェやシャイクの七四年の草稿（注(79)参照）は、交換価値または価値の形態としての生産価格を貨幣価格によって入手しうる社会的労働の可除部分とみなして、各商品に対象化されている価値と区別しつつ、ともに労働時間で測られるものとして両者の総量における一致をあらためて主張していた。しかし、われわれの整理にしたがえば、価値の形態としての生産価格はあくまで貨幣量で表示され尺度されるものであって、これを介し取得される労働の諸量とはその次元を区別しておかなければならない。後者は、商品に直接対象化されている労働の諸量とは異なる面にあらわれるとはいえ、次元としてはこれとおなじく価値の実体に属するものであろう。社会的総資本の流通にそくしてそれらの区分と関連をみようとすれば、W′―G′―Wとして示される商品生産物の交換取引において、W′を構成する諸商品に対象化されている価値の実体が、G′におけるこれに対応する生産価格としての価値の形態を介し、Wとしてどのような分量の価値の実体を入手せしめるかが問われることになる。シャイクの七四年草稿やヤッフェの論稿のように、W′―G′のG′における価値の形態としての生産価格の規定に、ただちにWとして取得される価値の実体を読みこもうとするのでは、こうした価値の実体と形態の立体的関連は正確にはとらえられない。また、公刊されたシャイクの論稿もさきにみたように生産価格を価値の形態面に位置づけてはいるが、それを介して労働量としての価値の実体がどのように取得されてゆくかは、なお明確にしているとはいえない。

そこで、生産過程において商品生産物に対象化される価値の実体と、それに対応する生産価格としての価値の形態と、さらにこれを介して取得される価値の実体の三者の立体的な関係をあらためて確実にあきらかにしようとすれば、従来の「転形問題」の取扱いにおけるように、価値と生産価格を示す二つの表の対比によって両者の関係を考察する

表Ⅰ　対象化された価値の実態（億時間）

生産部門	不変資本 c_i	可変資本 v_i	余剰価値 s_i	生産物の価値 a_i
Ⅰ	225	90	60	375
Ⅱ	100	120	80	300
Ⅲ	50	90	60	200
合　計	375	300	200	875

$s_i/v_i=2/3$, $a_i=c_i+v_i+s_i$. この表から $r=25\%$ となり，また $z=1/2$ とおくと，$x=16/25$, $y=8/15$ となり，つぎの表がえられる。

表Ⅱ　生産価格としての価値の形態（億ドル）

生産部門	a_ix	v_iy	p_i	P_i
Ⅰ	144	48	48	240
Ⅱ	64	64	32	160
Ⅲ	32	48	20	100
合　計	240	160	100	500

c_ix, v_iy はそれぞれ生産価格で表示された各部門の不変資本と可変資本であって，両者の和は各部門の費用価格の合計をなし，これに平均利潤 p_i を加えた P_i が各部門の年生産物の生産価格を示すものとなる．すなわち，$p_i=r(c_ix+v_iy)$, $P_i=c_ix+v_iy+p_i$.

表Ⅲ　取得される価値の実体（億時間）

生産部門	c_i	v_i	s_i'	a_i'
Ⅰ	225	90	96	411
Ⅱ	100	120	64	284
Ⅲ	50	90	40	180
合　計	375	300	200	875

$s_i'=p_i\times 1/z(=\sum s_i\times p_i/\sum p_i)$, $a_i'=c_i+v_i+s_i'$

のでは、もはやあきらかに不十分となる。すなわち、それら三者の基本的関係は、それぞれを表示する三つの表をとおして例解され考察されなければならないのであって、われわれは、ボルトキェヴィッチによってスウィージーが示していた表（本書二八八頁）を訂正し、右のような三つの表を展開してその点に検討をすすめてみよう。

表Ⅰは、各部門の商品生産物に対象化されている価値の実体をその内部区分とともに示すもので、さしあたりボルトキェヴィッチとスウィージーが「価値計算」としてあげている数字例をそのまま用いるが、年生産物に対象化されている価値の実体としてこれをみるかぎり、たとえば億労働時間といった単位が表の数字に与えられなければならない。この表における各項の数量関係は、そのときどきの生産力の技術的水準と、これを前提に社会的文化的要素をもふくんで決定される資本と賃労働のあいだの価値関係とによってきまるものとみてよいであろう。

表Ⅱは、表Ⅰにもとづいて形成される生産価格の体系を示す。ボルトキェヴィッチとスウィージーが「価格計算」としていたものにあたるが、ここでも単位が明示されなければならない。たとえば、かりに三五分の一オンスの貨幣商品金が一ドルとよばれるとし、表Ⅱの各数字はそれぞれ億ドルを単位としてもつとしよう。そしてさらに、金生産部門で三五分の一オンスの金を生産するのに二労働時間が社会的に必要とされるとすれば、スウィージーらの z は $1/2$ となり、「価格計算」における表の数字はそれぞれ $1/2$ に縮減されてよいことになる。[86]

表Ⅲは、表Ⅱにおける生産価格を介し取得される価値の実体を示し、その単位はふたたび表Ⅰとおなじ労働時間（億時間）とすべきである。

表ⅠとⅡのあいだでは、単位も次元もことなるので、両者における総価値 $\sum a_i$ と総価格 $\sum p_i$ あるいは総剰余価値 $\sum s_i$ と総利潤 $\sum p_i$ の不一致はもはや不思議でも不合理でもない。注意しなければならないのは、生産価格をとおして取得される価値の実体としての労働の諸量は、表Ⅱにおける貨幣価格での各数値と一般に一致しないだけでなくこれと正比例もしないということである。すなわち、各部門の資本家はその生産を継続しなければならないかぎり、みずからの商品生産物を販売して得た貨幣を再投資し、消費した生産諸要素を買戻さなければならない。費用価格のうち不変資本部分の価格 $c_i x$ は、貨幣に実現されたのち、その貨幣額の $1/x$ の数値の労働時間を価値の実体としてもつ生産手段を生産価格で再購入するのに用いられなければならない。もう一方の可変資本の価格部分 $v_i y$ も、貨幣に実現されたのち賃銀として支出され、その価格の $1/y$ の数値の労働時間を価値の実体としてふくむ必要生活手段をまえと同数の労働者に取得せしめるとともに、それらの労働者の生きた労働をつうじ可変資本の価値を実体的に補充することになる。それゆえ、表Ⅰにおける各部門の c と v、したがってまたそれらの合計は、生産価格での諸商品の売買をつうじ、取得される価値の実体を示す表Ⅲの対応する各項に、おなじ大きさで再現することになる。

そのことに対応し、剰余生産物に対象化されている剰余労働時間は、利潤の形態で処理されるべき価値の社会的実体の唯一の部分としてあらわれる。しかし、c_iやv_iの場合とことなり、s_i部分の価値の実体は、各部門において対象化されたものとおなじ分量がとりもどされなければならないというものではない。諸資本の競争が、生産価格の形態に利潤率を均等化しつつ、剰余価値の実体の帰属関係を規制するのである。ここでは単純再生産が想定され、第Ⅲ部門の資本構成が均等である（あるいはその生産物が単一である）と想定されているので、各部門の利潤p_iによって入手される剰余生産物の価値実体p_i/zは、結果的には、全体としての剰余価値の実体$\sum s_i$が利潤p_iの大きさに比例して各部門に配分されるものとみることもできる。その結果得られるs_i'をc_iとv_iに加えることにより、表Ⅲにおいて生産価格を介して各部門に取得される価値の実体a_i'を得るわけである。[87]

3

表Ⅲにみられる結果を表Ⅰと比較してみると、第Ⅰ、第Ⅱ、第Ⅲの各部門は、生産価格をつうじそれぞれ三七五、三〇〇、および二〇〇億時間の労働量を、四一一、二八四、および一八〇億時間の労働量と交換している。そのため、表Ⅲでは、a_1'と$\sum c_i$、a_2'と$\sum v_i$、a_3'と$\sum s_i'$のあいだの同等性はみられなくなっている。そのことは、表Ⅲが交換取引の出発点となるものではなく、W′—G′—Wとしての流通の結果を示すものであり、そこでのs_i'は資本家によって単純に消費されるのであるから、理論的に不整合なことではない。もともとおなじ量で補填されるc_iやv_iとが生産的に用いられることによって、次年度にも表Ⅰにおける$c_i+v_i+s_i$とおなじ結果が各部門をつうじ再生産されてゆくこととなるのである。

表Ⅱに示されるような価値の形態としての生産価格は、表Ⅰにおけるような対象化された価値の実体の量関係によって根本的に規定されるものとしてあらわれる。生産価格と価値の実体とはことなる次元に属し、総量においても名目的には一致しないのであるが、総生産価格ないし総利潤は、あきらかに総価値ないし総剰余価値の実体をそれぞれ価値の具体的形態において表現し媒介しているものにほかならない。生産価格としての価値の形態によって表示され媒介されることによって、価値の実体が総量においても剰余部分においても変化しうるものでないことは、表Ⅲのように、生産価格を介し取得される価値の実体までみとおしておけば、いっそう明確なこととなる。こうして、価値の実体と形態とをはっきり区分し、両者の関連を右のようにあきらかにすることにより、総価値は総生産価格に等しく総剰余価値は総利潤に等しいという二命題において、マルクスが意図していたと思われる事柄の内容は、背反的なことでも不合理なことでもなく、むしろ理論的に一貫して論証されうることとなる[88]。

表Ⅰ、表Ⅱ、表Ⅲのあいだの論理構造は、問題が一般に n 部門から成る多部門の連関に拡張されても、基本的には変らないであろう。すでにシートンやミディォの論稿においても、三部門分割によるボルトキェヴィッチとスウィージーの解法を多部門に拡張して適用しうることは示されている。ただし、価値の実体と生産価格の体系をつなぐ「ニュメレール」は、シートンやミディオの考えていたように恣意的な条件あるいは観念的な合成物としてきめられてよいものではなく、原理的には、貨幣商品金が価値の形態としての価格の尺度となるかぎり、価格の尺度標準となる金一単位の分量とそれを生産するのに必要な社会的労働量との関係によって決まるものと考えるべきであろう。さきのわれわれの例では $z=1/2$ とされたこの関係を介し、各部門の商品生産物の価値の実体に照応する生産価格の体系の絶対水準が決定される[89]。各部門の商品生産物が、そのような生産価格を基準に販売されながら、その費用価格部分において、それぞれの生産に消費された不変資本と可変資本の価値の実体を、種々の生産諸要素の生産価格での購買をつうじ、再確保せしめることは、多部門に問題が拡張されてもそのまま妥当することである。

さらに、もし各部門の資本家が、単純再生産を維持しつつ、それぞれの消費する商品の種類とそれらの構成比率に差がないものとすれば、各部門の商品生産物に対象化されている価値の実体と、生産価格をとおして取得される価値の実体とのあいだにあらわれる量関係は、多部門にひろげられても、さきのわれわれの表Ⅰ―Ⅲにみとめられたものとまったくおなじ性質をもつと考えてよいであろう。各部門の資本家の消費する商品の構成がおなじでなければ――

このほうがむろん現実的で一般的な想定であろうが——、さきの表の記号を用いると、取得される剰余価値の実体 s_i' は各部門の平均利潤 p_i の大きさに正比例するものでなくなり、そのことは、取得される価値実体の各部門ごとの合計 a_i' にも影響を与えるであろう。しかし、他のすべての項のあいだの関係は、$\sum s_i = \sum s_i'$、$\sum a_i = \sum a_i'$、をふくめ変らないであろう。利潤 p_i をとおして処理される剰余価値の一部が、再生産の規模の拡張に用いられる場合にも、これとおなじことがいえる。

価値の実体と生産価格の関係について展開されてきたわれわれの理論的考察は、その期間の長短をとわないにしても、そのときどきに安定的な生産力の技術的条件が存在し、それによって生産価格を規定する価値の実体的量関係が与えられるということを想定している。とはいえ、マルクスの価値論は、その展開としての生産価格論をふくめ、むろんたんに静学的な理論にとどまるものではない。背後における生産力の技術的諸条件が安定的なものであっても、諸資本の無政府的な競争は商品生産物の市場価格にたえず変動をひきおこし、生産価格はそのような市場価格の変動の中心としてのみあらわれる。価値の実体関係からみれば、生産価格をめぐる市場価格のそうした変動も、通常の場合、取得される剰余価値の実体 s_i' とそれに対応する a_i' のみにおける変動に吸収される。

もともと、価値の実体による生産価格の規制は、種々の産業部門にたいし社会的に必要な労働の諸量を配分してゆくことなしには、達成されえない[90]。そのような労働配分とその調整は、資本主義のもとでは無政府的な商品市場の運動をとおしてのみ社会的に実現されてゆく。市場価格のたえざる変動は、一方で労働配分の無政府的な攪乱をあらわしながら、他方で、生産価格を基準に資本がその攪乱をたえず訂正してゆくように投資をみちびくことにもなる。それゆえ、価格としての価値の形態は、具体的には、変動する市場価格とその基準としての生産価格とに分れてあらわれる。すなわち、生産価格をめぐる市場価格の偏倚は、価値法則の作用の否定をいみするものではなく、むしろ価値の実体による価格の規制が社会的に貫徹してゆくうえで、不可欠な機構を構成しているのである。価値の実体関係において、ほんらい剰余価値部分 s_i に存在する弾力性が、価格としての価値の具体的形態をとおして、社会的な労働配分を無政府的に撹乱しては調整してゆく、このような機構の展開を許容しまた必然化するものと考えてよいであろう。

ところで、こうして生産価格をめぐる市場価格の変動をつうじ労働配分が調整される機構は、労働力商品をある価値水準において自由に購入しうるという基本的条件にもとづいてのみ、安定的に維持されてゆく。資本の蓄積をとおして、この基本的条件が失われる事態が生ずれば、価値法則の資本主義的規制機構は、順調に作用しえなくなる。撹乱はいまや生産された剰余価値の配分関係の範囲にとどまりえない。剰余価値の生産そのものが減退し、利潤率が低下するとともに、その困難は諸資本の競争と信用をつうじ深化され商品価格の特殊な変動を介し急性的恐慌に転化されてゆく。そうなれば、不変資本と可変資本をふくむ既存の資本価値にも破壊作用がおよばざるをえない。

そうした急性的恐慌は、資本主義的生産の内的矛盾とその発現の原理的機構をなすとともに、それにつづく不況期の整理過程とあわせて、生産力の社会的更新を諸資本に強制し、相対的過剰人口の基礎のうえに新たな好況期の発展を新たな価値関係において準備する契機ともなる。労働力商品と商品生産物における、価値の実体と形態の具体的な動態は、こうしてさらに恐慌を介し好況と不況が交替する産業循環の過程にそくし理論的にあきらかにされなければならない(91)。生産価格の規定についてすすめられてきたここでの理論的考察は、価値の実体と形態の区分とその展開された関連をあきらかにすることによって、産業循環をつうずる両者の具体的な運動に解明をすすめるためにも不可欠な理論的基礎を確立する意味をもつことはいうまでもないであろう。それとともに、価値の実体と生産価格の関係についての理論的規定が、現実には産業循環をつうずる資本の生産力の展開に応じた価値関係の変動と再調整をとおして、くりかえし再形成される事態を背後にふくんで抽象されるものであるということは、その理論的規定の含蓄としてあらかじめここで注意しておきたいところである。マルクスによる価値論の展開は恐慌論の整備と相互補完的関係において体系的に一貫した理論構成をなすものとして完成されなければならないのである。

(26) なおマルクスは、『資本論』にさきだち執筆した『剰余価値学説史』のなかでも、生産価格にあたる規定を「費用価格」として示すとともに、すでにこの問題を指摘し、「商品の費用価格と価値との差異は二重にひき起こされる」と述べていた（*Mw.*, 3, S. 167. 国(七)三〇〇頁）。

(27) P. M. Sweezy, *The Theory of Capitalist Development*, 1942, chap. 7. 都留重人訳『資本主義発展の理論』一九六七年、新評論、第七章。なおスウィージーはこの章でマルクスが生産価格と規定しているものを多くの場合たんに「価格」とよんで考察しているが、同様の用語法は欧米マルクス学派のその後の研究にもしばしばみられる。

(28) *ibid.*, p. 115. 同訳、一四〇頁。

(29) L. von Bortkiewicz, Zur Berichtigung der grundlegenden theoretischen Konstruktion von Marx im dritten Band des "Kapitals", in : *Jahrbücher für Nationalökonomie und Statistik*, Bd. 34, 1907.（P. M. Sweezy, ed., *Karl Marx and the Close of His System by E. von Böhm=Bawerk etc.*, 1949およびその邦訳、玉野井芳郎・石垣博美訳『論争・マルクス経済学』所収）。

(30) P. M. Sweezy, *op. cit.*, p. 117. 都留訳、前掲書、一四二―一四三頁。

(31) *bid.*, p. 117. 同訳、一四三頁。

(32) その計算の過程と結果を示しておこう。さきの三つの方程式を整理し、$z=1$とおけば、つぎのようになる。

$$(1+r)(c_1x+v_1y)=x(c_1+c_2+c_3) \quad (1)$$
$$(1+r)(c_2x+v_2y)=y(v_1+v_2+v_3) \quad (2)$$
$$(1+r)(c_3x+v_3y)=(s_1+s_2+s_3) \quad (3)$$

簡単化のため、$1+r=\sigma$, $\dfrac{v_i}{c_i}=f_i$, $\dfrac{c_i+v_i+s_i}{c_i}=g_i$とおき、単純再生産の条件として$c_1+v_1+s_1=\sum c_i$, $c_2+v_2+s_2=\sum v_i$, $c_3+v_3+s_3=\sum s_i$が存在することを念頭におけば、方程式(1)―(3)は次のように書きかえられる。

$$\sigma(x+f_1y)=g_1x \quad (4)$$
$$\sigma(x+f_2y)=g_2y \quad (5)$$
$$\sigma(x+f_3y)=g_3 \quad (6)$$

(4)から

$$x=\frac{f_1y\sigma}{g_1-\sigma} \quad (7)$$

をえて、(5)に代入し、

$$(f_1-f_2)\sigma^2+(f_2g_1+g_2)\sigma-g_1g_2=0 \qquad (8)$$

をえて、これをσについて解くと、つぎのようになる。

$$\sigma=\frac{-(f_2g_1+g_2)\pm\sqrt{(f_2g_1+g_2)^2+4(f_1-f_2)g_1g_2}}{2(f_1-f_2)} \qquad (9)$$

この(9)において、f_1-f_2＞0なら平方根のまえにマイナスの符号をおくとσ＜0となり、経済学的にいみがない。他方、f_1-f_2＜0とすれば、平方根のまえにマイナスの符号をおくと、

$$\sigma-\frac{g_2}{f_2-f_1}=\frac{f_2g_1+g_2+\sqrt{(g_2-f_2g_1)^2+4f_1g_1g_2}}{2(f_2-f_1)}-\frac{2g_2}{2(f_2-f_1)}=\frac{\sqrt{(g_2-f_2g_1)^2+4f_1g_1g_2}-(g_2-f_2g_1)}{2(f_2-f_1)}>0$$

したがって、$\sigma>\frac{g_2}{f_2-f_1}>\frac{g_2}{f_2}$となるが、これは(5)からみちびかれる$\sigma<\frac{g_2}{f_2}$と両立しない。それゆえ、σについての解(9)は$f_1$＞$f_2$のときも$f_1$＜$f_2$のときも、平方根のまえにプラスの符号が与えられるべきで、一義的に決まる。もともと、(5)と(6)から、$y=\frac{g_3}{g_2+(f_3-f_2)\sigma}$をえることができるから、σに解が与えられれば、yも解を与えられ、σとyがきまれば、(7)によってxも解ける。

なお、σについて解かれた(9)の右辺にf_3もg_3も入らないことは、第三部門の資本の有機的構成が利潤率の決定にさいし「なんら直接的役割を演じない」(*ibid*., p. 124. 同訳、一五一頁)ことを示すものと考えられ、そのこともボルトキェヴィッチいらい一般的利潤率を$\sum s_i/\sum(c_i+v_i)$として示すマルクスの規定にたいする疑問の一論点とされていた。

(33)　L. von Bortkiewicz, Wertrechnung und Preisrechnung im Marxschen System, in: *Archiv für Sozialwissenschaft und Sozialpolitik*, Bd. 23, 25, 1906-07, Bd. 25. S. 18. 国松久彌・岩野晃次郎訳『マルクス価値学説批判』一九三五年、日本評論社、一一九頁。なお、おもにこの論文を批判的に検討したものとして、櫻井毅「価値の生産価格への転化について――ボルトキェヴィッツといわゆる『転化問題』――」『宇野理論と資本論』所収、がある。

(34)　L. von Bortkiewicz. Zur Berichtigung der grundlegenden theoretischen Konstruktion von Marx etc., S. 324. 玉野井・石垣訳、前掲書、一三七頁。

(35)　P. M. Sweezy, *op. cit*., p. 123. 都留訳、前掲書、一四九―一五〇頁。

(36)　P. M. Swèezy, Editor's Introduction to "*Karl Marx and the Close of his System etc.*", p. xxvi. 玉野井・石垣訳、前掲書、一三二頁。

（37） 大内秀明「価値の生産価格への転形問題——価値法則と生産価格——」『経済評論』一九六〇年一月号、はすでにボルトキェヴィッチによるスウィージーの転形問題の取扱いの特徴をあきらかにしつつ、こうした限界を鋭く批判していた。しかし、そこでは、一方で「商品経済に特有な形態的根拠」をくわえてみれば、$z=1$とおくスウィージーの解法の「正当性」が示されうるように説いており（一三七頁）、他方で、生産価格の背後の実体的価値関係が「等量の労働交換として理解される」（一三八頁）面をのこしていた。このような論点は、大内秀明『価値論の形成』になると消去されており、「われわれの見解に不十分な点もあったとおもわれる」（三九〇頁）とされているところであろうと考えられる。

（38） もっとも、スウィージーはまだしも貨幣商品の特殊な位置に注目し、価値と価格をむすぶ環をみいだそうとしているのであるが、ボルトキェヴィッチは、より直截に価値と価格の単位をどうにでもなるもののようにいい、両者の次元の区分をあいまいにしている。すなわち、「価格単位が価値単位と同一であるべきなら、そのときには三つの生産部門のうちのどの部門で、価値単位および価格単位として役立つ財が生産されるかを考えなければならない。この財が金だとすると、第三部門が問題となり、$z=1$とおける」（Bortkiewicz, *op. cit.*, S. 321. 玉野井・石垣訳、前掲書、二三二頁）と。ここにも、価値形態論を欠如しているリカーディアンの特徴がよみとれるといえよう。

（39） その経緯は、櫻井毅『生産価格の理論』第四章、櫻井毅「転形問題」『資本論講座』4、一九六四年、青木書店、所収、小林彌六『価値論と転形論争』第三篇第二章などに、すでにかなりよく整理されている。また玉野井芳郎編著『マルクス価格理論の再検討』一九六二年、青木書店にも、この論争問題についての種々の角度からの検討がよせられている。さらに、高須賀義博『マルクス経済学研究』第四章は、より最近の研究までふくめた「転化論の展望」を与えている。あわせて参照されたい。

（40） J. Winternitz, Values and Prices: A Solution of the So-called Transformation Problem, in: *The Economic Journal*, vol. 58, June 1948, p. 278. 伊藤誠・櫻井毅・山口重克編訳『論争・転形問題』二一六―二一七頁。

（41） *ibid.*, p. 279. 同訳、二一七頁。

（42） K. May, Value and Price of Production : A Note on Winternitz's Solution, in: *The Economic Journal*, vol. 58, Dec. 1948, pp. 596 599. 伊藤・櫻井・山口編訳『論争・転形問題』二一九―二三二頁。

（43） M. Dobb, A Note on the Transformation Problem, in : *On Economic Theory and Socialism*, 1955, p. 278. 都留重人他訳『経済理論と社会主義』Ⅱ、一九五九年、岩波書店、一八五頁（伊藤・櫻井・山口編訳『論争・転形問題』所収、三九頁）。

(44)　R. L. Meek, *Economics and Ideology and Other Essays*, p. 148. 時永淑訳『経済学とイデオロギー』二二二頁。

(45)　*ibid.*, p. 152. 同訳、二三〇頁。

(46)　*ibid.*, p. 153. 同訳、二三〇頁。なお、ここでの p は、さきにわれわれが利潤をあらわすために用いた表記ではなく、価値が生産価格に転化されたことを示すサフィクスとされている。また、ミークは各部門の平均利潤を S_i、剰余価値を s_i で示しているので、以下、ミークによる論議にかぎりこの表記を用いておく。

(47)　*ibid.*, p. 154. 同訳、二三二頁。

(48)　ドッブによれば、『資本論』の第三巻でマルクスが「念頭においていたのは、総体としての完成商品の価値と労働力の価値との間の関係であり、――リカードとともに彼もまた利潤率が依存すると考えていた決定的な関係、であった。彼が述べていたのは、労働者と資本家とへの総生産物の分配（したがってまた利潤の量と率）がこの二つの量の間の関係によってきまるということはいぜん真実であり、さらにまた、（もしかりに生活手段を生産する一群の産業における『資本の構成』が全体としての産業の平均とあまりちがわないなら）、この決定的に重要な関係はいぜん第一巻の単純な様式にしたがって決定されるものとして扱われうるということである。」（M. Dobb, Political *Economy and Capitalism*, 1937. pp. 72 73. 岡稔訳『政治経済学と資本主義』一九五二年、岩波書店、六八頁）むろん、つづいてドッブが述べているように、「剰余価値の分析および剰余価値を規定する諸要因の分析は、第三巻で導入される諸制約によって無効とされるものでない」が、そのことが、$\sum a / \sum v = \sum a_p / \sum v_p$ としてとらえられてよいことかどうか。また後者の関係が、ドッブのいうように、マルクスにおいて諸商品の全価値によって生産価格が決定されるものとされていることのいみであるかどうかには疑問の余地がある。

(49)　F. Seton, The "Transformation Problem," in: *The Review of Economic Studies*, June 1957, p. 56. 伊藤・櫻井・山口編訳『論争・転形問題』七四頁。

(50)　*ibid.*, p. 56. 同訳、七四頁。

(51)　H. D. Dickinson, A Comment on Meek's "Note on the Transformation Problem", in : *The Economic Journal*, vol. 66, Dec. 1956, pp. 740-741. 伊藤・櫻井・山口編訳『論争・転形問題』六二―六三頁。

(52)　大島雄一『価格と資本の理論』一九七四年、未来社、第六章では、こうしたディキンソンの考察が「転形問題」論争において「問題解決の正しい方向を暗示した」（二九九頁）ものであり、ことに、価値と価格をむすぶ係数の絶対値をもとめようとすることは無意味であるという指摘は「正当といえる」（二九八頁）と高く評価されている。しかし、「価値から価格への上向にあたっての『ニュメレール』の選定なるものは、経済学的には価値形態論と交換過程論の問題であり、『転形問題』にかかわるものではまったくない」（二九九頁）とみて、生産価格の規定にとって、価値形態論がひとつの重要な理論的前提を準備する面を考慮外におき、価値形態論との理論的連繋なしに「転形問題」に正確な解決を与えうるものとしうるかどうかには疑問の余地がある。また、ディキンソンによる価値と価格の次元の区分は、『資本論』の理論体系を生かして、資本と賃労働の生産関係の実体的な考察をおこなう理論領域と、それにもとづき諸資本の競争をつうずる剰余価値の分配関係に考察をすすめる領域とを区分して示されているのではないのであって、その点は明確に批判しておかなければならない。「転形問題」は、大島氏のように、ディキンソンの示唆にしたがい、利潤率と商品生産物の価格比率の量的決定・変動関係に「具体的展開」を細かくすすめるだけでは、「問題」の根本から体系的な解決を与えられるとはいえないように思われる。

（53） ややくわしくは伊藤誠『資本論研究の世界』Ⅰ、Ⅱ章（本著作集第一巻）を参照されたい。

（54） P. A. Samuelson, Understanding the Marxian Notion of Exploitation : A Summary of the So-called Transformation Problem between Marxian Values and Competitive Prices, *Journal of Economic Literature*, 9-2, june 1971, pp. 415-421, also in his *Collected Scienteific Papers*, vol. 3. 伊藤・櫻井・山口編訳『論争・転形問題』所収。

（55） *ibid*., p. 415. 同訳、一〇五頁。

（56） *ibid*., p. 421. 同訳、一一四頁、なお、これとほぼおなじ主旨の内容を数学的に要約して示したものに、P. A. Samuelson, The 'Transformation' from Marxian 'Values' to Competitive 'Prices' : A Process of Rejection and Replacement, *Proceedings of the National Academy of Science*, 67-1, September 1970, also in his *C.S.P.*, vol. 3がある。また、こうした論点を一環とするサムエルソンのマルクス批判の全体を批判的にたちいって検討した労作として、甲賀光秀「P. A. Samuelson らの Marx 批判について」『立命館経済学』第二四巻一号、一九七五年四月、がある。

（57） M. Morishima, *Marx's Economics*, 1973. 高須賀義博訳『マルクスの経済学』。

（58） I. Steedman, *Marx after Sraffa*, 1977.

（59） その動向については、さしあたり、伊藤誠『資本論研究の世界』Ⅰ、Ⅱ章（本著作集第一巻）、伊藤誠・櫻井毅・山口重克編・監訳『欧米マルクス経済学の新展開』を参照されたい。

(60) A. Medio, Profits and Surplus-Value : Appearance and Reality in Capitalist Production, pp. 325-326. 伊藤・櫻井・山口編・監訳『欧米マルクス経済学の新展開』一七二頁。

(61) *ibid.*, p. 321. 同訳、一六六頁。なお、この点を強調するあまり、ミディオが、『資本論』第一巻では、マルクスはけっして諸商品の相対価格の理論を与えようとはしていなかった」(*ibid.*, p. 317. 同訳、一六一頁) といっているのは、『資本論』の価値論を資本・賃労働関係の解明にあてられるものとのみ限定して、あまりにせまく理解することになっているといえよう。

(62) *ibid.*, pp. 332-334. 同訳、一七九―一八二頁。

(63) *ibid.*, p. 335. 同訳、一八二頁。

(64) cf. P. Sraffa, *Production of Commodities by Means of Commodities*, chap. IV-V. 菱山泉・山下博訳『商品による商品の生産』第四、第五章、参照。

(65) A. Medio, *op. cit.*, pp. 335-338. 伊藤・櫻井・山口編・監訳『欧米マルクス経済学の新展開』一八二―一八六頁。なお、このように、スラッファによる standard commodity の規定を、マルクスの生産価格論における中位的資本構成の部門における商品にあたるものとして、生産価格論の補強に利用しようとする着想は、すでに R. Meek, Mr. Sraffa's Rehabilitation of Classical Economics, in: *Scottish Journal of Political Economy*, June 1961, *Economics and Ideology and Other Essays*, 1967 (時永淑訳、前掲書) にみられるところであり、さらにミークの Introduction to the second edition of "*Studies in the Labour Theory of Value*". 1973, pp. xl-xli にも示されているところである。ミディオの考察は、これにくらべ数学的に整備されており、さらにさきにみたようにスラッファ理論にたいする批判を一部にふくむものとなっている点で、一段と深化しているといえよう。とくに、ミディオは、スラッファの標準商品にあたるものをニュメレールとする価格体系をモデル的に構成することにより、一般的利潤率と剰余価値率および「平均的」資本構成の間に、マルクスの定式と相似の厳密で簡潔な関数関係をみいだしている。そこに示される論理と結論は、森嶋氏の『マルクスの経済学』第五、六章と類似のものであり、この論文が森嶋氏の著書とは独立に執筆され、先行して公刊され、しかもマルクス価値論を擁護する方向性を有していることは注意されてよいことである。

(66) D. Laibman, Values and Prices of Production : The Political Economy of the Transformation Problem, in: *Science & Society*, 37-4, Winter 1973-74, pp. 425-426. 伊藤・櫻井・山口編訳『論争・転形問題』一七八頁。なお、こうした発想は、さきにみたミークやドップの議論にも他の論点と混在しながら示唆されていたところであった。

(67) *ibid.*, p. 412. 同訳、一六六頁。
(68) *ibid.*, p. 426. 同訳、一七八頁。
(69) M. Desai, *Marxian Economic Theory*, 1974, p. 10. なお、この著作のうち、転形問題を取扱っている *chap. VIII-XII* の邦訳が、『論争・転形問題』に収められている。なお、おなじ著者の近作 *Marxian Economics*, 1979はこの著作の大幅な改訂版といえるものであるが、ここでは七四年版とその邦訳頁によって著者の論旨を紹介しておく。
(70) *ibid.*, p. 47. 同訳、一九七頁。
(71) *ibid.*, p. 48. 同訳、一九七頁。
(72) *ibid.*, pp. 49-53. 同訳、一九七―二〇二頁。
(73) *ibid.*, p. 54. 同訳、二〇二頁。
(74) *ibid.*, p. 55. 同訳、二〇二頁。
(75) もっとも、そのさい、資本と賃労働のあいだの価値関係を示す剰余価値率が、まったく両者の社会的な力関係で決るかのようにといているところがあるのは、新リカード学派の影響をうけながら、新古典派の調和論的分配論に対抗することがつよく意識されているためであろうが、原理的規定としてやはり不十分といわなければならない。
(76) M. Desai, op. cit., p. 65. 同訳、二一一頁。
なお、W. Baumol, The Transformation of Values : What Marx "Really" Meant (An Interpretation), in : *Journal of Economic Literature*, March 1974. 伊藤・櫻井・山口編訳『論争・転形問題』所収、にもほぼこれと同様の見解が、マルクス価値論の解釈として、サムエルソンのマルクス理解を批判しつつ提示されている。すなわち、マルクスの価値論は「いかにして非賃銀所得が生産されるか、そしてつぎにいかにしてこの総量が再配分されるかを叙述しようとしたものであるが、これらのうち前者がマルクスにとって本質的な問題であり第一巻で彼が論じている問題である。他方、後者はすべてのブルジョア経済学者に知られている表面的現象であって、マルクスは第三巻でこれを身をおとしてのみ考察している」(*ibid.*, p. 53. 同訳、一三九頁)「マルクスは価格理論にはいかなる重要性の程度においてであれ関心をよせてさえいなかった」(*ibid.*, p. 60. 同訳、一五一頁)というのである。これも、サムエルソンの無理解なマルクス価値論への攻撃にたいする反論がゆきすぎた例とみることもできようが、しかし、デサイのように自説としてこれを主張するのではなく、マルクス価値論のたんなる解釈であるとされているだけに、ボーモルの主張はいっそう妥当性を欠くといわなければならない。また、「価格理論」に新古典派的接近の妥当性を示そうとする方向性は、ボーモルではむしろより意図的なものではないかと考えられる。とはいえ、アメリカの新古典派経済学者の陣営からこのボーモルのような水準でのマルクス解釈が示され、サムエルソンの無理解が批判されるようになっていること自身はやはり注目に値することといえよう。

(77)　D. Yaffe, Value and Price in Marx's Capital, In : *Revolutionary Communist*, 1, January 1975, p. 36.

(78)　*ibid.*, p. 36.

(79)　A. Shaikh, Marx's Theory of Value and the "Transformation Problem". 伊藤・櫻井・山口編・監訳『欧米マルクス経済学の新展開』所収。なお、このシャイクの一九七七年の論稿は、一九七四年の草稿にくらべ、大きく書きあらためられている。本章のもととなった一九七五年の拙稿で紹介しておいたように、七四年の草稿では、シャイクは価値と価格と交換価値の区分を強調し、交換価値は、商品が交換において支配する労働量であると規定していた。そして、この交換価値を「実質価格 real prices」と名づけ、転形問題は、価値に等しい「実質価格」から「実質生産価格 real prices of production」への展開を示すものとみて、労働時間を単位とする両者の関連をつうじ、総価値＝総生産価格という条件が維持されなければならないとみていた。これにくらべ公刊された完成稿では、あきらかに、生産価格が、価値の展開形態として、価格タームで考察さるべきものとされている。その間の変化には、一九七四年末―七五年春にかけての私との討論と拙稿 A Study of Marx's Theory of Value, *Science & Society*, Fall 1976（前掲『資本論研究の世界』に訳出、拙著 *Value and Crisis*, 1980, chap. II に所収）も一定の影響を及ぼしていると考えられる。また、シャイクの「直接価格」は、高須賀義博『マルクス経済学研究』の第六章などに示されている「価値価格」とほぼおなじ概念であり、その着想にもあい通ずるものがあるといえよう。

(80)　*ibid.*, p. 134. 同訳、一四一頁。

(81)　*ibid.*, p. 134. 同訳、一四二頁。

(82)　公刊された論稿では、紙幅の制限のため省略されている数学的付録による論証をふくめ、この論点は、基本的には一九七四年の草稿以来すでに提示されていた。その論旨は、おのおの独立に展開されたものであるが、内容上、置塩信雄「Marx の『転化』手続の収束性」『季刊理論経済学』第二四巻二号、一九七三年八月（同『マルクス経済学』第四章、所収）とほとんど一致している。もっとも置塩氏は、この問題をとり扱うさいに、価値と価格のディメンションの問題をめぐり、生産価格はむしろ労働時間単位ではかられ、「転化価値」あるいは「生産価格価値」とよばれるべきものとみている（『マルクス経済学』二一七―二一八頁）。そして、労働時間単位で、総価値＝総生産価値を前提に考察をすすめている。そのかぎりでは、シャイクの七四年の旧稿やヤッフェの主張に通ずる面をもっている。

(83) Shaikh, *op. cit.*, p. 134. 同訳、一四三頁。

(84) あらゆる社会につうずる再生産の原則が資本主義的商品経済のもとでも充足されてゆくことをあきらかにする再生産表式論では、マルクスの示した二部門分割が基本をなすわけであるが、生産価格論でマルクスの示している五つの生産部面は、それと意味を異にしている。それは、一般にはより多数の産業部門にわたる諸資本の競争の原理を考察するための例解をなすものである。マルクスにとっては、そうした産業の製品と生産諸要素ないし最終消費とのあいだの補塡関係は、さしあたり問題とするにあたらないことであった。しかし、たちいって考えると、多数の産業部門も社会的再生産の分肢を構成しているかぎり、それぞれの製品が使用価値的にも、価値の実体としても、種々の産業の生産要素または最終消費に用いられてゆく関係が、そのときどきの生産力の技術的体系に応じ、産業連関表における横列と縦列の照応関係から類推されるような、均衡を構成すべきものとして存在しているといえよう。その均衡はむろん資本主義のもとでは商品経済的にたえざる不均衡をとおしてつらぬかれてゆくほかにはないが、そしてまたそれ自身に価値関係をなすものともいえないが、価格の動揺をとおして、価値の法則的規制が貫徹されてゆく実体的基礎の展開された一面を示すものといえるであろう。ここではそのような価値法則の基礎の一面を、単純再生産の条件に簡単化して考察しているものと考えたいのである。

なお、青才高志「利潤論の諸問題(2)」信州大学『経済学論集』第一五号、一九八〇年一月、は、私の転形問題の取扱いを詳細に検討しており、とくにこの点で、私が生産部門と産業部門との間の論理的断絶を無視していると主張し、その点を主要な批判点のひとつとしている。しかし、私としては、右に述べたように、多数の産業部門間の関連に直接適用可能な論理構造を、ここでは表式論的関係に簡単化して検討しうるとみているのであって、しかもそれは従来の転形問題をめぐる論争のなかで、n部門モデルの構成をつうじ技術的には解決ずみのところと考えている。青才氏のあげる生産手段と消費手段の双方に用いられる商品を生産する部門の存在は、このn部門モデルの構成に何ら困難を生ずるものではなく、したがってまた、ここでの単純化された分析を多数の産業部門間の関係に展開するうえでの困難をもたらすものでもないと思う。

(85) もっとも、$z=1$とおくスウィージーの解法において、利潤総額が剰余価値総額に一致するという結果があらわれるのは、単純再生産を想定し、さらに奢侈財生産部門の資本構成がその一部にふくまれる貨幣商品金の生産部門の資本構成と等しいと想定されていたことによる。したがって、たとえば一ドルとよばれる貨幣商品金一単位がたまたま社会的に一労働時間で生産され、そのいみで、金について$z=1$とおくことができても、その他の奢侈品生産の資本構成が金生産部門のそれと相違していれば、単純再生産のもとでも、すでに総利潤と総剰余価値の一致はみられなくなる。だから、スウィージーの解法にしたがうかぎり、マルクスによる総計一致二命題は、もともとともに一般には成立しないものであった。

(86)　すなわち、注(32)でみた計算において、σしたがって利潤率rは、zの大きさにかかわらず決定されるものであった。$z=k$とおけば、σが与えられるとx、yも$y=\frac{g_3k}{g_2+(f_3-f_2)\sigma}$，$x=\frac{f_1y\sigma}{g_1-\sigma}$で決定されるので、$z=1$とおいたときのそれぞれ$k$倍の値をとることになる。なお、ここでは、簡単化のため、スウィージーらにしたがい、第Ⅲ部門の資本構成が金生産部門のそれとひとしく、zは同時に奢侈材部門全体についての価値の実体と価格表示のあいだの係数とみなしておく。

(87)　こうして、さきの表Ⅰもとづき表Ⅱが導かれ、さらに表Ⅱから表Ⅲが得られるのであるが、結果的にみて、表Ⅲは表Ⅰからマルクスの手続きに従い、費用価格を価値で規定したまま導かれる生産価格の表によく似ていることに注意しておきたい。なお、本節の元となった論稿に対し、注(84)に掲げた青才論文が、表Ⅲのs_i'の導き方について示した批判は妥当であり、ここでは元の定式を括弧内に示しつつ、むしろ$s_i'=p_i\times1/z$という定式に補整している。もっとも青才氏が私の三つの表のうち、Ⅰ、Ⅲを単位が円の価値次元とし、Ⅱをポンド単位の生産価格としているのは、労働としての価値の実体と価値の形態との関係をわかりにくくするものであり、同意できない。

(88)　高須賀義博氏は『マルクス経済学研究』第四章、第五章のなかで、「伊藤の転化論は『次元の相違』論の基本命題が全部含まれている一傑作ではあるが、それだけに『次元の相違』論の問題点を浮彫りにしているように思われる」(同上、一六三頁)と評し、私の右のような見解にいくつかの疑問を提示している。そのなかで、高須賀氏がまず、たとえば「総体としての『生産された価値の実体』と交換後の『取得された価値の実体』の一致を伊藤は転化問題として論証すべき課題と考えている」(同上、一六一―一六二頁)と論評しているのは、解釈としてせますぎる。たしかにその一致は、マルクスの総計二命題の一方で意図されていた論点を、転形問題の考察をつうじて、どのように理解すべきかという課題に関わるが、転形問題の全体は、あくまで、生産過程で対象化される労働量としての価値の実体が、価値の形態としての生産価格をどのように規定し、それを介して各部門各階級に価値の実体がどのように取得されてゆくかという問題として、それゆえ、さきの数字例に関わらしめていえば表Ⅰ→表Ⅱ→表Ⅲの規定関係の全体をつうじて解明されるべき問題として取扱われなければならないし、私の考察もそのような総体的問題にそって示されていると思う。また、高須賀氏は、表Ⅰに示されるような対象化された価値の実体が、ここでは交換関係にさきだち「交換関係とは独立に決定される」（同上、一二六頁）かのように扱われることも根本的に疑問であるとしているが、原理論全体の展開をとおしていえば、そのような取扱いは、流通を一環とする資本の運動をとおして、各部門への労働配分なり、技術選択が動かされ、調整されてゆくことと背反することではない。とくに、生産価格論においては、そのときどきに存在する各部門の代表的な技術水準と実質水準とから決定される表Ⅰのような価値実体から、価値の展開形態としての生産価格がどのように規定されるかが解明されなければならないのであって、その逆ではありえないと考えられる。さらにまた、x、y、zは、私の取扱いでは、たとえばドルと労働時間の比率を次数とするもので、商品生産物の価値の実体と生産価格とを連結する係数をなしており、従来の取扱いにおけるように、価値ないし価値価格による交換関係を前提し、そこからの乖離率を示すものとは解されていないのであるが、これにたいし高須賀氏が、たとえば$z=1/2$とおいたことをめぐり、「価格標準（1/2）を用いて価値（労働時間表示）を価値価格（ドル表示）になおしたうえで$z=1$とおけば」、おなじ結果に達するとしている（同上、一二六頁）のは、運算の上では正しいにせよ、経済学的には、生産価格の規定にさきだち、「価値価格」を必然的なものとして論証し前提しうるか否か、という問題を回避しえない主張であろう。くわえて、高須賀氏が、これらの係数の確定を介して導かれるさきの表Ⅰと表Ⅲの対応関係は、費用価格部分をつうじ「投入物の回収という経済原則が生産価格の下ででも成立することを確認しているにすぎない」（同上、一六二頁）ものであり、「自明（trivial）な結論である」（同上、一二六頁）と批判している点については、一方で、たとえばさきの表Ⅰのうえに、価格の労働実体にたいする比率がⅠ、Ⅱ、Ⅲ部門の生産物について1、0.5、0.5（ドル／労働時間）となったような場合の第Ⅱ部門のように、投入した生産諸要素も回収しえないような価格関係も生じうるから、表Ⅰと表Ⅲについてわれわれが指摘している対応関係が「如何なる価格の下でも成立する」（同上、一六二頁。一二六頁もみよ）と解することは正確でない。他方で、表Ⅰと表Ⅲの対応関係も、価値の実体を示す表Ⅰからいかに表Ⅱの生産価格が特定化されるかを解くことを介して考察されるのであるから、「価値の生産価格にたいする規制が具体的になにもあきらかにならない」（櫻井毅『宇野理論と資本論』二一五頁）という鈴木『原理論』にたいする「批判がそのまま妥当する」（高須賀、前掲書、一二六頁）という論評は筋違いであろう。

なお、本節のもととなった旧稿には、とくに表Ⅲのs_i、の説明に、たしかに高須賀氏の指摘しているように（同上、一六二―一六三頁）、対象化される価値実体と取得される価値実体の総量としての一致を前提しているかのように読めるところがあったので、本書に収めるさいにその点は多少書き改めた（注（87）参照）。ただし、その指摘のなかで、高須賀氏が、

$$\text{i部門で取得された剰余価値} = \text{生産された剰余価値総額} \times \frac{\text{i部門の生産価格}}{\text{生産価格総額}}$$

と紹介しているのは、表Ⅲに付記した $s_i' = \sum s_i \times p_i / \sum p_i$ の p_i を大文字に読みちがえたものであり、私の論旨ではない。

(89)　この生産価格の体系の絶対水準は、原理的に把握されるかぎりでの物価水準の基準を示すものであり、貨幣商品金の購買力の問題を背後にふくんでいる。金の生産が差額地代的な優劣の序列をもつ鉱山でおこなわれているとすれば、所与の技術水準のもとで、たとえば一ドル（三五分の一オンスとする）の金の生産に要する費用は、一般に物価水準が高くなれば大きくなるので、限界鉱山の資本は一般的利潤率を得られなくなり、生産をやめてゆき、金の産出量は減少するであろう。そのさい、宇野が指摘しているように、「金は生産されるすべてが貨幣になるものではなく、商品流通に必要とせられる限度において貨幣となるにすぎない。もっとも生産手段として生産された金も、その大部分は奢侈品の材料となっており、またそういう奢侈品としてある金は、必要に応じて貨幣材料にかえられうるのであって、一般の生産手段や消費資料のように、社会的再生産過程における一定の需要量によってその価値規定を直接に制約されるという関係にはない」（新『原論』一二六頁）という点が注意されなければならない。しかし、金の産出量の減少は、逆に貨幣としての貨幣の一部が奢侈品等の工業原料に転用されてゆく関係を生じうるのであって、そのことは、産金部門の縮小にともなう需要の減少に加え、具体的には信用取引の拡張の制限等をつうじ、ひろく社会的需要をひきしめ、物価に下降圧力をもたらすことになると考えられる。物価が下れば、金の産出量の増大をつうじ、一連の逆方向の作用が生じ、物価をひき上げる傾向が生ずるであろう。こうした過程は、現実にはまた産業循環の諸局面をつうずる物価水準の上下運動ともからんで、複雑な様相をおびるであろう。こうして、金に対する社会的需要とそれに応ずる金の生産量の調整は、他の生産物の場合とは異なる間接的で複雑な諸契機をふくんでいる。そのため「その奢侈品としての需要量が直接に社会的再生産過程自身によって制限せられていないということから、余りに多く生産されたために、あるいはすでに種々なる形で多量に保有せられているために、その価値を減ずるというようなことが、ある程度まではないということ」（新『原論』一三〇頁）にもなり、金は「他の諸商品の平均よりも、はるかに長い期間変らない大きさの価値をもっている」（*K*. S. 131. 岩二〇五頁）とみなされうることにもなる。しかし、やや長期的には、金にたいする社会的需要とそれに対する供給量ないし必要な労働配分の調整が、さきにふれたような物価水準の訂正作用をつうじておこなわれてゆき、金生産にも価値法則とその貫徹機構としての生産価格を基準とする利潤率均等化の原理がつらぬかれてゆくものと考えてよいであろう。なお、小幡道昭「費用価格と利潤」山口重克・侘美光彦・伊藤誠編『競争と信用』一九七九年、有斐閣、所収、の注23におけるこの論点をめぐる問題提起をあわせて参照されたい。

(90) そのさい、種々の産業部門にたいし社会的に必要とされる労働配分は、生産力の水準に応じた各部門間の技術的関連と、これを前提に社会的文化的要素も入れて決定される資本と賃労働の間の価値関係とが与えられただけでは、かならずしも全面的に確定されえないのであって、最終消費に何がどれだけ必要とされるかが、これを確定するためのもうひとつの要件となるように思われる。たしかに、最終消費の社会的内容は、産業諸部門の構成したがってまたそれらへの必要な労働配分を決定するひとつの要因であり、しかも、それは、生産力の技術的関連や剰余価値率から直接規定されるものともいえない。社会的文化的要素が、労働者階級と資本家階級とに分れて維持される消費生活の内容にひとつの規定的な作用をおよぼしうる。生産力の発展にともなう価値関係の変化もこれに影響を与えずにはいない。しかし、最終消費の使用価値的内容は、実質的には、社会的な生産力の水準と労働力の価値および剰余価値の実体によって、大枠が規定される側面をもっているだけでなく、さらに重要なことは、最終消費の内容構成がどのようなものであろうと、資本は必要とされる使用価値物を商品として供給し、背後の価値の実体に照応する生産価格を基準に、その市場価格を調節してゆく論理をもっているという点である。すなわち、すでにみてきた価値の実体と生産価格の関係をめぐる価値法則の展開は、最終消費の使用価値的構成が細目においてどのようなものとなるかに関わりなく妥当するものである。マルクス価値論には消費者需要の理論が欠けているという批判は、そのいみで、外面的なものであり、マルクスによる価値論の展開の基本にそくして、その経済学的整合性と意義を内容的に否定しうるものとはなりえない。

(91) さしあたり、伊藤誠『信用と恐慌』第四章(本著作集第三巻)を参照されたい。

第五章　株式資本論の方法と展開

第一節　株式資本論の位置と課題

1

『資本論』を経済学の原理論として位置づけ、完成しようとするうえで、産業資本の株式資本への転化をどのように展開すべきかは、われわれにのこされている難問のひとつとなっている。

その難問は、マルクスが『資本論』において、株式資本についてはごく断片的な考察を与えているにすぎないところにはじまる。しかも、その考察は多くの場合、信用制度についての規定に付随して与えられているのであるが、信用論自体、周知のように『資本論』全巻をつうじもっとも未整理な領域をなしていたのであり、とくに方法論的には、抽象的な利子付資本論と信用制度論との展開関係をめぐり、多くの問題点をふくんでいた。[1] そのことは、マルクスの株式資本についての規定に複雑な影響を与えるとともに、その整理をも困難にしてきている。

しかし問題を困難にしているのは、おそらくそうした事情だけではない。株式資本は、産業資本を商品化するものとして、資本のもっとも究極的な展開形態としてあらわれる。しかしのちにみてゆくように、資本のこの最高の発展形態は、実質的には、産業資本全体を包摂したり調整するのではなく、むしろ部分的に資本を結合せしめる機能をふくんでいる。しかもその資本の結合組織は、中小株主と大株主との分化および後者への経営支配の集中を内包する。そうとすれば、資本の一般的な運動原理を展開する場合、株式資本の機能をどこまでたちいって取扱いうるか。株式資本の実質的な機能の展開は、総じて、『資本論』のような資本の原理的考察の枠をこえる課題となりはしないか。

くわえて、マルクスが考察の基礎としていた自由主義段階には、その後の帝国主義段階とことなり、産業資本の株式資本への転化はまだ本格化していなかった。株式資本は、周辺的な鉄道業、金融業、保険業などにおいて発達しつつあったにとどまる。そのことは、マルクスの株式資本についての考察を制限せざるをえなかったように思われる。しかし、かりにそうであるとして、株式資本の原理的規定をわれわれがあきらかにしようとする場合、マルクスとともに自由主義段階に至る資本主義の歴史過程に考察の基礎をおくにとどめるべきか、あるいは、帝国主義段階における産業資本の金融資本への転化の過程にまで、抽象の基礎を延長すべきであろうか。この点にも、株式資本の原理的展開をめぐる方法論的難問がある。

マルクスの株式資本の取扱いをめぐるこうした方法論的問題は、従来かならずしも明確にその所在を確定され克服されてきたとはいいがたい。たとえば、ヒルファディングの『金融資本論』[2]は、株式資本についての『資本論』による理論的解明を、はじめて体系的に提示する試みをふくんでいたが、その展開は、信用論とそれにもとづく株式資本論をつうじ、不用意に、ドイツ金融資本の形成展開過程に示される銀行と産業の特殊な融合関係に抽象の基礎をもとめたため、原理的規定としては混乱をまぬがれなかった。そのことは、金融資本の考察にも影響を与え、一方で、ドイツ金融資本の特殊な様相としてあらわれる銀行資本の産業資本への転化融合関係を、金融資本一般の規定として抽象的に提示せしめるとともに、他方で、資本の運動原理の直接の展開上に、金融資本の解明も可能であるかのような取扱いを生ぜしめていた。それとともに、金融資本の考察の基礎となる株式資本の原理的規定が、ドイツの具体的事情から分離されて明確に整理されえないことにもなっていた。

2

宇野弘蔵は、こうした混乱を解決するつぎのような整理を示した。すなわち、『資本論』の利子論は、他の原理的規定とともに、自由主義段階に至るイギリス資本主義の歴史的傾向を延長してえられる「純粋の資本主義社会」を想定して整理されるべきであり、金融資本は、原理論とは研究次元の異なる段階論としての帝国主義論において、ドイツを典型とし、イギリス、アメリカを特殊な類型とする具体的事実にそくしてあきらかにされなければならない(3)。そのさい、株式資本は、一方で金融資本の基礎形態として段階論の研究課題とされるとともに、他方で、資本の原理的展開をしめくくる位置において、「それ自身に利子を生むものとしての資本」の具体化を示す資本の商品化の形態として規定される。こうして、金融資本の段階論的研究とは次元を区分して、その考察基準となる原理論の内部において、株式資本の規定を整備する方向が示された。しかも、その規定が、信用制度の原理的考察に付随するものとしてでなく、むしろ信用論における貨幣の商品化の規定とは区別された資本の商品化を示すものとして、原理論全体の総括的位置におかれていることにも注意しておかなければならない。

しかし、宇野による株式資本の原理的規定は、利子生み資本の具体例として示されているかぎり、いくつかの難点をまぬがれていない。もともと宇野の利子生み資本論は、『資本論』第三巻第五篇の前半にみられる利潤の質的分割論を、後半の信用制度論との順序を逆転し、その間に商業資本論を介在させて継承したものとみてよい。しかし、のちにもみてゆくように、商業資本や産業資本の自己資本も利子を生むものとみなされる利潤の質的分割の表象は、貸付資本の成立にともない資本家の観念にあるていど普及するとしても、それに正確に照応する資本の運動様式をもちえないものであり、資本の運動原理として展開するには無理のある資本の物神観ではなかったかと考えられる。宇野による質的分割論もその点を納得のゆくように克服しているとは考えられない(4)。しかも、それに続いて示される株式資本の規定と利潤の質的分割論との内的関連も、理論的にかならずしも明確であるとはいえない(5)。そのうえ、株式資本の規定が、資本の「理念」として示される利子生み資本の規定に付随して、その具体例として示されるにとどまるかぎり、産業資本の株式資本への転化の必然性は、その現実的な機能と意義にそくして、理論的に十分あきらかにされえない。したがってまた、原理論が段階論の考察基準となる関係も、株式資本の原理的規定と金融資本との間では積極的な意味を与えられないこととなる。金融資本が資本の最高で最終の発展形態をなすということも、その原理的な考察基準において論拠を十分確保されえないおそれがあろう。こうした問題点は、いうまでもなく、宇野が、マルクスとともに、自由主義段階に至るイギリスの歴史過程にもとづいて想定される「純粋の資本主義社会」に原理論の考察対象を限定すべきであるとしていたことと、直接間接に関連していると考えられる。

そこでその後、鈴木鴻一郎編『経済学原理論』や岩田弘『世界資本主義』にみられるように、宇野による株式資本論の問題点を解決するために、株式資本の原理的規定は、利潤の質的分割論ないし利子生み資本論の具体例としてではなく、むしろ産業資本の株式資本への転化の現実的な必然性の論理にそくして解明されるべきであり、そのさい、原理論と段階論との研究次元の相違はむろん重要であるにしても、前者の抽象の基礎は、帝国主義段階にまでおよぼされてよいとする見解が提唱されるにいたった。(6) むろん、そうなると、ことは株式資本の原理的規定の内容のみにはとどまりえない。序論でもふれたように、原理論全体の考察の対象をどのようなものとみるべきか、またそのことが段階論ないし現状分析の課題と方法にどうひびいてゆくか、といった一連の方法論上の論点をめぐる純粋資本主義論と世界資本主義論の対立が、さきに第二章でみた貨幣の資本への転化論とあわせて、とくにこの株式資本論の整理の方向と深く関わってくることとならざるをえない。(7) しかし、経済学の全体系に及ぶ方法論上の論争問題も、原理的には、株式資本論のような個々の理論的規定の取扱いと内容を、歴史的事実と論理にそくしてあきらかにし確定してゆく試みを積み重ねて、実質的に解決されてゆかなければならないと考えられる。

そうした試みをすすめるうえで、ふりかえってみると、マルクス以後の株式資本についての研究の進展過程で、『資本論』の株式資本論自体は、おそらくそれがごく断片的なものにすぎなかったためもあって、体系的に十分整理検討されてきたとはいいがたい。『資本論』研究のなかで、他の諸規定にくらべ、株式資本論は不思議なほど放置されてきたとさえいえる。そのことは、ヒルファディングいらいの『資本論』にもとづく株式資本の研究の進展にも制約を与えてきているように思われる。すなわち、マルクスの株式資本論における問題点が、方法論的に明確に確定されないままに、その後の諸研究にも影響を与え、形をかえながらさまざまに継承されているところがすくなくないのではないかと思われるのである。

そこで、以下本章では、株式資本の原理的規定についてのほぼ右のような研究の進展を念頭におきながら、迂遠なようであるが、マルクスのとくに『資本論』における株式資本論にたちもどり、株式資本の理論展開をめぐる問題の源泉を確定し、あわせてその解決の方向をさぐってみよう。

3

『資本論』の最初の草稿にあたる『経済学批判要綱』の執筆当時、マルクスは、「資本」についての考察の進展を、「資本一般」につづき「競争」「信用」を経て、「株式資本」の規定においてしめくくる構想をもっていた。たとえば、一八五八年四月二日付のエンゲルスあての手紙で、つぎのようにのべている。

すなわち、「全体は六巻に分かれるはずだ。一、資本について、二、土地所有、三、賃労働、四、国家、五、国際貿易、六、世界市場。／一、資本は四篇に分かれる。a資本一般（これが第一分冊の素材だ）。b競争または多数資本相互の行動。c信用、そこでは資本は、個々の資本にたいし、一般的要素としてあらわれる。d株式資本、最高の完成形態（共産主義に移るべき）として、同時にそのいっさいの矛盾とともに[8]」と[9]。

この場合、いうまでもなく、「資本一般」は、諸資本の競争にさきだって、「総資本をたとえば総賃労働（または土地所有）と区別して考察する」（*Gr.*, S. 735. 訳、Ⅳ、八一九頁）領域にほかならない。この「資本一般」の領域にもとづき、つづいて競争、信用、株式資本の展開は、どのような筋道でおこなわれるものと考えられていたのであろうか。『要綱』のノートⅥのなかで、マルクスはこの点につき、つぎのような粗案を記している。

「競争において、価値と剰余価値についてうちたてられた根本法則と区別して展開される根本法則は、価値がそれにふくまれた労働ないしはそれが生産された労働時間によって決定されるのでなく、それが生産されうる労働時間または再生産のために必要な労働時間によって規定されるということである。それが最初の法則をくつがえすかのような仮象をもつにせよ、競争により個々の資本は、はじめて現実的に総体としての資本の諸条件のなかにおかれる。資本自身の運動によって決定されるものとしての必要労働時間はかくしてはじめて定立される。これが競争の根本法則である。需要、供給、価格（生産費）は、よりすすんだ形態諸規定である。市場価格としての価格、または一般的価格。つぎには一般的利潤率の措定。ついで、市場価格にしたがい諸資本は種々の部門に配分される。生産費の引下げ等。……個々のものの一見独立した活動とそれらの無規則的な衝突とは、まさにそれらの一般的法則の措定である。市場はここではなお別の意味をもつ。個々の資本としての諸資本相互の活動は、かくてまさに、それらの一般的資本としての措定となり、個々のものの外見的な独立性と自立的な存立との止揚である。この止揚は、なおいっそう信用においてもおこなわれる。そしてこの止揚のいきつくもっとも外面的な形態であり、しかも同時に資本に適当な形態における資本の究極的措定は――株式資本である」（*Gr.*, S. 549-550. 訳、Ⅲ、六〇六―六〇七頁）と。

すなわち、これによれば、「資本一般」においてたてられる価値および剰余価値についての「根本法則」にもとづき、諸資本相互の「競争」をとおして、価値法則の現実的貫徹の機構が、それに照応する市場での資本の現実的諸形態とともに展開されてゆく。それとともに、個別資本相互の外見的独立性が止揚され、それらの一般的資本としての性質がふたたび措定されてゆく。この展開と止揚をさらにすすめるものが信用であり、それをとおして究極的にあらわれる資本形態が、株式資本にほかならない[10]。

このようなマルクスの競争、信用、株式資本の展開の構想は、むろん当時内容的にすでに確定され準備されていたとはいえない。『要綱』の理論展開の内容はさしあたりもっぱら「資本一般」の枠内に限定されていた。マルクスは、この「資本一般」から諸資本の競争を介して、ふたたび資本の一般性が回復されてゆく弁証法的推論の線上に、信用と株式資本を予想していたにとどまる。すなわち、諸資本の競争をつうじて諸資本の「一般的資本としての性質」が措定され、信用と株式資本においてさらにその展開がすすむとする場合にも、その展開が利潤論と利子論ないし両者の関連において、内容的にすでに用意されていたわけではないし、さらに信用と株式資本の機能の相違と両者の限界も内容的に確定されていたわけではないと考えられる。にもかかわらず、かえって抽象的な推論において、株式資本を、諸資本の競争と信用をつうじて示される、資本の「最高」かつ「究極の」展開形態としての位置においていたのは、今日からみてもきわめて鋭い構想であったといわなければならない。

この構想は、とくに株式資本に関し『資本論』において実現されていない。といっても、そのことは、『資本論』が『要綱』執筆当時の展開プランをそのまま前提して、その途中までを実現したことをいみするわけではない。『要綱』当時の展開プランは、その後のマルクスの研究の進展をうけて、内容的に大きく組みかえられてゆき、「資本」の「一般」「特殊」「個別」といったかつての三部形式に代えて、『資本論』では「資本」の「生産過程」「流通過程」および「総過程」という新たな三部構成がとられ、その展開のうちに資本の運動原理を全面的にあきらかにしてゆく体系が形成されたのであった(11)。

それとともに、『要綱』の「資本一般」においては、その枠外にあった多くの理論問題が、『資本論』体系には収められ、位置づけられている。とりわけ、『要綱』にくらべ、『資本論』では第三巻の領域において、剰余価値と資本の具体的分化諸形態が、「種々の資本の相互の行動、すなわち競争のうちにあらわれ」(*K.*, III, S. 33. 岩㈥四一頁)、価値法則の現実的貫徹機構を構成する関係がたちいって展開されるようになっている。すなわち、平均利潤と生産価格、商業利潤と商業資本、利子および信用制度、地代と土地所有といった諸規定が、利潤率をめぐる諸資本の競争をつうずる価値法則の展開形態として、順次解明されているのであり、あきらかに『要綱』の「資本一般」の枠外におかれていた諸資本の「競争」と「信用」が、資本主義的生産の「総過程」論の重要な理論内容としてとりこまれるに至ったと考えられる。

しかも、価値法則にもとづく資本の現実的運動法則の明確化は、マルクスにあっては、同時に産業循環論としての恐慌論の形成を内包してすすめられていた[12]。とくに『資本論』では、第一巻の蓄積論と第三巻の信用論の整備にともない、資本過剰論としての恐慌論を、資本主義的人口法則の具体的展開の機構として明確化する方向が示された。それによって、資本と賃労働の関係も、直接的な剰余価値生産の原理にとどまらず、産業循環をつうずるその現実的な変動の原理をもふくめて解明される構成がとられたわけである。そのことは、地代と土地所有の原理的規定が、利潤率均等化の競争の特殊な展開問題としてあきらかにされるに至ったこととあわせて、『要綱』当時、「資本」の全体系のもうひとつ外に予定されていた「土地所有」と「賃労働」の規定までも、基本的な原理としては「資本」の運動法則の展開体系のなかで与えられることを明確にするものであったといえよう[13]。

こうして、『要綱』の「資本一般」の枠内では考慮外におかれていた諸資本の「競争」「信用」さらに「土地所有」「賃労働」の原理的規定が、『資本論』では、資本の運動法則の体系的解明のなかにとりいれられるようになったのであるが、これとはまったく対照的に、『要綱』当時「資本」の展開をしめくくる位置に予定されていた「株式資本」についてだけは、『資本論』でも本格的な理論展開が与えられていない。いくつかの箇所で、とくに信用制度論に付随して、断片的な考察が示されているにとどまる。なぜであろうか。

4

問題はおのずから二段に分れる。第一に、株式資本が諸資本の競争と信用の展開線上に、『資本論』で本格的に考察されていないのはなにをいみするか。第二に、株式資本についての考察がしかもまったく排除されたわけではなく、とくに信用制度に付随するものとして提示されているのはなぜか。

第一の問題はつぎのような三面からおしはかって理解することができるように思われる。

(1) まず、『要綱』から『資本論』のとくに第三巻にかけて理論体系が拡充されてゆく論理が、総じて、諸資本の競争をつうずる一般的利潤率の形成と、一般的利潤率を前提しつつそれを支える諸機構の解明にあったとすれば、株式資本はそうした論理体系にすぐには組み込みにくい性質をもっていた。マルクスも、株式資本は「一般的利潤率の均等化には参加しない」(K., III, S. 250.S. 453. 岩㈥三八〇頁、㈦一七六頁)とみていたのである。もっとも、マルクスはその理由を明確に示しているとはいえない[14]。実際また株式資本も利潤率の均等化に参加しないとはいいきれないのであって、利潤率をめぐって競争する側面をかならず有しているように思われる。しかし、のちにもふれるように、株式資本は、とくに固定資本の巨大な事業部門にあらわれるのであり、そのかぎりで、景気の変転のなかで、過剰な設備能力を保有した場合、その解消が容易でなく利潤率の低位を持続しやすい性質を示すといえよう。そのいみでは、産業株式資本には利潤率の均等化の競争を少なくとも困難とする性質が含まれてくることは確かである[15]。マルクスが、一方で、そうした株式資本の性質を抽象的に強調し、「一般的利潤率の均等化には参加しない」ものとみなし、他方で、「総過程」論の展開を一般的利潤率の形成とそれを媒介する資本の諸形態ないし諸機構の解明にあてていったとすれば、その理論展開の拡充の線上に、株式資本を位置づけ展開することはおのずから不可能とされたわけである。

(2)　しかも、『資本論』の「総過程」論が、周期的恐慌の必然性についての解明を深化していった論理の線上からしても、株式資本はさしあたり考慮の外におかれる性質をもっていた。その点、信用制度が資本の現実的蓄積を調整加速しつつ、周期的恐慌の発生を必然的に媒介する契機としてあらわれ、したがってまた恐慌論の形成がすすむにつれてその理論的解明がつよく要請され実現されていったのとは事情を異にしている。事実、周期的恐慌の原理的考察の基礎をなす自由主義段階の産業循環は、綿工業を中心とする産業資本および商業資本の蓄積とそれを媒介する商業信用と銀行信用の機構を中軸に展開されていたのであり、これにたいし、株式会社制度ないしそれによる鉄道建設の動向はしだいに重要性を高めてゆく傾向にあったとはいえ、なお副次的な増幅要因あるいは撹乱要因をなしていたにとどまる。そうした副次的要因は、周期的恐慌の原理的必然性を解明しようとするさいには、捨象されてよいし、また捨象せざるをえないものと考えられる。

(3)　右のこととも関連するが、マルクスの理論的考察の基礎とされていた自由主義段階に至るイギリス資本主義の発展過程で、株式資本はその役割を一方的に拡大する方向にあったともいえない。すなわち、株式会社形式は、むしろ重商主義段階にすでに独占的大貿易会社などの組織形態として、かなり重要な役割をもって登場していたが、その後、自由主義段階になるとかえって後景にしりぞくことになる。綿工業をはじめとする基軸的産業資本とその運動を助長する商業資本は、一般に株式形態による出資の集中を要しない規模で、個別資本に担われて発展し、株式資本は、鉄道、鉱山、保険および金融の一部などの事業部門において形成され、増加しつつあったとはいえ、全体としてみればむしろ周辺的で副次的な役割をはたすにとどまっていたのである。株式会社が、あらためて産業資本自身の組織形態としてその経済的意義を増大せしめるのは、一九世紀末以後帝国主義段階に入ってからのことであった[16]。そうとすれば、マルクスが株式資本をごく付随的な資本形態としてのみ取扱っているのは、その理論的考察の基礎をなしていた自由主義段階に至る資本主義の歴史過程にむしろ忠実に照応する取扱いであったと思われる。

こうしてみると、マルクスが『要綱』当時想定していた競争、信用、株式資本の展開系列のうち、『資本論』の「総過程」論では、前二項と取扱いをことにし、株式資本について本格的理論展開をさしひかえたのは、それなりに十分理由のあったことと考えるべきであろう。一般的利潤率をめぐる諸資本の競争とそれを媒介する信用制度の規定が、周期的恐慌の必然性をも内包するものとして、自由主義段階の歴史過程にもとづき、理論的にたちいって明確化されるにしたがい、株式資本はむしろ逆にその展開の線上にさしあたり不要の契機として除外される方向をたどったのではないかと考えられるのである。

しかしそうとすれば、株式資本についての考察がなおかつとくに信用制度に付随するものとして与えられているのはなにをいみするであろうか。問題はここにさきの第二段に転移する。

むろん、自由主義段階の経済過程において、株式資本がまったく意味を失っていったわけではなく、鉄道会社の発展にみられるように一面では量的に増大しながら存続し発達する傾向をも示していたことが、それについての理論的考察を、付随的な位置においてではあれ、『資本論』に導入せしめた現実的背景をなしていたことはいうまでもない。

しかし、さらにここで理論的に問題となるのは、その考察が、とくに信用制度論に付随する位置において示されるとともに、つぎにみてゆくように、内容的に信用制度と株式資本との機能および形態上の特質がいずれも不明確にされる傾向が生じていることにある。そのことはまた、マルクスにおいて信用制度の規定が、商業信用とそれにもとづく銀行信用をつうずる貨幣の商品化の機構に純化して展開されていないところにも起因するのではないか。そしてさらにさかのぼれば、マルクスの信用制度論が、それにさきだって、貨幣の商品化と資本の商品化を不分明にするような抽象的な利子付資本論の展開を前提し、そこから、「貨幣資本家」等の資本をも集中するような雑多な機能をふくめて展開されているところに基本的な問題があったのではないかと考えられる。そのことは、マルクスにおける信用制度の原理的展開を難解にしていただけではない。一方で信用制度の考察に株式資本の規定を付随的に混在せしめ、他方で株式資本論の内容に方法論的制約を与えることにもなっていたのではなかろうか。

そこで、マルクスによる株式資本についての諸規定の内容にたちいって、右のような方法論的問題の所在をさらに確定しつつ、これに関連する問題点の検討をさらに展開してみよう。

（1）　そのことについては、さしあたり、宇野弘蔵『経済学方法論』Ⅳの四「利子論の方法」、および伊藤誠『信用と恐慌』第二章（本著作集第三巻）を参照されたい。
（2）　R. Hilferding. *Das Finanzkapital*. 1910. Dietz Verlag. 1955. 林要訳『金融資本論』一九五二年、大月書店。
（3）　宇野のこうした方法論的主張は、その旧『原論』、『経済政策論』、『経済学方法論』、新『原論』などに一貫して示されている。
（4）　ここでは、この点にたちいって論ずる余裕はないが、宇野における利潤の質的分割論、およびそれにもとづく株式資本の規定の展開における問題点を検討したものとして、岩田弘『世界資本主義』第四章第一節、武井邦夫「原理論と株式資本論」茨城大学『政経学会雑誌』第一四・一五合併号、一九六四年、および山口重克「『それ自身に利子を生むものとしての資本』の問題点」武田・遠藤・大内編『資本論と帝国主義論』上、一九七〇年、東京大学出版会、所収、および伊藤誠「株式資本」鈴木鴻一郎編著『セミナー経済学教室1マルクス経済学』一九七四年、日本評論社、所収、を参照されたい。

（5） すなわち、宇野の旧『原論』下巻では、利潤の質的分割の規定につづき、「株式会社制度はそれを具体的に示すものに外ならない」（二八九―二九〇頁）とされていた。しかし、宇野自身すぐあとであるていどみとめているように、配当と重役報酬とが、利子と企業者利得とへの質的分割に照応するとはいえないので、質的分割がどのようないみで株式資本に具体化されるのかは、難解というほかはない（なお、この点に検討をくわえたものとして、前注にあげた文献とともに後藤泰二『株式会社の経済理論』一九七〇年、ミネルヴァ書房、第六章補論をも参照されたい）。新『原論』では、株式資本は、利潤の質的分割の具体化としてよりも、それをうけて成立する「それ自身に利子を生むものとしての資本」を具体的に示す例として指摘されるようになっていた。しかし、それとともに、利子生み資本の例としては、利潤を生む産業資本の株式資本への転化にかぎられないこととなり、事実、株式は公債や社債等と並列せしめられているのであって（新『原論』二二〇頁）、株式資本をそれ自身として原理的に展開し、提示する必然性は弱められ、これを利子生み資本の規定に埋没せしめる傾向が強められているように思われる。

（6） 鈴木『原理論』下、岩田弘『世界資本主義』第四章のほか、鈴木鴻一郎「帝国主義論と原理論」中村・大塚・鈴木編『世界経済分析』一九六二年、岩波書店、所収、岩田弘『マルクス経済学』上、をも参照されたい。なお、こうした見解にたいし、批判的に検討を加えたものに、大内力「帝国主義論の方法」『「経済学」批判』一九六七年、日本評論社、所収、武田隆夫「原理論と帝国主義論」東京大学『経済学論集』第二九巻三号、一九六三年一〇月、があり、さらにこの後者の論文にもとづく議論を収録した「シンポジウム帝国主義論と原理論をめぐって」同上誌、同号、がある。

（7） 侘美光彦『世界資本主義』は、株式資本の原理的展開を直接とり扱ってはいないが、とくに第一篇第二章で、純粋資本主義論と世界資本主義論の方法上の論争点について、前注にあげた文献以後の論稿をふくめて、興味ある検討をすすめているので、とくにあわせて参照されたい。

（8） Marx-Engels, *Briefe über „Das Kapital"*, Dietz Verlag, 1954, S. 87-88. 岡崎次郎訳『資本論に関する手紙』上巻、一九五四年、法政大学出版局、八五頁。

（9） なお、この手紙のすこしまえ、一八五七年一一月頃に書いた『要綱』のノートⅡのなかで、マルクスはよく似た二つの執筆プランを示しているが（cf. *Gr.*, S. 175. S. 186. 訳、Ⅱ、一八五頁、一九七頁）、そこでは「株式資本としての資本」につづき「金融市場としての資本」あるいはさらに「富の源泉としての資本」が展開されるものと想定されていた。しかし、おなじ『要綱』のなかでも、一八五八年二月頃書いたノートⅥになると、マルクスはつぎにみるように、株式資本を「資本の究極の措定」とみなすようになっている。さきのエンゲルスあての手紙とあわせてみると、資本一般につづき、競争、信用、株式資本と展開して終る序列は、ノートⅡにおけるプランよりも、ややすすんだ時点での、より整理された構想を示すものとみてよいであろう。

(10) なお、『要綱』当時のマルクスのプランにおける株式資本の位置、およびその『資本論』との関係については、降旗節雄「『利子生み資本』の概念」鈴木鴻一郎編『利潤論研究』一九六〇年、東京大学出版会、所収、鈴木『原理論』下「補注」、岩田弘『世界資本主義』第四章第一節、鎌倉孝夫「信用制度と株式資本(1)」法政大学社会学部『社会労働研究』第一五巻三号、一九六九年一月、における考察をも参照されたい。

(11) なお、『要綱』当時のプランと『資本論』体系の構成の相違およびその意義については、鈴木鴻一郎「『資本論』のプランについて」およびその「補注」『価値論論争』一九五九年、青木書店、所収、鈴木『原理論』下「補注」における見解がほぼ適切なものと考えられるが、他方、『資本論』は『要綱』当時のプランにおける「資本一般」の枠内にとどまっているとする見解もなお一部に有力である。しかし、後者の「資本一般」説も、最近は佐藤金三郎氏らにみられるように、その内容の「豊富化」をみとめる方向にある。さらに詳しくは、大内秀明・櫻井毅・山口重克編『資本論研究入門』序章（櫻井毅）をみよ。

(12) その経緯につきくわしくは、伊藤誠『信用と恐慌』第一章（本著作集第三巻）をみよ。

(13) もちろん、「土地所有」と「賃労働」の歴史的具体的な諸展開は、資本主義社会においても、『資本論』のような原理的考察ではつくせない複雑な様相を示し、それらは、原理論にもとづき段階論と現状分析においてあきらかにされるべき課題となる。一八五〇年代末のマルクスのプランにおける「土地所有」と「賃労働」の項目に、そうした歴史的諸形態の考察も予定されていたとすれば、そのような課題まで、『資本論』の内部に移され展開されたとはいえない。と同時に、「土地所有」や「賃労働」についてだけでなく、諸資本の「競争」や「信用」についても、『資本論』のような原理的考察の領域外に、より具体的な実証研究の必要とされる問題がのこされているといえよう。『資本論』においても、マルクスが「競争の現実の運動」や「信用制度」の「詳細な分析」をさしあたり「企画の外」にあることといい（cf. *K.*, III, S. 839. 岩㈨三三頁、*K.*, III, S. 413. 岩㈦一〇九頁）、「土地所有」についてもその「種々の歴史的形態」の分析を当面除外するといっている（*K.*, III, S. 627. 岩㈧七頁）のは、ひとつには、そうした問題の所在を指示するものと読みとることができるであろう。

(14) すなわち、マルクスはその箇所で、株式会社においては「利潤は純粋に利子の形をとるのだから、このような企業はたんなる利子のみをもたらす場合にも可能である」といい、さらにそれらの企業では「不変資本が可変資本にたいし巨大な比率をなす」（*K.*, III,

S. 453. 岩㈦一七六頁）ことを指摘するにとどめている。しかし、一般に、資本の有機的構成が高いことは、剰余価値生産の能率が他部門より低いことをいみするとしても、価格関係をつうずる剰余価値の平均利潤としての配分をめぐる競争への参加を、ただちに妨げる事情ではありえない。また、株式会社の利潤の配当は、のちにもみるように利子に擬制されることになるが、そのことは、配当さるべき利潤の率が現実に投下されている資本にたいし利子の水準で十分であることをいみしない。利子水準の低利潤しかあげられない株式会社は、固定資本の制約さえなければ、ただちに解散され、結合されていた資本は、より高い利潤のえられる部門に移転してゆくことになろう。マルクスが例としてあげている当時の鉄道会社のように、株式資本においてしばしば利子に近い低利潤が継続したのも、そうした資本の引き上げと移転を制約する固定資本の過剰によるものではなかったかと思われる。

なお、マルクスが株式資本を考察する場合の主要な素材としていた鉄道会社が、当時しばしばきわめて低い利潤率を持続しており、そのことがマルクスの株式資本の規定に影響を与えたと考えられる点については、中村通義『株式会社論』一九六九年、亜紀書房、二二三—二二四頁の指摘をみよ。

（15） マルクスが、株式資本は「一般的利潤率の均等化に参加しない」としたのにたいし、ヒルファディングは、「株式会社の普及とともに株式会社の利潤は、個人企業の利潤とまったく同様に一般的利潤率の均等化に参加せねばならないということは、あきらかである」（*Finanzkapital*, S. 150. 林訳、前掲書、一七七頁）と批判し、株式会社についても一般的利潤率を想定して考察をすすめている。しかし、それは、マルクスとは逆に、株式資本も利潤率をめぐる競争をおこなう面を抽象的にやや過度に強調することとなっている。のちに、ヒルファディングも、固定資本の巨大化が、利潤率の均等化に障害を与えることを、つけくわえてのべている（*ibid.*, Kapitel XI）のであり、「株式会社の普及」がそうした部門にとくに進展することが注意されなければならないのである。

（16） なお、資本主義の歴史的発展にともなう株式資本の役割の推移の概略については、たとえば、E. Steinitzer, *Ökonomische Theorie der Aktiengesellschaft*, 1908, 1. Kapitel に簡潔な記述がみられる。

第二節　株式資本の機能

一　生産規模の巨大化

1

マルクスは『資本論』第三巻第二七章において、それまで株式資本について各所で断片的に考察してきたことを三項目に分けて提示している。この章は「資本主義的生産における信用の役割」と名づけられており、「I利潤率の均等化」および「II流通費の節減」を媒介する信用制度の機能を指摘したのち、「III株式会社の形成」を論じている。ここでもマルクスの株式資本論は、あきらかに信用制度論に付随する位置においてとりまとめられているわけである。しかし『資本論』全巻をつうじ、この箇所にマルクスの株式資本論はもっともよく集約されていると考えられるので、まずこの箇所をまとめて読んでおこう。

「III　株式会社の形成。これによって――

1　個人資本では不可能だった生産規模と企業経営の巨大な拡張。同時に従来は政府企業だったような企業が会社企業となる。

2　それ自体社会的生産様式のうえにたち、生産手段と労働力の社会的集積を前提する資本が、ここでは直接に、個人資本に対立する社会＝会社資本 Gesellschaftskapital（直接に結合した諸個人の資本）の形態をとっており、このような資本による企業は、個人企業に対立する社会＝会社企業としてあらわれる。それは、資本主義的生産様式そのものの限界内での私的所有としての資本の止揚である。

3　現実に機能する資本家が、他人の資本のたんなる支配人、管理人に転化され、資本所有者はたんなる所有者、たんなる貨幣資本家に転化される。彼らのうける配当が利子と企業者利得とを、すなわち総利潤をふくんでいる場合でも（なぜなら、支配人の俸給は一種の熟練労働のたんなる労賃であるか、またはそうであるはずで、この労働の価格は他のあらゆる労働の価格とおなじく労働市場で調節されるのだから）、この総利潤は、もはや利子の形態でのみ、すなわち資本所有のたんなる報償としてのみうけとられるのであって、この資本所有がいまや現実の再生産過程での機能から分離されることは、この機能が支配人の人格において、資本所有から分離されるのとまったく同様である。……株式会社では、機能が資本所有から分離されており、したがってまた労働も生産手段と剰余労働との所有からまったく分離されている。このような、資本主義的生産の最高の発展の結果こそは、資本が生産者の所有に、しかしもはや個別的生産者の私有としてではなく、結合された生産者である彼らの所有としての、直接的社会所有としての所有に、再転化されるための必然的な通過点なのである。それは、他面では、これまではまだ資本所有と結合されていた再生産過程上のいっさいの機能が結合生産者たちのたんなる機能に、社会的機能に、転化されるための通過点なのである。」（*K.*, III, S. 452-453. 岩㈦一七五―一七六頁）

みられるように、ここでは、株式会社は、第一に生産規模の巨大な拡張を実現し、第二に個人資本に対立する結合資本をもたらし、第三に資本の所有と経営機能の分離をおしすすめるものとして論じられている。

たしかに、株式会社は、資本の所有持分を細分し株式証券に表示するとともに、その譲渡可能性をみとめることにより、共同出資の範囲を拡大し、結合された資本にもとづき生産規模の巨大な拡張を容易とする。またそれにともない、あるていど所有と経営の分離を実現する。だから、マルクスがここであげている三点は、あい関連して、資本主義的生産の発展にともなう株式会社の重要な機能を指示しているといえよう。しかし、たちいって考えると、マルクスは、株式資本としての資本の結合集中機能の特殊性と限界を、理論的に十分明確にしているとはいいがたいところがあるように思われる。

まず第一にあげられている生産規模の拡大を実現する機能についていえば、とくに信用制度に比して、株式資本はどのような特殊な組織性を発揮するものであろうか。

2

しかしマルクスは問題をこうした形で提示しようとはしない。むしろ、株式資本についての考察を「信用の役割」にふくめて論ずるとともに、株式資本は信用制度に付随して信用制度とおなじような役割をはたすものとみなす傾向がある。

そうした傾向をもたらした原因のひとつは、信用制度の原理的規定が内容的に十分明確に確定されぬままに、広く「諸資本の集中」のための機構としても機能するものと考えられていたことにある。[17] それは、マルクスが、抽象的な利子付資本論の延長上に、「貨幣資本家」等の資本を集め産業資本のもとでの生産資本に転化する媒介者として、銀行を規定していたことに照応して生じている問題点であり、それによって、株式資本による資本の集中の機能と信用制度の原理的機能との相違は不明確となる傾向をまぬがれなかったと考えられる。しかし、他面でマルクス自身すでに明確にしつつあったように、信用制度の原理的規定が、資本の回転にともなって生ずる種々の遊休貨幣資本を基礎として、「再生産にたずさわる諸資本の与えあう」（*K.*, III, *S.* 496. 岩㈦二四一頁）商業信用とそれにもとづく銀行信用の機構にそくして、内容的に純化して確定されるならば、そこに諸資本の集中の機能を想定することはできないであろう。すなわち、信用制度は、商業信用と銀行信用をつうじ、産業資本と商業資本の流通資本の遊休部分を、貨幣の貸借の形式のもとに相互に短期に融通せしめる機構を形成する。そしてそれによって、諸部門における流動資本の拡張とそれにともなう生産の拡張を、弾力的に調整し促進する。しかし、商業信用とそれにもとづく銀行信用は、原理的には産業資本による固定資本の建設や拡張のためには用いられえない。

株式会社の組織形態は、こうした信用制度の機能の限界を突破する役割を有する。すなわち、株式会社の設立や増資により、持手の異なる遊休資金が単一の資本の運動に結合・集中されるのであるから、それは、長期的に償却回収される固定資本の建設や拡張のために、資金を動員するさいにきわめてのぞましい資本の組織形態をなしている。[18] むろん、株式会社の資本持分を表わす株式証券の発行とひきかえに、払込みによる出資者を集めておこなわれる生産の拡大は、信用制度による場合のような敏速性を欠くであろうが、ひとたび動員され現実資本の運動に合体された資本は、資本の投資元本として長期的に運用することができるものとなる。個々の出資者がその株式証券を譲渡して、貨幣形態に出資分を回収しうることは、共同出資者の範囲を拡大することを容易にする要件であるが、株式証券の譲渡による個々の出資の回収も、株式会社の所有持分の持手を交替せしめるにとどまり、会社資本に結合された現実資本の循環運動は、それによって妨げられることはない。それゆえ、信用制度の原理的機能と異なり、株式資本は、固定資本の新設、拡張を助長する機能を発揮するものとなる。

3

しかし、他方で、資本主義経済は私的資本がたえず最大の価値増殖の機会をもとめて運動することを基本原理として構成されており、したがって、固定資本の大規模化とそれにともなう特別の利潤も、それが可能なかぎり私的な個別資本によって追求されるにちがいない。だから、株式資本は、資本主義的生産の基礎の上では、信用制度にたいし、固定資本の大規模化、しかも私的な個別資本では困難な固定資本の巨大化をふくむ生産の拡大を実現するのに適した組織形態としてあらわれるといえよう。[19]

そのかぎりでまた、株式資本による生産規模の拡大は、その範囲においても、信用制度とはことなり、あらゆる産業部門をつうずる全面的な普遍性をもちえないものと考えられる。すなわち、私的な個別資本によって固定資本の蓄積と拡大が可能な生産諸部門では、私的な資本による利潤の追求が継続され、株式資本形態はそこにおよびにくいのではないかと考えられるのである。[20]

もともと、資本の生産力の展開には、各部門の内部における資本の有機的構成の高度化のみならず、社会的な部門構成の多様化と高度化が多かれ少なかれつねに含まれており、それらの部門間には固定資本規模の較差の維持拡大傾向が存在している[21]。その背後には、たとえば素材生産部門における大規模大量生産がその周辺に比較的小規模技術による加工諸部門の発展の余地を与えるといった関係が――おそらく資本主義を廃止した後の社会にもみられる――近代以降の生産力の発達の一面としてみとめられるように思われる。株式資本による生産規模の拡大を原理的に説けるかどうかは、ここだけでは論じられない問題であるが、固定資本の建設が個別産業資本家のもとでのみおこなわれ続けるものと想定することは、そうした生産力の発達の資本主義的処理の原理を、自由主義段階の綿工業的水準までの範囲に具体的に限定することになるとみなければならない。それは、資本主義経済の原理的考察を、内容上、生産力の特殊な発展段階に限定しすぎることを意味しないであろうか。

他方、そうした限定を離れて、株式資本の実質的機能を原理的に考察する場合には、株式資本が、私的資本によっては容易に実現されえない固定資本の巨大化をともなう諸部門に形成され、したがってまた、社会的生産諸部門の全体にたいしてはあくまで部分的な組織性をもってあらわれることが明確にされていなければならない[22]。固定資本の巨大化を要する部門の内部においても、株式資本は、その部門の全生産を統一して編成することを、その結成と運動の直接の目的とはしていないのであって、それぞれにもっとも有利と考える範囲においてのみ、生産を担当することになる。それゆえ、そうした部門の内部の生産も、それぞれに私的な部分性を脱しえない株式資本によって、多かれ少なかれ相互に競合的、分断的に担当されることとならざるをえない。いずれにせよ、株式資本による生産の編成拡大は、資本の最高の組織形態でありながら、あくまで私的資本の資本家社会的な結合体として、特殊な部分性をまぬがれない。それは、資本主義的生産が、生産の社会的編成を自己の目的とするものではなく、生産過程にたいしほんらい外来的な私的資本の価値増殖を推進動機として形成される特殊な――いわば顛倒した――歴史社会をなすことに理論的に照応し、資本主義的生産のそうした歴史性を、資本の究極の展開形態において明白にする事情にほかならない[23]。

マルクスにおいては、自由主義段階にみられた鉄道等の株式会社の新たな発展の傾向が、それがなお端初的であるがゆえにかえって抽象的に誇張して延長され、株式資本のこうした組織性の限界が確定されにくいところがあったのではないかとも考えられる。と同時に、理論的には、抽象的な利子付資本論の延長上に、信用制度の役割を抽象的に拡大して想定することにより、信用制度と株式資本の機能の相違をたちいって確定しえなかったために、流動資本の拡張の媒介に限られるとはいえ、信用制度のより普遍的な組織性の一面が、それに付随して扱われる株式資本の機能にも投影されて読み込まれていたのではなかろうか。いずれにせよ、こうして、株式資本による生産規模の拡大の特質とその特殊な限界がみおとされるとともに、つぎにみるように、株式資本が、抽象的に私的資本の対極にこれを止揚するものとして論じられることになっているのである。

二　資本の集中

1

すなわち、マルクスは、株式会社の形成にともなう第二の要点として、「資本がここでは直接に私的資本に対立する社会=会社資本（直接に結合した諸個人の資本）の形態をとる」ことをあげていた。しかもさらに「それは、資本主義的生産様式の限界内での私的所有としての資本の止揚である」（*K.*, III, S. 452. 岩㈦一七五頁）といっている。これに関連して、すこしあとのところでは、[24]マルクスは、「これは、資本主義的生産様式そのものの内部における資本主義的生産様式の止揚であり、したがって自己自身を止揚する矛盾であって、それはあきらかに新たな生産形態へのたんなる過渡点としてあらわれる」（*K.*, III, S. 454. 岩㈦一七八頁）とも述べている。

たしかに、株式会社は、共同出資の形式において、「諸個人の資本」を「結合」する。そのことは、さきにみたように、株式の発行とひきかえに資金を動員して、固定資本の建設をふくむ「生産規模の巨大な拡張」を可能とするばかりでなく、場合によっては、現実に運動している産業資本や産業株式会社を、株式証券の買収、交付あるいは交換等をつうじ、合併集中する形式としても用いられる。それゆえ、株式資本が、たんなる私的資本とはことなる資本家的に社会化された機能や性質を有することは十分にみとめられなければならない。

しかし、マルクスは、その相違を一方的に強調し、株式資本を「私的資本に対立する」ものとみて、その私的性格をあきらかにしない傾向を示しているのではなかろうか。たとえば、「資本主義的生産様式の限界内」のことであるとされてはいるが、株式資本を「私的所有としての資本の止揚」をいみするものとみてよいかどうか。そもそも、株式資本による資本の集中をとおして、「資本の止揚」ないし「資本主義的生産様式の止揚」が論じられるのは、いかなる論理の筋道を想定してのことであろうか。

2

この最後の問題から考えるならば、ここでは、「資本主義的生産様式」があきらかに生産条件の私的所有の発展転化の線上にとらえられているといえよう。その背後には、第一巻第二四章第七節の「資本主義的蓄積の歴史的傾向」に端的にみられるように、資本主義的生産の形成発展を所有形態の――とくに私的所有の――発展転化として総括しようとする観点があるとみていい。そこでのマルクスはほぼつぎのように説いていた。

すなわち、資本の原始的蓄積過程における「直接的生産者の収奪」をとおして成立する「資本主義的生産様式から生ずる資本主義的領有様式は、したがって資本主義的私有は、自己の労働にもとづく個別的な私有の第一の否定である。」これにつづき「資本主義的生産様式が自己の足で立つにいたれば、労働のさらにそれ以上の社会化と、土地その他の生産手段の、社会的に利用される、したがって共同的な生産手段への、さらにそれ以上の転化、したがって私的所有者のさらにそれ以上の収奪は、新しい形態をとる。いまや収奪されるのは、もはや自営的な労働者ではなく、多くの労働者を搾取しつつある資本家である。」「この収奪は、資本主義的生産自体の内在的法則の作用によって、資本の集中によって、実現される。つねに一人の資本家が多くの資本家を滅ぼす。」さらにその過程で、「窮乏、抑圧、隷従、堕落、搾取の度が増大する」が、また「訓練され結集され組織される労働者階級の反抗も増大」し、やがて、「生産手段の集中と労働の社会化とは、それらの資本主義的外被とは調和しえなくなる点に到達する。」こうして「収奪者が収奪され」、「否定の否定」がおこなわれる（*K.*, I, S. 789-791. 岩㈢四一二―四一六頁）。

みられるようにここでは、「自己の労働にもとづく個別的な私的所有」の収奪による否定から成立する資本主義的私有が、最終的にふたたび否定されるに至る中間項として、「資本の集中」が重視されている。すなわち、「資本の集中」は、生産手段のより共同的な利用へ、私的所有を転化させ、収奪者たる資本家を「資本主義的生産自体の内在的法則の作用によって」収奪してゆく中間形態をなすとみなされているのである。株式資本による資本の集中が、資本主義的生産様式の限界内での「私的所有としての資本の止揚」ないし「資本主義的生産様式の止揚」をいみするものと位置づけられるのも、そうした論理を前提してのことであった。

しかしそうした論理構成は、マルクス自身がその基本をあきらかにした資本主義的生産の発展の歴史的特質を、正確に要約するものとはいえないところがある。[25] もともと、資本主義的生産が歴史的に形成される「全過程の基礎」は「農民からの土地収奪」（*K.*, I, S. 744. 岩㈢三四三頁）にあり、その土地は自己の労働にもとづき私有されていたのではありえない。と同時に、資本主義的生産は、「自己の労働にもとづく」私有とはいえないにせよ、商品経済にもとづく「個人的な私有」はこれを否定せず、むしろ全面的にみとめ徹底することによって発展する。その発展の基本は、私有の収奪の進展にあるのではなく、私有制を徹底し労働力商品の売買にもとづく剰余価値生産をすすめることにおかれる。資本主義的生産の止揚も、したがって、たんに「個人的な私有」の「否定の否定」として論じられるのでは、その歴史的意義が正確に示されることにならないであろう。[26]

マルクスが株式資本による資本の集中を、「私的所有としての資本」もしくは「資本主義的生産様式」の「止揚」としているのも、こうした問題点に関連し対応することであって、株式資本の機能の歴史的意義を正確に示すものとはいえないように思われる。

3

すなわち、第一に、株式による資本の集中は、どこまですすんでも、労働力の商品化による資本の生産関係そのものを「止揚」するものではない。したがってまた、資本関係をささえる私有制を廃止しようとするものではない。しかも第二に、資本と資本の結合関係においても、それは私的所有を否定し収奪をすすめるものとはいえない。たしかに株式形態で結合されて生産に投じられた資本は個別的な独立性を失う。しかしその結合体は、個々の産業株式会社としてあらわれ、他より高い利潤率をもとめて運動する「私的所有としての資本」の性質を脱しうるものではない。そのうえ、株式資本は、それぞれの資本持分に商品として譲渡しうる形態を与えてこれを結合するのであって、資本に関わる商品経済的な私有制をむしろ徹底し、完成するものとさえいえる。さらに第三に、さきに検討したように、株式資本による資本の結合体も、社会的な生産にたいしては、私的な部分性をもって生産を担当するにとどまる性質を有している[27]。

そうしてみると、マルクスのように、株式資本を、簡単に「私的資本に対立し」、「私的所有としての資本」もしくは「資本主義的生産」の「止揚」にむかうものとするわけにはゆかない。マルクスも、そうした「止揚」は「資本主義的生産様式の限界内」のことであるとしていた。しかし、資本主義的生産の発生と止揚を、私的所有の集中転化の過程として総括する観点の延長上に、理論的にその限界を確定することがむずかしくなっているように思われる。抽象的な利子付資本論の延長上に、信用制度と株式資本の機能の相違が不明確にされ、両者をつうじて資本の集中が進展するものとされていたことも、この点にひびいていると考えられる。しかし、株式資本と区別された信用制度は資本を集中する機構とはいえず、株式資本は信用制度のような全面的な普遍性をもって再生産を調整するものではない。

株式資本による資本の集中は、あくまで私的資本の結合体としてあらわれ、それ自体「資本主義的生産様式」の全面的な「止揚」へむかうものとはみなしえない[28]。それは、形態的にはむしろ資本の私有関係を完成せしめる意義をもつとともに、実質的には私的な部分性を脱しえない資本の結合体としてあらわれるものとみなければならないのである。

三　所有と経営の分離

1

ところでマルクスは、株式会社の形成にともなう三番目の要点として、「現実に機能している資本家が、他人の資本のたんなる支配人、管理人に転化され、資本所有者はたんなる所有者、たんなる貨幣資本家に転化される」こと（*K.*, III, *S.* 452. 岩(七)一七五頁）をあげていた。いわゆる資本の所有と経営との分離である。しかもマルクスはこの分離が徹底してあらわれるものとみて、「株式会社では、機能が資本所有から分離されており、したがってまた労働も生産手段と剰余労働との所有からまったく分離されている」（*K.*, III, *S.* 453. 岩(七)一七六頁）とさえいっている。

株式会社は、生産規模の巨大化にともない資本を集中結合する形態としてあらわれるかぎり、たしかに一方で、個人資本に比して、生産過程および流通過程における資本家機能を、より多く「たんなる支配人、管理人」に委ねる傾向をもつ。他方で、共同出資者としての株式資本所有者の範囲が広がるにつれて、現実的には会社経営に発言権をもたないたんなる資本所有者を生んでくる。しかし、それをつうじて、マルクスがここで想定しているような、資本の所有と経営機能の徹底した分離が実現されることになるであろうか。また、マルクスが両者の完全な分離を想定しているのは、どのような脈絡によるものであり、さらにどのような意義をそこにみとめようとしているのであろうか。

ただちに問題となるのは、信用制度論にさきだって展開されている利子付資本論にみられる、利子と企業者利得とへの利潤の質的分割論との関連であろう。マルクスはそこで、たんなる「貨幣資本家」と「機能資本家」との貸借を想定することからはじめ、借入資本による利潤が前者の資本所有にたいする利子と、後者の資本家機能にたいする企業者利得とに分割される関係を示し、さらに資本家的表象のなかでこの利潤の分割関係が一般化され、自己資本によるものまでふくめ、すべての利潤が、資本所有の果実としての利子と、これとは無関係な資本家機能の生みだす企業者利得とに分けて考えられるようになるとしていた。こうして、資本家的表象における資本の所有と機能の徹底した外面的分離が前提されることにより、株式会社における資本の所有と機能の分離がイメージとしてこれに重ねられ、株式会社においても比較的簡単に所有と経営とが徹底した分離関係を形成するものと考えられやすかったのではなかろうか。

2

しかし、理論的規定の内容にたちいってみると、マルクスは株式会社における所有と経営の分離をかならずしも利子付資本論における利潤の質的分割関係の展開され具体化されたものとはしていない。すなわち、株式会社における資本の所有は、利子付資本の場合とはことなり、利子ではなく、利潤の配当をうけるものであることを強調している。すなわち、マルクスは、株式資本の所有者が「うける配当は利子と企業者利得とを、すなわち総利潤をふくんでいる」ものとして考察をすすめ、その理由として、資本家機能をおこなう支配人の俸給も、「労働市場で調節される」「一種の熟練労働のたんなる労賃」に縮減されることをあげている（K., III, S. 452. 岩㈦一七五頁）。「利子と企業者利得」を考察する第三巻第二三章でも、すでにマルクスは、おなじように管理賃銀が市場で価格を与えられ、しかも下がってゆく傾向を指摘し、それにもとづき、「労働者の側での協同組合、ブルジョアジーの側での株式企業の発展とともに、企業者利得と管理賃銀との混同の最後の口実も足場を奪われて、利潤は、実際にも、それが理論的に否定できなかったところのものとして、たんなる剰余価値、なんの等価も支払われていない価値、実現された不払労働としてあらわれた」（K., III, S. 403. 岩㈦九一頁）と述べている。

すなわち、ここでは、株式会社における資本の所有と機能の関係は、利子と企業者利得とへの利潤の分割を当然のこととする資本家的表象を批判（否定）して利潤を分割されない全体において示す、現実的な存在として提示されているのである。むろん、株式会社のあげる利潤からは、内部留保利潤が控除されうるし、マルクスのいうようにその比率は低下するにせよ、重役報酬や支配人の俸給が控除される以上、正確には利潤の全体がそのまま配当されるわけではない。しかし、利子付資本論における利潤の質的分割論との関係でいえば、そこでの企業者利得にあたるものを株式会社の機能資本家たる重役や支配人がその機能の報酬としてうけるわけではなく、また株式資本の所有者は、資本金にたいする利子ではなく、むしろ利潤の配当をうける位置にあることは、マルクスのいうとおりであろう。

そうとすれば、マルクスは、資本の所有と経営機能との分離を、内容的には異なる論理により、利子付資本論と株式資本論とで二重に説いていることになる。前者が前提されることにより、後者における分離が徹底した形で想定されやすかったように思われるが、しかし、内容的には、後者によって前者の観念性が批判されるのであり、両者はむしろあい対立する関係におかれていることに注意しなければならない[29]。

そこでつぎにおのずから問題となるのは、あい対立するこれら両者の論理のいずれをとるべきかである。マルクスの利子論を全体としてみれば、両者のうち株式資本論はごく付随的な位置にあり、利潤の質的分割による所有と機能の分離の規定に重点がおかれていることはあきらかなところである。しかし、さきに第一節の2でもふれたように、利子付資本論に示される利潤の質的分割関係は、資本家的表象にあるていど普及しうるとしても、資本の運動のなかにそれに対応する現実的機構をもちえない物神的観念であって、資本の運動原理として、必然性をもって展開される規定とはなりえないものと思われる[30]。したがって、資本の所有と機能の分離関係は、利潤の質的分割論によることなく、むしろ株式資本の規定の展開をとおして、理論的に解明されてよいことであり、したがってまた、その意義と限界もそうした文脈のなかで、それ自体としてあらためて検討されなければならないことと考えられる。

3

マルクスは、利潤の質的分割論との文脈からややはなれて、第三巻第二七章のなかで、株式資本における所有と機能の分離の意義を、ほぼつぎのようなあい関連する三点において示している。

すなわち第一に、株式資本の所有者にとって「総利潤は、もはや利子の形態でのみ、すなわち資本所有のたんなる報償としてのみうけとられる」ようになる。それとともに第二に、利潤は、資本所有者の機能の成果としての表象を失い、その全体が「他人の剰余労働のたんなる取得としてあらわれる。」その裏面で第三に、資本家とそのもとで結合されている生産者との機能の全体が、資本所有から「まったく分離されている。」そしてそのことは「これまではまだ資本所有と結合されていた再生産過程上のいっさいの機能が結合生産者たちのたんなる機能に、社会的機能に、転化されるための通過点なのである」（K., III, S. 452-453. 岩㈦一七五―一七六頁）と。

この場合、第一と第二の点は、資本所有者がみずからは機能しなくなるということにかかわって生ずることであるが、その展開はたがいに対立する方向にあるように思われる。株式資本においては、たしかにみずからは機能しない資本所有者が出現し、彼らにとっては利潤の配当は利子に擬制されることになる。第一点はそのことを述べたものと解される。しかし、そのことは、利潤の源泉を不明確にする資本の物神観を深化せしめこそすれ、第二点でいうように、利潤の全体を「他人の剰余労働のたんなる取得」として認識せしめるものではないであろう。むろん、株式資本にかぎらず、資本主義的生産の基礎の上に取得される利潤とその分化諸形態が、「他人の剰余労働」にもとづく剰余価値の配分関係にほかならないことは、利潤論以降の第三巻全体にわたる基本的前提をなしている。しかし、その基本前提の再確認が、とくに産業資本の株式資本への転化によってあきらかにされるべき問題となるとは考えられない。

もっとも、マルクスは第一点で、株式資本における利潤がどのような機構をとおして利子の形態をうけとることになるのかを、ここでは、株式証券の商品としての売買関係にかかわらしめて具体的に確定しようとしていない。株式資本における所有と機能の分離がなお抽象的にのみ想定され、そこからさきの抽象的な利潤の質的分割論への株式会社論による批判がここに混入し、そのため展開の方向が第二の点に逆転することになったのではないかとも考えられる。さらに第三の点においても、所有と機能の分離をここではごく抽象的に想定していることにともなう欠陥が明確に示されているように思われる。

すなわち、マルクスは第三の点として、資本家の機能も、そのもとで生産者を結合する機能も、資本所有からまったく分離されてたんなる経営者の機能としてあらわれ、そのことが社会主義への転化の「通過点」となるとしていた。この最後の点からいえば、ここでは株式会社の経営者の機能が、結合生産の過程に原則的に必要な管理機能につよくひきつけて説かれるとともに、社会主義への転化の経路が、あたかも経営者支配をのこしたまま資本所有さえ廃止すれば通過できるもののように読みとれる余地があるのは、なんとしても問題であろう。あきらかにここでの説明は、資本主義の発展止揚を、たんに所有形態の発展転化として総括しようとするさきにみた観点に照応し、その延長上に与えられているのであって、そうした発想の問題点はもはやくりかえし指摘するまでもない。

株式会社における所有と機能の分離をたんに抽象的に想定するにとどめず、その構造にややたちいってみるならば、その分離が一方的に全面化するものではないことはただちにあきらかになるであろう。すなわち、株式会社組織は、一般に、持株数に比例した議決権を株主に与える形式をつうじ、一方で、株式会社の経営機能から事実上排除される多数の中小株主を生むとともに、他方でその対極に、比較的小さい持株比率のもとに会社の経営機能にたいする支配権を集中する大株主を生む。この後者にとって、前者の数が増し中小株主の持株比率が増すことは、資本の経営機能を自己の資本所有のもとにより効果的に集中掌握しうるようになる意味をもつ。かくて、中小株主にとって、資本の所有と機能の分離としてあらわれる事態は、逆に大株主にとっては、自己の資本の所有持分にもとづきそれを大きく上まわる会社資本全体にたいする経営機能を集中的に支配する関係をともない、かならずそれと一対をなしてあらわれる現象であることに注意しなければならない。株式会社の発展にともない増大する経営者層は、たしかに一面で結合生産者の管理調整機能を資本所有から分離して分担する側面を有しているが、他面でその機能はあくまで会社資本の価値増殖をより効率的に推進する目的に向けられ、結局は資本所有の利害に従うものとなっているだけでなく、経営者の階層支配の上層に、その人事権をふくむ経営機能を資本所有にもとづき集中する大株主の支配を有しているのである。

　そうしてみると、マルクスは、資本の所有と機能の分離関係を、利子付資本論とはいちおう別個に、株式資本論に独自の規定として示そうとしていたが、株式資本における両者の分離の特殊な構造ないし限界については、なお理論的に十分な考察をおよぼしえていない。両者の分離をごく抽象的にとらえることにより、経営機能を資本所有からやや機械的に切り離すとともに、結局、株式資本の所有を利子付資本の所有に、また株式資本の所有者を「貨幣資本家」につうずる中小株主に、それぞれつよくひきつけて理解することになっていた。そのことは、マルクスの株式資本論が、ここでも、「貨幣資本家」を想定する抽象的な利子付資本論にもとづく利子論ないし信用論に付随し埋没する位置におかれ、その全体の構成論理に大きく制約されていることを示しているのではないかと考えられる。同様の制約は、つぎにマルクスが株式証券の売買による資本の商品化に考察をすすめるさいにも、より明確な形であらわれることとなる。

（17）　たとえば、マルクスは、いま問題にしている第三巻第二七章で、株式会社についての考察につづき、「信用の役割」のⅣとして、「株式制度からはなれてみても」、信用は、他人の資本にたいする「ある範囲では絶対的な支配力を与え」、さらに「諸資本の集中」、中小資本の「収奪」をもたらすことをあげている（*K.*, III, S. 454-455. 岩㈦一七八―一七九頁）。第一巻第二三章でも、信用制度が「諸資本の集中のための巨大な社会機構に転化される」（*K.*, I, S. 655. 岩㈢二〇二頁）とみていた。それは、マルクスが、銀行に、「貨幣資本家」などの資本を集める役割を想定していたためであろうが、そうした「貨幣資本家」を産業資本の運動の外に前提することは原理的な銀行の規定を不明確にするものであるばかりでなく、かりにそうした「貨幣資本家」等からの預金とその貸付をとってみても、それは、正確には、貨幣の貸借の形式をもっておこなわれるほかはなく、株式資本のように、それぞれ独立の資本を一資本に集中するものとはいえないであろう。他方、マルクスは、資本の集中を広く解し、価格競争による小資本の没落と大資本の勝利まで、諸資本の集中過程とみなし、そこから、諸資本の競争とそれを促進する信用制度を、そのまま資本集中の機構とみているところもある（*K.*, I. S. 654-655. 岩㈢二〇一—二〇二頁）。しかし、そうした競争戦による資本の数の減少を、株式資本形式による資本の結合と同じく資本の集中と規定してよいかどうかは疑問といわなければならない。実際また、巨大産業株式会社が形成される時期と部門をとらなければ、競争戦による資本の数の減少には、「新たな資本の形成と古い資本の分裂」（*K.*, I. S. 654. 岩㈢二〇一頁）という反対に作用する要因がともない、一方的により少数の資本に生産のシェアを集中させてゆく傾向は論証し難いであろう。

(18) 山口重克「金融の原理的機構」小野英祐・春田素夫・志村嘉一・山口重克・玉野井昌夫『現代金融の理論』一九七一年、時潮社、所収、は、純粋の資本主義社会を想定して原理論を展開する宇野の方法に従いながら、この論点をめぐり、銀行信用の限界を克服するものとして、株式会社制度と資本市場の原理を展開する試みを示している。

(19) マルクスも、具体的な例において、株式会社による生産の拡大をみる場合には、事実上、固定資本が巨大で、建設期間が長期にわたる鉄道などの部門に注目していた。たとえば、「鉄道は巨大な株式会社の基礎となり、また同時に株式銀行をはじめとするその他各種株式会社にとっての出発点をなした」（Marx-Engels, *Briefe etc.*, S. 243. 岡崎訳、下巻、二九二頁）。「蓄積によって、若干の個別資本が鉄道を敷設しうるまでに増大するのを待たなければならなかったとすれば、世界に鉄道はまだないであろう。これに反して、集中は、株式会社によってたちまちこれをなしとげた。」（*K.*, I. S. 656. 岩㈢二〇四頁）どの産業資本も、固定資本については一度に貨幣を流通に投じ、多年にわたり漸次的にこれを回収する。また生産期間の長い部門では、その間、生産諸要素への貨幣の支出が、商品としての等価を市場に投ずることなしに継続される。「発達した資本主義的生産においては、この要素は、たとえば、鉄道、運河、ドック、都市の大建築物、鉄船、大規模な土地排水等への投資のように、株式会社などにより営まれる永続的企業のばあいに、きわめて顕著となる」（*K.*, II. S. 473. 岩㈤二〇九頁）と。

(20) そのことは、歴史上、重商主義段階に、むろんまだ資本による生産の拡大のためではなく、独占的な貿易会社等としてではあるが、かなり重要な役割をはたしていた株式資本形態が、自由主義段階にさして重要な資本形態でなくなる理由をもあきらかにすると考えられる。と同時に、帝国主義段階における新たな産業株式会社の発展も、その周辺に私的で個別的な中小産業資本を広くのこしておこなわれていることにも照応する。

(21) 本章のもととなった論稿「株式資本論の方法と展開——マルクスの株式資本論によせて——」東京大学『経済学論集』第三七巻

第一号、一九七一年四月、にたいし、鎌倉孝夫「株式資本の原理的展開」同上誌、同巻第三号、一九七一年一〇月、にいくつかの批判がよせられている。そのひとつは、資本の生産力の展開には、部門間における固定資本の規模の較差は一般にみとめられるにせよ、その較差の「維持拡大傾向」を原理的に説くことはできないという点にあった。鎌倉氏の理解では、固定資本規模の較差の維持拡大を、株式資本の形成と関連させて考察する場合、「独占的支配力をもつ大企業と、中小企業」との較差が考えられることとなり、また、その較差をめぐって利潤率均等化の傾向が阻害され貫徹されないことになれば、「資本主義の一社会としての存立さえ否定することになりかねない。」（同上、三―四頁）しかし、ここで私が問題としているのは、「独占的支配力」によって形成される企業較差ではない。独占と非独占の関係の基礎にも、具体的条件いかんで転じうるにせよ、より基礎的な資本の生産力の展開自体にふくまれる傾向である。また、のちにも論ずるが、利潤率均等化の傾向は、固定資本の巨大化をつうじ、たしかに鈍化するが、貫徹されなくなるとはいえない。産業株式会社が形成されるところには、資本主義は一社会として存立しえないとみるのは、自由主義段階から抽象される「純粋の資本主義社会」にしか、資本主義社会の存立は認められないかのような狭い理解となりかねないであろう。

(22)　そこで、かりに自由主義段階までを考察の基礎とするにとどめるとしても、株式資本による生産規模の拡大の機能を論じようとするならば、やはり現実には鉄道等にみられたような、固定資本の巨大な部門の存在が抽象の基礎とされるべきであろう。帝国主義段階にまで考察の基礎を拡張すれば、株式資本の機能は、むろんより中心的な諸産業によって抽象しうることになろうが、その非全面性は、現実的な限界として、歴史的事実にそくしより明確にみとめられることになろう。鈴木『原理論』下および岩田弘『世界資本主義』が、帝国主義段階にまで考察の基礎を拡張し、株式資本の実質的機能を原理的に規定する方法をとりながら、こうした株式資本による生産編成の部分性にふれようとしていないのは、その方法にてらして、不徹底であり、疑問といわなければならない。

(23)　鎌倉氏はこうした主張にたいし、たしかに資本主義的生産は生産の社会的編成を目的とするものではないし、そこに生産過程にたいする資本の外来性があるといえるが、「そのことによって『生産の社会的な編成』が行なわれないものとし、資本主義的生産の『部分性』をいうとしたら問題であろう。株式資本の『部分性』を、資本主義的生産自体の『部分性』を示すものと理解することは無理ではなかろうか」（鎌倉、前掲論文、四頁）と批判している。批判をうけた論稿（注21）のこの前後の叙述は、多少書き改めたが、しかしそこにおいても、私は、株式資本の部分性が、資本主義的生産の部分性を直接原理的に示すものと主張していたのではない。原理的には、商品関係をとおして、資本が社会的生産を全面的に編成しているかのように抽象し、資本主義的生産の自立的運動法則を解明することになるのであるが、その展開をつうじ、資本の最高かつ究極の展開形態としてあらわれる株式資本が資本主義的生産全体にたいしてあくまで部分性をもって生産を組織するにとどまるところに、ほんらい外来的な資本による生産編成の特殊な顚倒性が示されるものとみているわけである。そしてそのことは、資本主義の世界史において、資本による生産が、国際的にも国内的にも、中軸性をもちながら、終始部分性をもって展開されてきている事実に通底し、原理的考察基準において、その事実を理解しやすくする意義をもっていると考えられるのである。

(24) その間に、株式会社における所有と機能の分離をのべる説明がおかれており、つぎの規定は、その分離の徹底の傾向にも関連している。しかし、所有と機能の分離とその徹底の傾向も、資本の集中による私的資本の止揚の展開上にあらわれるものであり、展開の筋道は、その点ではひとつにつながっていると解される。

(25) なお、この『資本論』第一巻第二四章第七節における論理展開の問題点については、宇野弘蔵「社会主義と経済学」『社会科学の根本問題』一九六六年、青木書店(『著作集』第一〇巻、所収)における検討をも参照されたい。

(26) マルクスも、この「否定の否定」の意義につき、つづいて、「この否定は、私有を再興するのではないが、しかしたしかに資本主義時代の成果を基礎とする、すなわち協同と土地および労働そのものによって生産された生産手段の共有とを基礎とする、個別的所有をつくりだす」(*Kr.* I. S. 791. 岩㈢四一五―四一六頁)といっている。すなわち、「個人的な私有」の「否定の否定」は、生活手段の「個別的所有をつくりだす」としても、それは、私有の全面的再興を意味するものではなく、生産手段については、資本主義的私有の共有への転化を内容とするものとなっている。そのかぎりでは、「否定の否定」の弁証法は、ここでは円環を内容的に構成しえず、たとえば、原始共産制から階級諸社会の発展を経て、社会主義社会において、搾取と階級関係とが廃止されるに至るという論理とは、性質を異にしている。それとともに、資本主義的生産の止揚の意義が、おもに生産手段の所有形態の発展転化をめぐって示されるにとどまり、そのかぎりでまた、労働力の商品化の廃止にともない階級社会の歴史たる「人間社会の前史」が終る(*Kr.* I. S. 9. 岩一四―一五頁)ということの意義が、十分には示されなくなっているのではなかろうか。さらにそのことは、おそらくマルクスの意図に反し、社会主義を生産手段の国有化ないし公有化と同一視する種々の表面的理解をのちに生んできているのではないかと考えられる。

(27) そのことからふりかえっていえば、マルクスが、たとえば『資本論』第一巻第二三章で、「与えられた一事業部門で、集中がその極限に達するのは、そこに投じられたすべての資本が、単独資本に融合した場合であろう」といい、さらに「与えられたある社会で、この限界に到達するのは、ただ一人の資本家なりただ一つの資本家会社なりの手に、社会的資本全体が合一される瞬間であろう」(*K.* I. S. 655-656. 岩㈢二〇三頁)と述べているのは、株式資本による資本の集中の機能をとおしてみても、非現実的で論証しえない抽象的な想定であるといわなければならない。マルクスは、ここでも当時の「資本家会社」による資本の集中が、部分的で周辺的なものであったため、かえってその発展の「限界」をこのように極端な点にまで抽象的に推論することとなっていたのではないかと思われる。

(28)　そうとすれば、マルクスが、株式資本による「私的所有としての資本の止揚」を「新たな生産形態へのたんなる過渡点としてあらわれる」矛盾として示すとともに、「このような矛盾として、それは現象面にもあらわれる。それはある部面では独占を出現させ、したがってまた国家の関与をよびおこす」(K., III, S. 454. 岩(七)一七八頁)とのべているのも、原理的には論証しえない「矛盾」の設定と展開であったといわなければならない。

レーニンは『帝国主義』のなかで、「マルクスは、資本主義の理論的および歴史的分析によって、自由競争は生産の集積を生み出し、この集積はまだその発展の特定の段階で独占をもたらすことを論証した」(宇高基輔訳、岩波文庫、三四頁)といっている。それは、注(27)に引用した箇所の前後や、右のようなマルクスの論述によるものと思われるが、しかし、内容的には、レーニンも一九世紀末以後の主要諸国における重工業の発達にそくして考察をすすめているように、独占の形成は、特定の市場の規模やそれにたいする産業企業の数とその間の組織関係といった具体的事実について、段階論ないし現状分析として考察すべき問題であると考えられる。株式資本による資本の結合も、原理的には、ちょくせつ独占体や独占価格を形成せしめる必然性をもつものとして説くことはできないものと考えられるのである。

(29)　そのいみで、たとえば鎌倉氏が、マルクスは株式企業の発展を、「総利潤の質的分割を前提したうえで、そのいわば具体例としてとりあげ」ている(「株式資本の原理的展開」一三頁)とみているのは、あきらかに誤読であろう。また、さきに、第一節の2でふれたように、宇野弘蔵のとくに旧『原論』下巻は、利潤の質的分割を、マルクスとは展開の前提や順序を変えながら示したのちに、その具体化として株式会社を提示しているところがあり、そのかぎりでは、利潤の質的分割論と株式会社の規定とを展開関係におく試みを示している点で、マルクスとは異なるのであるが、その試みは成功していたとは考えられない。拙稿「株式資本」ではその点に批判的検討を加えたが、降旗節雄「資本の物神性」降旗編『宇野理論の現段階1　経済学原理論』一九七九年、社会評論社、第一七章は、宇野説をそのまま擁護する立場でこれに反論を加えている。その一環として、降旗氏は、利潤の質的分割の具体化として株式会社における所有と経営の分離をあげる宇野の旧『原論』の論旨をも、マルクスより「事態を正確にとらえていた」(降旗編、前掲書、三九一頁)としているのであるが、それは過剰防衛になっていると思う。降旗氏のいうように、株式会社の配当は、重役報酬の控除や種々の企業政策をつうじ、全利潤を分配するものとならないことは、拙稿でも認めていたところであるが、なおかつ、配当は基本的には株主への利潤の分配を意味するものであり、これを基本的には利潤の質的分割における利子にあたるものとみたうえで、「配当部分にも企業利潤が含まれうる」（旧『原論』五一〇頁）とするのでは、配当の原理的意味も現実の配当政策の意義も不明確となろう。降旗氏が、この点で旧『原論』の宇野説を擁護しているかぎり、新『原論』において、宇野自身この論点を除去し、株式資本をたんに利子生み資本の具体化としてのみ示した整理の方向にも逆行しているのではなかろうか。

(30) なお、マルクスの利子付資本論における利潤の質的分割論の難点につきさらに詳しくは、拙著『信用と恐慌』第二章第二節（本著作集第三巻）を参照されたい。宇野は、このマルクスの利潤の質的分割論を、信用論における貸付資本の規定と、それに続く商業資本論の再構成を前提に継承しているのであるが、拙稿「株式資本」で検討したように、その論理にもいくつかの難解な論点が残されていた。降旗氏は「資本の物神性」において、この論点をめぐる拙稿の検討にも反論を加えている。そのさい、降旗氏は、利潤の質的分割をとおして示される「『それ自身に利子をうむ資本』なるイデオロギーが資本主義において支配的であることを事実として認めるのかどうか」（降旗編、前掲書、三九〇頁）をとくに反問している。貸付資本の成立をうけて、資本の所有はそれ自身に利子を生むものであり、したがってまた、資本は遊ばせておけないという観念が資本家の表象にあるていど普及し、株式資本によってさらに拡大されるであろうが、その観念は、所有資本を機能させて利潤を得るというより現実的な資本家の表象に全面的にとって代るような「支配的」「イデオロギー」とはなりえないものと思う。

経済学の原理論は、商品経済とそれにもとづく資本の運動の形態と機構の理論的解明をとおして、資本主義経済のうちにあらわれる観念諸形態の関連をも体系的にあきらかにすべきものである。これにたいし、利潤の質的分割論とそれにもとづく利子生み資本論は、宇野においても、貸付資本と商業資本の原理的展開から、部分的ないし派生的に導きうる資本家的表象が観念形態として全面化するものとされ、ついでその具体例が株式資本にもとめられるといった、いわば逆転した論理によるものとなっている。その所有自身が利子を生むという資本の物神的表象は、貸付資本と株式資本の規定の展開をとおして、成立の根拠をあきらかにされればよいのであって、そのさい資本—利潤の表象を全面的に解消する「支配的」イデオロギーとはならないことも、同時に明確にされてよいと思う。資本主義のイデオロギー形態も、おそらく、資本—利子、労働—賃銀、土地—地代の三位一体範式には、全面的には吸収されえないであろう。いずれにせよ、利潤の質的分割論は、資本家的「イデオロギー」ないし「観念形態」（鎌倉、前掲論文、一二一頁等）を主題とするものとみなされるほかはないが、かならずしも資本自体の運動機構の論理にそくした表象の展開となっていない点で、他の原理的規定の展開と異質であり、原理論の展開の基本線からむしろこれを排除するほうが、資本の運動原理の展開が体系的に一貫するのではないかと考えられる。それとともに、商業資本論の基本テーマを、利潤の質的分割論との関連に収斂するものとみる見解も、再考を要するものとなる。

第三節　資本の商品化

1

すでにみたように、マルクスは『資本論』第三巻第二七章で、株式資本の所有者においては利潤が「利子の形態でのみ」うけとられることを指摘していたが、それがどのような機構によるものであるかをそこでは説明していなかった。しかし、すこしあとの第二九章「銀行資本の諸成分」のなかで、その点を補足するような考察を示している。すなわち、各株式持分にたいする利潤の配当が、利子率で資本還元された水準に、株式証券の取引価格が形成され、したがって、その株式証券を購入し所有する者にとっては、投じた資本にたいし配当が利子であるかのようにうけとられる関係が考察されるのである。もっともマルクスは、株式資本をここでも信用制度に付随するものとして、ごく補足的に、銀行に集積された貨幣資本の運用形態のひとつとして取扱っているにすぎない。それとともに、株式資本を利子付資本に、ここではとくに国債等の利子付証券につよくひきつけて規定する傾向を示している。

さしあたり、マルクスは、まず、銀行業者自身の資本、預金および（発券銀行の場合）銀行券から成る「銀行資本」の「物的成分」を、つぎのように区分することから、考察をはじめる。

すなわち、「銀行資本は、⑴現金、すなわち金または銀行券と、⑵有価証券とから成っている。有価証券はさらに二つの部分に分けることができる。一方は、商業証券、手形であって、これは流動的で次々に満期になってゆき、またその割引が銀行業者のほんらいの業務とされるものである。他方は公的有価証券、たとえば国債や国庫証券、各種の株式で、要するに利子付証券ではあるが、手形とは本質的に区別されるものである。」（*K*, III, S. 481. 岩㈦二一八頁）

すでにここに、株式が国債などとならぶ「利子付証券」として示され、しかもそうした「利子付証券」への投資が、銀行の「ほんらいの業務」たる手形割引に付随するものとして論じられる構造が読みとれる。しかし、その場合、株式はどのようないみで利子付証券としてあらわれることになるのであろうか。マルクスはそのことをつぎのような順序で説明してゆく。

その出発点は、利子付資本の形態とともに、すべての定期的な貨幣収入が資本の利子とみなされるという関係にもとめられる。

すなわち、「利子付資本という形態にともない、確定的で規則的な貨幣収入は、それが資本から生ずるものであろうとなかろうと、すべて資本の利子としてあらわれるということになる。」(*K.*, III. S. 482. 岩㈦二一八頁)「事柄は簡単である。平均利子率を年五％としよう。そうすれば、五〇〇ポンドという金額は利子付資本に転化されれば、毎年、二五ポンドをあげることになるであろう。そこで、二五ポンドという確定した年収はすべて五〇〇ポンドという資本の利子とみなされる。」(*K.*, III. S. 482. 岩㈦二一九頁) しかし、このことは、「二五ポンドの源泉」が、「直接に譲渡可能でない」場合、たとえば国債や労賃の場合には、「純粋に幻想的な観念」でしかない。

これにたいし、株式証券は、「国債の場合のように純粋に幻想的な資本をあらわしているのではない。」しかし、株式証券の代表する資本は、現実には、株式会社における再生産に投じられている形で存在しているだけで、株式証券の取引にさいし、これとは別にあらわれる証券価格ないし「この証券の資本価値は純粋に幻想的である。」(*K.*, III. S. 484. 岩㈦二二二頁) そうであるとすれば、「この証券の資本価値」はなにをあらわし、またどのようにして決定されるのであろうか。マルクスはつぎのように考察をつづける。

すなわち、「鉄道や鉱山や航運などの会社の株式は、現実の資本、つまり、これらの企業に資本として支出されるために株主によって前貸されている貨幣額をあらわしている。……しかし、この資本は二重に存在するのではない。すなわち、一度は所有名儀である株式の資本価値として、もう一度はそれらの企業に現実に投下されている資本、または投下されるべき資本として存在するのではない。それはただ後者の形態でのみ存在するのであって、株式は、この資本によって実現される剰余価値にたいする按分比例的な所有名儀にほかならないのである。」「国債証券のみでなく株式をもふくめてこのような所有名儀の価値の独立の運動は、それらがおそらく権利を有する資本または請求権のほかに、現実の資本を形成するかのような外観を保証する。すなわち、これらの所有名儀は、その価格が独特の運動をし独特なきまりかたをする商品になる。……一面で、その市場価値は、それにたいする取得の権利名儀が与えられる収益の高さと確実性にともない変動する。ある株式の額面価値、すなわちほんらいこの株式によって代表される払込金額が一〇〇ポンドで、その企業が五%ではなく一〇%をあげるとすれば、この株式の市場価値は、他の事情が変らず利子率が五%ならば、二〇〇ポンドに上る。なぜなら、五%で資本化すれば、それはいまや二〇〇ポンドの擬制資本をあらわすからである。この株式を二〇〇ポンドで買う者は、その資本投下から五%の収入を得る。」他面で、他の事情が一定とすれば、「これら有価証券の価格は、利子率とは逆に上下する。」(K., III, S. 484-485. 岩(七)二二二―二二四頁)

こうして、株式証券の価格が、それにたいする収益を利子率で資本還元した水準にきまるとすれば、その証券の購入に資本を投じた者には、利潤の配当が、投じた資本にたいし利子にあたる比率で取得され、利潤が利子形態に擬制されることになる。しかし、そうした関係が原理的になにをいみし、またいかにして措定されるかということになると、ここでのマルクスの展開にはつぎのような問題がふくまれているといえよう。

2

まず、株式資本の考察の前提として、あらゆる定期的貨幣収入が資本の利子とみなされる関係を必然的なものとしてみとめてよいかどうか。そうした表象は、たしかに利子関係の展開とともにあるていど一般的にあらわれうるにしても、原理的には、さきの利潤の質的分割の表象とおなじく、あるいはそれ以上に、資本の現実的な運動の機構に基礎づけられて展開される必然性を欠いているのではないかと思われる。

たとえば労賃の場合、マルクス自身指摘しているように（*K.*, III, *S.* 484. 岩㈦二二一頁）、それをうけとるには労働しなければならず、またその「資本価値」は譲渡し貨幣化しえない点で、あきらかに利子付資本の所有の果実とはことなっており、したがって、その背後に「資本価値」を想定する表象は、現実的な基礎を欠き、必然性をもって一般化するとはいえないであろう。これにたいし、国債は、歴史的には利子付証券の代表的なもののひとつとしてあらわれ、現実に重要な役割をはたしていたが、経済学の原理論の領域では国家の債務やその元利払いの関係は、ただちに考察対象としえない問題をなしている。さらに、産業資本や商業資本の利潤も定期的貨幣収入といえようが、株式資本の形態をとることなしに、それ自体ですでに一般にその背後に利子を生む擬制的「資本価値」を必然的に想定せしめるものとはいえないであろう。

そうしてみると、あらゆる定期的貨幣収入が資本の利子に擬制されるという表象を一般的なものとして抽象的に規定し、これを前提に、その特殊な例証として、国債につづき株式証券に考察をすすめる展開は、株式資本における利潤の利子への擬制関係を、原理論として必然的な論理によって提示するものとはいいがたい。と同時に、そうした論理構成のうちに考察がすすめられることにより、ここでの商品としての株式資本の規定は、利子付資本との共通性を一面的に強調される傾向をまぬがれなくなっている。

むろんマルクスも、商品として売買される株式証券が、「現実資本の所有名儀」（*K.*, III, *S.* 487. 岩㈦二二七頁）であることをみとめていないのではない。しかし、その資本が、「株式の資本価値」と会社企業の現実資本とに分れて、「二重に存在するのではなく」、「ただ後者の形態でのみ存在する」ことを強調し、そこからひるがえって、前者の形態の「資本価値は純粋に幻想的であり」、現実の資本の価値を示すものではないとみなしている。そこで「株式は、この資本によって実現される剰余価値にたいする按分比例的な所有名儀以外のなにものでもない」（*K.*, III, *S.* 485. 岩㈦二二三頁）ともいうのである。

しかし、このように株式をたんに「剰余価値にたいする按分比例的な所有名儀」とするだけでは、利子付証券との相違は明確にならないであろう。株式証券を取得する者は、「株式資本から期待される剰余価値にたいする」利子としての受領権を得るのではなく、利潤としての配当の受領権を得るのである。それは、いうまでもなく、株式証券が、ほんらい、たんなる剰余価値にたいする権利名儀のみでなく、株式会社の現実資本そのものにたいする所有持分を表示するものであることに由来する。(31) たしかに、株式会社に投下され機能しつつある資本が、会社の現実資本と株式証券の資本価値とに分れ「二重に存在するのではない。」しかし株式会社形態においては、現実に機能する会社資本にたいする所有が二重化され、株式会社による現実資本の統一的所有と、株主による会社資本の按分比例的な所有とに分化する。そして後者を表示する株式証券の売買において、産業資本は利潤を生む運動を継続している姿のままで、商品形態を与えられるのであり、したがってまたその持分所有者には利潤の配当をもたらすことになるのである。さらにあるていどの比率で株式の所有持分が集中的に買収されることにより、会社資本にたいする所有にもとづく経営支配が持手を変える可能性も不断に存在している。

マルクスが、株式証券の売買のもつそうした現実資本にたいする所有の商品化としての意義をあきらかにせず、たんなる「剰余価値にたいする所有名儀」の取引とみなしているのは、株式資本についてさきに所有と機能の徹底した分離を想定していたことにも照応する。また、事実上会社の経営機能から排除される中小株主における株式証券の取引の意義にそくした抽象であるともいえよう。もともと、利子付資本論において、たんなる「貨幣資本家」が想定され、さらにその「貨幣資本」等を集中的に仲介するものとして、「銀行資本」の運用形態が考察されていたことが、株式資本に論及する場合、そうした中小株主の見地に偏した抽象をおこなわせる理論的背景をなしていたと考えられる。しかし、すでにのべたように、株式資本における所有と機能の分離は全面的に徹底するものではなく、中小株主の存在は同時にその対極に経営支配の大株主への集中をもたらす。しかも重要なことは、そうした中小株主と大株主との対極的な存在の構造をささえているものが、中小株主の株式会社資本にたいする所有持分を否定する経済形態ではないということである。むしろ逆に中小株主も、株式会社資本にたいする按分比例的な所有名儀を有するものとして、持株に比例した議決権をみとめられる関係こそが、大株主への支配の集中を保障するのである。そうした構造をあきらかにするいみでも、株式証券の売買が――利子付証券の場合にもつうずるような――たんなる「剰余価値にたいする所有名儀」の取引たるにとどまらず、むしろより基本的には、産業資本自体にたいする所有持分の取引としての意味をもち、産業資本の商品化を実現する形式であることを確認しておかなければならない。

マルクスが、貸付による貨幣の商品化を表示する利子付証券と、資本の商品化を表示する株式証券の区別を明確にせず、株式証券をも前者にふくめて規定していたのは、こうしてみると理論的に適切でなかったといわなければならない。

3

さかのぼって考えれば、『資本論』の利子論は、その出発点の第三巻第二一章いらい、貨幣の商品化と資本の商品化、あるいは貨幣市場と資本市場の区別と関連を明確にしようとせずに考察をすすめていた[32]。すなわち、第二一章の冒頭において、マルクスは、「資本主義的生産の基礎の上では」、貨幣は、利潤を生む資本として機能するという「追加的使用価値」を与えられるとし、ついでただちに、「この可能的資本としての、利潤の生産のための手段としての、属性において、貨幣は商品に、といっても一種独特の商品になる。または結局おなじことであるが、資本は資本として商品になる」（K., III. S. 351. 岩㈦八頁）といっている。しかし、資本主義的生産の基礎の上であっても、あらゆる貨幣がつねに利潤を生む可能性を与えられているわけではない。また、利潤を生む資本として機能するという「追加的使用価値」を現に与えられ、運用されている貨幣は、さしあたり利子を代価に貸付けられ商品化されることはないであろう。利子を代価に商品化されるのは、むしろ当面利潤を生む資本として機能しえない遊休貨幣であると考えられる。貸付をうける側で、その貨幣が資本の運動の一部にくみ入れられるとしても、それによって増大した利潤は、自己資本にたいして計上される。利子を代償に貨幣が貸借される関係において、ただちに、利潤を生む資本の運動にたいする所有が移転したり商品化されることにはならない。利潤を生む資本の運動体が、そのまま「資本として商品になる」のは、すでにみてきたように、産業資本の株式資本への転化およびそれにともなう株式証券の売買関係において、はじめて形態的に実現されることではないかと考えられる。

マルクスは、こうした相違を明確にせず、利子を代償とする貨幣の貸付関係を考察してゆこうとするさいに、貨幣の商品化と資本の商品化とを、はじめから簡単に「おなじことである」とみなしていたのである。それとともに、貨幣市場を考察する場合にも、おのずから、これを同時に資本の取引市場として規定する傾向を示している。たとえば、

「貨幣市場では貸手と借手とが対立するにすぎない。商品は貨幣という同じ形態をもっている。資本が特殊な生産部面または流通部面に投下されるのに応じてとる特殊な姿はすべてここでは消えてしまっている。資本はここでは、独立した価値の、貨幣の、無差別な自己自身と同一な姿で存在する。……産業資本が、特殊諸部面間の運動と競争においてあらわれるところのもの、階級の共同資本それ自体、資本はここではかかるものとして、現実に、重みにしたがって、その需要と供給とにおいてあらわれる」(K., III, S. 380-381. 岩(七)五七頁)と。

こうした叙述において、むろんマルクスは、株式資本としての資本の商品化とその取引を明確に念頭において、資本の需要と供給の市場を論じているわけではない。内容的には、むしろ主として、利子を代価に貨幣が取引される市場を考察しているものと考えられる。しかし、抽象的な利子付資本論の展開のなかで、貨幣の商品化と資本の商品化とをおなじこととする規定を前提に、「貨幣資本家」の「貨幣資本」の貸借を集中する市場が考察されるかぎり、貨幣市場が同時に資本市場とみなされることは自然のなりゆきでもあった。

貨幣の商品化と資本の商品化、あるいは貨幣市場と資本市場を明確に区別しようとしない抽象的な利子付資本論の展開は、産業資本自身の内的な運動の機構としての信用制度の規定と、それにもとづく株式資本の規定の展開が明確に整理されて準備されていないことを反映するものであったともいえる。しかしまた、そうした抽象的な利子付資本

論が、信用制度論にさきだって——叙述の形式において後者よりむしろ完成度の高い姿で——前提されていることにより、信用制度と株式資本の考察の展開が大きく制約されていることもいまやあきらかなところである。当面の問題にたちもどっていえば、株式証券の取引についての考察が、利子付証券の取引についての規定のうちに埋没せしめられる傾向がみられるとともに、利子付資本にたいし、株式資本としての資本の商品化に特有な意義と規定性とが明確に確定されえなくなっている点に、そうした制約が端的に示されていると考えられる。(33) 株式資本の理論的規定を明確化するためにも、マルクスにおける利子付資本と信用制度および株式資本の展開関係には、原理的に大きく再考を要するものがあったといわなければならない。

(31)　マルクスは、株式証券をたとえばAがBに、BがさらにCに売る取引を想定し、「この場合、AまたはBは、自分の所有名儀を資本に転化したのであるが、Cは自分の資本を、株式資本から期待される剰余価値にたいする単なる所有名儀に転化したのである」(K., III. S. 485. 岩㈦二一三頁）ともいっている。しかし、この場合、Cは、むしろ彼がさしあたり資本として運用していない貨幣を、株式証券の購入にあてることにより、株式会社資本にたいする按分比例的な所有持分と、それにともなう利潤の配当にたいする権利名儀を得たのであり、逆にAやBは、その所有する資本持分を貨幣に転化したというべきではなかろうか。マルクスはここで、AやBが株式証券の売却によってひきあげ、Cがその購入に投じようとする「貨幣としての貨幣」をただちに「資本」とみなし、反対に、株式証券については、資本持分を表示する面を無視し、たんなる「剰余価値にたいする所有名儀」とみなしているわけである。

(32)　そのことについては、宇野弘蔵『経済学方法論』Ⅳの四「利子論の方法」および伊藤誠『信用と恐慌』第二章第二節（本著作集第三巻）における検討をも参照されたい。

(33)　ヒルファディングが、『金融資本論』において、銀行の産業にたいする固定的貸付を補足するものとして株式資本を展開していたのは、一面で、原理的規定としては不用意に当時のドイツの銀行の特殊な性格を考察の基礎としたことによるが、他面で、マルクスにおいて、抽象的な利子付資本論の延長上に、銀行の貸付が抽象的に雑多な形態をふくめてとりあげられ、さらに「銀行資本」の運用形態の一部に株式までも想定されていたことから影響をうけていたとみることができる。宇野は、こうしたヒルファディングの混乱を、マルクスにおける貨幣の商品化と資本の商品化との混同とあわせて整理した。しかし、宇野の『経済原論』における株式資本の原理的規定が、「それ自身に利子を生むものとしての資本」の具体的存在形態として示される論理は、むろんその展開の順序や契機がいちだんと整備されてはいるが、株式資本に関するかぎり、その規定を利子付資本論の延長上に、その展開に埋没する形で与えていたマルクスの論理の一面を継承し、その制約を脱しえていないところがあるように思われる。

第四節　株式資本と価値法則

1

すでに戦後のとくに宇野弘蔵にはじまる一連の『資本論』研究をつうじ、利子付資本と信用制度の展開関係については、たちいった方法論的整理がすすめられてきた。その成果によれば、資本主義的生産にもとづく利子関係の形成と展開の必然性は、外在的な「貨幣資本家」の貸付を想定する抽象的な利子付資本論によっては、原理的に明確にされえない。むしろ、そうした抽象的な利子付資本論が前提されることにより、信用制度の展開にも種々の混乱がのこされていた。したがって、資本主義的生産にもとづく利子関係の原理は、「貨幣資本家」の想定にもとづく利子付資本論を前提せずに、再生産にたずさわる諸資本の与えあう商業信用とそれにもとづく銀行信用の機構にそくしてまず解明されるべきである。こうした利子論の整理の方向は、いまやつぎに、信用制度の規定を前提とする株式資本の原理的規定にもおよぼされてよいものと考えられる。

すなわち、信用制度が抽象的な利子付資本の展開を前提せずに、商業信用とそれにもとづく銀行信用の機構としてまずあきらかにされることになれば、もはや株式資本を信用制度に付随して考察するわけにはゆかなくなるであろう。信用制度は、株式資本とはことなり資本の集中をとおして資本の商品化を実現するものではなく、貨幣の貸借の形式をとおして貨幣の商品化をもたらす機構にすぎないことが、理論的に確定されることになると考えられるからである。しかしそれとともについで株式資本の原理的規定が、抽象的な利子付資本論の展開を前提にその延長上に論じられる傾向もまた除去されてよいことになろう。いいかえると、株式資本は、抽象的な利子付資本ないし利子付証券の規定を前提にその具体的な一形態として示されるべきではなく、むしろ、信用制度論の整備を前提に、産業資本自体の運動原理の展開形態としてあきらかにされてよいのではないかと考えられるのである。

だがそうとすれば、これまで留保してきたいくつかの方法論上の問題が、あらためて検討を要するものとしてくりだされてくる。

2

すなわち、まず、「資本主義的生産の総過程」論において、利潤論、地代論ないし信用論が、利潤率の均等化をめぐる諸資本の競争とそれを媒介する諸機構を順次あきらかにしてゆくものとして展開されるとすれば、その展開の線上に株式資本をどのように位置づけうるか。すでにみたように、株式資本は、実質的には巨大な固定資本を要する企業のために、資本を結合する制度としてあらわれ、それにともない利潤率の均等化の運動を鈍化せしめる性質を示す。マルクスは、株式資本を「一般的利潤率の均等化に参加しない」ものとみるとともに、基本的な論理構成において、諸資本の競争と信用につづき、そうした株式資本をむしろ本格的には展開せずにおくことにより、「総過程」論を、利潤率均等化機構の展開に終始せしめえた。そうした取扱いはまた、マルクスが考察の基礎としていた自由主義段階における株式資本の補足的な位置に照応するものでもあった。

そのかぎりでは、問題は、株式資本の原理的規定を検討する場合、われわれもマルクスとともになお自由主義段階までの歴史過程に考察の基礎を限定しておくべきかいなかという論点にふたたび転回してくる。この問題にたいし、株式資本論の直接の前提たるべき信用制度論について戦後すすめられてきた理論的整理はどうひびくであろうか、信用論が、抽象的な利子付資本論を前提せず、はじめから商業信用と銀行信用の具体的な機構にそくして展開されるべきであり、しかもその展開をとおして周期的恐慌の必然性が理論的に確定されるべきであるとするならば、あきらかにその理論構成は、自由主義段階におけるイギリス産業資本の発展機構に抽象の基礎をおくものとみなければならない。しかも、原理的に展開される信用制度と周期的産業循環の機構は、それらが資本のもっとも現実的で具体的な運動機構であるだけに、その抽象の基礎に対応する特殊な歴史的性格を理論的にとくに含蓄するものとならざるをえない。すなわち、その機構の原理的規定は、資本主義的生産の初期あるいは末期にもそのまま妥当するとはかならずしもいいがたい性格を示し、むしろその背後に――イギリス産業資本の成長期におけるように、固定資本がまださして大きくなく流動資本的拡張が重要であるような――資本の生産力の発展のある範囲を前提して、はじめて明確に理解される性格を示すものとなる。そのいみでは、信用制度と周期的産業循環の規定は、より抽象的な流通形態論や剰余価値生産の規定と、おなじ原理的規定としてもやや性格をことにする面を有している。後者のような規定は、自由主義段階に至る歴史過程にもとづいて抽象されたとしても、その後の資本主義経済の基本的原理をもそのまま同時にあきらかにしていることになり、そうであるだけに、その抽象の基礎を帝国主義段階にまで拡張して考えるとしてもさして問題はないように思われる。

　株式資本の原理的規定は、そうした基礎的諸規定にもとづき、より特殊な歴史性を含蓄している信用制度と周期的産業循環の規定を前提に、しかもいまや信用制度とはことなる意義をもつものとして展開されなければならない。そうとすれば、株式資本の規定の展開は、信用制度をつうずる産業資本の運動機構の限界を確定するとともに、資本に特有な歴史的転化を理論的にあきらかにするものとなるとみてよいのではなかろうか。[34]もちろんマルクスとともに株式資本を、利子付資本ないし信用制度に付随する補足的形態として取扱うかぎり、そうした理論的課題は生じえない。しかし、そのような取扱いにより、マルクスの株式資本論に生じていた難点を解除すべく、信用制度と区別して、株式資本の形成の論理をそれ自体として確定しようとすると、信用制度をつうずる資本の運動機構の特殊な歴史性にたいし、株式資本の歴史的位置が理論的に問われざるをえない関係があらわれるのである。その関係は、第二章でみたように、貨幣の資本への転化にさいし、商人資本的形式の資本が、それにつづいて展開される産業資本的形式の資本の特殊な歴史性にたいし、資本主義の発生期ないしそれ以前から存在する商人資本にっうずる性格を抽象的に示すものとなる関係と、方法論的に興味ある対比と照応とを含むことになると考えられる。[35]

3

こうして、信用制度にたいし、株式資本の特殊な歴史的位置が、理論的に問われることになるとすれば、株式資本が、利潤率均等化の競争にたいしてもつ意義も、マルクスが想定していたように、たんに例外的な一部の資本に利潤率均等化への参加困難をもたらすだけではすまない問題となる。すなわち、株式資本による固定資本の巨大化が、資本の生産力の発展にともない主要な諸都門におよぶと、固定資本の回収の困難をめぐり、利潤率均等化の運動は全般的に鈍化することになる。それとともに周期的産業循環は変容し、過剰な固定資本の整理の困難をめぐり、資本の過剰が慢性化する傾向があらわれる。したがってまた、その基調のうえにあらわれる好況も全面性を失い、部分的で投機的不均等性を帯び、その反動として恐慌もしばしば決定性を欠くものとなる。そこで好況期にも、諸資本の競争と信用が諸部門の間の利潤率の円滑な均等化を保障するものではなくなる。産業資本の発展機構としての信用制度と周期的産業循環の限界があきらかにされることになるといってもよい。しかも、こうした固定資本の巨大化と産業循環の変容をとおして、償却資金や停滞的部門の遊休資金が、比較的長期に運用しうる性質をもって、短期の貨幣市場と株式証券の市場とを比較しつつ、その間を流動することとなり、その他の周辺的資金とともに、資本市場における売買にあてられうることとなる。こうして、資本のもとでの生産力の高度化が、共同出資の範囲を拡大する株式資本の機能をつうじ固定資本の巨大化をもたらすとともに、産業循環の変容をも介して、貨幣市場と比較しつつ資本市場で株式証券の売買に投じられる資金も理論的に出現するものとみてよいのではないかと考えられるのである(36)。

信用制度とそれをつうずる周期的産業循環は、利潤率の均等化をめぐる競争をとおして、価値法則が具体的に展開される現実的機構をなしていた。そうとすれば、右のように産業循環の変容にともなう信用制度の機能の限界を示すものとして、株式資本の規定を展開することは、資本の運動法則としての価値法則の展開の体系にたいし、これを否定するものとならないであろうか。諸資本の競争と信用につづき、株式資本の実質的な機能を原理的に展開しうるか否かはいまや残されたこの問題にかかってくるように思われる。

ふりかえってみると、株式資本は、商品経済的な私的所有を廃止するものではなかった。したがってそれは私的な商品経済をつうずる価値法則の展開の基礎を止揚するものではありえない。とりわけ、資本の運動法則としての価値法則の展開の基軸を形成している、資本と賃労働の、商品経済にもとづく生産関係に根本的な変化をもたらすものではない。さらに、資本と資本の間の結合組織としても、株式資本はあくまで私的資本の結合体として、それ自体私的に利潤を追求するものとしてあらわれる。したがってまた、産業株式資本の展開が、利潤率均等化の運動を鈍化せしめ、産業諸部門への労働配分の調整を遅滞せしめる傾向をふくむとしても、そのことは、利潤率をめぐる諸資本の競争が価値法則の貫徹機構として存在しなくなることをただちに意味しないであろう。

たしかに、諸資本の利潤率をめぐる競争は、ことに巨大化した固定資本が過剰な設備能力としてあらわれる場合、固定資本の回収、再投資によって低利潤を回避することが困難になるという側面で阻害されるが、しかしそうした産業部門をふくめ、より高い利潤率をもとめて新しい投資先を選択する資本の運動が、緩慢にではあっても、社会的労働配分を調整し、価値法則を貫徹させてゆくように作用することに変りはない。とくに、ヒルファディングも『金融資本論』の第一一章「利潤率の均等化における障碍とその克服」で指摘していたように、株式会社は資金を資本として集中することによって、高利潤部門の生産をすみやかに拡大せしめる機能をも有している。[37] そのかぎりでは、株式資本は、巨大化した固定資本の建設を容易にし、利潤率の均等化をめぐる諸資本の競争とそれをつうずる価値法則の貫徹機構を展開する一面をもっているのである。商品生産物の市場価格は、設備能力の過剰化した部門等で、容易に生産価格まで回復しないといった調整の遅れをふくむことになるが、利潤率をめぐる資本の競争をつうじ、長期的ないし究極的には、生産価格を変動の基準とし、これに規制される性質を失うものではないと考えられる。そうした意味で、固定資本の巨大化を実現する株式資本の実質的機能を展開することは、資本の運動法則としての価値法則の展開の原理的体系を破壊するものではなく、むしろこれを補完するものと位置づけることができる。[38]

もともと、マルクスにおける価値と資本の理論は、商品関係にもとづく資本主義的生産の特殊な歴史性を原理的に解明するものとして構成されていた。この基本課題にたちもどってみれば、株式資本の規定は、価値法則の展開の体系としての原理論の内部にたんに位置づけることができるだけでなく、その体系をつぎのような意味で終結させるものとして、不可欠のものでもあると考えられる。すなわち、株式資本の規定において、資本主義的生産の主体としての資本は、資本市場で取引される商品としてあらわれ、みずからの原基形態たる商品に円環的に還元され、究極の展開形態に達する。すべてを商品化する資本主義経済が、その主体たる資本自身の商品化によって、原理的展開を徹底し、完結する。資本主義経済の発展の原理がそれによって完結した体系として読みきれることになる。株式資本を基本とする金融資本の出現によって、資本はすでに歴史的にも最高かつ最終の発展形態に達していることを、原理的に確言することができるわけである。

しかも、この資本の最高の展開形態としての株式資本は、その内実において、すでにみてきたように、私的資本の結合集中組織として、あくまで部分的な生産過程の組織体にとどまるのであって、そのことは、社会的生産にたいする資本のほんらい的な外来性を究極的な形態においてあきらかにするものであった。それとともに、この資本形態は、資本の運動法則としての価値法則の貫徹を補完する機構としての側面をもちながら、その背後に固定資本の巨大化による価値法則の作用の遅滞を助長し内包して出現する。その面では、株式資本の規定の展開にともない、価値法則にもとづく資本の生産体制が、周期的産業循環をつうじ原理的にどこまでも全面的発展性を再現しうるものではなく、むしろみずからの運動をつうじ不断の不調和と発展の困難をともなう経済過程に転化する論理が示されることになる。そこに、資本主義的生産の運動法則の作用の内実における歴史的経過性と、その生産編成の発展における歴史的に特殊な原理的限界が、最終的に確認されることになるといえよう。

こうして、株式資本の規定の原理的展開は、その資本の形態と実体の両面にわたり、資本による価値法則の展開機構の歴史性を、資本自体の究極の展開形態のうちに最終的に明確にし、それによって資本主義経済の原理的展開の体系をしめくくる意義を有するものと考えられるのである。

(34)　その場合、原理的には、産業資本の金融資本への転化を直接あきらかにしうるものとはならないであろう。金融資本は、巨大産業株式資本として共通の核心的形態を有する面をもちながら、むしろほんらい帝国主義段階における具体的な世界市場編成のなかで、主要諸国の経済過程が示す特殊な位置と様相をふくんで形成される存在であって、その解明は段階論としての研究次元を必要とする。しかし、原理論における産業資本の株式資本への転化は、そうした金融資本の形成の論理を基本線において抽象してあきらかにし、それによって、金融資本の考察の理論的規準を確定する意義をもつものと考えたいのである。

(35)　貨幣の資本への転化の考察にさいし、とくに歴史を理論的に解明すべき経済学の原理論にとって、特有な「転化」が問題となる側面を強調したものに、宇野弘蔵「『貨幣の資本への転化』について」『マルクス経済学の諸問題』(『著作集』第四巻、所収)がある。これに対応して、宇野は、「株式会社は実際上は個別資本にとって過大の資金を要する大事業に採用せられる方法であって、産業には資本主義の発展段階の寧ろ末期に普及する」「実際上はこれがまた大資本による資本の集中の手段として利用せられて、最近のいわゆる金融資本の時代をも形成する」(旧『原論』下、二九〇頁)と述べていた(『経済学方法論』三二一頁をもみよ)。それは、宇野による「純粋の資本主義社会」の想定とそれにもとづく原理論の展開が、自由主義段階の歴史過程のみから機械的に抽象されたものではないことをよく示しているところである。そのさい、宇野は、貨幣の資本への転化論において、資本主義にさきだつ商人資本ないし発生期の商人資本に依拠して、商人資本的形式の資本から産業資本的形式の資本への原理的展開を構成していたのに対し、株式資本の規定は、利潤の質的分割論をつうずる理念としての利子生み資本の具体例として、むしろ原理的には現実化されえない理念的形態概念にとどめている。しかし、商人資本段階から産業資本段階への資本主義の生成と、産業資本段階から金融資本段階への資本主義の転化とを比較すると、前者は後者のように、資本の内部の生産力の高度化を基本的動因とするものではないから、資本に特有な歴史的転化を理論的にあきらかにしうる性質は、前者よりむしろ後者に関してより積極的に認められてよいのではないかと考えられる。

なお、資本に特有な歴史的転化の理論的解明を重要なこととみとめながら、鎌倉氏が「このいわば弁証法的転化は、考察の対象を純粋資本主義におくことによってはじめていいうることであって、伊藤氏のように対象を帝国主義段階に移すのでは、かえって明らかにしえないのではなかろうか」(「株式資本の原理的展開」五頁)と主張しているのは、論旨がかならずしも明確でないが、原理論と帝国主義論との間に「弁証法的転化」の論理を読み込もうとしているかのようであり、納得しがたい。降旗氏が、資本の商品化の原理的規定の意味として、「この株式資本の現実的運動機構の分析は、必然的にわれわれを資本主義のより具体的な歴史的発展過程への考察へと導かざるをえない、ということである。すなわち、それこそが、……段階論としての帝国主義論である」（『宇野理論の現段階1』三九七頁）と述べているのも、ほぼ同様の問題をふくんでいる。株式資本の原理的規定は、金融資本の考察基準を与えるものであるが、金融資本の解明は、宇野が強調していたように、段階論研究の次元にあらわれる支配的資本の、商人資本、産業資本に続く発展転化として扱われるべきであって、株式資本の原理的規定から必然的に導かれるものではない。帝国主義段階論としても、ここでの降旗説では主題が逸らされるおそれがあろう。

(36) マルクスと異なり、外的な「貨幣資本家」等の貸付を理論的に前提せずに信用制度論を展開し、ついで株式資本を規定しようとする場合、株式証券の売買に投じられる資金をどのように原理的に想定しうるかが問題となる。たとえば、宇野は、「この資本市場に投ぜられる資金は、もはや一般的には産業資本の遊休貨幣資本の資金化したものとはいえなくなる。それは土地の購入と同様に、投機的利得と共に利子所得をうるための投資として、原理論で解明しえないヨリ具体的な諸関係を前提とし、展開するものとなるのである」（新『原論』二二〇頁）と述べ、この点を重要な理由として、株式資本の形態と機能を原理的には現実的なものとしては説けないとしている。山口重克「金融の原理的機構」は、これにたいし、産業資本の回転循環のうちに形成される遊休貨幣資本も、そこに投じられうるものとして、資本市場を考察している。とくに固定資本の償却金や蓄積基金のようにやや長期的に遊休する部分は、そういいえるであろう。降旗氏は、株式市場が相場の変動をさけられないから、売却時に投資元本の回収が保障されないので、原理的には遊休貨幣資本の投下先たりえない（『宇野理論の現段階1』三九三頁）としているが、それは、一方で商品経済にもとづく資本の運動が全体として、無政府的な投機性をその危険とともに回避するものでないことを軽視するものであり、他方で遊休貨幣資本のなかにも長期的に運用しうる部分が生ずることを十分考慮に入れないものと思う。固定資本の大規模化にともない、そうした長期的遊休貨幣資本が一般に増大するだけでなく、産業循環の変容にともない、構造不況的様相をもつ産業諸部門からは、資本の過剰が長期性資金の過剰として析出され、資本市場にむかいうる。さらに、産業資本の成長期には、信用制度をとおして動員運用されていた土地所有者等の周辺的資金も、産業循環の変容にもとづく信用制度の機能の限界をうけて、資本市場にも投じられるものに転化するのである。

(37) 侘美光彦『世界資本主義』二七四—二七五頁は、資本市場における利廻りの均等化の傾向を介し、株式会社のこの機能から産業株式会社相互に現実資本の編成の調整がすすめられる側面を強調している。あわせて参照されたい。

(38) それゆえ、鈴木『原理論』が、産業循環の変容をとおして、株式資本が形成展開されることは、「資本が利潤率の均等化により、みずからを社会的資本として設定しこれをとおして資本主義的生産を統一的な社会的生産として編成しえないということを暴露するものにほかならない」(下、四七〇頁)とし、岩田弘『世界資本主義』二三〇―二三一頁にもほぼ同様の説明がみられることには、疑問の余地があるといわなければならない。それは、株式資本の形成に内包される利潤率均等化運動の鈍化と、それにともなう価値法則の貫徹の遅滞を絶対視し、周期的産業循環のもとでなければ、利潤率の均等化も資本主義的生産の統一的編成もおこなわれえないかのように説くものとなっているのではなかろうか。

なお、株式資本による利潤率の均等化の媒介機能は部分的なものと考えられるが、降旗氏は、その論点をとらえて、「利潤率均等化の媒介機構が『部分的』なものにとどまるかぎり、それは均等化機構がもはや全面的に展開しえなくなったこと、つまり価値法則が純粋には作用しえなくなったことを意味する。これを『価値法則の展開』の『新たな様相』というのは、価値法則の阻害過程をも、その『貫徹』の特殊な発現形態とするに等しい。要するに、この伊藤の主張は、独占価格論を価値法則論の展開として解明しうるとする多くの俗流マルクス主義経済学者の先例に、また一つのヴァリエイションを添加したものとみなしうる」(『宇野理論の現段階1』三九五頁)と論定している。しかし、利潤率の均等化機構は、諸資本の競争、信用、株式資本の全体から成るのであって、信用制度にたいし株式資本の役割が重要性を増して、そのさいその機能が部分性をもつからといって、諸資本の競争にもとづく利潤率の「均等化機構」の全体が部分的なものに縮減されるわけではない。また、それに続く批判の論旨にも、飛躍があるように思うが、少なくとも株式資本の原理的規定をめぐる私の見解は従来の独占価格論のヴァリアントとは考えられないし、その点は、読者にも容易に判定願えることと考えている。

いずれにせよ、株式資本の形態と機能を、価値法則の作用、利潤率均等化の機構、さらには産業循環の変容の論理などとあわせて原理的にどのように規定し展開すべきかは、おそらくいっそうの考究と検討を要する興味ある重要な問題領域をなしているのであって、われわれはこれをすでに解決ずみの問題とみなさないことがここではとくに有意義ではないかと思う。それによってさらに積極的な理論的、方法論的研究の深化への試みが十分に期待しうるところと考えられるからである。

掲載書誌一覧

第一章　「商品の二要因――使用価値と価値――」東京大学『経済学論集』第三八巻第二号、一九七二年七月。
第二章　「貨幣の資本への転化について」東京大学『経済学論集』第三八巻第四号、一九七三年一月。
第三章第一・二節　「労働価値説の論証」『経済学批判』第二号、一九七七年四月、社会評論社。
第三章第三節　「価値の実体規定の展開「結合生産、複雑労働および再生産表式をめぐって――」東京大学『経済学論集』第四六巻第一号、一九八〇年四月。
第四章第一節　「価値法則と生産価格」東京大学『経済学論集』第三九巻第四号、一九七四年一月。
第四章第二節　「『転形問題』の一考察」東京大学『経済学論集』第四一巻第三号、一九七五年一〇月。
第五章　「株式資本論の方法と展開――マルクスの株式資本論によせて――」東京大学『経済学論集』第三七巻第一号、一九七一年四月。

Sekine, T., The Necessity of the Law of Value, *Science & Society,* 44-3. Fall 1980.

Seton, F., The "Transformation Problem", *The Review of Economic Studies,* 25, June 1957, 小幡道昭訳、前掲『論争・転形問題』所収。

Shaikh, A., Marx's Theory of Value and the "Transformation Problem", in *The Subtle Anatomy of Capitalism,* 1977, ed. by J. G. Schwartz, 小倉利丸訳、前掲『欧米マルクス経済学の新展開』所収。

Smith, A., *An Inquiry into the Nature and Causes of the Wealth of Nations,* 1776, ed, by E. Cannan, 1922, 大内兵衛・松川七郎訳『諸国民の富』(1)-(5)、1959-66年、岩波文庫。

Sraffa, P., *Production of Commodities by Means of Commodities,* 1960, 菱山泉・山下博訳『商品による商品の生産』1962年、有斐閣。

Сталин, И. В., *Экономические Проблемы Социализма в СССР,* 1952, 飯田貫一訳『ソ同盟における社会主義の経済的諸問題』1953年、国民文庫。

Steedman, I., *Marx after Sraffa,* 1977.

Steinitzer. E., *Ökonomische Theorie der Aktiengesellschaft,* 1908.

Sweezy, P. M., *The Theory of Capitalist Development,* 1942. 都留重人訳『資本主義発展の理論』1967年、新評論。

Marxian Value Theory and Crises, *Monthly Review,* July-August 1979, 工藤秀明訳『経済評論』1980年 5 月号、所収。

Post-Revolutionary Society, 1980, 伊藤誠訳『革命後の社会』1980、ＴＢＳブリタニカ、1990、社会評論社。

Sweezy, P. M. ed. *Karl Marx and the Close of his System by Eugen von Böhm=Bawerk & Böhm=Bawerk's Criticism of Marx by Rudolf Hilferding,* 1949, 玉野井芳郎・石垣博美訳『論争・マルクス経済学』1969年、法政大学出版局。

Uno, K., *Principles of Political Economy,* transl, by T. Sekine, 1980.

Winternitz, J., Values and Prices : A Solution of the So-called Transformation Problem, *The Economic Journal,* 58, June 1948, 櫻井毅訳、前掲『論争・転形問題』所収。

Yaffe, D., Value and Price in Marx's Capital, *Revolutionary Communist,* 1, January 1975.

版局、前掲『論争・転形問題』所収。

Morishima, M., *Marx's Economics: A Dual Theory of Value and Growth*, 1973, 高須賀義博訳『マルクスの経済学』1974年、東洋経済新報社。

Marx in the Light of Modern Economic Theory, *Econometrica*, July 1974.

Morishima, M. and Catephores, G., *Value, Exploitation and Growth —— Marx in the Light of Modern Economic Theory ——*, 1978, 高須賀義博・池尾和人訳「価値・搾取・成長』1980年、創文社。

Ricardo, D., *On the Principles of Political Economy and Taxation*, 1817, in *The Works and Correspondence of D. Ricardo*, I, ed. by P. Sraffa, 1951, 堀経夫訳『リカードウ全集Ⅰ　経済学および課税の原理』1972年、雄松堂書店。

Absolute Value and Exchangeable Value, 1823, in *ibid.*, IV, 1951, 玉野井芳郎訳「絶対価値と相対価値」『リカードウ全集Ⅳ　後期論文集』1970年、所収。

Rowthorn. B., Neo-Classicism. Neo-Ricardianism and Marxism, *New, Left Review*, vol. 86, July-August 1974, also in his *Capitalism, Conflict and Inflation*, 1980, 村上範明訳、前掲『欧米マルクス経済学の新展開』所収。

Skilled Labour in the Marxist System, *Bulletin of the Conference of Socialist Economists*, Spring 1974, also in his *Capitalism, Conflict and Inflation*, 1980, 藤川昌弘・小幡道昭・清水敦訳『現代資本主義の論理』、新地書房、1983年。

Розенберг, Д. И., *Коментарии ко нервому и третьему томам „Капитала“ К. Маркса*, 1931, 梅村二郎訳『資本論註解』1-7.1956年、開成社、1961 ed., 宇高基輔・副島種典訳『資本論注解』1-5.1962年、青木書店。

Rubin, I. I., *Essays on Marx's Theory of Value*, 1928, English transl., 1972.

Samuelson, P. A., The 'Transformation' from Marxian 'Values' to Competitive 'Prices': A Process of Rejection and Replacement, *Proceedings of the National Academy of Scieleces*, 67-1. September 1970, also in his *Collected Scientific Papers*, vol. 3.

Understanding the Marxian Notion of Exploitation: A Summary of the So-Called Transformation Problem between Marxian Values and Competitive Prices, *Journal of Economic Literature*, 9-2, June 1971, also in his *Collected Scientific Papers*, vol. 3, 白銀久紀訳、前掲『論争・転形問題』所収。

Elson, D., ed, *Value : The Representation of Labour in Capitalism,* 1979.

Hilferding, R., Böhm=Bawerks Marx-Kritik, in R. Hilferding and M. Adler, *Marx-Studien,*. 1, 1904, 玉野井芳郎・石垣博美訳『マルクス経済学研究』1955年、法政大学出版局、English transl., in P. M. Sweezy, ed., *Karl Marx and the Close of his System etc.*(後出)。

Das Finanzkapital, 1910, Dietz Verlag. 1955, 林要駅『金融資本論』1952年、大月書店。

Himmelweit. S., and Mohun. S., The Anomalies of Capital, *Capital & Class,* 6, Autumn 1978.

Hodgskin, T., *Labour Deffended against the Claims of Capital,* 1825, 鈴木鴻一郎訳『労働擁護論』1948年、日本評論社。

Itoh, M., *Value and Crisis,* 1980.

Laibman, D., Values and Prices of Production: The Political Economy of the Trans-formation Problem, *Science & Society,* 37-4, Winter 1973-4, 中村泰治訳、前掲『論争・転形問題』所収。

Exploitation, Commodity Relations and Capitalism, *Science & Society,* 44-3, Fall 1980.

Ленин, В. И., *Империализм, как высшая стадия капитализма*, 1917, 宇高基輔訳『帝国主義』1956年、岩波文庫。

May, K., Value and Price of Production: A note on Winternitz's Solution, *The Economic Journal,* 58, December 1948, 山口重克訳、前掲『論争・転形問題』所収。

Medio, A., Profits and Surplus-Value : Appearance and Reality in Capitalist Production, in *A Critique of Economic Theory,* ed. by E. K. Hunt and J. G. Schwartz, 1972, 上垣彰訳、伊藤誠・櫻井毅・山口重克編・監訳『欧米マルクス経済学の新展開』1978年、東洋経済新報社、所収。

Meek, R. L., *Studies in the Labour Theory of Value,* 1956, 2nd ed. 1973, 水田洋・宮本義男訳『労働価値論史研究』1957年、日本評論新社。

Some Notes on the Transiormation Problem, in his *Economics aord Ideology and Other Essays,* 1967, 時永淑訳『経済学とイデオロギー』1969年、法政大学出

Armstrong, P., Glyn. A., Harrison, J., In Deffence of Value, A Reply to Ian Steedman, *Capital & Class,* 5, Summer 1978.

Baumol, W., The Transformation of Values: What Marx "Really" Meant (An Interpretation), *Journal of Economic Literature,* 12-1, March 1974, 岡崎健訳、伊藤誠・櫻井毅・山口重克編訳『論争・転形問題』1978年、東京大学出版会、所収。

Böhm=Bawerk, E., von, *Zum Abschluss des Marxschen Systems,* 1896, 木本幸造訳『マルクス体系の終結』1969年、未来社、English transl., in P. M. Sweezy, ed., *Kayl Marx and the Close of his System etc.*(後出)。

Bortkiewicz. L. von, Wertrechnung und Preisrechnung im Marxschen System, *Archiv für Sozialwissenleschaft und Sozialpolitik,* Bd. 23, 25, 1906. 07, 国松久彌・岩野晃次郎訳『マルクス価値学説批判』1935年、日本評論社。

Zur Berichtigung der grundlegenden theoretischen Konstruktion von Marx im dritten Band des „Kapitals", *Jahrbücher für Nationalökonomie und Statistik,* Bd. 34, 1907, English transl., in P. M. Sweezy ed., *Karl Marx aud the Close of his System etc.*(後出)。

Braverman. H., *Labor aud Monopoly Capital,* 1974, 富沢賢治訳『労働と独占資本』1978年、岩波書店。

Desai, M., *Marxian Economic Theory,* 1974, 伊藤誠抄訳、前掲『論争・転形問題』所収。

Marxian Economics, 1979, 馬渡尚憲他訳『マルクス経済学』1981年、御茶の水書房。

Dickinson, H. D., A Comment on Meek's "Note on the Transformation Problem", *The Economic Journal,* 66, December 1956, 櫻井毅訳、前掲『論争・転形問題』所収。

Dobb. M., *Political Econeomy and Capitalism,* 1937, 岡稔訳『政治経済学と資本主義』1952年、岩波書店。

A Note on the Transformation Problem, in his *On Economic Theory and Socialism,* 1955, 都留重人他訳『経済理論と社会主義』1959年、岩波書店、前掲『論争・転形問題』所収。

Theories of Value and Distribution since Adam Smith, 1973, 岸本重陳訳『価値と分配の理論』1976年、新評論。

舞出長五郎「土方博士の経済価値論に関する考察」東京大学『経済学論集』第5巻4号、1927年3月。

『理論経済学概要』1943年、岩波書店。

見田石介『価値および生産価格の研究』1972年、新日本出版社。

村上和光「価値法則の論証と『生産論』の方法」金沢大学『教育学部紀要』第26号、1978年。

「『価値法則の絶対的基礎』について」金沢大学『教育学部紀要』第28号、1980年。

山口重克「『それ自身に利子を生むものとしての資本』の問題点」武田隆夫・遠藤湘吉・大内力編『資本論と帝国主義論』上、1970年、東京大学出版会、所収。

「金融の原理的機構」小野英祐・春田素夫・志村嘉一・山口重克・玉野井昌夫『現代金融の理論』1971年、時潮社、所収。

「労働生産過程と価値の実体規定」清水正徳・海原凜・岩田弘・山口重克・櫻井毅・鎌倉孝夫・大内秀明・降旗節雄・山口勇『宇野弘蔵をどうとらえるか』1972年、芳賀書店、所収。

山口重克・侘美光彦・伊藤誠編『競争と信用』1979年、有斐閣。

山本二三丸『価値論研究』1962年、青木書店。

揚武雄「宇野『理論』における『労働価値説の論証』について」大阪経済法科大学『経済学論集』第4巻1号、1979年10月。

渡辺昭「価値尺度としての貨幣」和歌山大学『経済理論』69号、1962年9月。

「価値と生産価格(1)-(8)」和歌山大学『経済理論』第107,134,147,148,150,153,157,160号、1969年1月、1973年7月、1975年9月、11月、1976年3月、9月、1977年5月、11月。

武田隆夫「原理論と帝国主義論」東京大学『経済学論集』第29巻3号、1963年10月。

玉野井芳郎編著『マルクス価格理論の再検討』1962年、青木書店。

時永淑「価値法則と資本の『産業資本的形式』」武田隆夫・遠藤湘吉・大内力編『資本論と帝国主義論』上、1970年、東京大学出版会、所収。

　『経済学史』1971年、法政大学出版局。

富塚良三『経済原論』1976年、有斐閣。

永谷清『資本主義の基礎形態』1970年、御茶の水書房。

　『科学としての資本論』1975年、弘文堂。

　「転化問題は存在するのか、しないのか」季刊『社会科学のために』第2号、1977年。

　『価値論の新地平』1981年、有斐閣。

中野正『価値形態論』1958年、日本評論新社。

中村通義『株式会社論』1969年、亜紀書房。

尼寺義弘『価値形態論』1978年、青木書店。

橋本寿朗「資本形態論の展開方法について」東京大学『経済学研究』17、1974年12月。

浜田好通「貨幣の資本への転化」鈴木鴻一郎編著『セミナー経済学教室 1 マルクス経済学』1974年、日本評論社、所収。

林直道『史的唯物論と経済学』上・下、1971年、大月書店。

春田素夫「価値法則の論証」鈴木鴻一郎編著『セミナー経済学教室 1 マルクス経済学』1974年、日本評論社、所収。

日高普『全訂　経済原論』1974年、時潮社。

　『再生産表式論』1981年、有斐閣。

深町郁弥『所有と信用——貨幣・信用論の体系——』1971年、日本評論社。

降旗節雄『資本論体系の研究』1965年、青木書店。

　「『世界貨幣』と『資本の商人資本的形式』——宇野弘蔵教授の所説にたいして——」『北大経済学研究』第16巻1号、1966年3月。

　「転化問題の方法的考察」『北大経済学研究』第27巻1号、1977年3月。

降旗節雄編『宇野理論の現段階1　経済学原理論』1979年、社会評論社。

『経済原論』1978年、御茶の水書房。

向坂逸郎・宇野弘蔵編『資本論研究』1958年、至誠堂。

櫻井毅「転形問題」遊部久蔵他編『資本論講座』4、1964年、青木書店、所収。

『生産価格の理論』1968年、東京大学出版会。

『宇野理論と資本論』1979年、有斐閣。

櫻井毅・浜田好通・春田素夫・山口重克・永谷清・河西勝『経済原論』1979年、世界書院。

櫻井毅・山口重克・侘美光彦・伊藤誠編『経済学』Ⅰ・Ⅱ、1980年、有斐閣。

佐藤金三郎「『資本論』第三部原稿について㈠㈡㈢」『思想』1971年4月、6月、1972年10月。

佐藤金三郎・岡崎栄松・降旗節雄・山口重克編『資本論を学ぶ』Ⅰ-Ⅴ、1977年、有斐閣。

鈴木鴻一郎『マルクス経済学』正・続、1955年、1959年、弘文堂。

『価値論論争』1959年、青木書店。

「帝国主義論と原理論」中村常次郎・大塚久雄・鈴木鴻一郎編『世界経済分析』1962年、岩波書店、所収。

鈴木鴻一郎編『貨幣論研究』1959年、青木書店。

『経済学原理論』上・下、1960年、1962年、東京大学出版会。

『利潤論研究』1960年、東京大学出版会。

『信用論研究』1961年、法政大学出版局。

鈴木鴻一郎編著『セミナー経済学教室 1 マルクス経済学』1974年、日本評論社。

鈴木芳徳『信用制度と株式会社』1974年、新評論。

高須賀義博『再生産表式分析』1968年、新評論。

『マルクス経済学研究』1979年、新評論。

侘美光彦「資本循環論⑴⑵」東京大学『経済学論集』第37巻3号、4号、1971年10月、72年1月。

『世界資本主義――「資本論」と帝国主義論――』1980年、日本評論社。

武井邦夫「原理論と株式資本論」茨城大学『政経学会雑誌』第14・15合併号、1964年3月。

『経済学原理』1974年、時潮社。

小倉利丸「資本形式論の再検討」東京大学『経済学研究』22、1979年10月。

小黒佐和子「労働価値説の論証について」『明治学院論叢』162号、1970年3月。

「資本の一般的定式と『商人資本』形式」明治学院大学『経済研究』39号、1974年2月。

小幡道昭「商品流通の構造と資本の一般的定式」『経済学批判』6、1979年4月。

「資本の一般的定式と産業資本」東京大学『経済学研究』22、1979年10月。

鎌倉孝夫「『流通論』の方法について——大内秀明『価値論の形成』によせて——」埼玉大学『社会科学論集』第15号、1965年3月。

「信用制度と株式資本(1)」法政大学社会学部『社会労働研究』第15巻3号、1969年1月。

『資本論体系の方法』1970年、日本評論社。

「株式資本の原理的展開」東京大学『経済学論集』第37巻3号、1971年10月。

『経済学方法論序説』1974年、弘文堂。

河上肇『資本論入門』1-V、1937年、改造社(『河上肇著作集』第4、5巻、1965年、筑摩書房、所収)。

川口武彦『価値論争史論』1964年、法律文化社。

櫛田民蔵「学説の矛盾と事実の矛盾——小泉信三氏のマルクス評——」『改造』1925年6月(『櫛田民蔵全集』第2巻「価値及貨幣」1947年、改造社、所収)。

「資本論劈頭の文句とマルクスの価値法則」『我等』1925年6月(同全集第2巻、所収)。

甲賀光秀「P.A. Samuelson らの Marx 批判について」『立命館経済学』第24巻1号、1975年4月。

胡喬木「経済法則にてらして事を運び四つの現代化の実現をはやめよう」『北京周報』46-48. 1978年11-12月。

小島寛「価値の尺度」法政大学『経済学年誌』13、1976年3月。

「流通手段」法政大学『経済学年誌』14、1977年3月。

後藤泰二『株式会社の経済理論』1970年、ミネルヴァ書房。

小林彌六『流通形態論の研究』1969年、青木書店。

『価値論と転形論争』1977年、御茶の水書房。

『経済原論』上・下、1950、1952年、合本改版、1977年、岩波書店(『著作集』1、所収)。

「『資本論』の学び方——山本二三丸・安部隆一両氏の批評に言及——」『講座・資本論の解明』第5分冊、1952年、理論社(『著作集』3、所収)

『価値論の研究』1952年、東京大学出版会(『著作集』3、所収)。

『恐慌論』1953年、岩波書店(『著作集』5、所収)。

『経済政策論』1954年、改訂版1971年、弘文堂(『著作集』7、所収)。

『「資本論」と社会主義』1958年、岩波書店(『著作集』10、所収)。

『マルクス経済学原理論の研究』1959年、岩波書店(『著作集』4、所収)。

『経済学方法論』1962年、東京大学出版会(『著作集』9、所収)。

『経済学ゼミナール(2) 価値論の問題点』1963年、法政大学出版局。

『経済原論』1964年、岩波全書(『著作集』2、所収)。

『社会科学の根本問題』1966年、青木書店(『著作集』9、10、所収)。

『マルクス経済学の諸問題』1969年、岩波書店(『著作集』4、10、所収)。

『資本論の経済学』1969年、岩波新書(『著作集』6、所収)。

宇野弘蔵編『演習講座新訂経済原論』1967年、青林書院新社。

『資本論研究』I-V、1967-68年、筑摩書房。

大内力『「経済学」批判』1967年、日本評論社。

『経済学方法論』1980年、東京大学出版会。

大内秀明「価値の生産価格への転形問題——価値法則と生産価格——」『経済評論』1960年1月。

『価値論の形成』1964年、東京大学出版会。

大内秀明・櫻井毅・山口重克編『資本論研究入門』1976年、東京大学出版会。

大島雄一『価格と資本の理論』1964年、増補版1974年、未来社。

岡崎栄松『資本論研究序説』1968年、日本評論社。

置塩信雄「価値と価格——労働価値説と均衡価格論——」神戸大学『経済学研究』1、1955年3月。

「Marxの『転形』手続の収束性」『季刊理論経済学』第24巻2号、1973年8月。

『マルクス経済学——価値と価格の理論——』1977年、筑摩書房。

引用・参考文献

（日本語文献は著者のアイウエオ順・外国語文献は著者のＡＢＣ順に配列し、Marx, Engels のものは省略している。）

青才高志「利潤論の諸問題(1)(2)」信州大学『経済学論集』第13号、第15号、1979年３月、1980年１月。

遊部久蔵『価値と価格』1948年、青木書店。

　『価値論争史』1949年、青木書店。

　『商品論の構造』1973年、青木書店。

安部隆一『「価値論」研究』1951年、岩波書店。

飯田裕康『信用論と擬制資本』1971年、有斐閣。

伊藤誠「書評　櫻井毅『生産価格の理論』」東京大学『経済学論集』第35巻１号、1965年５月。

　『信用と恐慌』1973年、東京大学出版会。

　「株式資本」鈴木鴻一郎編著『セミナー経済学教室　1　マルクス経済学』1974年、日本評論社、所収。

　『資本論研究の世界』1977年、新評論。

　「インフレーションの基礎規定」日高普・大谷瑞郎・斎藤仁・戸原四郎編『マルクス経済学――理論と実証――』1978年、東京大学出版会、所収。

伊藤誠・櫻井毅・山口重克編訳『論争・転形問題』1978年、東京大学出版会。

伊藤誠・櫻井毅・山口重克編・監訳『欧米マルクス経済学の新展開』1978年、東洋経済新報社。

岩田弘『世界資本主義――その歴史的展開とマルクス経済学――』1964年、未来社。

　『マルクス経済学』上・下、1967年・盛田書店。

宇野弘蔵『価値論』1947年、河出書房、1965年、青木書店（『宇野弘蔵著作集』1973-74年、岩波書店、第３巻、所収、以下、『著作集』３のように略記）。

　『農業問題序論』1947年、改造社、増補新版、1965年、青木書店（『著作集』８、所収）。

解題

青才高志

一　伊藤「価値と資本の理論」の位置

著者伊藤誠は、本著作集の表題を見ただけでもわかるように、原理論、現状分析、海外の諸研究の紹介・検討・批判、社会主義論等々、非常に広い分野の研究をすすめ数多くの論考を世に問うてきた研究者である。著者は、二〇〇三年に日本学士院会員に推挙されたことからもわかるように、また、本著作集の刊行にも見られるように、すでに泰斗の位置を確かなものとしつつも、旧来の自説の墨守に汲々とすることなく、『サブプライムから世界恐慌へ』(青土社、二〇〇九年七月)、「ベーシックインカム論を検証する—その可能性と限界」(『世界』、二〇一一年三月)等々、今なお新たなテーマを対象として問題提起的な著書・論文を精力的に公表し続けており、その研究対象の広さと持続力とにおいて極めて希有な研究者である。だが、研究対象は広く多岐にわたると言っても、著者は、なによりもまず第一に理論の人である。学界への登場が原理論分野の論文であったというだけではなく、現状を問題にする際にも『資本論』の読み返しを行う、資本主義の原理からの省察を加える等々、その研究のスタンスそのものにおいて「原理論」研究者である。本著作集第二巻は、その原理論研究において、第三巻に収録された『信用と恐慌』(一九七三年)に続き世に問うた『価値と資本の理論』を収めたものである。

本書は、一九七一年から一九八〇年にかけて公表された論文七本を補整・再編収録し、総論的な序章を加え、一九八一年に公刊された。解題者(青才)の見るところ、著者の原理論への貢献は、信用論および恐慌論におけるそれもさることながら、なによりまして本書によって示された労働価値説の論証、すなわち、価値・生産価格問題の解明にあったと思える。その伊藤理論の意義を明らかにするためにも、最初に、本書収録論文初出時期の問題も含め、本書全体の特徴、伊藤「価値と資本の理論」の原理論発展史における位置につき述べておこう。

第二次世界大戦後、日本においては、マルクスに学びつつその批判的発展を目指す特異なマルクス経済学が生まれてきた。宇野理論である。宇野理論は、旧来のマルクス経済学の難点を克服しうるものとして、また、ロシア・マルクス主義経済学の狭隘さを突破しうるものとして多くの支持者を獲得していった。だが、宇野がマルクスの一面を批判することによってマルクス経済学の深化・発展を果たしていったことから言っても、このことは必然のことだったのだが、宇野から学びつつ宇野を批判する潮流が生まれてきた。鈴木鴻一郎編『経済学原理論』(上・下 一九六〇・一九六二年)、岩田弘『世界資本主義』(一九六四年)等に具現化する諸氏の理論である。以下、宇野派第二期の諸理論と呼んでおこう。

この第二期の諸理論は、その性格において異なる二つの意味を持っていた。その一つの意味は、方法論上宇野と大きく異なる理論、すなわち、世界資本主義論の登場という点にあった。世界資本主義論の問題提起は、原理論・段階論・現状分析という宇野経済学体系全体に関わるものだが、ここでは原理論に絞り、宇野純粋資本主義論と世界資本主義論との違いを述べておこう。宇野は、十九世紀半ばまでの資本主義の歴史的傾向の延長線上に、労働者・資本家・土地所有者という三大階級からなる純粋資本主義を想定し、原理論ではそれを対象として資本主義の原理・法則を論ずべきだとしている。それに対し、鈴木・岩田は、原理論の対象は世界資本主義であり、資本主義はそのなかにあってあくまでも部分的存在であるしかないが、商品関係という他の非資本主義的生産と取り結ぶのと同質の原理で内部を編成しており自律性を持つとしている。この純粋資本主義論と世界資本主義論との対立において、著者伊藤は、後者の側に立っている。本書の第一章「商品の二要因と価値の形態規定」と第二章「貨幣の資本への転化」で、著者は、その両者の方法論的相違に力点をおいて、商品・貨幣・資本という流通形態につき論じている。

宇野は、マルクスが本来生産にとって外的な商品等の流通形態を説いた後にあらゆる社会に共通な労働過程を説いている点を評価・発展させ、商品・貨幣・資本という流通形態を流通論として純化・独立化し、原理論全体を流通論・生産論・（剰余価値の）分配論という三編で構成するという構想を提起した。著者は、第一章・第二章では、この宇野の原理論体系構成法を支持しつつ、その意義を生かすためにも、また、流通形態の本来的外部性をより明確にするためにも、純粋資本主義論ではなく世界資本主義論という方法に依拠すべきであるという。なお、著者の説は、同時に内部批判でもあり、生産を包摂する産業資本的形式の資本が登場すると流通上の価値増殖に依拠する商人資本的形式の資本は成立しえなくなるとする鈴木・岩田とは異なり、貨幣による繰り返しての購買による価格基準の形成も直接には需給調整が容易な特定範囲の市場に限られるが故に、異なる市場の間の価格差を価値増殖の根拠の一つとする商人資本的形式の資本は、世界資本主義の内にその存立根拠を有するという。

第二期の諸理論のもう一つの意味は、自らを純粋資本主義論の側に位置づける論者をも含めてなされた宇野原理論の再構築という点にある。鈴木編『原理論』、および、鈴木編『貨幣論研究』『利潤論研究』『信用論研究』（一九五九～一九六一年）の執筆者達は、マルクスそして宇野の再検討を踏まえ、多くの点で原理論の再構築を試みている。著者の原理論は大きくこの流れに棹さすものであった。以下、本書『価値と資本の理論』に関わる限りで、宇野原理論の再構築の方向性につき述べておこう。

価値・生産価格問題。この点については本解題後半で主題的に問題にするが、著者は、価値の実体としての労働と価値の形態としての価格との「次元」を区別し、マルクスの労働価値説を新たな形で論証した。本書の第三章・第四章は、この点につき論じたものである。

株式資本論について。宇野は、『資本論』第三巻部分に対応する第三篇「分配論」後半で、商業資本論を信用論の後に置き、その商業資本論で、資本機能——企業者利得、資本所有——利子、という、利潤の質的分割を説き、さらに、その質的分割論を前提としてそれ自身に利子を生むものとしての資本という観念が成立するとしている。そして、宇野は、株式資本は、その質的分割、または、それ自身に利子を生むものとしての資本という理念を具体化するものであるとしている。だが、宇野は、原理論では株式資本は単に資本主義の「理念」として説きうるだけであって、その現実的な存立は段階論で問題となるとし、株式資本の展開を原理論から排除している。本書第五章は、この「株式資本論の方法と展開」につき論じたものである。著者は、信用に先んじて商業資本を説き、宇野批判を踏まえた上で、信用では貨幣（資金）の商品化が問題になり株式資本においては資本の商品化が問題になるとする宇野説の徹底化を追求する。宇野は、株式資本における資本の商品化を運動体である資本の商品化として位置づけている個所もあるが、基本的には、株式資本を公債・社債等と並ぶ利子付証券の一つ、それ自身に利子を生むものとしての資本の例証の一つとしていた。それに対し、著者は、信用と株式資本との質的差異を強調し、株式資本を、単に擬制資本の商品化としてではなく、文字通り運動体である産業資本それ自体を商品化するものとして位置づけ、原理論で積極的に論ずべきだという。いわゆる宇野派のなかでも、時代を下り年齢が若くなるに従い、株式資本（または資本結合）を原理論のなかで積極的に論ずべきだという人が増えている。本書第五章および「株式資本」（鈴木編『セミナー経済学教室1』、一九七四年）で表明された伊藤株式資本論の存在は、この流れを規定する大きな要因となった。なお、著者は、世界資本主義論に立ち、株式資本抽象の基礎を帝国主義段階にまで延長すべきだとし、株式資本の原理的規定を「金融資本の考察の基礎」と位置づけている。だが、株式資本は利潤率の均等化法則が成立しえなくなったことを暴露するものだとする鈴木・岩田とは異なり、資金の集中・動員による蓄積の加速等株式資本は利潤率の均等化を困難とさせる固定資本の巨大化の下での均等化法則の展開という面を有していることを指摘している。

今まで本書を宇野派第二期の諸理論との関連において位置づけてきた。だが、本書を特徴づける場合に逸することができないことは、著者は、特に一九七四年に客員研究員として欧米を訪問する機会を得た後、欧米での論争―新古典派、限界原理を批判したスラッファに依拠するネオ・リカーディアン、マルクス・ルネッサンスと呼ばれたように一九六〇年代末から再活性化を見つつあったマルクス派という三者鼎立状況の下なされていた論争―に積極的に関わることになったということである。その例、それも欧米での論争問題を日本に独自に発達した原理論を踏まえて解いた例を、本書から二つ挙げておこう。

例えば、著者は、本書第三章第三節一「結合生産物の価値実体」では、ネオ・リカーディアンのスティードマンによって提起された論争問題、すなわち、一つの生産過程において複数の生産物が「結合」して生産される場合には、利潤率がプラスであっても剰余価値率がマイナスになる場合があるというマルクス労働価値説批判に対し、同産業部門内に複数の生産条件が存在する場合にはそれらの平均によって価値が規定される等の静態的な価値規定を排して、需要の増大に対し供給を増大させる生産条件が価値の実体を規定するとした動態的な価値規定、すなわち宇野市場価値論の成果を適用することによって応えている。また、後でも述べるが、第四章第二節「「転形問題」の一考察」では、価値の実体としての労働と価値の形態としての価格とを区別するという立場から、数多くの価値と生産価格への「転形問題」に関しての欧米の諸説を検討・整除・批判することによって、価値・生産価格問題解決の方向性を提示している。なお、欧米マルクス経済学との交流の成果は、原理論分野に限って言っても、*Value and Crisis* 1980、そして、著者の原理論体系をまとめた *The Basic Theory of Capitalism* 1988 などの著書の海外での発刊という形に結実している。

二　価値・生産価格問題に関する伊藤理論の意義

著者は、本書（特に、序章・第三章・第四章）で、欧米でもマルクス経済学を巡る最大の論争問題であった価値・生産価格問題につき論じている。以下、この論争史における伊藤理論の位置、および、著者による問題解決の方向性を示しておこう。

スミスには、価値と自然価格との区別はないが故に、投下労働が価値を規定するとする投下労働価値説、および、利潤部分も労働が生み出した価値の一部であるとする価値分解説と、賃銀・利潤・地代がその自然率において価格を構成するとする自然価格構成説とを、曖昧なまま並存させていた。また、「資財の蓄積と土地の占有の双方に先行する」

初期未開の社会では、価値は投下労働によって規定される、そして、「資財の蓄積と土地の占有」以後の商業社会、すなわち、資本主義社会になると商品は自然価格を基準として交換されるようになる等、価値と自然価格（＝生産価格）との関連を歴史的前後関係にあるものとして捉える側面もあった。それに対し、リカードは、投下労働価値説・価値分解説の立場から資本主義社会における賃銀・利潤・地代の対抗的関係を分析しようとした。だが、そのリカードの投下労働価値説も、彼の場合には固定資本・回転が異なる資本の商品も平均利潤を得なければならないという点に関連して、その矛盾を露呈しつつあった。マルクスの眼前には、労働価値説に立つ限りは是非解決しなければならない問題として、この価値・生産価格問題が立ちふさがっていたのである。

マルクスは、古典派経済学の労働価値説の継承を、古典派経済学の批判を通じて果たすことになる。古典派経済学は、資本主義経済を特殊歴史的なものとは見ず自然的なものとみなしていた。そしてそれ故に、社会の必要に応じて生産物を生産する社会的物質代謝の関係と商品相互の交換関係とを、すなわち、価値の実体をなす労働相互の関係と価値の形態をなす価格関係とを区別して問題にすることができなかった。それに対し、マルクスは、生産の社会的実体が資本主義経済では特殊な形態をとるものとして両者の関連を問題にしようとした。そして、マルクスは、『資本論』第三巻において、資本の構成・回転が異なるレベルでの、諸資本の競争をつうずる剰余価値の資本家的配分の問題として、利潤率均等化による一般的利潤率の形成と生産価格の成立とを説いたのである。だが、この『資本論』におけるマルクスの展開は、価値・生産価格問題に関する基本的な解決の方向性を示したとはいえ、なお、多くの難点を残すものであった。マルクスは、『資本論』第一巻の冒頭で、商品の価値規定を等労働量交換をその内容をなすものとして与えている。だが、第三巻でマルクス自身が説いているように、資本主義経済では商品は生産価格を基準として売買されるということを考える時、この等労働量交換はいかなる意味において現実性を持つといいうるのか疑問とせざるをえない。いわゆる「第一巻と第三巻との矛盾」である。そして、マルクスは、第一巻・第二巻では、その等労働量交換としての「価値どおりの交換」を想定し、第三巻の利潤論では、その価値どおりの交換を前提すると構成・回転が異なる資本間の利潤率は相違し、その結果利潤率が低い部門から高い部門への資本移動が生ずる等、マルクスいうところの価値の生産価格への転化（転形）を、資本配分の変更として、物質代謝の社会的労働編成そのものの変更であるかのように語っている。また、マルクスは、とりわけ、価値の生産価格への転化にもかかわらず総価値＝総生産価格である、剰余価値の利潤への転化にもかかわらず総剰余価値＝総利潤である、という総量規制の形で、価値の生産価格への規制を語っていた。だが、価値と生産価格とを同一次元で捉え量的に比較することができるのかという問題を別にしても、ボルトキェヴィッチ、スウィージー以来の「転形論争」において明らかにされたように、この総計二命題は一般的には成立しようがないものである。とすると、価値が妥当する世界と生産価格が妥当する世界とは、歴史上または現実事態上別個の世界となり、価値法則はその存立根拠を失うことになってしまう。

経済学体系は原理論・段階論・現状分析という三段階で構成されるべきだという方法論を提示し、マルクス経済学を大きく発展させた宇野は、この価値・生産価格問題に関しても解決に向けての大きな一歩を踏み出すことになった。宇野は、労働過程を問題にする前に商品・貨幣・資本という流通形態を問題にしているマルクスの資本主義経済把握の特徴を積極的に評価し、当該部分を特定の生産に触れることなく論ずべき「流通論」として純化させた。そして、そのことは同時に、マルクスの場合には商品論で説いていた労働価値説の論証を、「生産論」において、諸社会に共通な労働生産過程を説いた後に、その労働生産過程が資本の下に包摂され価値形成増殖過程という形態的な姿を取る事態に基づき与えるということを意味していた。それ故、宇野は、一部のマルクス経済学者のように価値法則を資本主義とは異なる単純商品生産社会において成立する法則として説くのではなく、資本主義生産を前提として初めて論証されるべきものとして説き、また、諸資本の競争関係を通じてなされる利潤率の均等化法則をその価値法則の貫徹形態として位置づけたのであった。だが、実際の論理展開を見てみると宇野はなお以下に述べるような難点を残している。そして、その難点は、解題者の見るところ、伊藤理論によって克服されることになるのである。

著者は、表Ⅰ（対象化された価値の実体）によって表Ⅱ（生産価格としての価値の形態）が決まる、そして、その表Ⅱの生産価格を介して表Ⅲ（取得される価値の実体）が与えられる、さらに、その表Ⅲは生産過程を通じて表Ⅰを再生産する、という形で「価値概念の立体構造」（第四章第二節三の表題）を明らかにしている。以下、著者のこの三つの表を援用して論述しよう。

⑴宇野は、利潤論を労働量に規定された価値どおりの売買から開始していることにも見られるように、なお、価値と生産価格との関連を、価値どおりの交換から生産価格を基準とした交換への変更という意味において捉えていた。そして、その点は、鈴木編『原理論』の執筆者達によって、価値と生産価格との次元の相違を踏まえていないものとして、その点においてはマルクスとその難点を共有するものとして批判されることになった。この批判は基本的に支持されるべきである。価値と生産価格とはその次元を相違するが故に、両者の関連を同次元での交換比率の量的変更として語ることはできず、また、労働による価値規定と利潤率の均等化によって成立する生産価格とは異なる次元において同時に成立するものであるが故に、生産価格の成立はなんら価値規定の否定を意味するものではありえないからである。だが、単にこの次元の相違が強調されるだけでは、価値と生産価格との関連は切断され、いかなる意味で生産価格は価値の展開形態であるのかは、また、いかなる点で生産価格は労働による価値規定を受け止める形態であるのかは不分明なままとなる。著者は、以上の点を第四章第一節「価値法則と生産価格」で明らかにした後、表Ⅰの単位は労働時間であり、表Ⅱの単位はドルという貨幣量（金量）であるということに象徴されるように、価値の実体と価値の形態とは次元的に相違すること、それ故に、総価値＝総生産価格等々の形で両者を直接量的に比較することはできないことを明らかにするとともに、同時に、表Ⅰが表Ⅱを規定することを、価値の実体である労働の社会的関連によって生産価格が規定されることを明らかにしたのであった。次元の相違を踏まえた労働価値説の論証と位置づけることができるであろう。

⑵伊藤理論の画期的意義は、従来価値と生産価格との関連は表Ⅰと表Ⅱの関連として問題にされていたのに対し、「取得される価値の実体」を表示する表Ⅲを提起し、価値法則貫徹の立体構造を明らかにしたという点にある。マルク

スは、価値の生産価格への転化によってあたかも労働者の必要労働時間そのものが変化するかのように語っていた。それに対し、宇野は、価値の生産価格への転化にもかかわらず労働者と資本家との基本的関係は変わらないということ、労賃額が必要生活手段の生産価格によって決まろうと、労働者がその労賃を介して必要生活手段を、それ故に必要労働時間の生産物を「買い戻す」という関係は変わらないということを明らかにした。だが、宇野は、価値法則を等労働量交換という内容において捉えているが故に、等労働量交換が成立しない資本主義経済においてこの「買い戻し」がいかなる形でなされるのかという点に関しなお不分明な点を残していた。それに対し、著者は、表Ⅰにおけるcとvは、表Ⅱの生産価格を介し、表Ⅲのcとvとして「取得」される、再現するという形で、v部分のみならず、資本の再生産に関わる費用価格部分に関する「買い戻し」関係を明らかにした。価値法則の貫徹構造をその明証性において示したものと評価できるだろう。

⑶著者は、第三章第一節「経済原則としての労働生産過程」・第二節「労働価値説の論証の内容」で、マルクス・宇野の検討を行い、「価値法則の必然的基礎」の内容として、労働力と生産手段とは資本の再生産のために補塡されなければならない、だが、剰余労働部分に関しては商品経済的な「自由度」「弾力性」がある、という点を明らかにしている。三つの表を使っていうと、各部門においても表Ⅰのcとvとは表Ⅲのcとvと同量となるのに対し、表Ⅰと表Ⅲの数値を見るとわかるように、各部門において対象化された剰余労働sは当該部門で取得される剰余労働s′とは異なっているのである。

⑷著者は、第三節三「再生産表式と価値の実体規定」で、例えば、生産手段生産部門のv＋m＝消費手段生産部門のc、等の再生産の基本条件は、等労働量交換を想定した両部門間の取引関係としてではなく成立することを、そして、そのためには価格は特定の範囲のものにならざるをえないことを明らかにしている。このことを、三つの表に即して述べておこう。表Ⅰの生産手段生産部門のv＋s＝表Ⅲの消費手段生産部門のc、となり、表Ⅰのcと表Ⅲのcとは同量であるが故に、表ⅠのW′（商品資本）レベルにおいて、生産手段生産部門のv＋s＝消費手段生産部門のc、

となるのである。

(5)マルクスの総計一致二命題は、表Ⅰと表Ⅱという次元を異にするものを比較しつつ主張される限りでは誤りといわざるをえない。だが、表Ⅰと表Ⅲとを対照させると、著者が述べているように、マルクスが総価値＝総生産価格という誤った形で言おうとしたことの意味は明らかとなり、また、利潤は剰余価値が分配されたものであることは明らかとなる。sとs′は各部門においては異なるがその三部門総計量は一致し、また、cとvとは各部門において同量であるが故に、対象化された価値の実体と取得される価値の実体とは、その総計においては一致することになるからである。高須賀義博は、本書の書評（一橋『経済研究』、一九八三年三月）でこの点に関連し、伊藤説は、sとs′との総量一致を前提にした説だと批判している。だが、この批判は、著者が従来の諸説との相違を明確にすべくスウィージーと同じく単純再生産を想定して立論している場合の数値を取り上げて拡張再生産の場合にはその数値とはならないと言っているものであり、到底成立しえないものである。著者自身が明確に述べているように、三つの表を通じて述べた伊藤理論は「一般にn部門から成る拡張再生産にも」妥当するものである。拡張再生産の場合には、表Ⅲの「取得される剰余労働」の内に、資本家用奢侈財に「対象化された剰余労働」だけではなく、蓄積部分、すなわち、生産手段増大分・労働者用生活手段増大分に「対象化された剰余労働」も入ることになる。だが、実際に計算すればわかるように、その場合にも、sとs′との総計は一致するのである。それだけではない。青才「再生産表式の諸問題」（『信州大学経済学論集』、二〇〇五年）で触れたことであるが、拡張再生産の場合の三つの表を作成すると、従来拡張再生産表式論において、生産部門の資本構成が異なる場合には各部門の蓄積率はどうなるのか等という形で争われた諸問題はその解決を見ることになる。著者の三つの表の射程はそれほど広いのである。

これまで(1)〜(5)を通じて見てきたように、価値・生産価格問題は伊藤理論によってその基本的な解決を見た、労働価値説の論証は伊藤理論によってその明証性を得たと言いうるだろう。

索　引

A-Z

ア

伊藤　誠（いとう・まこと）

東京大学名誉教授、日本学士院会員。
1936年生まれ。1964年東京大学大学院修了。
東京大学経済学部教授、國學院大學経済学部教授、国士舘大学大学院グローバルアジア研究科教授を歴任。
この間、ニューヨーク大学、ニュースクール・フォー・ソシアルリサーチ、ロンドン大学、シドニー大学、グリニッチ大学、上海財経大学などの客員教員。
著書：*Value and Crisis,* (Pluto, and Monthly Review, 1980).
The Basic Theory of Capitalism, (Macmillan, and Barnes & Noble, 1988).
Political Economic for Socialism, (Macmillan, and St.Martin's 1995).
Political Economy of Money and Finance,(共著), (Macmillan, and St.Martin's 1999, 日本語版，岩波書店，2002年)
『「資本論」を読む』（講談社学術文庫，2006年）
『サブプライムから世界恐慌へ』（青土社、2009年）など

青才高志（あおさい・たかし）

信州大学経済学部教授。
1949年生まれ。1978年東京大学経済学研究科博士課程修了。
著書：『利潤論の展開―概念と機構―』（時潮社、1990年）
「株式資本論の再構築」（ＳＧＣＩＭＥ編『資本主義の原理像の再構築』、御茶の水書房、2003年）
「再生産表式論の諸問題」（『信州大学経済学論集』第53号、2005年）
「好況末期の特殊な「資本過剰」と金兌換増大」（小幡道昭・青才高志・清水敦編『マルクス理論研究』、御茶の水書房、2007年）など。

伊藤誠著作集 第２巻　価値と資本の理論

2011年４月20日　初版第１刷発行

著　者：伊藤　誠
装　幀：桑谷速人
発行人：松田健二
発行所：株式会社社会評論社
東京都文京区本郷2-3-10　☎ 03(3814)3861　FAX 03(3818)2808
http://www.shahyo.com
印刷・製本：スマイル企画＋倉敷印刷

ISBN978-4-7845-0892-1

伊藤　誠著作集【全6巻】　各巻共　定価5670円(税込)

第1巻　現代のマルクス経済学
［解題＝小幡道昭（東京大学）　第4回配本］

第2巻　価値と資本の理論
［解題＝青才高志（信州大学）　第5回配本］

第3巻　信用と恐慌
［解題＝宮澤和敏（広島大学）　第1回配本］

第4巻　逆流する資本主義
［解題＝大黒弘慈（京都大学）　第2回配本］

第5巻　日本資本主義の岐路
［解題＝田中英明（滋賀大学）　第3回配本］

第6巻　市場経済と社会主義
［解題＝西部忠（北海道大学）　第6回配本］